两希文明哲学经典译丛

包利民 章雪富 主编

九章集
（下册）

［古罗马］普罗提诺 著

石敏敏 译

*Philosophical
Classics of
Hellenistic-Roman
Times*

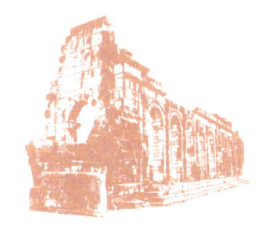

中国社会科学出版社

目 录

（上 册）

2016年再版总序　| 1
2004年译丛总序　| 1
导言（一）　| 1
导言（二）　| 1

普罗提诺的生平和著作顺序　| 1

第一卷

1. 什么是生命物，什么是人？　| 30
2. 论美德　| 41
3. 论辩证法　| 49
4. 论福祉　| 54
5. 福祉是否随时间而增加　| 69
6. 论美　| 73
7. 论至善以及其他诸善　| 84
8. 论恶的本性和恶的起源　| 87
9. 论超脱躯体　| 101

第二卷	1. 论天（论宇宙）　｜ 104
	2. 论天体运动　｜ 113
	3. 论星辰是否是原因　｜ 117
	4. 论质料　｜ 133
	5. 何谓潜能地存在，何谓现实地存在　｜ 150
	6. 论实体，或论性质　｜ 156
	7. 论完全混合　｜ 160
	8. 论视力，或者远处的事物何以显得小些　｜ 164
	9. 驳诺斯底主义者　｜ 166

第三卷	1. 论命运　｜ 192
	2. 一论神意　｜ 201
	3. 二论神意　｜ 224
	4. 论分派给我们的守护灵　｜ 232
	5. 论爱　｜ 240
	6. 论无形体之物的不可灭性　｜ 253
	7. 论永恒和时间　｜ 281
	8. 论自然、凝思和太一　｜ 302
	9. 多种考虑　｜ 316

（下　册）

第四卷	1. 一论灵魂的本质　｜ 321
	2. 二论灵魂的本质　｜ 325
	3. 一论灵魂问题的难点　｜ 326
	4. 二论灵魂问题的难点　｜ 361
	5. 三论灵魂问题的难点，兼论视力　｜ 408

| | 6. 论感知觉和记忆 | 420
| | 7. 论灵魂的不朽 | 425
| | 8. 论灵魂坠入躯体 | 443
| | 9. 是否所有灵魂都是同一的 | 452

| 第五卷 | 1. 论三个原初的本体 | 457
| | 2. 论本原之后产生的存在者的起源和秩序 | 472
| | 3. 论认识本体和超越者 | 474
| | 4. 本原之后的东西如何产生于本原，兼论太一 | 496
| | 5. 论可理知者不外在于理智，并论至善 | 500
| | 6. 论超越是的东西不思，兼论什么是首要的和次要的思的原理 | 515
| | 7. 是否有关于个体的理念 | 520
| | 8. 论可理知的美 | 522
| | 9. 论理智、形式和是 | 538

| 第六卷 | 1. 一论是的种类 | 551
| | 2. 二论是的种类 | 584
| | 3. 三论是的种类 | 607
| | 4. 论是、一与同无论何处皆显为整体 | 637
| | 5. 再论是、一和同是否无论何处皆显为整体 | 655
| | 6. 论数 | 666
| | 7. 论形式的多样性如何形成，兼论至善 | 689
| | 8. 论自由意志和太一的意志 | 737
| | 9. 论至善或太一 | 763

附录 | 779

译名对照表 | 787

修订版后记 | 793

第四卷

1. 一论灵魂的本质

1. 我们在探讨何谓灵魂的本质之是时已经表明，灵魂既非形体也非无形之物中的一种和谐；我们已经抛弃隐德来希（entelechy）①这个概念，因为不仅它所陈述的含义不正确，而且这个概念无助于我们澄清何谓灵魂的问题。诚然，当我们说灵魂属于可理知的本性和神圣的秩序时，我们也许确实在某种程度上准确地说出了灵魂的本质之是，②但是，我们还必须同时作进一步的深入研究。在前面，我们已从可感知本性和可理知本性的角度划分和界定了事物，并把灵魂置于可理知者之列。现在，除了承认灵魂是可理知者之外，我们还要进行另一番探讨，以确定灵魂的特殊性。我们认为，有些事物从根本上讲就是可分的，因着这一本性，它们很容易离散。这些事物的部分相互之间各不相同，而且与整体也不同，并且必然小于全体和整体；这些事物都有可感知的尺度和大小，各有自己确定的位置，任何一个都不可能同时占据不同的位置。但是，有

---

① 生命原理或圆极，亚里士多德的哲学概念，指条件的本质充分实现。——中译者注

② 参看《九章集》IV. 7(2). 1-83 节指出灵魂不是物质（或形体），84 节指出灵魂不是和谐，85 节指出它不是亚士多德的隐德来希，9-12 节阐述了普罗提诺自己的观点。

另一种与此对立的是，它绝不容许划分，既没有部分也不能被分为部分。它也不包含任何广延，即使我们思考它时也是如此。它无须位置，也不会或者部分地或者整体地处于任何别的存在者中。我们可以这么说，它同时依据所有存在者而动，这不是说所有存在者是它的基础，而是说如果没有它，所有其他事物就不可能存在，也不想存在。它是始终处于同一状态的真存在，是万物的共同源泉。它就像圆心，把所有半径都联结起来，同时保持自身的同一性。所有的半径都因源自于它这个圆心而拥有自己的是，都分享圆心这个点。因此这个没有部分的点就是所有半径的原理，它们一端联结在这个中心点上，另一端向外延伸。这样，就有两类事物，一类是这种原初不可分的是，住在可理知世界，在真正的存在者中；另一类事物则住在可感知世界，是完全可分的。此外，还有一种本性，它住在可感知领域的边缘，或者靠近可感知领域，甚至属于可感知领域，它不完全像形体那样原初可分，但是当它进入形体之后，就成为可分的。所以形体分离了，形体中的形式也便随之分离，但每个分离部分中的形式仍是整体，这些部分尽管成了多，但仍是同。既然如此，那么在各部分彼此完全分离后，诸如色彩、性质和形状这样的形式都能同时存在于许多分离的部分之中，并且各部分所受的影响又各不相同，因此可以断定，它具有完全的可分性。另外，还有一种实在靠近第一类完全不可分的本性，它源于后者并分有这一本性的不可分性，但是由于它急切地要离开这一本性而趋向另一本性，因此它将自己确立为不可分的本性与可分的形体之间的中介，并住进了形体里面。[它]的行为方式不同于色彩或性质，后者在不同处所不同物体里面始终保持同一性。它倒是像物体，一旦被分割就变成完全不同的各个部分。即使这物体是一，各部分中的同一性也不会与别的部分有共同性，从而形成共同经验。因为这个"同一性"在这里是一回事，在那里是另一回事，因为这里的同一性是指一种属性，而非相同的实体。但是我们所说的这个实在，在[形体的形式]这一本性之上并靠近不可分之本性的这个实在，既是实体，又呈现在形体里面。尽管它在进入形体之前并不受形体影响，但是一进入形体领域就可分了。因此不管它进入什么样的形体，即使是最大的或无限广延的物体，它都是完整地进入，从不放弃自身的统一性。然而，它是一的含义不同于物体是一；物体因着连续性是一，但各部分相互区别，占据不同的位置；它是一也不同于性质上的一。这既可分又不可分的本性，就是我们所说的灵魂，它不是连续性的一，也不具有各不相同的部分。它的可分性在于它存在于各个部分，不可分性则在于它在任何部分都作为整体呈现。凡清楚认识到灵魂伟大之处的人，都会清楚地认识到它的力量，知道它的本性是多么神圣和奇妙，超越了这个世界的事物。它没有尺度，却可以以任何尺度呈现在任何地方。并且，它不是以自身的不同部分呈现在不同地方，因此它既可分又不可分。或者毋宁说，它自身是不可分的，也没有变得可分，始终保持自身的整体性。另外，因为形体可分，它们在接受灵魂时不可能保持灵魂的不分状态，因此在形体领域灵魂又是可分的。总之，可分性是形体的属性，而非灵魂自身所有。

2. 下面的论述可以清楚地表明，灵魂必是这样的一种本性，它不同于完全不可分的事物，也不同于完全可分的事物，而是如我们所描述的，两者兼而有之。如果它像形体那样，由各不相同的部分组成，那么一部分所受的影响，其他部分是感知不到的。然而，特定部位的灵魂，例如手指区域的灵魂，虽然有别于且独立于其他部位的灵魂，却依然能够感知到这种影响。因此，一般而言，应该有众多灵魂管理着我们每一个人。而且，管理这个宇宙的也不是一个灵魂，而是相互独立的无数个灵魂。当然，如果这些灵魂不能聚集成一个统一体，那么谈论连续性也是妄然。我们自然不会接受（斯多亚学派）自欺欺人的说法，说什么感知通过"传递"到达"统治原理"。[①] 首先，统治原理是灵魂的一部分这

---

① 关于斯多亚学派的观点，参看 *Stoicorum Veterum Fragmenta* II 441,854；亚历山大的阿佛洛狄西亚 *De Anima* 41, 5 Bruns.

种说法没有经过批判性的反思。他们如何划分灵魂，如何说各部分彼此不同，又凭何断定一部分就是统治原理呢？如果一物同一而连续，它的各部分又怎能有量或质上的区别？而且，只有统治原理才能感知吗，或者其他部分也都有感知能力？如果只有统治原理能感知，当感知对象进来与它接触时，它所感知的感知对象位于何处？但是，如果对象触及的是灵魂的另一部分，因为这一部分不适于感知，那么它无法将所受的影响传递到统治原理，这样就根本不会产生感知觉。如果对象触及的是统治原理本身，那么它触及的或者是灵魂的一部分，这一部分便产生感知，同时其他部分都全无感知，因为感知对它们来说毫无意义；或者存在许多或者说无限多的感知觉，它们彼此各不相同。一个会说"我最先感受到了"，另一个会说，"我感受到了另一感知觉的影响"。然而，这些感知觉中，除了第一个，其他的都不知道影响发生在何处。或者，由于灵魂的各部分都以为影响发生在自己所在的地方，因此它们甚至都在自我欺骗。但是，如果能感知的不只是统治原理，如果灵魂的其他部分也能感知，那么为何一部分是统治原理，其他的就不是呢？或者，感知觉为何需要上升到统治原理呢？它如何知道，例如哪个是眼睛的感觉内容，哪个则是耳朵的感觉内容？另一方面，如果灵魂是完整的一，即完全不可分的自我封闭的统一体，完全不包含多样性和可分性，那么它所占有的东西无一能获得灵魂的整体，因为灵魂会将自己安置在每个生命物的中心（可以这么说），而任凭生命物的整个形体没有灵魂。因此，我们必须认为，灵魂既是一又是多，既可分又不可分。我们不能因为既是一又是同的事物不可能存在于许多地方，就不相信这样的灵魂论。如果我们不接受这一点，那么掌控并管理万物的本性就无法存在，这本性凭智慧聚集并管理万物。它是多，因为宇宙的存在是多；同时它又是一，因为将万物统一起来的只能是一。它正是凭借这种多样性的统一性将生命分配给所有部分，又凭借不可分的统一性用智慧管理它们。"他把始终保持同一状态的不可分性和形体领域的可分性混合起来,产生了第三种是的形式。"① 这深奥而灵性的话语所表达的就是这样的含义。因此,灵魂就这样既是一又是多;形体的形式既是多又是一。形体只是多,至高者则只是一。

2. 二论灵魂的本质

真是(real being)存在于可理知的世界中,理智是它最好的部分。诸灵魂也在那里。正因为它们是从那个世界来的,所以它们现在也在这个世界。那个世界的灵魂没有形体,而这个世界的灵魂进入了形体,并因形体而相互分离。那里的理智整体全然聚集,它里面的一切没有区别,也无分离,所有灵魂也都住在那个永恒的、没有空间间隔的世界中。理智总是不可分离和不可分的,那里的灵魂也是不可分离和不可分的,然而灵魂就其本性而言又是可分的。它的分离就是离开理智进入形体领域。既然因为它离开了理智,那么说它"在形体领域是可分的"并以这种方式分离就是恰当的。那么,它如何又是"不可分"的呢?因为灵魂的整体没有背离理智,它里面有种东西并未坠落到下界。这未坠落的东西自然是不可分的。由此,说它"源于不可分性,又在形体领域内可分"就等于说灵魂由两部分组成,一部分属于上面的世界,另一部分依附于上面的世界,同时已经流溢出来,形成这些部分,就如同从一个中心拉出一条线。但是,当灵魂在这一部分里进入下界之后,它仍然在这一部分中保存着整体的本性。即使在下界,灵魂不仅是可分的,而且是不可分的,因为灵魂的可分部分是以不可分的方式被"划分"的。因为灵魂把自身赋予整个形体,就它是把整体给予整体而言,它是不可分的;但就它呈现于形体的各个部分之中而言,又是分离的。

---

① 这里指《蒂迈欧篇》35A1-4(这段话在普罗提诺论灵魂的作品里不断引用或参考)。

3. 一论灵魂问题的难点

1. 我们应当潜心研究灵魂，研究我们发现的关于它的各种难点问题，这样必然能得出一个结论；或者在对这些难点问题的进一步探讨中，至少能得到这样一点益处，即我们知道了难点究竟是什么。难道还有比这更值得我们花费时间详尽讨论并考察的问题吗？这样做还有很多其他理由。特别值得一提的是，它使我们在两个方面获得知识，一方面了解以灵魂为原理的事物，另一方面认识产生灵魂的那些事物。在探讨这个问题的过程中，我们应遵从神的命令，他敦促我们要认识自己。① 由于我们希望寻找并发现其他事物，渴望抓住理智的优美视野，所以我们去追寻那追寻者的真实本性应是适宜的。因为在普遍理智中也有两重性，所以在部分性事物中，有时候这方面多一点，有时候那方面多一点，这是合乎情理的。我们必须思考诸神怎样被纳入灵魂之中。不过，我们要在考察了灵魂如何进入身体之后再来思考这个问题。现在我们要回过头来看那些认为我们自己的灵魂也出于大全灵魂的人。他们可能会说，我们的灵魂和大全灵魂一样远远地到达我们，也以同样的方式成为有理智的（甚至"以同样的方式"接受理智），这足以证明我们的灵魂是大全灵魂的部分，[他们会说]因为部分与它们的整体拥有同样的形式。他们会提出柏拉图持有这一观点，他为了确证大全是有灵魂的，说正如我们自己的身体是大全身体的部分，同样，我们的灵魂也是大全灵魂的部分。[他

---

① 将这篇讨论灵魂的大作的开头与亚历山大的阿佛洛狄西亚注释亚里士多德讨论同一主题的作品时开篇所说的话（亚历山大 De Anima 1-2 Bruns）作一比较，会非常有意思。普罗提诺很可能读过亚历山大的作品，并引用了同一则特尔菲箴言。但是亚历山大坚定地宣称他的目的是举荐亚里士多德的学说，而普罗提诺（虽然仍然完全相信他所理解的柏拉图学说是真理）在风格上更加独立，甚至认为这个问题值得重新考察研究，即使考察的结果只是向我们表明难点是什么。这就是哲学家与注释家之间的区别。

们会说]，这说出并清楚表明了我们跟随着大全的循环，我们的品性和时运从它而来，我们全在大全里面，从那包围着我们的事物接受自己的灵魂。我们的每个部分都从我们的灵魂接受各自拥有的东西，同样，根据部分相对于整体的关系，我们也作为部分从整体灵魂接受个别灵魂。[他们会说]"大全灵魂关照一切没有灵魂的事物"就是指这个意思。而当柏拉图说这个话时，他的目的不是要把另外的东西留在灵魂之外，在大全的灵魂之外，因为这是掌管一切没有灵魂之物的那个灵魂。

2. 我们必须对此作出回应。第一，他们承认[大全灵魂和个体灵魂]专注于同样的[躯体]（σωμα），由此他们承认这两类灵魂拥有同样的形式，承认这一点也使它们具有共同的类，把个体灵魂排除在部分之外。其实他们更应当说，所有灵魂都是同一的，是一，每个灵魂就是全部。即使他们提出灵魂是一，他们也把它依附于另外的事物，而那事物不再是这样的或那样的灵魂，它本身不是任何事物的灵魂，既不是宇宙的灵魂，也不是其他事物的灵魂，而是使那既是宇宙的灵魂，也是其他事物的灵魂的事物获得灵魂。一点没错，灵魂的整体并不属于任何事物，因为它必然是一个本质，但也有一个灵魂绝对不属于任何事物，凡是那些属于什么事物的灵魂，都是偶然而随机地成为事物的灵魂。也许我们必须更清楚地理解在这类事物中"部分"是指什么意思。我们可以不考虑"部分"是形体的部分，不论这形体是否具有同样的形式，只需要注意这样一点，当人们谈论"部分"时，如果是就各部分都相似的形体来说的，那么"部分"是指体积，不是指形式比如白色，因为部分牛奶里的白色不是整个牛奶的白色的一部分，它是某个部分的白色，而不是白色的一个部分，因为白色完全没有体积，不是一个数量。但当我们谈论非形体事物里面的"部分"时，我们应当或者像使用数字那样使用它，比如十分之二部分，我们要说的必然只能应用于独立的数字本身。或者如同我们谈论一个圆或一条线的部分，或者如同我们说一个法则是一门知识的部分。就数字上的单位和几何上的图形来说，正如形体一样，如果把整体分成部分，那整体必然要变小，而每一个部分也比整体小。因为它们是数量，在各自的量上拥有自己的实在，但又不是绝对的量，所以它们必然要变多变少。在这个意义上，讨论灵魂时不能谈论"部分"，因为灵魂不是数量上的规定，不能说整体灵魂是十，个体灵魂是一。否则，如果接受这样的假设，那会引出许多其他谬论，尤其是会得出这样的谬论：十不是一物，或者每个现实的单元就是灵魂，或者灵魂完全由没有灵魂的事物构成。何况我们已经承认，总体灵魂的部分与总体灵魂拥有同样的形式。就一个连续的平面来说，部分并不必然要与整体属于同一类，比如圆的一个部分并不必然是圆，正方形的某一部分并不必然是正方形；或者无论如何，并非所有部分都必然要与整体相似，有些形状截取其中一部分可能与整体相似（比如三角形的部分可以是三角形），有些则不然。然而他们却认为所有灵魂都有同样的形式。就一条线来说，部分拥有线的属性，但这里也有不同，有长短上的不同。但就灵魂而言，如果人们说部分灵魂与整体灵魂的区别是大小上的区别，那么灵魂就成了某种量和某种形体，它作为灵魂的独特本性从自己的量上获得。然而我们认为，所有灵魂都属于同一类，都是整体。灵魂显然不能像大小那样被分，[我们的对手]自己也不会承认整体灵魂被分割成了许多部分。如果他们真这样认为，就会把整体用完，它就只剩下名称，除非它曾是一种普遍原理[但不再存在]，就如同酒被分成了许多份，人们完全可以说酒瓶里的每一份酒就是整体酒的一个部分。那么，它是不是以下这种意义上的部分——属于一门知识的一条定理可以说是整个学科的一部分，而学科仍然作为整体存在，一点不少，它的划分是每个个体部分的显明和活动？在这样的情状中，每个定理都潜能地包含整个学科，而学科仍然是完整的整体。如果这就是整体灵魂与个体灵魂的关系，整体的部分是这样的部分，那么整体灵魂就不是哪个事物的灵魂，而是一个独立的实在，所以它甚至不会是宇宙的灵魂，宇宙灵魂也只是部分灵魂中的一个。也就是说，所有灵魂[个体灵魂和宇宙灵魂]都是一灵魂的部分，它们拥有同样的形式。那么这一是怎样变成宇宙灵魂以及宇宙里各部分的灵魂的呢？

3. 也许个体灵魂是部分的意思就如同在一个生命物中，脚趾头的灵魂就是整个生命物的整体灵魂的一部分？但是按这种方式思考灵魂，要么使所有灵魂不可能存在于躯体之外，要么使所有灵魂脱离躯体，甚至把被称为大全灵魂的灵魂置于宇宙的躯体之外。这个问题我们要在后面思考。现在我们必须探讨在什么意义上可以按照这样的类比谈论"部分"。如果大全灵魂把自身给予所有部分性的生命物，每个个体灵魂就是这个意义上的部分，那么如果对它进行划分，它就不可能再把自身给予每个灵魂。它自身将无处不在，完全的灵魂作为同一的灵魂同时存在于许多事物里面。这样就再也不能让一个灵魂是整体，另一个是部分，尤其在具有同等力量的事物里面，因为所有力量都出现在两个灵魂里。如果器官有不同的功能，比如眼睛和耳朵功能不同，我们不能说灵魂的一个部分出现在眼睛里，另一部分出现在耳朵里——其他哲学家会这样分类——我们会说，同一个部分，即使是一种不同的能力，作用于每个独立的器官。只是因为器官不同，产生的感知觉不同，但所有感知觉都是形式，因为灵魂能够采取所有形式的形状（所有被感知的形式必然汇聚到一个中心，这一事实也表明了这一点）。[我们必须说]形式通过器官运行，但并非所有器官都能接受任何事物，不同的器官感受各不相同，而对它们的判断出于同一个原理，这个原理就像一位法官，对所说的话和所做的事了然于胸。但是我们已经说过，灵魂在任何地方都是一物，在它的不同功能中也同样保持同一。如果我们的灵魂像感知觉，那我们每个人都不可能自我思考，只有大全的灵魂不得不从事思考。然而如果我们的思考是我们自己的，那每个灵魂都应该是独立的。由于灵魂也是理性的，就如同说普遍灵魂是理性的一样，所以被称为部分的灵魂必然与整体相同，而不是整体的一个部分。

4. 如果灵魂是这个意义上的一，那么当有人探究由此推出结论，提出这样的难题：首先，这种在所有事物中同时为一是否真的可能；其次，有的灵魂在身体里，有的不在身体里，这种情形是否可能？此时，我们该怎样回答呢？之所以有人提出这些难题，是因为从这个观点可以推出所有灵魂始终在躯体里，尤其是大全的灵魂。我们的灵魂要离开躯体，但没有人说大全的灵魂离开躯体。有些人确实认为，我们的灵魂将离开这个特定的躯体，但不会完全在躯体之外。如果灵魂将完全在躯体之外，那怎么会一个灵魂离开躯体，另一个却不离开呢？两个躯体里的不是同样的灵魂吗？就理智来说，它分离自己是把自己区分为部分，但这些部分彼此不分开，永远在一起——其实这种实在肯定是不可分的——所以关于理智没有这类难题。但是就灵魂来说，既然认为它相对于躯体是可分的，那么所有灵魂都是一这样的论断就会产生很多难题，除非有人提出一灵魂独立自存，没有坠入身体，然后说，所有灵魂，包括大全灵魂和其他灵魂，都来自这个一，它们彼此住在一起，可以说，下坠到某个层次，不属于任何一个特定事物，所以是一灵魂；又说，它们的上边紧靠这个一，然后直冲下来，就像光，一旦到达地面，就分洒到各家各户，但它自身没有分开，仍然是完整的一。① 大全的灵魂将始终保持超越，因为它与下降无关，甚至与它的低级部分无关，与转向这个世界的事物的这种转向无关。而我们的灵魂会下降，因为它们把自己的部分划分在这个世界，要转向这些部分，它们需要关照。大全的灵魂（也就是它的最低部分）就像一个大型植物中的生长灵魂，毫不费力或者毫无声息地引导这个植物；我们的低级部分就如同这个植物的腐烂部分里长的蛆子——那就是有灵魂的躯体在大全里的形象。我们灵魂的其余部分，与普遍灵魂的高级部分拥有同样的本性，就好比一位园丁，关注植物里面的蛆子，急切地修理它。或者就如同人们谈到一个健康的人与其他健康的人住在一起，就说他通过自己的行为或沉思为邻人效劳；而谈到一个病人，就说他关注自己的身体，为他的身体服务，因而属于身体。

---

① 关于这个比喻，参 Marcus Aurelius XII. 30。

5. 但为何仍然有某个特定的灵魂是你的，一个灵魂是这人的，一个灵魂是那人的？难道它们在低级层次上是特定个体的灵魂，在高级层次上则属于那个高级的一？如果是这样，那就意味着只要苏格拉底还在自己的身体里，他和他的灵魂就始终存在。然而当他到达至善之后，他必然会不再存在。凡真正的是，永远不会停止存在，因为上界的理智也不会溶化成一个统一体，因为它们不是形体上可分的。相反，它们每一个都保持独特的异，同时拥有相同的本质之是。灵魂也是这样，在等级上依赖于每个单独的理智，并且是理智的表现，比理智更加展开。我们可以说，它们已经从简单走向多样。① 它们通过每一个里面那最少分开的事物与理智的简单性相联。它们已经立志要分，但又无法实现完全的分离，所以它们既保持同一性，又保持差异性。每个灵魂保持一，所有灵魂都合而为一。我们已经指出讨论的要点：灵魂源于一，源于一的灵魂是多，与理智一样，既可分又不可分。停留不动的灵魂是理智的单一表现，从这灵魂引出部分性的表现，也是非质料的，正如在理智世界里一样。

6. 大全的灵魂既然与我们的灵魂拥有同样的形式，那为何它创造了宇宙而每个个体的灵魂却没有？尽管它也在自身中拥有万物（我们已经解释，它可以同时成为并持续存在于许多事物之中）。现在我们必须说明——也许我们也将知道，同一个事物，如果它时而在这个躯体，时而在那个躯体，那么它时而做这个，时而做那个，或者时而以这样时而以那样的方式受到影响，或者同时以两种方式接受影响，这道理何在？不过，这个问题需要另外专门讨论——大全的灵魂怎样以及为何创造了宇宙，特定灵魂则引导宇宙的各个部分。就那些拥有同样知识的人来说，

---

① 这里主张的信念，即有个体事物（至少是个体的人）的形式或相，是可能的，但并非完全确定，参 V. 7。似乎在 IV. 3. 12, 1-5 里也有暗示。关于普罗提诺作品中论到的个体事物的形式，有人对其论证的所有证据作了详尽考察，见 H. J. Blumenthal, "Did Plotinus believe in Ideas of Individuals?" in *Phronesis* 11 (1966), 61-80; A. H. Armstrong, "Form, Individual and Person in Plotinus"; in *Dionysius* 1 (1977), 49-68 (=A. H. Armstrong *Platinian and Christian Studies*, London, 1979, No. XX.)。

有的掌握多一些，有的掌握少一些，这当然无可稀奇之处，但我们仍可以问这是为什么。我们可以回答，灵魂之间有一定区别，尤其因为大全灵魂并没有使自己与作为整体的灵魂分离，而是始终留存于整体，同时披上躯体。由于躯体已经存在，所以个体灵魂在它们的姐妹灵魂——我们可以这么说——占据统治地位之后，接受分配给它们的各个部分，似乎这位姐妹已经为它们准备了各自的住所。还有一点区别，因为大全灵魂朝向整体理智，而个体灵魂更愿意朝向各自的部分理智。或许这些灵魂也有能力创造出一个世界，但是由于大全灵魂已经创造了，所以它们就不能再这样做，因为大全灵魂是最先开始的。人们不妨可以提出同样的难题，如果有另外的灵魂占据了最先的位置，那会怎样？不过，最好还是说大全灵魂创造了世界，因为它更密切地依赖于它上面的存在者，而那样俯首的存在者拥有更大的能力，因为它们把自己留在一个安全之地，从而创造时极其轻松自在。不受自己所造之物的任何影响，这是表明它有更大能力的记号，这能力源于永远停留在上面。因此停留在自身之中的大全灵魂创造世界，它所创造的事物走向它，而具体灵魂则走向事物。因此它们已经走向深渊；或者毋宁说，它们中很大一部分已经被拖下来，并将它们与这一部分一起拖下来，因为它们的思想倾向于低级存在。我们必须明白，灵魂被称为"第二等"和"第三等"，①是看它们离高级世界是远还是近。正如在我们中间，并非所有灵魂都与那里的实在具有同样的关系，有些人可能保持自身统一，有些经过努力几乎达到这一点，还有些离这个目标有距离，因为支配他们行为的能力并不相同，有的靠第一能力，有的靠第二能力，有的靠第三能力，尽管他们都拥有全部能力。

  7. 这一点就谈到这里。至于《斐利布篇》里有段话暗示其他灵魂是大全灵魂的部分，②这怎么解释呢？事实上，柏拉图说这段话，并不是

---

① 见《蒂迈欧篇》41D7。
② 参《斐利布篇》30A-B，如普罗提诺所说的，柏拉图其实主要是想指出，宇宙必然有一个灵魂，正如我们有灵魂一样。

如有人所认为的那样，是要指明这个意思，柏拉图在那个论证阶段所要达到的目的是证明宇宙拥有灵魂。他说那样的话是要表明，我们拥有大全身体的一个部分。我们尚且有灵魂，宇宙却没有灵魂，这样说岂不荒谬？如果大全没有灵魂，部分怎么可能有灵魂呢？他在《蒂迈欧篇》里尤其清楚地阐述了自己的思想。他说，当大全灵魂已经形成之后，得穆革就造出其他灵魂。他在那个糅混碗槽里造出整体的灵魂，也在那里造出其他灵魂，用大全灵魂的形式创造另一类型的灵魂，只是使用了第二等和第三等材料，使两者有所区别。① 《斐德若篇》说"大全灵魂观照所有没有灵魂的事物"，② 这什么意思呢？引导躯体的本性，或者塑造它，或者使它有秩序，或者创造它，这样的事物除了灵魂，还能是什么呢？一个灵魂天生就能做这样的事，另一个灵魂却不能，这显然不符合事实。柏拉图说，"完全的"灵魂即大全的灵魂，"行在高处"，不会下坠，而是依乘在宇宙之上，并在它里面做工，我们可以这么说，这就是每个完全灵魂的引导方式。但是当他谈到"失去羽毛的灵魂"时，他指的是另一种灵魂，不同于完全灵魂。至于我们跟随着大全的循环，③ 从它获得我们的品性，并受它的影响，这并不表明我们的灵魂就是大全灵魂的组成部分。因为灵魂能够从处所、水和气中获取很多印象，而城市的位置和身体的性质不同。我们说过，由于我们在大全里，我们从整体灵魂获得某种东西。我们也承认，我们受到宇宙环行的影响，但我们认为另一灵魂与大全灵魂相对，它以自己的相对性表明自己的独特性。至于我们生在宇宙里面，那么出生在肚腹里的孩子，我们也说他的灵魂是另一个灵魂，而不是母亲的灵魂。

---

① 再次引用《蒂迈欧篇》41D7。
② 引自《斐德鲁篇》246B6。他接着思考柏拉图随后指明的"有羽翼的"、"行在高处的"完全灵魂与"失去了羽毛"、坠入人体的灵魂之间的区别，那个伟大神话的其余部分就描述后面这种灵魂的坠落和随后的命运。
③ 参《蒂迈欧篇》90C8-D1。

8. 这就是关于这个难题的解答。没错，感应是存在的，因为所有灵魂的源头也就是整体灵魂的源头，所以它们有一种共同的感受，但这一点也不能妨碍我们的论证。我们已经说过它们既是一又是多；我们还解释了部分怎样与整体相区别。关于灵魂之间的分别我们已经提出了一般性的陈述，现在我们要简单地补充说，除了它们有不同的躯体外，它们还的显著不同还显现在品性、推论理性活动和它们前世生活上。柏拉图说，灵魂的选择是根据它们前世的生活作出的。如果我们对灵魂的本性作一般性考察，那些谈到"第二等"和"第三等"的段落也提到了灵魂之间的差别。文中说道所有灵魂就是所有事物，但每个灵魂按它里面活跃的成分而相互区别。也就是说，有的统一在现实性中，有的统一在知识状态，有的在渴求状态，不同的灵魂看不同的事物，它们看什么就是什么，看什么就成为什么。灵魂的完全和完满并非对所有灵魂都一样。如果它们存在的整体结构是复杂的——每个理性原理都是多重而复杂的，就像一个灵魂机体包含多种形式一样——若果真如此，就有结构性的组织，而且实在并不是完全相互分割。在实在中没有任何事物是随机的（甚至在物体中也没有随机的东西），所以必然有一个确定的数。另外，实在必然是静态的，可理知的实在必然保持同一，每个实在必然是数上的一，这就是它是这个确定的实在的原因。在有些事物，由于它们的本性是物质（σωμα）的，所以个性变动不居，因为形式是从外面进入，它们只是依据特定的形式，效仿真实的存在者才能保持存在。在另一些事物，由于它们不是复合而成的，所以每一个事物的存在就在于它所是的东西，每一个在数上是一，从起初就在那里，不会成为它不曾是的东西，也不会停止它所是的东西。即使有某物创造了它们，它也不是用质料造它们的。如果它用质料造，那它必然从自身增加某种实体性事物。所以就会有变化影响这个创造权能本身，使它时而造得多，时而造得少。它为何时而多，时而少，而不是始终保持同一种方式？已经生成的事物不会永久，它时而多，时而少。但是可以确定，灵魂是永久性的事物。既然它将保持静态，那它怎么会无限？它的无限性在于它的能力。它是无限的，因为它的能力是无限的，而不是说它将被分为无限。因为神也不是有限的。① 这些灵魂也并非每一个都靠某种外在界限成为它们的所是，似乎它们是一种确定的大小。相反，每一个多大程度上想要成为自己，就怎样成为自己。当它生发时永远不会走到自身之外，它里面有一部分必然适用到达躯体，这一部分就渗透到躯体的每个角落。可以肯定，当它在手指头上②或者脚上时，并没有被迫与它自身分开。所以它也在大全里，在它所到达的任何事物里。它在植物的这个部位，也在植物的那个部位，即使这个部位从整个植物切除下来了。所以，它在原来的植物里，也在从这个植物剪切下来的部分里。因为整体的躯体是一，它里面的灵魂无处不在，就如在一个事物之中。当一个动物腐烂了，如果许多别的生命从这腐尸中滋生，整个动物的原灵魂就不再在这腐尸里，因为这躯体没有能力接受灵魂，否则这动物就不会死亡。而适合动物滋生的腐尸，有的适合这类生命的滋生，有的适合那类生命的滋生，这尸体所滋生的东西拥有灵魂，因为灵魂无处不在，只是有的事物能够领受它，有的不能。这样获得灵魂的事物并不创造更多的灵魂，因为它们依赖于始终保持一的一灵魂。正如在我们身上，如果某些部位被切除，取而代之的是其他部位的生长，那么只要一灵魂始终存在，原来的灵魂就离开旧的部分来到新部位里面。但是在大全中，一灵魂总是在那里，而它

---

① 这段话是一个非常有意思的例子，说明普罗提诺预备把第二和第三本体作为 απειρος 谈论（无限的意思是指没有限制或没有边界）。38 行（原希腊文本）的 o θεος 很可能是 Νους。任何一种空间意义上或者数量上的无限都被排除在他的可理知世界之外（参这里的 37 行和 VI. 6. 17-18）。那里的"无限"只能是指能力的无限（如这里的）或者没有边界，因为没有任何东西能限制或测量可理知的实在——可理知的数是终极尺度，所以它本身是不可度量的，不可界定或者限制的（如在 VI. 6）。普罗克洛的"相对 απειρια"理论 (*Elements of Theology* props. 89-96, pp. 83-87 Dodds) 有助于我们理解普罗提诺这里的观点。太一在他是无限的，意思是绝对超越于任何一种论断或限定，因为它超越于是和思，几乎从不被称为 απειρος。

② 见第 3 节第一个注。

里面的有些事物取得灵魂，有些脱去灵魂，无论怎样，灵魂一活动始终保持不变。

9. 另外我们还必须究问灵魂如何进入身体。什么是它进入的方式呢？这同样是一个令人惊异和值得探究的话题。灵魂进入躯体有两种方式，一种是灵魂已经在某个躯体里，然后改变躯体，或者从某个由气和火组成的躯体转到由土构成的躯体（人们不把这种转移称为躯体的变化，因为进入的那个躯体不明显）；另一种方式是从无躯体进入某种躯体，当然，这应该就是灵魂与躯体的第一次沟通。关于后一种方式，我们应当考察：当一个非常纯洁和完全脱离躯体的灵魂穿上了一个躯体之后，会发生什么？从大全的灵魂开始探讨或许是合适的，或者毋宁说是必须的。当然，在谈论大全灵魂的时候，我们必须明白，在讨论中使用"进入"和"赋予灵魂"这些词是为了能够解释得更加清楚。事实上，这个宇宙没有任何时候不拥有灵魂，也没有任何时候躯体没有灵魂单独存在，或者质料没有井然的秩序。但是在讨论中，我们可以把这些事物设想为彼此分离的。当人推论某种复合物时，往往可以在思想中把它分解为它的各个组成部分。而实际情况是这样的：如果躯体不存在，灵魂就不会出发，因为除了躯体，没有别的处所适合灵魂居住。而如果灵魂打算出发，它就要为自己造一个处所，这处所就是躯体。我们可以说，灵魂的安息确立在绝对安息中，大光从它照射而出，这火光的最边缘处是黑暗。灵魂看见这黑暗，就充盈它，因为它作为形式的基底存在于彼。何况处在灵魂边缘的东西如果完全不分有形成原理，那也是不符合自然规律的，只要它有能力接受，就应分有形成原理，有话形容这原理"朦胧地处在黑暗之中"。于是就形成了某种东西，如同一幢富丽堂皇的漂亮房子离不开建造者，但他并没有把自己的样式分给房子。他对它作了全面思考，把每一角落都考虑在内，尽力周到全面，这样有利于形成它自己的是和优点（就它能分有是而言）。但是他管理它并没有对他产生任何害处，因为他居高临下地支配它。它正是在这个意义上获得灵魂，也就是说，它拥有的灵魂并不属于它，但存在于它里面；它是被主宰者，不是主宰者，它是被拥有者，不是拥有者。灵魂把宇宙支撑起来，宇宙在灵魂里，没有任何事物不分有灵魂。这就如同一张浸在水里的网是有生命的，但不能使自己成为它所在的事物。海洋已经伸展开来，这网尽其所能随它一同伸展，无论它在哪里，它的任何部分都必然跟随到哪里。灵魂的本性之所以如此伟大，能够一下子把整个躯体包含在内，恰恰因为它没有大小；无论躯体伸展到哪里，灵魂都在哪里。即使躯体不存在，也不会对灵魂的大小有什么影响，因为它就是它所是的东西。灵魂走到哪里，宇宙就伸展到哪里；只要还未到达伸展的极限，宇宙在生发中就始终拥有灵魂，使它保持自己的所是。这影子与源于灵魂的理性形成原理一般大，因为形成原理具有这样的性质，能使一种尺度与产生它的形式所希望的一样大。

10. 理解了这一点之后，我们必须回过来看那始终不变、认为全体是同时存在的事物。正如空气、光、太阳，或者月亮、光、太阳同时存在，但地位不同，有第一、第二和第三之分，同样，有灵魂始终是静态的，或者第一位的，然后有第二位，就像火光的末端；后来从这末端之光出来的第一者被认为是火的影子，同时也被认为是受了光照，所以它就如同一种形式萦绕在披上灵魂的事物上，这事物最初非常模糊不清。根据理性形成原理，它获得了规定的美，因为灵魂已经潜能地在它里面。根据理性原理把事物纳入秩序的权能渗透于它的整体，正如种子里面的理性形成原理构建并塑造生命物，使它们成为微小的宇宙。任何与灵魂接触的事物都是被造的，灵魂的本质属性就是处在一个创造的状态之中，它创造不是根据从外面引进的目标，也不等候计划和考虑，否则它就不可能按本性创造了，而是按从外面引进的技艺创造了。技艺后于灵魂，并仿效灵魂，造出暗淡无光和软弱无能的仿制品，没有什么价值的玩偶，引进多种装置帮助它制造自然的一个形像。①但灵魂靠自己的本质力量控制躯体，所以躯体是形成的，处于灵魂指导它们到达的状态，因为它们的第一原理无法抵挡灵魂的意志。在那些后来出现的事物中，往往彼此妨碍，丧失获得自己独特形式的可能，就是小规模运作的形成原理希望它们拥有的事物。但在整体宇宙中，整个形式是由灵魂创造的。被造的事物一起拥有一种秩序，生成的事物就可以轻松并毫无阻碍地成为美的。灵魂在世上为诸神构建了圣祠，为人造了房子，为其他生物设了其他住处。从灵魂产生的，除了拥有引起某种活动的能力的事物之外，还应是别的什么呢？火能使事物变热，另外事物能使事物变冷。灵魂有一种能力始终保留在它自身里面，还有一种能力离开灵魂形成其他事物。在没有灵魂的事物中，可以说，一种能力在它们里面沉睡，另一种能力从它们出去到另外事物中，使那些能接受影响的事物变得与它们自己相似。当然，使事物与自己相似，这是所有存在之物共有的能力。灵魂的工作是使事物警醒，不论是在它自身里面的能力，还是以某种方式出去到另外事物中的能力，都从事这样的工作。因而灵魂使一切不能自动活着的事物获得生命，使它们过上它自己所过的这种生活。由于它住在理性原理中，所以它把某个理性原理，也就是它所拥有的理性原理的形像，赋予躯体——就如它赋予躯体的生命也只是生命的一个形像——还有躯体的形状。它拥有它们的理性原理，拥有诸神的以及一切事物的理性原理。这就是宇宙也拥有一切事物的原因所在。

11. 我想，古代的智慧人建造神殿和雕像，是希望诸神能向他们显

---

① 这样鄙视技艺，跟柏拉图非常相似，应注意上下语境。普罗提诺经常谈到计划的、理性（普通人的理性）的活动低于神圣的、自发的活动，后者没有任何计划地发挥作用，这里就是一例。他非常详尽地批判"工匠"创造的观点，参 V. 8. 7. 但普罗提诺可能对技艺更加持积极态度，甚至会说，艺术时可能提升自然，因为艺术家的心灵直接通向可理知世界的形式，而自然事物也是这些形式的影像，有时候出于种种原因，还是非常不完全的影像。参 V. 8. 1. 34-40。

现,①凝视大全的本性,是知道灵魂的本性在任何地方都引人注意。但是如果有人能构建与它相像,并能接受它的部分的事物,那么这样的事物最有可能获得灵魂。与它相像的事物就是以某种方式仿效它的事物,就像镜子能够再现某种形式的映象。是的,大全的本性也是仿效可理知实在巧妙地造出万物,因为它拥有实在的理性原理,而当每个事物以这样的方式成为质料里的理性原理,根据先前的事物塑造质料时候,大全就将它们与神相联,它自己就是依照这位神形成的,灵魂也凝视他,在自己的创造活动中拥有他。②可以肯定,被造的事物不可能一点也不分有神,但是神也不可能降到被造的事物身上。所以神圣领域的那个太阳就是理智——就拿这个作为我们讨论的例子——它之后的是灵魂,灵魂依赖于理智,理智停留不动,它也停留不动。这灵魂将它自身的边锋——与这个可见的太阳相连——给予这个太阳,使这太阳通过灵魂自身这个中介与神圣领域相联,就如同解说员,将来自这个太阳的东西传递给可理知的太阳,又把来自可理知太阳的信息解说给这个太阳,只要这个太阳确实能通过灵魂领会可理知的太阳。③没有什么事物与其他事物相距很远,遥不可及——在另一意义上,距离意味着区别,没有混合——但是神是自主的,一方面与世界同在,另一方面又独立自存。这些天体就是诸神,因为它们永远不离开那些可理知的神,又通过来到可见世界的灵魂与原初的灵魂相联。这使它们名副其实地成为被称为的事物。这也使它们凝

---

① 这里暗指古代埃及按照仪式赋予雕像生命的习俗。参 Hermetic *Asclepius* 37. II p. 347 Nock-Festugiere。它成为后来新柏拉图主义通神操练的常规部分,尽管并非没有受到该学派较为理性的成员的反对。参 Eunapius 475 (Maximus, Eusebius of Myndus 以及 Julian 皇帝)。

② 形式或理性原理依照自然本性(宇宙灵魂中最低级、内在固有的部分)在质料中创造,自然的形式一创造活动软弱而模糊,它如何通过灵魂与理智(也就是这里所说的"神")里的神圣形式相联系,关于这些问题更详尽、更深入的阐述见 III. 8. 1-5。

③ 关于可见太阳与可理知太阳的关联,参 Julian *Oration* IV (to King Helios) *passim*。虽然对普罗提诺来说,两个太阳的这种关系只是一个例子,表明可感知世界的一切事物与可理知世界的事物相关联,表明神亲密地向整个质料世界显现,但在 Julian 那里,这是具有核心意义的神学理论。

视理智，因为对它们来说，灵魂永远不看别的地方，只看那里。

12. 而人的灵魂看见的是它们的影子，似乎是在狄奥尼索斯（Dionysus）的镜子里看，① 经过从上面的下跃，来到那个层次。但是即使是这些灵魂也没有与它们自己的原理即与理智分离。因为它们并没有带着理智一起下降，而是先于理智来到地上，同时它们的头坚定地立在天上。但它们经历了更深的坠落，因为它们的中间部分被迫去关照它们已经靠近的事物，这事物需要它们关照。父亲宙斯很同情他们的困境，就借用死亡使捆绑他们的困境解除，给他们时间安息，使他们不时地脱离躯体，这样他们也可能有机会驻留在大全灵魂一直驻留着的地方。大全灵魂是绝不会转向这个世界的事物的，它所拥有的就是大全已经成全的，这对它自身现在和将来都已经足够。它按照永远恒定的理性原理定期地成就自己的进程，按照具体生命的相应顺序，一次又一次，总是回到同样的状态，使下界的这些生命与上界的那些生命和谐一致，并按上界的生命的样式成全它们。一切事物都受制于统一的理性原理，灵魂的下降和上升以及其他一切事都是如此。灵魂适应我们这个大全的秩序，这就是明证。它们没有从大全脱离出去，而是在下降过程中与它适应，与它的循环形成一种统一和谐，所以它们的时运、生命和选择都可以通过天体形成的相对位置（天象）得以预示，可以说，它们用同一种声音歌唱，并且从不跑调。（更恰当地说，这是主张天球踩着音乐和节奏运行的理

---

① 普罗提诺这里随意提到的奥菲斯故事见 W. K. C. Guthrie *Orpheus and Greek Religion* 2nded. (London 1952) 122-3。镜子是泰坦们（Titans）的玩具之一，他们用它来引诱狄奥尼索斯-扎格列欧斯（Dionysus-Zagreus），把他撕成碎片吃了。他们做了这样的事，宙斯就用自己的霹雳把他们打死，然后从他们的灰烬里生出人类。所以我们既包含"泰坦的"、属地的、恶的元素，也包含神圣的狄奥尼索斯的元素，而这一元素必然通过洁净得以释放。狄奥尼索斯看到镜子里自己的像，乐此不疲，普罗提诺这里只是拿镜子比喻可见世界对必然要坠落到这个世界的灵魂的吸引力（在他看来，所有质料之物都是灵魂的反射）。晚期新柏拉图主义者对整个故事作了精致的寓意解释，按他们的解释，泰坦们把狄奥尼索斯撕碎比喻神圣权能在质料世界的"分散"。

论所隐含的意义。)① 然而，如果大全的行为和经历并非任何时候都与可理知实在相一致，比如它分派时节和规定秩序，度过不同种类的生命——也就是灵魂所度过的各种生命样式，有时候在可理知世界，有时候在天上，有时候转向这些领域——如果在这些活动中不与可理知实在保持一致，就不可能有这种和谐统一。理智作为一个整体始终在上面，永远不会在它自己的世界之外，而是作为整体固定在上面，又通过灵魂与地上的事物交通。灵魂因为靠近理智，倾向于从理智而来的形式，总是以同样的方式给它下面的事物这个灵魂，不同的时候以不同的方式给予另一个灵魂，同时使它的漫游保持常规的秩序。但是个体灵魂并不总是降下同样的距离，而是有时候降得多一些，有时候降得少一些，即使它进入的是同一种类的躯体，也会有差异。每个灵魂都降到为它准备好的躯体里，预备什么样的躯体就看它与灵魂的气质有多大相似之处。灵魂被带到与它相像的躯体里，一个灵魂给予这个人，其他灵魂给予不同的动物。

13. 支配下降灵魂的必然法则和公正原理就这样确立在一种自然原理中，它迫使每个灵魂进入自己独特的等级，那是只有它一个才去的地方，是它原初选择和气质的影像。灵魂在那个世界的每个形式靠近它内在倾向的事物，不需要任何人派送它或者带领它在某个特定时间进入躯体，或者进入这个或那个特定的躯体，只要它的时机来临，它就下降，到它必须去的地方，似乎这是出于它自己的意愿似的。每个灵魂都有自己的时机，一旦这个时机到来，就像有号角召唤它，它就迅即下来，进入相对应的躯体。所以，发生这样的事，就像不由自主地被魔力和强大的引力搅动。这类似于生命物由于灵魂的活动，在适当的时机生

---

① "时运、生命、决定"出于柏拉图《理想国》（617B）结论处的神话。关于普罗提诺对柏拉图这段话的更详尽讨论见 III. 4. 5。普罗提诺这里富有特色地按寓意解释"天球的音乐"，以适合他自己的哲学目标。对这个毕达哥拉斯学说的古代字面解释，见西塞罗 *Somnium Scipionis* 5. 10；参 P. –M. Schuhl *Etudes sur la Fabulation Platonicienne* (Paris 1947) 117 ff。

长出相应的一切，获得既定的发展，以至成熟——比如发出麦芒和触角，产生特定的冲动，突然出现以前没有的大量斑点，就像树木在指定的时间出现既定的生长发育。灵魂进入躯体既非甘心情愿，也不是出于派送，也不是自觉选择，而是如同本能和自发的跳跃，或者如同渴望性结合的强烈本能，或者像某些人出于冲动去行高贵之事。每种特定种类都有自己特定的命运和时机，有的是此时，有的是彼时。在宇宙之前的理智也有自己的命运，不论它发出多少，仍然留在那里。而个别的因从属于普遍的，按照法要被派送出去。因为普遍的对特殊的施加沉重的压力，法则不是从外面获得力量使自己成全，而是在那些服从于它的事物自身之中成全，它们接受法则支配它们。如果时机来临，那么它决心发生的事也就依靠它所在的存在者自身而发生，所以它们自己成就它，因为它们接受它，因它牢固地确立在它们里面而变得强大。它使自己成为它们里面的一种重量，给它们注入一种渴望，因渴望而产生的阵痛。可以说，它们渴望去它们里面的法则召唤它们去的地方。①

14. 因为这一切都发生了，我们的这个普遍秩序虽然已经有许多光，又被灵魂照亮，但要变得更加富有秩序，得到更美的装饰，接受新的安排好的美。这些美都超越于和高于它先前的美，有的出于这个源泉，有的出于那个源泉，有的出于另一世界的诸神和赋予灵魂的理智。② 看起来，这可能就是那个故事所隐含的意思：当普罗米修斯（Prometheus）造了妇人，其他神也来帮忙装饰她。"他把土与水混合"，再给她人的声音，

---

① 这一节教导人的灵魂下降，应当将这一学说认真地与早期论文《论灵魂的坠落》IV. 8. 3-6 里的论述相比较。在这篇论文里，我们可以特别清楚地看到重点的变化，也看到关于质料世界以及我们在这个世界里的生命时而持乐观看法，时而持悲观看法，在两者之间来回摆动，这是普罗提诺讨论这个主题时的显著特色，因为它的目标是调和柏拉图在不同对话里的不同叙述，有时候悲观，有时候乐观。但是 IV. 8 里的思想与本节的思想之间似乎并没有任何本质的分歧。

② 参 VI. 4. 14. 18-19（出自稍早于本文的一篇论文），那里在描述可理知世界的族群时，除了诸神，把人（处于纯洁的可理知状态的人）也包括在内。

使她外表上象女神，阿佛洛狄忒（Aphirodite）给了她一些东西，美惠女神以及其他诸神分别给了她不同的礼物，她就从礼物和所有赐予者得名，因为诸神都给了这个生成物某些东西，她是由于某种预想（或者"神意"）而生成的。埃庇米修斯（Epimetheus）拒绝早已生成的礼物，这岂不表示选择更靠近可理知世界的生命是更明智的选择吗？这位创造者是受束缚的，因为他多少与他所创造的事物接触，但这种束缚是外在的。而他被赫拉克勒斯释放，这意味着他有能力甚至可以释放自己。这种解释是否合理？仁者见仁，智者见智。但有一点毋庸置疑，这个故事展示了为普遍秩序所造的礼物，而且与我们所说的观点相一致。①

15. 当灵魂从可理知世界隐约显现，就首先到达天空，它们在那里穿上躯体之后，就通过这躯体继续转到更粗陋的躯体，一直到它们所能伸展的极致。②有些灵魂只是从天上到达较低的躯体，有些从一个躯体进入另一躯体，有些力量太弱，不足以将它们从这个区域提升起来，因为它们受压抑并健忘，背负着太多的负荷。它们各不相同，或者因为它们进入的躯体各种各样，或者因为它们的命运、成长过程不同，或者它们自己带着源

---

① 普罗米修斯、埃庇米修斯和潘多拉的故事依据赫西奥德 Op. 60-89；关于普罗米修斯的捆绑和释放，见赫西奥德《神谱》521-8。普罗提诺即兴对这个故事作了寓意解释，从他对这种解释所作的评论来看，他对这类故事并不怎么当真。当然，古代神话对他来说，就如对他时代的其他人来说一样，以象征形式表达了深刻的真理。但是只要你认得真理是什么，那么不论你是在哪种具体神话中发现它们，不论你怎样解释诗人故事里的细节，都无关紧要。

② 这里出现了普罗提诺与其他古代晚期哲学家共同持有的"宇宙宗教"（cosmic religiosity）。也就是说，相信天上区域和天体是神圣的，远比月亮下面的世界更靠近任何可能有的高级的、属灵的或可理知的神，所以，原初的、适合灵魂的质料居所就在这个高级领域里，灵魂就是从这里下降的，各种躯体根据下降的程度显现出越来越低级的趋势，（接上页）地上的躯体就是最后、最低的躯体。参本文第 9、17 节；普卢克罗 *The Elements of Theology* 里 附 录 II，*The Astral Body in Neoplatonism*, ed. E. R. Dodds, 2nd ed. (Oxford 1963) 313-21。哲学上的宇宙宗教是普罗提诺严肃看待的事物。他极力为它辩护，反对占星学上的迷信（II. 3），又反对诺斯底学派对可见天上众神的鄙视（II. 9）。不过，它在普罗提诺的思想中占据中等重要的地位，而且很难与它的其他方面相协调。认为"星体"或"气体"比我们地上的躯体高贵，这种观念在他看来远没有相信天体的神性来得重要。

于自身的某种不同,或者所有这些原因,或者其中某些原因合起来共同产生差异。有些灵魂完全顺服于这个世界的命运;有些有时服从命运,有时属于自己;有些还接受必须忍受的一切东西,但是在一切属于它们自己的工作的事上能够沉着冷静,依照另外的法典生活,就是治理实在整体的法典,甘受这另外法条的约束。这法典用各种理性原理、下界的原因、灵魂的运动,以及来自可理知世界的法则编织而成。它与最后这些法则一致,从那个世界得到自己的原理,将后来产生的事物与可理知原理结合,使所有能够根据可理知者的气质保存自己的事物不受困扰,使其他事物根据它们的本性循环。所以,灵魂以这样的方式下来,有些安置在这个地方,有些在那个地方找到自己的位置,原因在于已经下来的灵魂。

16. 将落到恶者头上的公正惩处归于普遍秩序是恰当的,因为它根据正当原理引导世界。至于不公正地发生在善者身上的事,比如不公正的惩罚、贫困和疾病,是否可以说这些东西降临到他们头上是因为他们先前的罪呢?是否这些东西预先已经编织进去并有预示,所以它们也是按照理性原理发生的?不是,这些事并不是按照自然的理性原理发生的,也不是作为前提预设的,而是它们的结果。比如如果一幢房子倒塌了,站在房子下的人就要被压死,不论这人是什么样的人;如果两匹马前后依次奔跑——或者甚至只是一匹马奔跑——那么挡道的事物都会受到伤害或者被践踏。或者我们可以认为这种不公对受害者来说不是一种恶,而把它归因于整体的组合。或者它不是不公的,因为从前者的过错来看,它是合理的。我们不能认为有些事包含在秩序中,有些则放任给自由意志支配。因为如果事物必须按原因和理性顺序发生,按照统一的理性原理和单一的秩序出现,那么必须认为不那么重要的事物也包含在秩序里,也被编织在里面。一人对另一人所行的不义,从行为者的角度来看当然是一种不义,犯下这种行为的人就是犯了罪,但是由于它包含在普遍秩序里,在那个秩序里就不是不义的,或者相对于受害者来说也不是,他要遭受这样的事是注定的。如果受害者是善人,这样的事便转化为对他有益的事。因为我们不能认为秩序是邪恶的和不公的,而要认为它在分配相适应的事物中是准确无误的,只是它使分配的原因隐而不露,让那些不知道这些原因的人去指责抱怨。

17. 我们可以从以下的思考推出,灵魂离开可理知者之后,首先进入天空。如果天是感官感知到的这个区域的较好部分,那么它与可理知世界的最后最低部分接壤。① 所以这些天上区域最先得到灵魂,最先分有灵魂,因为它们更适合分有灵魂。而地上的躯体是最末者,本性上不那么适合分有灵魂,远远不如无形体的事物。所有灵魂照亮天宇,把它们自己最大最先的部分给予它,对于世界的其余部分,就用次级部分照亮。那些下降得更低的,投出的光也更低。不过,走得那么远对它们没有好处。因为有一个中心,围绕这个中心有一个光圈从中心照射出去,在这个中心和光圈之外,有另外的中心和光圈,出于光而为光,② 但这些外面就不再有另外的光圈;后面的圆圈因没有自己的光,需要从另外的光源照亮它。不妨认为这个圆圈是出于第三本体的一个轮子,或者一种球——因为它与第三本体接壤——获得第三本体接受的所有光。所以,大光停留不动,但发射光照。它的光以理性的秩序和比例发射出去,穿越世界;其他光加入光照之中,有些只在自己的地方,有些更多地被照亮者的光亮吸引。由于被照亮的事物需要更多的关照,正如船的舵手在风暴中越来越专注地关心他们的船只,没有意识到他们正忘却自己,甚至有与船一同倾覆的危险,同样,这些灵魂更多地向下朝向属于它们的事物。于

---

① 见第 15 节注释。这里有一种"悄然的空间性"。普罗提诺并非真的认为质料宇宙的哪一部分,甚至是最高的天,可以比其他部分更接近可理知者,因为可理知者根本不在空间里。但是这里他可能不仅受到他那个时代的"宇宙宗教"的影响,而且受到他所喜欢的柏拉图《斐德鲁篇》里的神话(参 246D6-247E6)影响。

② 参 VI. 4. 9. 25-6 和尼西亚信经。在普罗提诺强烈的从属论背景中发现这个短语很有意思,因为这个术语在非从属论的三一神学的第一个伟大信经中占据非常重要的位置,尼西亚教父们在信经中竭尽全力想要强调子不低于父,而在普罗提诺的本体中,一个比一个低。

是它们套上了魔法的绳子,[①]因关心物质本性而被紧紧束缚。如果每个生命物都像大全,一个完全而充分的躯体,完全没有受苦的危险,那么被认为存在于躯体里的灵魂就不会出现在躯体里,而是一方面赐予它生命,同时完全停留在上面的世界里。

18. 灵魂进入躯体之前以及离开躯体之后是否使用推论论证呢?不,推论论证是在下界进入它里面的,当它已经陷入困境并且充满焦虑,处于更软弱的状态中时进来的。对情感来说,需要推论意味着理智的自足性减少了。正如在工艺中,当工匠陷入困境时就出现推论;如果根本没有困难,工艺就自在地做它的工作。但是,如果它们没有推论过程,那它们又怎么可能仍然是合理的呢?我们可以说,因为它们在条件出现时,能够毫不费力地按照理性思考。当然我们必须理解这个意义上的这种推论,因为如果有人认为推论是存在于它们里面、总是源于理智的心灵状态,是一种静态的活动,理智的一种反思,那么他们也会把推论应用于另一个世界。我也不认为我们应当设想它们在可理知世界使用言语,总而言之,即使它们有天上的躯体,也不会有在下界时出于需要或者要解决疑点和争论点所参加的任何一种谈话。它们不论做什么,都按照顺序、根据本性来做,所以它们不会下命令或者给予建议,而是凭直觉知道从一者到另一者的是什么。在下界,当人们沉默不说话时,我们也可以只看着他们的眼睛就知道许多事,而在上界,它们的整个躯体是明亮而纯粹的,每一个就是一只眼睛,没有什么隐藏或者伪装,一个还没对另一个说话,另一个就已经看见并明白了。当然诸灵和诸魂在空气中使用声音,也没有任何荒谬之处,因为它们是有形体的特定生命物。

19. 灵魂的"不可分"部分与"可分"部分是否在同一个地方?似乎它们合在一起,抑或"不可分"元素在不同的地方,与不同的事

[①] 关于自然宇宙的"魔法",它的有机统一体拥有的生命力,魔法师的技艺所依赖的基础,见 IV. 4. 40。

物相关，而"可分"元素（可以说）跟从它，是灵魂的另一部分？正如我们说，推论部分是一回事，非推论部分是另一回事？当我们搞清楚了这两个概念的含义，这个问题也就找到了解答。"不可分"这个词是指没有限定，而"可分"是有限定，柏拉图说，灵魂"在躯体领域变得可分了"，所以灵魂并非原本就已经可分。那么我们必须注意，躯体的本性为了存活需要哪一种灵魂，什么样的灵魂必然作为一个整体无处不存在于躯体。我们知道，整个感官能力由于要在整个躯体运作，所以它开始分离自己。既然它在每一处，就可以说它被分开了，但它是作为整体出现在每一处的，所以不能说是绝对而完全地分开了，只能说"在躯体领域变得可分了"。如果有人说它在其他感官上根本没有分，只是在触觉上是分开的，那么我们必须回答，它必然在其他感官上也同样自我分开，因为躯体分有的是它（感觉整体），而不只是触觉。它里面的植物原理和生长原理以同样的方式被分开。如果欲望在肝部，情绪部分在心脏，同样的观点也适用于它们。也许柏拉图并不承认这些感觉出现在我们一直在谈论的混合体中，或许他认为它们以另外的方式产生，是由于那些已经被接受的事物中的一个而产生的。① 那么推论和理智又怎样呢？它们不再把自己给予躯体，因为它们的工作不是靠躯体这个工具成就的，如果人们在理性考察中使用它，就会妨碍工作。所以，"不可分"和"可分"是两件不同的事，不同于一个混合的事物，而是类似于一个整体的两个部分，每一部分都是纯粹的，在各自的力量上是独立的。然而，如果那"在躯体领域可分"的东西从一个更高的权能中持有"不可分"的东西，那么该事物可能既是可分的，

---

① 普罗提诺在本节基于经常引用的柏拉图《蒂迈欧篇》35A1-3——本节开头他就提到了这一段——试图对柏拉图在《蒂迈欧篇》里关于人类心理的描述作出前后一致、在哲学上令人满意的解释。在这点上，他似乎对柏拉图坚定地把灵魂的不同部分归因于身体的不同部分（70-71）感到有点不安。在下一句里，他转向（可能是安心地）《斐多篇》65里清晰的二元论。

又是不可分的，就好比说它是由自身和由上面进入它里面的力量混合而成的。

20. 我们应当注意这样的问题，灵魂的这些以及其他所谓的部分是否都在空间里？或者这些无论如何不在空间里，但其他部分在空间里，那么这些部分在哪里，或者灵魂的任何部分都不在空间里？如果我们不把处所分给灵魂的各个部分，不把它们任何一个放在任何地方，既不使它们在躯体里面，也不使它们在躯体外面，那么我们就会使躯体成为无灵魂的，就会发现很难明白灵魂通过形体这工具成就的工作是怎样发生的。或者，如果我们把一个处所分给某个部分，但其他部分不给处所，那么情形就会这样，我们没有给予处所的那些部分，我们就没有使它们在我们里面工作，所以我们灵魂的整体并不在我们里面。大体上我们必须说，无论是灵魂的部分还是整个灵魂，在形体里都不是如同在一个处所。因为处所是某种包围的东西，并且包围躯体，每个分开部分在哪里，它就在哪里，而不在其他地方，所以整体作为整体不在任何处所。但是灵魂不是躯体，既不被包围也不包围。它在躯体里当然不是如同在一个容器里。[①]因为躯体若不是通过一种来自保留在自身之中的灵魂的传送获得灵魂，就会成为没有灵魂的，不论它是作为容器还是作为处所包围灵魂。否则，容器分有多少量，灵魂就会损失多少量。但是严格而适当意义上的处所是无形的，它不是一种物体。既然如此，它凭什么需要拥有灵魂呢？躯体会以它的边缘而不是它自身靠近灵魂。对于灵魂在躯体里如同在处所里这种说法，还可以提出许多其他驳斥。因为处所会始终与它一起，躯体本身就成为某种随身携带空间本身的事物。即使把处所理

[①] 否认灵魂在躯体里如在处所或者容器里，这是标准的亚里士多德理论。参 Alexander of Aphrodisias *De Anima* 13-15 Bruns 关于在什么意义上可以说灵魂"在"躯体里的冗长评论，普罗提诺这里以及下一节里就利用了这段评论。普罗提诺认为，如果人们实在要用空间比喻，那么与其说躯体在灵魂里，不如说灵魂在躯体里更好，参比如这里的第14—15 行以及第 22 节 8—9 行。

解为间距，灵魂在躯体里也仍然不可能如同在处所里。因为一个间距必然是虚空的，但躯体不是虚空，尽管躯体所在的事物可能是虚空，也就是说躯体在虚空中。另外，灵魂在躯体中也不会如同在基质中，因为在基质中的东西是它所在之物的一种属性，比如颜色和形状，而灵魂是可分离的东西。它当然也不是如同部分在整体里，因为灵魂不是躯体的部分。如果有人提出它类似于一个部分在一个整体生命物中，那么首先同样的难题仍然存在，即它是怎样在整体中的。显然，它不可能如同酒在酒瓶里，或者加仑在加仑罐里，也不可能以一物在它自身里的方式在躯体里。灵魂在躯体里更不可能如同整体在它的各部分里，如果说灵魂是整体，躯体是它的部分，那会非常荒谬。它也不会像形式在质料里，因为质料里的形式不可分离，何况它是后来才进入已经存在的质料的。而灵魂创造了质料里的形式，当然不同于它所创造的形式。如果他们说它不是在质料里形成的形式，而是独立的形式，那么这形式如何成为躯体中的形式，这个问题仍然不清楚。那么为何人人都说灵魂是在躯体里呢？这是因为灵魂不是可见的，而躯体是可见的，所以我们看见躯体，知道它有了灵魂；因为它能活动，能感知，所以就说它有灵魂。也就是说，在我们，说灵魂实际上就在躯体里是很自然的。但是如果灵魂是可见的和可感知的，四方都被生命包围，同等地伸向躯体的各端，那么我们就不能说灵魂在躯体里，而应说不太重要的一方在更为重要的一方里，被整合的一方在整合的一方里，流逝的一方在流逝的一方里。

21. 那么它究竟是怎样存在的？如果有人提出这个问题，自己又没有给出任何回答，那么我们该说什么呢？它的所有部分都以同样的方式存在，还是这个部分以这种方式，那个部分以那种方式存在？事实上，我们通常所谈论的一物在另一物里面的所有方式，没有一个适合于灵魂与躯体的关系。但也有人说，灵魂在躯体里就如同舵手在船上，就灵魂能够脱离躯体而去这一点来说，这个比喻不错，但它仍然不能完全令人满意地描述灵魂的存在方式,这个问题正是我们自己在考察的问题。舵手作为航海者可以偶然出现在船上,但他是如何作为舵手出现的?何况灵魂在躯体里是在整个躯体里,而舵手不可能在整个船上。那么我们是否可以说,它的存在如同技能在工具比如方向舵里?这样,如果舵有了灵魂,舵手的技能,也就是根据他的技艺规则使舵运作的技能,就在它里面了?但这样的比喻也不完全吻合,因为技能从外部而来。如果按照已经掌舵的舵手的例子,我们说灵魂在躯体里如同在一种自然工具里——这就是灵魂推动躯体活动的方式,不论它想做什么——那么我们是否能从我们考察的下一个观点中获得什么益处?我们将再次陷入如下难题:它是怎样在工具里的?尽管以这种方式在躯体里不同于以前所提到的任何一种方式,但我们仍然急于完全找到它,找到更接近我们的考察目标的途径。

22. 那么我们是否可以说,当灵魂存在于躯体里时,就如同火存在于空气中?因为这火与灵魂类似,在场又没有显现,渗透整体却没有与它的任何部分混合。当空气流逝而去的时候,它自身保持不动;当空气流到光所在的空间外面时,它彻底脱离光,不保留光的任何成分;而当它在光之下时,就被照亮。所以我们这里也完全可以说,是空气在光里,而不是光在空气里。所以柏拉图①在谈到宇宙时不是把灵魂放在躯体里,而是把躯体放在灵魂里。他还说灵魂有一部分有躯体在里面,有一部分没有躯体,显然是指躯体不需要的灵魂能力。同样的原理显然也适用于其他灵魂。我们不能说灵魂的所有能力都在躯体中,而是说它需要的能力在场,在场但不在它的部分里,而在整体中。感官为了感知的目的存在于感知体的整体,但这个感官这时候存在于这个部分,那个感官在那个时候存在于那个部分。究竟哪个感官显现,要看进行的是哪种感知活动。

23. 我的意思是说,当有了灵魂的躯体被灵魂照亮之后,它的一部分以一种方式分有,另一部分以另一种方式分有。每个感官对应各自的任

---

① 参《蒂迈欧篇》36D9-E3;第20节注2。

务，因为灵魂给予每个感官与其任务相适应的能力，所以眼睛的能力称为视力，耳朵的能力称为听力，味觉的能力据说在舌头，嗅觉的能力在鼻孔，触觉的能力在全身，因为整个躯体就是灵魂的这种感觉器官。由于触觉器官在第一神经里，这些神经也有能力使生命物运动，因为相应的灵魂力在这些地方自我显现，又由于这些神经始于大脑，[①] 他们就确定感知和冲动的原理以及一般意义上整个生命物的原理都在大脑里。他们认为这是显然的，那将要使用器官的事物可能就在这些器官开始的地方——或者应该说，感知从潜能到现实的开始之处在大脑。因为工匠——我们可以这么称呼——的能力与器官或工具相对应，这能力必然固定在这工具将要启动的那个地方；或者毋宁说不是能力——能力无处不在——而是它的现实化的开端在器官开始的地方。感觉的能力，也就是冲动的能力，属于能感知和想象的灵魂。这种能力拥有高于它的理性，可以说是一种下侧与上面的事物紧密联系的本性，所以古代人把理性放在整个生命物的最高点即头上，认为它不是在大脑里，而是在这种感觉能力里。这种能力以上面所描述的方式位于大脑。因为灵魂必然将自己的一部分给予躯体，给予躯体里最能接纳它活动的部分，而另一部分即与躯体毫无联系的部分，必然与第一部分联系。它是灵魂的形式，这部分灵魂能够思考从理性而来的事物。灵魂的感知部分在一定意义上能够判断，想象部分具有一种理智活动，冲动和欲望部分则跟从想象力和理性的引导。因此推论部分在感知部分里不是如同在某个处所里，而是因为在那里的事物利用

[①] 伟大的加尔西顿（Chalcedon）医生 Herophilus（公元前 3 世纪前半叶）和他年轻的同时代人 Erasistratus of Ceos 对神经系统的功能和大脑作为神经系统的中心和理智活动的所在作出了大量发现。他们的发现一直得到使用，并由伟大的 Galen（公元 2 世纪）发展，在普罗提诺时代广为人知。柏拉图主义者很欢迎这些发现，认为它们确证了柏拉图的观点，即理智活动定位在头上（《蒂迈欧篇》44D-E，但是提出的理由几乎不具有科学性！），同时驳斥了亚里士多德、斯多亚学派以及伊壁鸠鲁的观点，他们把理智活动定位在心脏——Alexander *De Anima* 94, 7 ff.; 24 ff. Bruns 仍然捍卫这种观点。参 H. J. Blumenthal *Plotinus Psychology* (The Hague 1971)75。

它。我们已经解释了我们所说的感知部分在"那里"是什么意思。灵魂的这一部分是我们与植物共有的，负责生命的生长和营养，是身体的任何部分都不缺乏的。由于它通过血液滋养生命，滋养的血液又在血管里，血管和血液的起点在肝部，这就好比说这滋养能力固定在肝部，所以灵魂的欲求部分被安排在这个处所居住。因为生育、滋养和生长的东西必然也有对生育、滋养和生长的欲望。但由于稀薄、轻盈、快速和纯粹的血液是灵魂的情绪部分的相应器官，它的源泉心脏——这种血液就是从心脏分发出去的——就成为沸腾的情绪部分的居住地。

24. 那么当灵魂离开身体之后，它将会在哪里呢？它不会在下界，这里已没有任何事物能够接纳它，它不可能与那本性上不适合接纳它的事物停留在一起，除非因为它不合理智，所以仍然有某种躯体的东西吸引它。如果它有另外的躯体，它就在那躯体里，并伴随它到那必然与它的存在和发展相适应的地方。但是由于每个灵魂都有多个躯体之外，还有多个处所，它们之间的差异必然来自于灵魂的气质，也必然来自事物本性中的公正。谁也不可能逃脱因自己的不义行为而应当遭受的事，因为神圣法律是无可逃脱的，它本身中就包含已经预先宣告的审判。要遭受惩罚的人自己也不知道要遭受什么事，他在飘泊不定的路途中随处颠簸，动荡不安直到最后，似乎种种抵制的努力已使他筋疲力尽，他坠入适合他的地方，拥有不曾希望拥有的东西，作为对他自愿走过的路程的惩处。不过，神圣法则里规定了他必须遭受多大的惩罚以及要遭受多长时间，又说和谐之力要释放他脱离惩罚，使他有能力脱离这些区域，这和谐力就是把宇宙结合起来的力量。如果灵魂拥有躯体，它们就能意识到躯体上的惩罚；而那些纯洁的、无论如何不吸收躯体之物的灵魂必然也不在躯体的任何部分里。既然它们不在躯体的任何地方——因为它们没有躯体——这样的灵魂就会在实体、实在和神圣者所在的地方——也就是在神里——在那里，它必然与他们同在，在神里面。所以，如果你仍在寻找灵魂所在的地方，你就必须寻找他们所在的地方。但是在寻找的时候，你不得用你的眼睛寻找，也不能用寻找躯体的方式寻找。

25. 同样值得考察的是记忆问题，已经离开这些区域的灵魂本身是否有记忆的能力，或者它们中有些有，有些没有？它们是能记住一切事，还是只能记住某些事？它们是始终有记忆，还是只是在刚刚离开时才有记忆？如果要准确地探讨这些问题，我们就必须明白能记忆的是什么。我没有说记忆是什么，而是说它必然存在于哪类实在中？记忆是什么，我们已经在别的地方讨论过了，那里对这个问题已经谈论得很充分，①但是我们必须更准确地理解那拥有记忆能力的东西究竟是什么。如果记忆是某种获得的东西，或者是学来的，或者是经验积累的，那么记忆就不会存在于那些不受经验影响的实在中，也不存在于那些无时间性的实在中。我们当然不能把记忆归于神，或者真是或者理智，因为没有任何外在的东西进入他们里面，也没有时间，只有真是所在的永恒，既没有前，也没有后，始终是其所是，处在同样的状态，不包含任何变化。②既然那留在同一、完全相似状态中的事物，既不拥有也不掌握另一种不同于它以前曾有的是的方式，没有一个接一个的思想，不可能停留在一种思想中记忆以前曾有的思想，那么这样的事物怎么可能有记忆状态呢？那么它为何不能在不改变自身的前提下知道其他事物的变化，比如宇宙的循环？原因在于它把一物思考为以前的，另一物思考为以后的，跟从转动之物的变化，而记忆是不同于思考的东西。我们不能说它记忆自己的思想，因为思想不是以前出现的，所以它必须紧紧抓住它们，免得它们离去。否则它可能就会担心自己的本质会离它而去。同样，不能说灵魂在我们

---

① 不清楚普罗提诺这里所说的是何处的记忆讨论。根据坡菲利，他的短文《论感觉和记忆》(IV. 6) 写于本文之后（按时间顺序是第 41 篇）。写于 IV. 3-4 之前的 III. 6 (26) 中有关于记忆的简短讨论，看起来似乎还是预示先前的某次讨论。这两处所指的可能都是口头的讨论。无论如何，除了 IV. 6 第 3 节以及紧接这里的关于记忆这个主题和内容的详尽讨论，普罗提诺关于记忆的其他作品没有任何痕迹保存下来。

② 神圣存在者（包括高级灵魂和世界灵魂）是否有记忆的问题这里只是开头，后面部分 (IV. 4. 16-17) 以否定形式（与这里一样）作了详尽的讨论和回答。

所讨论的意义上有记忆，它所拥有的事物是它本性的部分，当它在下界时，它拥有它们，但并不根据它们行动，尤其是当它刚刚来到这里的时候。至于它的活动，古人似乎用"记忆"和"回忆"这些词描述把自己拥有的东西付诸行动的灵魂。所以这是另一种记忆，这种意义上的记忆不涉及时间。不过，或许我们对此太过随意了，没有真正用钻研的眼光观察它。有人完全可能会提出这样的难题，或许所谓的记忆和回忆并不属于那个高级灵魂，而是属于另一个暗淡的灵魂，或者属于复合体即生命物。如果记忆属于另一灵魂，那么它何时或者怎样获得记忆？于是我们必须探求我们里面拥有记忆的是什么样的事物，这正是我们一开始就要追究的问题。如果有记忆的是灵魂，那是它的哪种能力或者哪一部分？如果记忆的是生命物——正如有人一直认为感知觉的能力属于生命物——那么它是怎样记忆的，那样的生命物应当是什么？再者，人们是否必须把感知觉和思想归于同一事物，还是归于不同的事物？

26. 如果复合的生命物参与现实的感知觉活动，那么感知必然是类似于钻孔和编织这样的事——所以才被称为"共同的"①——以便使灵魂在感知中处于工匠的地位，而躯体担当工具的角色。身体体验、效劳，灵魂接受烙在身体上的，或者通过身体而出现的印记，或者灵魂根据身体的体验作出判断。就此而言，感知觉当然可以称为两者的共同工作，但是记忆不可能必然属于共同的东西，因为灵魂原本就已经有了印记，或者保留着，或者扔掉了，除非有人说，身体各元素的混合物使我们产生好的或坏的记忆，根据这一事实可以得出结论，记忆是一种共同的活动。即便如此，尽管可以说身体对记忆有妨碍或没有妨碍，记忆仍然属于灵魂。因为灵魂是记住我们所学知识的原理，记忆怎么可能是共同的

---

① 把身体和灵魂都参与的活动比作像编织这样的活动，出于亚里士多德 De Anima A 4。但普罗提诺富有特色地用木匠的特定活计 τρυπαν "钻孔" 取代亚里士多德更一般性的 οικοδομειν "建筑"，使画面更加生动。这里 κοινον 指身体和 θυσις（自然或低级灵魂，"合成生命物"的另一元素）共有的。见 Blumenthal *Plotinus s Psychology* 61。

而不是灵魂的？如果复合的生命物是这样一种事物，不同于组成它的两个部分，那么首先，说生命物既不是身体也不是灵魂是荒谬的，因为生命物不可能不同于两者变化所产生的东西，也不可能不同于它们混合之后产生的东西，所以灵魂潜能地在生命物中。即使如此，记忆在多大程度上属于灵魂，就如同在酒和蜜的混合物中，甜味在多大程度上属于蜜？假设它本身从事记忆活动，但因为在身体里，不是纯粹的，拥有某种特定的性质，所以它能够接受感觉对象所产生的印记，① 它之所以能接受印记也是因为它在身体里有一种接受它们并且不会流逝（可以这么说）的立足之地，那会怎样呢？首先，印记不是数量；其实，它们也不像印章留下的痕迹，不是重力留下的印象，不是戳记，因为没有任何推挤，它不同于蜡上留下印记，它的方式类似于思考，甚至思考感觉对象。在思想活动中，能有什么样的重力印记呢？需要什么样的物体或物体性质作为伴随物呢？但是也可以肯定，灵魂必然有关于它自己活动的记忆，比如它曾渴求的东西，它不喜欢的东西，以及那没有进入躯体的渴求对象。躯体怎么可能谈论没有进入它里面的事物呢？或者说灵魂将怎样借助于躯体记住某些开始根本不知道的事物？如果灵魂必然是某物，一种独特的本性，拥有自己的工作，那么我们必须说，有些事，就是通过躯体出现的事，一直渗透到灵魂，有些事则只属于灵魂。若果真如此，它就有渴望，有对自己的渴望的记忆，有对获得或者没有获得的记忆，因为它的本性不是那些处在流动状态的事物中的一个。如果不是这样，我们就不能赋予它自我意识或者对它自己的活动的意识，或者任何一种结合和领会的能力。若说它自己的本性中完全不包含这些东西，全是从躯体获得的，这当然不是事实。事实上，它拥有成全物质器官所需要的某些活动，它们中有些是它来的时候作为潜能带来的，有些是作为现实带来的。就

---

① 普罗提诺经常用这个例子来抨击斯多亚学派的形体主义（corporealist）感知论。关于这种理论参 SVF I 484 和 II 343；普罗提诺对柏拉图驳斥斯多亚学派心理学最详尽的阐述是 IV. 7. 1-83（第 6 节讨论感觉印象）。

记忆而言，躯体是它的一个现实妨碍，甚至如事实所表明的，有些添加物产生遗忘，只有拿走和清除它们，记忆才恢复效力。记忆是一种稳定的状态，而躯体的本性变动如流，必然是产生遗忘的原因，而不是记忆的原因，在这个意义上我们就可以理解"遗忘河"的含义了。① 所以，记忆这种经验应当属于灵魂。

27. 那么记忆属于哪个灵魂？是我们称为神圣的，使我们成为我们自己的那个，还是从整体而来的那个？也许我们必须说，记忆有两种，有些是个体的，有些是共同的。当两个灵魂合在一起时，它们的记忆也全都一致。如果它们相互分离，如果两个都存在，且固执于分离，那么每个都对自己的记忆长一点，对另一者的记忆短一些。无论如何，在冥府的赫拉克勒斯的影子②——我想，我们必须把这影子看作我们的自我——记得他在世时所做的一切事，因为生命专门属于这影子。其他成为混合体的灵魂，混合高级和低级部分，能谈论的仍然只是此生的事，它们自己知道这些事——或许有关正义的某些事例外。但是荷马没有告诉我们赫拉克勒斯自己，没有影子的赫拉克勒斯本人怎么说。当另一灵魂脱离躯体，单独存在时，它会说什么呢？携带躯体之物的灵魂会谈论此人曾经做过或经历过的一切。但随着死后的时间不断流逝，关于它先前生命的其他事物的记忆就会出现，于是它甚至会鄙夷地抛弃关于它刚刚过去的生命的某些记忆。由于它已经脱离躯体污染，它将在自己的记忆里再次重温它在此生中不曾拥有的东西。如果当它

---

① 这是对柏拉图一个神话的偶然使用的哲学解释。"遗忘河"出自《理想国》（621C）结尾对伟大神话的总结。

② 参考《奥德赛》11. 601ff.。在冥府的赫拉克勒斯的影子不同于赫拉克勒斯本人，他本人与诸神同在。参 I, 1. 12. 31ff.。自 Aristarchus 以来已经识别这段话是后来加进去的，但普罗提诺对此并不了解（他不是学者）或者故意忽视。他的哲学解释有更早的先驱，最远的出处可能是旧学园派或者后柏拉图的毕达哥拉斯学派。见 Plutarch *De facie in orbe lunae* 944F-945A 和 H. Cherniss ad loc. (Moralia, Loeb edition vol. 12) 的注释；F. Cumont *Lux Perpetua* (Paris 1949) 189-91; H. J. Blumenthal *op. cit.* 86; 最新最全面的考察见 J. Pepin, "Heracles et son reflet dans le Neoplatonisme" in *Le Neoplatonisme* (Paris 1971) 167-99.

离开这个躯体之后，它又进入另一个躯体存在，它将谈论外在生命中经历的事，谈论它刚刚离开的事物，它先前生命中的许多事件。但是最后它将渐渐遗忘它曾一次次想起的许多事。那么当它终于独立自存时，它会记得什么呢？首先我们必须探讨伴随着记忆的是灵魂的哪种力量。

28．它是使我们感知并学习的力量吗？或者我们对我们曾渴望的事物的记忆伴随我们的渴求能力，对使我们愤怒之事的记忆伴随着我们的情绪能力？有人会说，不可能享有所求对象的是一物，记住所享有的对象的是另一物。基于这一假设，欲求能力是由它所享有的事物在它再次看见所求对象时推动的，显然是通过记忆推动的。否则，它为何不是在看见别的事物时被推动，或者以另外方式看见时被推动？那么是什么东西阻止我们让欲求能力拥有对可欲求之物的感知，使感知能力获得欲望，把一切给予一切，使每一个都以自身里占优势地位的事物命名？① 其实，可以用不同的方式把感知归于每种能力。比如看东西的是视力不是欲求力，但欲求力被某种来自感觉的传播推动，目的不是让它能说出它是哪种感觉，而是让它不知不觉地受它影响。就愤怒来说，视力看见作恶者，看见上升的怒气。这就好比牧羊人通过羊群看见狼，牧羊犬闻到气味或听到声音而激动，尽管他本人并没有亲眼看见狼。欲求力当然有过、现在还拥有所发生之事的痕迹，这埋在它里面，但不像记忆，倒像一种无意识的倾向和影响。而保留所发生之事的记忆的是另一种能力，它看见过这种享乐，享受它自己的运动。关于这一点的证据有，对欲求力所经历之事的记忆往往是不愉快的，除非记忆曾经在它里面，那才可能是愉

---

① "以优势命名"观念至少要追溯到阿那克萨哥拉（见亚里士多德《物理学》A 4, 187b1 ff.），Antiochus of Ascalon 用来讨论一种不完全快乐的生活是否可以称为"快乐"的问题（西塞罗），它成为普罗提诺之后的新柏图主义的重要观念。见 P. Hadot, "Etre, Vie, Pensee chez Plotin et avant Plotin" in *Les Sources de Plotin* (*Entretiens Hardt* V, Vandoeuvres-Geneve 1960)。

快的。

29. 那么我们可以把记忆放在感知力里，让记忆的事物与感知的事物成为同一事物吗？但是，如果影子（幽灵）也能记忆，如人们所说的，那么感知力将是双重的。即使记忆的不是感知力，是另外事物，这种记忆能力也是双重的。另外，如果它是能记忆的感知力，那它除了感知感觉对象之外，也将感知思考和思想。但是从事这些工作的必然是不同的能力。那么我们是否可以设想一种共同的理解力，使它有关于两者的记忆？如果领会感觉对象和理智活动的是同一种事物，那这样说可能还有一点道理，但是如果它一分为二，那就还是有两种能力。如果我们把两者都给予每个灵魂，那么就会有四种能力。但是一般而言，我们为何必须靠使我们感知的事物来记忆？为何感知和记忆要由同一种能力产生？为何必须靠使我们思考的事物记住我们的思想？思考能力最好的并非记忆能力也最好，那些具有同等感知力的并非也具有同样好的记忆，有些人感觉灵敏，[但记忆很差]；有些人感觉迟钝，但记忆很好。再说，如果这两种能力必然各不相同，感觉先感知到的东西，由另外的事物来记忆，那么是否也有另外的事物感知将要记忆的东西？其实，没有什么会阻止一种感知成为那要记它之物的心理图像。记忆和保留对象必然属于造像能力（image-making power），这是另一种不同的能力。正是在这种能力里，感知得出自己的结论。当感知不再存在时，先前所见的事物存在于这种能力里。如果不在场者的形像已经存在于这里，那它就已经开始记忆，即使只存在一小段时间。影像在人身上保留一小段时间，他就会有一小段记忆，形像如果保留很长时间，人就会有更好的记忆。因为这种能力在他身上更大，所以它不会轻易改变，不会轻易抖落记忆，让记忆消失。也就是说，记忆将属于造像能力，而留住记忆属于心理图像类型的事物。我们可以说，人在记忆方面有区别是因为他们的造像能力得到不同程度的发展，或者因为他们专心或不专心的程度不同，或者由于某些形体气质的有无，它们是否变化，就可以说是否产生扰乱。这个问题我们将在另外地方讨论。①

30. 但是记住思想的是什么呢？造像能力是否也记思想呢？如果每种理智行为都伴随一个形像，那么如果这形像保留下来，作为思想的一幅画，这样可能会有关于已知之物的记忆。如果形像没有保留，那我们必须寻求另外的解释。或许纳入造像能力是伴随着理智活动的口头表达。理智活动没有部分，可以说，不会展现出来，始终在里面看不见，而言语表达展现自己的内容，把它从理智活动带入造像能力中，从而就像在镜子里把理智活动展现出来，这就是对它的领会、存留和记忆。因此，尽管灵魂始终被推向理智活动，但只有当它最终在造像能力里时，我们才能领会它。理智活动是一回事，对它的领会是另一回事。我们在理智意义上始终是活动的，但并非始终理解我们的活动。这是因为接受它的事物不只是接受理智的活动，而且在另一方面也接受感知。②

31. 如果记忆属于造像能力，两个灵魂都负责记忆，如已经说过的，那就应有两种造像能力。这样，当两个灵魂彼此独立时，我们可以设想，每一个都会有一种造像能力。但是当它们在我们属世的生命中合在一起时，怎么会有两种能力，记忆又会位于哪一种能力里面呢？如果它在两者里面，那形像就永远是双重的，因为我们自然不能设想，一灵魂的能力只有可理知事物的形像，另一灵魂的能力只有可感知事物的形像。否则，就会有两个彼此之间毫无共同之处的生命物。如果两类形像都在两个灵魂中，那两者有什么区别？我们为何不能辨认它们？当一灵魂与另

---

① 这话似乎表示普罗提诺打算写类似于 IV. 6（后来写的）第 3 节的段落。

② 对我们自己的思的意识产生记忆，这种意识只有当纯粹的思想转化为形像时才可能出现，这一学说参 IV. 8. 8; I. 4. 9-10。这些段落补充说明，能否转化为形像取决于身体是否健康，是否没有身体上的干扰；通常意义上的意识之与记忆是次要的，依赖于我们自己的身体状态，相对不那么重要。普罗提诺这种思想出现在他早期、中期以及晚期的论文中，所以他似乎在整个写作时期都坚持这一思想。

一灵魂协调一致,它们的造像能力不相互分离,并且高级灵魂占支配地位,此时形像就成为一个,就好比是一个影子跟随一个原型,又似乎是一个小光悄悄落在大光之下。如果两者之间有冲突,有不和,另一个形像独自变得明显,但我们没有注意在另一能力中的形像,我们一般也没有注意灵魂的二元性。因为两个灵魂合而为一,高级灵魂在另一灵魂的头顶。这另一灵魂看见一切事物,当它离开身体时就随身带走一些事物,属于高级灵魂的事物,拒斥另一些事物。就如我们开始时与卑劣的人为伍,但后来就转向另外的朋友。同样,我们对低级事物几乎没有记忆,而对优秀事物有很多记忆。

32. 关于我们的朋友、孩子、妻子的记忆又是怎样的呢?关于我们的国家,以及一切对优秀的人来说记住并不可笑的事的记忆是怎样的呢?要知道,造像能力带着情绪记住这些,但优秀的人拥有它们的记忆却没有情绪。或许情绪从一开始就在造像能力中,但具有好品质的那些情绪传到高贵的灵魂,因为它与另一灵魂有一定交通。整个灵魂应当追求记忆高级灵魂的活动,尤其是当它自身具有美好品质时。一个低级灵魂可能从开始时是相当好的,也可以通过高级灵魂的教育变成好的。但高级灵魂应当高高兴兴地忘掉从低级灵魂接受的东西。因为即使高级灵魂是高贵的,另一灵魂也仍然可能在本性上相当卑劣,要受到高级灵魂的强力压制。它越是加劲朝向高处,就越能遗忘低处,除非它的整个生命,即使是在下界,也只拥有对高级事物的记忆。因为在下界,最好也能脱离人的焦虑,从而必然脱离人的记忆,所以如果有人说好的灵魂是善于遗忘的,在这个意义上,这种说法是正确的。高级灵魂也逃离多样性,把多聚合为一,抛弃不确定者。因为这样它就不会塞满多样性,而是轻盈自如,独立自存。当它想要进入那个高级世界时,即使它还在下界,还停留在这里,它就毅然抛弃一切与那个世界不同的事物——这里有的事物,很少那里也有的——而当它到了天上之后,它就要抛弃更多。荷马的赫拉克勒斯可以谈论他的英雄事迹,但认为这些事想并不重要的人,已经转移到更圣洁之地的人,比赫拉克勒斯更强大的人,这智慧的比赛者在这背景下。①

4. 二论灵魂问题的难点

1. ——他会说什么呢？当灵魂进入了可理知世界,与那高级实在同在之后,它会记得什么呢？它会凝思它周围的那些事物,它的心智活动密切关注它们,否则它根本就不会在那里,这样说是合乎逻辑的。那么,它会不会记得下界的经历呢？比如它从事过哲学研究,甚至当它还在这里的时候就凝思过那另一个世界的事物？但是,当人的思想指向某物时,他不可能做别的事,只能思考和凝视那个对象——"我以前思考过 [它]"。这样的话不可能包括在思里面,那是后来才有可能说的;如果后来真的说了这样的话,那时人的思也已经发生了变化。如果是这样,那么当人完全进入了可理知世界,就不可能记得发生在下界的任何事情。正如我们所深信的,理智的任何行为都是无时间性的;既然那里的实在也都永恒,不在时间里,那么它们不可能有什么记忆,不仅不记得有关下界的事,对其他任何事情都不会有记忆。每一件事情和一切事物都呈现在那儿,因此不存在推论性思考或由此及彼的过渡。既然如此,是否上界的事物不会分化为下界的种类,或者下界的事物不会向普遍的、更高的世界上升？即使理智没有这种分化,因为它在其现实性中完全为一,但当灵魂在那里时为何也没有分化呢？是什么东西使灵魂不拥有在一里统摄所有

---

① 很奇怪,坡菲利在这里,在一个句子的中间就把这篇大作断开。但是如果我们考虑到这个句子是破格文体,这样断句就似乎不那么奇怪了。断点表示从具有中等美德的人(拿赫拉克勒斯作比喻)转向凝思的贤人。这里的断句使坡菲利能够突出强调 IV. 4 开始提出的重要问题(参坡菲利划分《论神意》(III. 2-3)的方法,以及普罗提诺本人从 I. 1 开始讨论的激动人心的问题)。

对象的直观？它能否真的把它们看作完全是一物？或者毋宁说，似乎它的所有理解活动，连同它们的许多对象，都在一起。由于灵魂的凝思对象千变万化，理解的行为也必层出不穷，各式各样，就像我们看一张脸时，会同时看到脸上的眼睛、鼻子以及其他面部特征，所以有多种感知行为，理解也有多种行为。那么，当灵魂划分并展示某个对象时，又发生了什么呢？事实上，划分已经存在于理智之中，灵魂的这类行为更像是集中注意力而已。正如在种类-形式中，在先者与继后者不是时间性的，同样，灵魂不会让它在先者和继后者的理解活动处于时间性的序列之中，因为还有顺序上的在先者与随后者。就像一棵树，生长顺序从根部开始，然后伸展到顶端，但是在观察者看来，却并不存在这种先后之分，因为观察者总是同时看到整棵树。但是，如果灵魂先看到一[可理知对象]，然后拥有对象的具体多样性，那么它为何先拥有一点，然后再拥有另一点呢？因为这一能力的一在另外事物中就成了多，它并不是靠一个智力行为就领会了一切事物。因为它的行为虽是个体性的，但总是在一种永恒不变的能力中统一起来，而在别的事物中又被分离。由于那个可理知对象不是一，因此它能在自身中接受那原先并不存在的多的本性。

2. 关于这一点就说这么多。那么它如何记忆自身？它甚至不拥有关于自身的记忆。或者它是在凝思的是人自身，比如是苏格拉底这个人，或者它就是理智或灵魂。此外，人应该清楚地记得，即使在下界，当他凝思时，尤其是当他的凝思是清晰时，他并不是在理解活动中转向自身，而是拥有自身。而他的活动直接指向了凝思的对象，与对象合为一体，把自身作为某种质料交给了对象，按照他所见的事物被塑造成形，所以只是在潜能意义上是他自身。那么，如果一个人根本不思考，他仍是真正的他自己吗？是的，他还是他自己。但是如果他根本不思考，那么他仅仅是他自己，其实空无一物。相反，如果他是自己又不只是他自己，而且就是一切事物，那么他在思考自身时，同时也就在思考万物。因此，一个借着自我直观达到这种状态的人，一旦真正看到自身，也就同时看到了一切。同样，在直观中看到了万物，也就包括看到了他自身。如果这就是他所做的，那他就改变了他的理解活动，而前面我们一直认为这样谓述是不对的。那么，我们是否必须承认理智是不变的，而灵魂——我们可以说，它就处在可理知世界的边缘——有可能发生这种变化，因为它也能进展到理智中间？如果有某物进入原居住者的领域，它必不同于原居住者，也不会以同样的方式居住。不，当灵魂从自身的部分向自身运动，或从自身向它的组成部分运动时，我们甚至不能说有什么变化。因为这自身就是万物，两者是一。但是，灵魂在可理知世界时，是否经历过有关于它自身与它的组成部分之间的这种"相互追求"呢？不。一旦它完全而纯粹地进入可理知世界，它自身也就具有了不变性的特征。它真正就是它所是的万物。灵魂一旦处于那一领域，必然要与理智结合，因为它确实已经转向了理智。它既然转向了理智，两者之间便再无间距，于是它进入了理智之中，使自身与理智和谐一致，并借这种和谐与理智统一，同时自身不受损害，因此两者既是一又是二。可见，一旦灵魂处在这种状态，就不会有变化，而是义无反顾地投身理解活动，同时又拥有关于它自身的统一意识，因为它与它的可理知对象已经成为一而同的事物了。

3. 如果灵魂逃离可理知世界，因为无法忍受统一性，只接受自己的个体性，并且想要与众不同，于是可以说，把头"伸到外部"，那么它将因此获得记忆。它还记得可理知世界中的事情，这种记忆使它不至坠落，但是它对下界事物的记忆却使它坠入地上，对天界之事的记忆则使它留在那里。一般来说，它记得什么，就是并成为什么。记忆或者是思考，或者是想象。图像进入灵魂不是因为灵魂拥有它，而是因为它看见什么，它就倾向于什么。如果它看到的是感觉对象，就会坠入感觉对象中，看见得越多，坠入就越深。因为它是以某种间接的方式拥有万物，而不是像[理智]那样完全地拥有万物，所以它就变成了万物。并且，因为它是某种位于两个世界的边缘的事物，并占据了一个相应的位置，所以它的活动都有可能朝向两个方向。

4. 在可理知世界，灵魂借着理智也看见了至善。因为至善并没有被排除在灵魂之外，并非没有传入灵魂。事实上，两者之间根本不存在阻隔的形体。即使两者之间隔着形体，也仍有许多途径能使第一者（即至善）到达第三者（即灵魂）的层次。但是，如果灵魂迷恋低于它的事物，它就按照自己的记忆力和想象力得到它所需的东西。因此，记忆即使是关于至善者的记忆，也不是最好的东西。但是我们必须明白，记忆不只是指感知到某人正在回忆，而且是在灵魂倾向于它先前所经历和凝思的事物时存在的。因为即使某人没有意识到自己拥有某物，他仍然能够紧紧把握他所拥有的，甚至比知道以后抓得更牢，这种情形完全可能。因为他如果知道自己拥有某物，就可能会把它当作另外的事物，不同于它自身的事物。相反，他如果根本不知道，他便很容易成为他所拥有的事物。无疑这就是灵魂坠落得更低的经历。如果灵魂在离开可理知领域时恢复了记忆，那说明它在那里时也以某种方式拥有那些记忆。没错，它已经潜能地拥有它们，但是可理知实在的现实活动使它的记忆变得模糊。灵魂的记忆不同于烙在它身上的印记（如果这样推测，可能会导致荒谬的结论），它只是后来成为现实的潜能。因此，一旦可理知世界的现实停止了活动，灵魂就看到了它在进入那个世界之前已经看到过的景象。

5. 那么，使我们产生记忆的这种潜能是否也带着可理知实在来到我们现在的现实中呢？如果我们不曾看到可理知实在本身，那么靠着记忆它们[才是现实的]。但是，如果我们确实看见过它们，那它们是靠那我们看见也与它们同在那里的事物而是现实的。这种事物就是我们所说的在实在领域看的能力，它被唤醒它的事物唤醒了。我们在论述可理知世界时，不能使用类比或演绎推理这些方法，因为它们的原理出自别的地方。即使在下界，我们也可以凭借那种能够凝思可理知世界的能力谈论可理知实在。因为我们必须借着这种能力的觉醒看见可理知世界的事物，这样才能在可理知世界唤醒这种能力。这就如同我们登上了一个高峰，抬眼所见皆是他人不能见的景致。因此，从我们的讨论来看，记忆似乎始于天上，那时灵魂已经离开了较高的领域。如果灵魂已从下界上升到天界，并住在那儿，此时它还能记起我们所提的下界的许多事物，认出它以前知道的那些灵魂，这完全不足为奇。就算它们必然穿戴类似于尘世灵魂所穿戴的形体，也没什么奇怪的。即使这些灵魂改变了它们形体的样式，采用了球形，它们也能相互辨认出各自的特性和行为的个体性吗？① 这样的问题并不荒谬。就算它们已经消除了情欲，也没有任何东西能阻止保持它们的特性不变。要是灵魂能相互交谈，它们也会通过这种方式[相互]认识。但是，当它们从可理知世界坠入天界时，它们是如何记忆的呢？它们再次唤起对同样事物的记忆，但这种能力不如世俗的灵魂，因为它们还须记住别的事物，时间的流逝也会使许多记忆逐渐模糊乃至彻底遗忘。而如果它们转向感觉世界并坠落在那里，它们又以怎样的方式记忆呢？它们并非必然一头坠到至深处。因为灵魂也有可能在前进一段距离后就停下来，只要它们没有到达形成过程的最低点，就没有事物能阻止它们重新出现。

6. 所以我们可以说，灵魂即使离开并改变原来的状态也会有记忆；记忆就是对过去发生之事的回忆。然而，对始终保持同一状态的灵魂来说，它们能回忆起什么呢？本讨论试图找出所有一般天体灵魂的记忆，尤其是太阳和月亮的记忆，最后讨论到大全灵魂的记忆，并大胆地涉及宙斯自身的记忆。在寻找记忆时，我们要察看它们的推论理性（discursive reasoning）和推算能力（calculations）是什么——如果存在这些东西的话。如果灵魂既不研究又无困惑——因为它们既不缺乏，也无须学习不是它们先前知识的部分——那么它们所谓的推算能力、逻辑演绎或推论理性

---

① 鉴于古代晚期非常重视球形（以及环行运动），把它看作最完全的形体，普罗提诺却对我们天体的形状不感兴趣，这不免显得突兀。

究竟是什么呢？它们甚至没有处理人类事务的意图和装置，它们并非借这些来管理我们人类和尘世中的一般事务：它们给予大全的最好秩序是另外的一种。

7. 那么，灵魂是否会忘记它们曾见过神？其实它们一直都看见他。当它们看见神的时候，它们当然不可能说自己曾经看见过神：只有对于那些不能再看见神的，才会说这样的话。那么它们是否会忘记昨天和去年曾绕地球运行？是否能记得昨天它们曾活过，过去很长一段时间，自从它们生命开始的那一刻起，它们一直是活的？其实它们永远活着："永远"意指它们是同一的统一体。它们经过的"昨天"和"去年"是同样的事物，就如同把用脚步把一跨步丈量成几步，使一变成多，一步变成前后相继的几步。同样，天上只有一个中天，但我们把它分成多个不同的昼，因为期间有夜把它们隔开。但是在那里，既然只有一个[连续的]昼，如何可能有多呢？同样，那里也不存在一个"去年"。只是穿越的空间不是同一个，是有差别的，黄道带就有不同的区域。那么，星辰为何不说，"我已经穿越了这部分，现在正在另一部分"呢？如果它一直关注人类的事务，那它为何看不到人间的变化，看不到人类及其事务已不同往昔了呢？若果真如此，它就看见人类及其事务已经今不同昔了，所以，它也是有记忆的。

8. 当然，没有必要把看到的一切都存进记忆之中，纯粹偶然的结果也并非必须显现在想象能力中。而且，有些事物，关于它们的思想和知识要更有效，就这些事物而言，如果这些发生在感知觉领域，就没有必要让关于它们的知识去关注感觉所感知的个别情况（除非要对某物进行实际管理），因为个别情况已经包含在整体知识里面了。这些话是什么意思，我一一阐释如下。第一点，没有必要把所见所闻都贮存在自身里面。如果所感知的事物没有什么影响，或者知觉与个人根本不相关，只是由所见之物的差别偶然引发，那么只有感知觉有这种经历，灵魂并未在其内心深处接受它，因为这种差别没有以任何方式与它相关——或者符合它的某种要求，或者以其他方式与它有益。① 一旦灵魂的活动指向且完全指向了其他事物，它就不会对那些已经消逝的事物留下记忆，因为它没有意识到它们在那里时所产生的感觉印象。然后，应当明白的第二点是，完全偶然发生的事并不必然显现于想象能力之中，即使显现在那里了，这种能力也可以不保护它们，不观察它们。如果我们在下述的意义上理解这话，那么关于这样一个事物的印象并不能产生有意识的知觉。我的意思是说：如果我们在某个空间活动时根本没有意识到穿过了这片或那片空间，或者根本没有意识到穿越了空间，那么我们在走路时也不会去观察它们，或将它们铭记在心。如果我们不必考虑要走完某段路的特定路线，而只顾走路，那么我们就不会留意路上经过了哪些路牌，也不会留意走过了多少路程；如果我们不是为了穿过特定的时空，只为旅行而旅行，也不涉及与时间有关的其他活动，那么我们就不会记得连续的时段。最后，众所周知，一旦我们的理性对正在从事之事作为整体完全领悟了，并相信它必能以这种特定方式彻底成就，它也不会专心留意事物发展中的诸多细节。同样，如果有人总是重复做同样的事，那么注意操作中的同样的细节也就没有什么意义了。因此，如果天体在其运行中关心的是自己的事，而不是运行的路程，那它们自己的事绝不是观察它们所经过的事物，它们在运行中经过此物或彼物都是偶然的，因此它们的意识集中在其他更重要的东西上，不管它们经历什么，这些更重要的东西始终如一。它们所经历的任何阶段的时间都无法计算（即使这时间又被分成许多阶段），因此它们没有必要去记住它们所经过的时间或空间。

---

① 我们对我们未意识到的事物有感觉，关于这一观念可参看《九章集》IV. 9. 2; V. 1. 12; 见 E. R. Dodds, "Tradition and Personal Achievement in the Philosophy of Plotinus",《传统和普罗提诺哲学的个人成就》(J.R.S. 50, 1960, 5-6)，普罗提诺发现了无意识。这几节讨论天上灵魂类似于永恒不变的生命，因为它们既没有意识到也不记得曾经在躯体里的经历，那是在时间和变化中的经历。这一点请参看我的 "Eternity, Life and Movement in Plotinus Accounts of Nous"（《普罗提诺对努斯的解释：永恒、生命和运动》, Paris, 1971, pp. 68-89）。

而且它们拥有同样的生命，也就是说，它们的局部活动也都围绕着同一个中心，因此这种运动不是位置运动而是生命运动，是带着自我指向活动的单一生命体的运动，相对于它的外界存在来说，它是静止的，但由于内在的永恒生命力，它又处于永恒活动之中。有人把天体的运动比作舞蹈。如果这舞蹈到了某个时间要停止，那么虽然它的各个部分并不完全，但它既然已经从头至尾完整地做完，所以这整体舞蹈应该是完美的。如果这舞蹈永远进行下去，那么它就是永远完美的。既然它永远完美，那它就没有哪个时间或空间来成就自己，因此就不会 [对完美] 产生任何欲望。由此，它也不会有时间或空间上的度量，结论是它对时空没有记忆。当然，如果诸天体都过着有福祉的生活，与它们的灵魂一起凝思其内在的生命，在灵魂的引导下指向同一个对象，把它们的光亮照射到整个天宇，就像有节奏地拨动弦琴，和谐的旋律便自然迸发。如果这就是整个天宇及它的各部分运动的图景，即天宇是自转的，各个部分以不同的方式（因为它们所处的位置各不相同）朝着同一方向运动，那么我们的解释仍然是正确的，因为所有天体的生命始终统一而相同。

9. 宙斯有序地安置万物，永恒地管理并指引万物，它拥有"高贵的灵魂"和"高贵的心智"，能预见到事物将怎样产生，等它们产生之后，便要管教它们。宙斯将诸天纳入秩序之中，规定它们的运转周期，甚至已经引导许多周期得以圆满。这样的宙斯，怎么可能对运行中的这一切没有记忆呢？① 他设计、比较并计算已经有了多少周期，是什么样的周期，以后它们又将变成什么。在这样做的过程中，他应该对一切留下最好的记忆，就像一位富有智慧的工匠那样。然而，对周期的记忆本身就是一大难题。问题是这数有多大？他是否能知晓这数？如

---

① 如普罗提诺在下一章开头所说的，与他同一时代的柏拉图主义者把"宙斯"这个词当作神的理智或宇宙灵魂使用是合理的：对照《九章集》III. 5. 8.，宙斯即指理智。关于宙斯活动的一般描述受柏拉图《斐德若篇》246E4-6 启发。这里的"高贵的灵魂"和"高贵的心智"出自《斐利布篇》30D1-2。

果数是有限的,那么大全就会有一个时间性的开端;如果数是无限的,宙斯就无法知道他究竟有多少作品。另外,他必知道他的作品永远是统一而单独的生命——正是在这个意义上,数是无限——必知道统一性不是外在的,就在他的作品里面。在这个意义上,无限者始终与他同在,或者更确切地说,永远跟随着他,并被他内在的知识凝思——这种知识不是从另外事物来的,而是从他自身来的。因为他知道自己的生命是无限的,因此他知道他在大全中施展的活动是一种单一的活动,不过他是在活动的统一性中而不是在活动的过程中知道的。

10. 既然这种统治原理具有双重性,我们就称其中一种为工匠,另一种为大全的灵魂。当我们谈到宙斯时,我们有时是指工匠,① 有时则指大全的统治原理。就工匠来说,我们必须彻底取消"前""后"这样的概念,赋予他单一、不变和永恒的生命。至于自身中包含统治原理的宇宙生命仍然有待讨论,然后才能断定它是否也有生命却无须耗费时间计算或询问该做什么事。②[确实如此],因为它该做的事早在世界之前就形成,它的秩序无须安排;只有发生的事物才需要安排,那安排它们的也就是创造它们的。这就是灵魂的活动,它依赖于一种永恒不变的理智,而灵魂里面的秩序就是这理智的形像。如果理智活动不发生变化,那么这灵魂也必然不会发生变化,因为灵魂并非有时凝视理智,有时不凝视;灵魂若不凝视理智,就会变得茫然困惑,因为灵魂是一个,工作是一项。

---

① 柏拉图学派有这样一个传统,即把《蒂迈欧篇》中的工匠,即世界的创造者,与神圣理智等同起来。普罗提诺也坚持这种同一性,尽管对他来说,宇宙灵魂是对质料宇宙进行先验组织和指导的原理,而它的低级阶段即自然,是生命和形体的内在原理。对他来说,灵魂的创造活动是真实而重要的(参《九章集》V.1.2.; II. 9. 18.),不过又是工具性的,中介性的,完全依赖于有生命的形式世界即理智的创造动能,参《九章集》V. 8. 7. 15-16。因此,对他来说,理智始终是"真正的工匠和宇宙的创造者"(《九章集》V. 9.3.25-6)。

② 理智和高级灵魂的创造活动是自发的、未加思量的(但是包含至高的智慧),这是普罗提诺多次强调的特点,以驳斥犹太人、基督徒和头脑简单的柏拉图主义者,这些人认为神想出创造世界的计划,然后就创造了世界。参尤其是 V. 8. 7 最后一个注里引用的章节。

统治原理也是一，始终居主导地位，而不是有时主导，有时受控。试想，什么样的源头可能产生出多种多样的统治原理，从而导致它们相互冲突或者相互推诿？统一的指导原理必然始终只欲求同样的事，它怎么会一会儿希望这样，一会儿又希望那样，以至于出现多重选择的困惑？即使它作为一事物，可能会发生变化，它不会因此而困惑。比如大全就是多，有诸多部分，各部分之间又相互对立，但这并不意味着它会因此而困惑，不知如何安排各个部分。因为大全的灵魂不是发端于最末最底层的事物，也不开始于部分，而是开始于最初的事物。它从第一者生出，以不可阻挡之势渗透到万物之中，使万物进入美的秩序，并因此管理它们。因为它坚守一，从事同样的工作，因而是同样的事物。如果它不断地追求别的东西，那么它所欲求的这别的东西从何而来呢？若这样，它会无比困惑，不知道自己该做什么；而且由于它不断算计该做什么，就会对要做的事犹豫不决，从而削弱它的工作。

11. 管理宇宙就像管理一个单一的生命物，一般有两种方法。一种是从外部做起，一部分一部分地处理；另一种是从内部，从它的生命原理做起。比如，医生从外部开始治疗，总是忙于处理各个具体部分，因此常常感到困惑，思量该做什么。然而，自然从生命的原理开始工作，无须任何思量。大全的管理和管理者绝不会像医生那样，而是像自然那样。事实上，对宇宙的管理要更加简单，因为灵魂所处理的万物都作为部分包括在宇宙这单一的生命体中。一本性（自然）统管所有的其他本性，它们都跟着这一本性而来，依赖它，源于它。可以说，是从它生长出来的，就如树枝的本性是从整棵树的本性上长出来的一样。既然理解始终在场，活跃着、支配着并以同样的方式统治管理着万物，那么还会需要有什么计算、筹划或记忆呢？我们当然不能认为，因为大量不同的事物消逝了，生产它们的事物也要随之发生变化。相反，生产者的稳定不变性与产品的丰富性成比例。根据同一个单一生命体的本性产生的事物各种各样，但它们并不是同时产生的。不同的时期有不同的年龄,不同的年龄有不同时期的生长发育。什么时候长角,什么时候长胡子,什么年龄胸部开始发育,什么年龄到了成熟时期,可以繁殖下一代,都有固定的时间。先前的理性形成原理并没有受到破坏,而其他的理性原理也一同发挥作用。[因为父母的] 理性形成原理可以完整地遗传给后代,这就是明证。因此,把 [这不变的] 理解归为 [大全的灵魂] 是恰当的,而且由于它属于宇宙,所以是一种静态的普遍理解;它既具有复杂多样性,同时又是单一的,属于最伟大的单一生命体,不因万物的多样性而趋向变化;它既是单一的理性原理,同时又是万物。如果它不是万物,它就不会成为 [普遍的] 理解,只不过是部分事物的理解而已。

12. 也许有人会说,这是自然的工作,但是大全里面的理解必须能计算和记忆。持有这类论调的人想当然地认为缺乏理解就是理解,由此得出结论说,追求理解就是有理解的。因为计算就是努力找到真正的理解和理性,获得真正存在的东西,此外,它还能是别的什么呢?善于计算的人就像练琴而想掌握弹奏技巧或精通此道的人。或广而言之,就像通过学习获得各种知识的人。人埋头计算和思考,是为了学习那一旦掌握就能使他变得聪明的东西,因此理解存在于已经宁静安详的人里面。一直在计算、思考的人本身就是一个明证。如果他找到了所需要的,就不再计算,因为他已经进入了理解当中,于是变得宁静安详。如果我们把宇宙的统治原理归入学习者之列,那么它需要具备计算、困惑和记忆这些属性,这是将过去、现在和未来进行比较的事物所特有的属性。但是,如果我们把宇宙的统治原理视为知道者,那么我们必须认为它的知已经到了终点,现处在安息之中。这样说来,如果它知道将来的事——说它不知道是非常荒谬的——那么它必然会知道它们的结果。既然它能知道结果如何,那它何必还要计算?何必还要将过去与现在进行比较?它拥有将来之事的知识,假设它有这样的知识,那么这种知识必然不同于占卜者的知识,只能像那些使事物产生的人拥有的知识,他们充满自信地认为,他们能做这样的事。也就是说,对于完全掌握了局势的人而言,不存在任何可疑的、不确定的东西。凡有定见的人总是恒久地拥有。未来之事的理解是稳定的,与现存之事的理解是同类,它们都已不在计算范围之内。如果宇宙统治原理不知道它将创造的未来是什么,那么它的创造不是出于知识,也不是仿效某种[模型],而是随机创造。这就等于说,它将随意地创造。但是,它创造必然要仿效某种模型,这种模型静止不动。既然它仿效的模型不变,它必然按照它自身里面的范式创造,不会以另外的方式创造。所以,它将以一种单一的、经久不变的方式创造,不可能时而以这样的方式创造,时而以那样的方式创造,否则它怎能创造呢?但是如果被造的事物处在不同的状态中,那么这些不同状态并非出于它自身,它服从于理性形成原理。这些都源于创造者,这整个系列都遵循着理性形成原理。因此,创造者绝不可能像有些人认为的那样,有困惑,有不确定性,或有困难,这些人把管理宇宙视为一种负担。说他有困难,似乎是说他在做不属于他的能力范围的事,即他不是这事的驾驭者。事实上,他完全能够驾驭这项工作,并且是唯一的驾驭者。除了他自己和自己的意志,他还需要什么呢?而这与他自己的理解是一回事,因为在这样一种存在者中,意志就是理解。因此,这样一个存在者的创造无须假借任何东西,也不使用来自外部的任何东西,因为他的理解不属于别的事物,而就是他自身。因此他不需要计算或记忆,这些都是外部的东西。

13. 那么,这种理解与我们所说的自然又有什么区别呢?① 区别就在于,理解是最先的,而自然则是最末和最低的。自然是理解的一个形像,自然既然是灵魂的最后和最低部分,它所拥有的也是照耀理性原理的最

---

① 这里,普罗提诺意识到了——但并未圆满地解决——最大的难题之一,这是他的非推理性悟性观带来的他的等级体系中存在的难题。这就是他这里所说的,怎样用某种可理解的方式解释存在于理智和高级灵魂的非推理性悟性(它高于理性和想象)与自然的非推理性创造活动、物理世界所固有的灵魂原理——它低于理性和想象(关于它的无意识活动见《九章集》III.8.3-4)——之间的区别。

后一道光。就如刻印在一块厚蜡上的印章，因为刻得非常深，在底面也可看见印痕，但是正面的印迹非常清晰，底面的印迹则比较模糊。因此，自然只是创造，却没有知识。它把自己拥有的东西自发地给予在它之后到来的事物，它的创造就是把自己拥有的东西给予形体和质料，就像被加热的物体把自身的形式传给贴近它的另一物体，使其稍稍变热。正因为如此，自然甚至没有想象力，而理智高于想象力，想象力介于自然的印象与理智之间。自然没有对事物的理解，也没有意识；但想象力能意识到源自外部的事物，它使拥有形像的人能够了解自己的经历；而理智自身就是源泉，就是来自活动原理自身的活动。理智总是拥有，大全灵魂则是接受者，它永远在接受，以前也一直接受，这就是它的生命；而在每个连续的时间段显现的，是它思考时的意识。灵魂反映在质料中就是自然。到了自然阶段，事实上还在自然之前，真存在者已渐趋消失，这些存在者是可理知世界最末和最低的实在，在此之后产生的则是模仿。自然作用于质料并受质料影响，灵魂先于自然并靠近自然，它作用于质料却不受质料影响；比灵魂更高的事物则不作用于形体或质料。

14．至于那些据说是由自然产生的物体，元素倒确实是自然的产物。只是在动植物中是否都有自然呈现在它们里面呢？它们与自然的关系就像空气与光的关系，一旦光消失了，空气中便再无它的踪影。光在某种程度上是独立的，空气也是如此，它似乎并没有与光混合在一起。或者它就像火与加热物体的关系，火消失之后，有一部分热被保存下来。这部分热不同于火的热，它是受热物体的一种属性。同样，自然赋予生成之物的形状也必须认为是不同于自然本身的另一种形式。如果除此之外，形体还拥有介于它和自然本身之间的别的事物，那我们必须进一步研究。至此为止，我们已经充分解释了自然与我们所说的大全理解之间的区别。

15．与上述讨论相关的还有以下难点：如果永恒属于理智，时间属于灵魂——因为我们主张，时间的本质属性就是灵魂的活动，并源于灵魂——而时间又是可分的，有着过去，那么灵魂的活动为何就不可分呢？随着时间返回过去，大全的灵魂是否会[像我们的灵魂一样]产生记忆？这里再次重申，同属于永恒，异属于时间。否则，即使我们否认灵魂的活动具有可变性，时间与永恒也不会有什么区别了。那么，我们是否可以说，我们的灵魂因为具有可变性，尤其有所匮乏，因此某种意义上是处在时间当中，而宇宙灵魂由于生育了时间，就不在时间当中？假若它不在时间中，那么是什么让它生育了时间而非永恒呢？这是因为它所生育的事物都不是永恒的，而是由时间包围；就像[个体的]灵魂都不在时间中，但它们拥有的感受和所创造的事物却在时间中。灵魂都是永恒的，时间在灵魂之后；时间中的事物必然少于时间，因为时间必然完全包围在时间中的事物，如亚里士多德说的，这就好像在处所和数中的事物一样。

16. 如果在灵魂中的事物前后相继，如果灵魂的工作有先有后，换言之，如果它在时间中创造它们，那么它必将自己引向未来。如果是这样，它也必交自己引向过去。更早的和过去的事物都在灵魂所创造的事物中，但在灵魂里面却没有什么是过去的。正如前面所说的，① 一切理性原理都是同时存在的。但是，在被造物中，既无共时性，也没有共在性，尽管理性原理中有共在性，就如手与脚在理性原理中是同时存在的，但在感觉领域，它们却是分离的。当然，在可理知世界中，也存在另一种形式的分离，因此也就存在另一种形式的在先性。我们可以说，分离在于异，但是如果不是排列原理预先作了设定，我们怎么能谈论在先性呢？如果它有指令，它必定会说，"这个在先，那个在后"，但是万物为何不能同时存在呢？如果排列原理不同于排列，那么它在某种意义上就是谈论者这一类事物。如果那给予秩序的就是最初的排列，那它就不再言说，而

---

① 参见本卷第11节末。

只是一个接一个地创造。① 因为如果它说着指令，它在说的时候就会格外留意这种排列，因此它就不是排列本身。那么，它怎么又是排列呢？因为排列原理不是形式和质料，而是形式和能力。灵魂是理智之后第二个活跃的现实。至于"前后相继"只出现在不能同时存在的[质料性]事物中。因为这种灵魂是高贵的事物，就像围绕圆心与自身相合的圆周，是圆心之后的最初扩展，是一种未伸展的伸展。每个[可理知实在]就是这样存在的。如果我们把至善作为圆心，那么理智就是一个无动于衷的圆，而灵魂则是不断运动的圆，它因渴求而运动。理智直接拥有并包围着至善，而灵魂热烈追求这超越是的[至善]。由于大全拥有以这种方式渴求的灵魂，因此它的自然渴求使它的领域不断变动。但是它作为一个形体的自然渴求是指向它里面的事物。换言之，它以自身全面包围并环绕那个事物，因而就像在作圆周运动。

17. 为什么我们里面就没有这种灵魂的思想和推论？为什么处于下界的我们总在时间之中，有连续性，并以这种方式进行研究？难道是因为有许多支配的事物，很多需要推动的事物，而没有一个拥有权能？是的，正是因为事物总是根据我们的各种需要和当下状况排成顺序，因此它们本身没有自己的规定性，总是与一个个的外部事物相关。结果是，我们的决定总是各不相同，总是取决于不同时期的不同需要，时而与这种时而与那种外部的偶发事件相关。因为有许多支配的事物，所以必然有许多心理图像。这些图像必然是从外部进来的，相互之间必然是见生的，因此它们必然要妨碍每一个体部分的运动和行为。一旦灵魂的欲求部分被驱动，关于它对象的心理图像就类似于某种感知觉呈现出来，向我们宣知这一经验，要我们遵循它，获得它的欲求对象。然而我们的另一部分必然陷入困惑之中，无论它是支持并获得对象还是反对并抵制对象。当情绪部分号召我们驱逐某物，这与它被驱动时所做的是一样的，

---

① 对照《九章集》V. 8. 7. 23 以下。

而各种生理需要和各种情欲使我们总是持有不同的意见。由于不知道什么是真善,灵魂的各部分指向不同方向,它也不知道该说什么好,所以这些的联合还会导致其他结果的产生。那么我们里面的最好部分是否真的持有各不相同的意见?当然不会。之所以出现困惑、多变以及意见不一,只是由于[我们是由各个不同的部分和情欲]组成的。我们的最好部分对质料作出正确解释,这种解释传给这个公共集合体之后,就变得羸弱了,因为它这时处在混合之中,而非它自己的本性之中。这就好比在一场喧哗的集会上,虽然建议者是最优秀的,但是糟糕的听众只是喊着闹着,把他的话放当作耳边风。他只能安静地坐在那里,无可奈何,完全被听众的喧闹淹没了。在最恶劣的人里面就有这样一个公共集会,他的人性是各类事物以坏的政治体制的方式构成的;在中等的人里面,好比在一个有某些善盛行的城里,因为民主体制尚未完全失控;至于较善的人,他的生活方式是贵族式的,他的人性已经脱离了公众集会,把自己交托给更好的方式。①然而在至善的人里面,在将自身完全脱离出来的人里面,支配原理是一,指令从这里发出,传到其余部分。这就好比有一个双城,一个在上面,一个由低级元素构成,由来自上面的各种权能纳入规定秩序。至此,我们已经解释了大全的灵魂具有统一性、同一性和相似性,而其他灵魂中的事物却千差万别,解释了其中的原因是什么。这一问题就讨论到这里。

18. 现在我们要讨论身体是否独自拥有什么?在灵魂出现之前,它是否已经在它的生命中拥有它自己的东西,或者它所有的东西是否就是自然本性,而这个自然本性就是与身体结合的事物?要知道,身体本身里有灵魂和自然,不可能是某种无灵魂的事物,也不可能类似于被照亮

---

① 普罗提诺对政治不感兴趣。只是当他把灵魂与城邦作柏拉图式的类比时,才偶尔谈到一些政治观点,如这里的例子。这些观点也是取自柏拉图和亚里士多德,与公元3世纪的罗马帝国几乎毫无关系。不过,他这里所表达的民主制低于贵族制的思想,不但他的罗马长老院的贵族朋友都持这种观点,而且在罗马帝国晚期任何一个谈论政治的人(包括基督徒和异教徒)都会有。关于意见的思想源头可参看柏拉图《理想国》VIII 557ff. 和亚里士多德《政治学》IV. 129 5a 25ff.

的空气，倒很像被加热的空气。动物或植物的身体都有灵魂的某种影子，痛苦和快乐影响着被这样限定的身体。但是，这身体的痛苦和这种快乐最终使我们进入不带偏见的知识。当我说"我们"时，我是指另一个灵魂，因为限定的身体不属于别的人而是我们的身体。它既属于我们，我们就关注它。我们自己并不就是身体，我们也不能扔掉它，它依赖并附属于我们。"我们自己"指我们里面占主导的本质部分。这身体在另一种不同的意义上是我们的，但仍然是我们的。因此我们关心它的痛苦和快乐，我们越软弱，就越关注它，因为我们没有使自己脱离出去。那认为身体就是我们最高贵的部分和真正的人的，于是可以说，就任我们自己沉入身体之中。我们必须说，这些痛苦快乐的体验完全不属于灵魂，只属于限定的身体，以及灵魂和身体复合而成的事物。如果某物是一，它自身就是自足的，比如如果身体没有生命，那它靠自己能发生什么呢？即使它被分开，这种分也不会影响身体本身，只影响它里面的统一性。灵魂独自存在时也不受分离影响。当它处在这状态时，它远离万物。如果两物渴求统一，由于这种统一是它们之外的东西，因此可以合理地认为，这痛苦的源头在于它们不被允许成为一。我说"两物"，不是指仿佛有两个身体，因为两个身体可能还有完全相同的本性，而是指两个本性完全不同的事物，当一本性想要分有另一本性，比如差者想从好者拿取某种东西，它不可能获得好者本身，只能分有好者的一丝痕迹。所以就出现了两个事物，一个徘徊在它曾经是的东西与它所不能理解的东西之间，这使得它自身充满了困难，它又能够与另一个不确定和不安全的事物接触，故而总是从一个极端走到另一极端；它起起落落，坠落时就诉说自己的痛苦，上升时又渴望与另一者交往。

19. 这就是人们所谓的快乐和痛苦。痛苦就是意识到身体丧失了灵魂的形像，快乐则是生命物认识到灵魂的形像又回到身体，再次与它和谐共处。所以情感存在于身体里，而知识属于能感知的灵魂。它在情感的领域感知，并向感知觉终止处的那一原理报告。① 感到痛苦的是身体——我说"感到痛苦"的意思是指身体受到了影响。就像在外科手术中，身体被切开，这种分离是质料性的。但是，身体不只是一个质料体，而且是以一种特殊方式组合起来的物体，因此它感到了痛苦。另外，身体还会出现炎症。而灵魂感知它，监管它，因为正如我们所说的，灵魂与它毗邻而居。整个灵魂都感知到身体的这种情绪，但自身不受影响。因为它是作为整体来感知的，并指出这种情绪存在于伤痛所在之处。如果灵魂自身受到影响，那么它就会完全进入身体的每一部分，这样就无法说出或指明哪种情绪发生 [在哪个特定位置]，整个身心都受到疼痛的影响，因此完全沉浸在痛苦之中，根本说不出或搞不清究竟 [哪个地方] 疼痛，只能说灵魂在哪里，疼痛在哪里。然而灵魂无处不在。比如，这根手指疼痛，这个人就感到痛，因为是这个人的手指疼痛。因为人的手指痛，我们就说人感到痛，就如同因为一个人长着明亮的眼睛，我们就说他是个漂亮的人一样。其实，只有受到影响的那一部分有疼痛，除非我们认为"有疼痛"包含随之而来的感知觉。果真如此，那就是表明，疼痛伴随着对痛的感觉意识。但是感知觉本身不应被称为疼痛，它是关于疼痛的知识。既然它是知识，它就是不受影响的，这样它才能知道并作出正确的报告。否则，一个信使如果受到影响，把自己交给情绪，受它控制，那他要么不能传递信息，要么成不了一个合格而可靠的信使。

20. 把身体上的欲望归因于这种共同体和身体本性，这是符合逻辑的。身体本身，不管处于什么状态，都不会产生欲望和冲动，同样，灵魂本身也不会寻求酸甜苦辣的滋味。产生这些情感的原因在于，它虽是身体，却不想只成为身体，而要获得比灵魂本身更多的活动，并在各种

---

① 普罗提诺论到躯体和灵魂在经历痛苦快乐中各自扮演什么角色，关于这一理论清晰而详尽的解释可参考 H.J.Blumenthal *Plotinus Psychology*, 第五章 "The Affection"。其基本观点是：真正受影响的只有身体，灵魂感知到情绪，但并未受影响。

活动的推动下，追求各种各样的目标。于是，当它处在这种状态时，它需要咸味，处在那种状态时，需要甜味；有时想要凉爽，有时又想暖和。如果它是单独一个，它就不会关注它的这些需要。正如有了疼痛，就从疼痛产生了关于疼痛的知识，灵魂为叫身体脱离情感产生的源头，就引它逃离——原初受了影响的部分教它怎样逃离，因为它自己也通过收缩以某种方式逃离——在这里也同样，获得知识和邻近灵魂的是感知觉，我们称之为自然本性，它把灵魂的痕迹给予身体。自然本性知道显而易见的欲望，这是始于身体之事的最后阶段；感知觉知道影像；灵魂则始于影像，它要么提供欲求的对象——这是它的职责所在——要么对启动欲望的事物或者对后来欲求的目标一律抵制，拒绝妥协，不予关注。我们为什么说有两种欲望，而不是只有一种，即我们一直在讨论的那种限定身体的欲望？因为如果自然是一种事物，被限定的身体是从自然生成的另一种事物（因为自然在限定身体生成之前就存在，并且正是自然本身塑造并形成限定的身体，使它存在），那么自然必然不会引发欲望。产生欲望的只能是以特定方式受影响的限定身体。它追求自己没有经历过的事物，痛苦时渴望快乐，匮乏时就追求满足，所以感到痛苦。而自然就像一位母亲，努力弄明白患难者的愿望，想方设法将它安置妥当，并引导它回到母亲怀中。她为它寻求疗方，并借这种寻求把自己与患难者的欲求连结在一起。这样，实现欲望就从身体转为自然的事。因此我们也许可以说，欲求行为出于身体本身——我们可以称之为原始的欲求和渴望——但自然根据并通过别的事物欲求，至于提供或不提供所求之物，则是另一灵魂的事。

21. 不同年龄组的特性表明，欲望正是始于这一区域，因为儿童、少年与成人的欲望各不相同，健康人与病人的欲望也有区别，但是产生欲望的官能却是相同的。因为它是形体性存在，并且是被限定的身体，所以要受各种变化的影响，会产生各种不同的欲望。欲望并不总是由我们所谓的冲动引起的，即使身体一直有吃喝的欲望，我们也总是要经过一番考虑，才会满足它的欲望。这意味着欲望就它存在于被限定的身体内而言，已经达到了某一程度。然而，自然并不使自身依附于欲望，或者与欲望联合。相反，它得判断哪些欲望违背自然，哪些符合自然，如果违背自然，便要拒之于门外。但是如果有人争辩说，身体有不同状态的变化，这足以解释为什么欲求官能会产生各种不同的欲望，那么我们得说，他并未提出充足的理由表明，为什么当某物受到不同方式的影响时，如果用来满足欲望的事物与它不相适应，那么欲望官能本身会为了它而产生各种欲望。当然，食物、温暖、湿润以及解脱后的轻松或愿望实现后的满足，这些都对欲望官能并无益处，但它们全都属于身体。

22. 就植物而言，我们是否可以说，灵魂留在它们体内的某种痕迹是一事物，而提供这种痕迹的是另一事物？这提供者在我们是欲求能力，在植物则是生长能力；或者这种生长力在地里？因为地里有一种灵魂。那么植物所拥有的是否就是源于这种生长力的东西？这里，我们首先要看看，在地里面的是何种灵魂，它是否从大全领域来到地里的一种光照？似乎只有柏拉图认为大地原初就是有灵魂的。或者另一方面，当柏拉图说地是"天上诸神中最初最老的一位"时，他是否也给了它灵魂，就像星辰的灵魂一样？如果它没有这样的灵魂，那它又怎能成为神呢？因此，要揭示事情的真相的确很难，柏拉图的论述则使问题变得更加复杂，至少没有丝毫减少其中的困难。但是无论如何，我们必须首先考虑问题的真相最可能是什么。① 看到地上长出了植物，我们也许会推论，地球有生长—灵魂；同样，我们也可以看到大地孕育了各种各样的动物，那么我们为什么不能说大地也是一个动物呢？既然它是一个如此庞大的动物，是大全的一个重要部分，那么我们又为什么不能说它也拥有理解，因而

---

① 这段话清楚地表明了普罗提诺对理性和柏拉图的传统权威持什么态度。他最关心的是如何为他讨论的问题找到一个真正的、合理的答案。虽然对他来说，柏拉图似乎是最可靠的导师，但是尊敬导师不是顶礼膜拜，再尊敬也不能阻止他在这儿或其他地方指责导师的话太模糊，不够谨慎，徒然增加问题的难度。参照《九章集》III. 6. 12.9-11。

就是一位神呢？既然宇宙中的每个星辰都是生命物，地球也是宇宙生命的一部分，那么为什么它就不能是一个生命物呢？可以肯定，我们必不能说大地里面没有灵魂，它是由不属于它的外部的某个灵魂构建而成的，似乎它无法像星辰那样拥有灵魂。为什么诸多火热的星体都能拥有灵魂，而地球之体却不能？两者都是形体，星辰也与地球一样，没有肌肉、纤维、肉身、血液或体液；何况地球在构成成分上要更加复杂多样，是由一切物体构成的。如果有人反驳说，地球是不动的，那么我们可以回答说，不动只是指它不离开位置而已。他若又问，地球是怎样感觉和知觉的呢？那么我们也要反问，星辰又是怎样感知的呢？感知并不属于肉身，或广而言之，灵魂并非必然得到身体才能产生感知觉。相反，身体必须拥有灵魂才能存在，才能保留在是之中。由于灵魂有判断的能力，因此它能监视身体，并对它的各种情感作出判断。那么大地有什么情感，灵魂又能作出怎样的判断呢？显然，植物就其属于大地而言，它们并没有感知觉。那么，大地的感知觉是什么，它们又源自何种器官？无疑，我们不能草率地作出断言说，"感知的发生不需要器官"。此外，感知觉对大地有什么用处呢？大地不需要用感知觉来求知。因为对于未从感知觉获得任何益处的存在者来说，或许有思想能力已经足够了。然而，有人不能接受这种观点。除了实际的用处之外，感知对象还能提供一种认知，比如对日月星辰以及其他天体的认知，对天空和大地的了解，它为我们带来了并非不文明的快乐，对这些事物的感知本身就是一种快乐。我们后面还要对此进一步探讨，现在让我们回到大地是否有知觉，它能感知什么，以及知觉能保留多久等问题上来。首先，我们必须重提已经提出的难题，从一般意义上思考，没有器官是否可能产生感知？其次，我们还要思考，知觉是否必须满足某种需要，或者可以有与需要无关的其他的目的。

23. 我们必须假定，就灵魂或生命物而言，对于感觉对象的感知是一种理解活动。灵魂从中了解了身体的属性，记下了它们的形式。灵魂或者是独自完成这种理解，或者与其他事物一起进行。如果它是独自完成的，那么它是如何做到这一点的？因为当它只是自身时，它理解的只是它自身里面的事物，是纯粹的思想；它如果还想理解别的事物，就必须首先拥有它们：或者与它们同化，或者与已同化的事物保持联系。然而，灵魂守在自身中时，它不可能被同化。试想，一个点怎么可能与一条线相似呢？甚至可理知的线也不可能与感觉的线相似，可理知的火或人也不可能与感觉感知的火或人相似，（即使是创造人的自然，也不可能等同于所生成的人）。灵魂独自存在时，即使它可能关注感觉世界，最终也是以理解可理知对象为结局；感觉所感知的事物与它无关，因为它没有任何东西可以去抓住那些事物。同样，当灵魂远远地看到有形的事物，一开始看到的只是形式，一个不包含部分的整体，但最后灵魂看到的对象具体而形象，颜色和形状清清楚楚。这表明除了这两种事物即外在对象和灵魂之外，必定还有另外的事物。因为灵魂本身是不受影响的，因此必定存在一个中介，一个要受影响的第三物，这就是那要接受形式的事物。这事物必然一起遭受相似的情感，包含一质料和感觉对象，所以它必是受影响的事物，认知的是另一原理 [灵魂]；它所受的影响必是这样的，它保留创造了它的事物的某些特性，但又不是与那事物相同。由于它处在情感生产者与灵魂之间，它必拥有某种介于可感知者与可理知者之间的情感，一种把两端连接起来的均衡中介，既能接受信息又能传递信息，可以与每个端点相似。既然它是一种知识的器官，它必既不与知者同一，也不与被知者同一，但可以被每一者同化：一方面，通过接受影响与外部对象相似；另一方面，通过把它所受的影响变成形式，而与内在的知者相似。如果我们这里所说的话都是正确的，那么可以肯定，感知觉的发生必然凭借身体的器官。这也与以下事实完全一致：当灵魂完全独立于身体时，它不可能领悟任何由感觉感知的事物。可以肯定，这器官必然或者是整个身体，或者是具有某一特定功能的部分；触觉属于前者，视觉属于后者。我们可以看到，人造的器官 [或工具] 如何充当判断者与判断对象之间的中介，如何告知处在思考中的判断者对象的特性。比如，尺子就是连接灵魂中的直与木头中的直的纽带；它在它们中间具有一个位置，使工匠能够对他所从事的对象作出判断。但是，要被判断的事物是否必然直接与器官有关，或者对远处的对象，器官能否穿越距离影响它，比如火远在身体之外，两者之间的空间没有受到影响，那么视觉器官是否可能通过自己的潜能，跨越眼睛与颜色之间的虚无而到达对象？这些问题都有待另作探讨。现在有一点我们已经很清楚，感知觉属于在身体里面并通过身体工作的灵魂。

24. 至于感知是否只关心需要，这个问题必须这样来思考。既然单独的灵魂不可能有感知觉，灵魂的感知与身体同在，那么感知应该是为身体的缘故产生的，身体也是感知产生的源头；只是由于灵魂与身体相结合，身体产生的感知觉也会传递给灵魂。因此，感知觉或者是一个必然的结果——因为身体的任何一种感受，只要是较强的，都会一直抵达灵魂——或者它们的产生是为了使我们能采取措施防范那些影响身体的事物，免得这样的事物变得太强大或太深入，乃至毁掉我们。若果真如此，那么感知觉应该是为需要设计的。即使它们也以知识为目的，那也只是为了某个不幸陷于无知之中的存在者，以使它从遗忘中恢复记忆，而不是为了既无需要也未遗忘的存在者。果真如此，我们的研究就不能只局限于地球，而要涉及所有的天体，尤其是整个天和宇宙。根据目前的论证，易受影响的部分会产生指向其他部分的感觉，但是如果这整体根本不受影响，它会产生什么样的指向自身的感觉呢？宇宙会对自身产生怎样的感觉呢？同样，如果感觉器官必定属于感知者，那么被感知的事物必定不同于感觉器官。然而大全是一个整体，它不可能有一个不同于感觉对象的感觉器官。我们只能说它有自我感知，就像我们对自身的意识一样，但这种感知不可能是对不同对象的前后相继的感知。我们也一样，当我们感到体内有某种不同于常有状态的东西时，我们就会认为那是来自外部的。既然在我们，不仅有对外部事物的感知，而且有各部分之间的相互感知，那么大全为何就不能在看见恒星领域的同时也看见行星领域，凝视行星领域的时候也凝视地球以及地上的万物呢？如果这些 [宇宙的部分] 不能免于其他情感的影响，那么它们为什么不能有另外的感知觉呢？尤其是，为什么视觉不只是属于恒星自身内在的自我视域，而且像眼睛一样，能把它所看见的东西传递给大全的灵魂呢？即使它不受其他情感影响，在它变得明亮并拥有灵魂之后，为什么就不能像眼睛那样去看呢？柏拉图说，"它不需要眼睛。"① 如果这是因为外面没有留下任何可见之物，那么在它自身里面有可以看见的事物，而且谁也没有阻止它观照自身。如果这是因为在它看来，观照自身没有意义，那么我们不妨假定，它进入存在主要不是为了看，但是看是它成为自己所是的一个必然结果。这样一个透明的身体为何不能拥有看的能力（视力）呢？

25. [答案是] 媒质的存在并不是产生视觉的充分原因，广而言之，也不是感知觉产生的充分原因，但是灵魂必然倾向于感觉对象。至于 [宇宙的] 灵魂，由于它的本性就是始终指向理智对象，因此即使它能感知，也不会产生视觉，因为它始终被引向更高的事物。我们也是如此。当我们全神贯注于理智的对象并保持这种状态，我们就注意不到视觉和其他感觉的存在。一般而言，当我们把注意力全都集中在某物上时，对别的事物就会视而不见，听而不闻。同样，如果想通过一部分去理解另一部分，更多的只是出于好奇，就如一个人审视自己一样，如果不为了某个目的，这种看是徒劳无益的。为追求视觉上的愉悦而想看外在之物，这只能表明他在遭受痛苦，或者处于匮乏之中。我们可以认为，对美味的嗅觉与味觉都只是灵魂的外在消遣而已。我们也可以揣测，太阳和其他天体的看和听都只是偶尔为之的事。当然，如果有人认为它们是 [依靠这两种感觉] 注意下界的，那这种假设不能说是不合理的。一旦它们开始注意，就会有记忆。不记得自己所赠予的益处是不合常理的，不然，它们如果

---

① 参看《蒂迈欧篇》33C1-2。普罗提诺通常认为柏拉图的话有一定真理性而加以接受，但他引用柏拉图的话往往严格限制在当下讨论的话题之内。

没有记忆，又怎么会给予益处呢？

26. 它们对祈祷的知识是某种联系的结果，是事物合乎整体的一种特殊安排。它们之所以能满足我们所祈求的事，也出于同样的原因。魔术师在施展技艺的时候，把一切事物都引向这种联系，这意味着魔术靠通感的力量起作用。

若果真如此，我们为何不能认为大地也有感知觉？那么它有哪一类感知觉呢？为何不首先是触觉，包括部分对部分的触觉（感知觉将这种触觉报告给统治原理），和整体对火及其他元素的触觉？即使地球的形体运动起来比较困难，但它绝不是不动的。当然，地球的感知不会是对微小事物的感知，必是对宏大事物的感知。为什么呢？因为既然地球有灵魂，它必然不可能意识不到最大的运动。另外，还有一个原理可以断定地球拥有感知觉，那就是：如果它有感知，那么只要人类的事务与它有关，它就会为人类作出妥善的安排——它借助某种通感为人类作出好的安排——它倾听人们的祈祷，满足他们的祈求，当然它用自己的方式，而不是我们的方式。它还通过自身的其他感官接受影响。那么它对其他东西比如气味和滋味，有没有感知呢？为了能给生命物提供养分，为了能保证它的躯体形成，并得到持久的保养，[地球必能感知到] 植物汁液的香味。我们不能要求它的感官像我们的一样，因为不同的生命造物有不同的感觉器官。比如有的生命造物没有耳朵，但是它们也能感受到声音。那么视觉呢？如果看必须有光，没有眼睛能看见东西吗？如果我们承认地球有一种生长力，从而同意这样的说法，或者因为生长力原本就存在于生命之气中，或者因为它就是生命之气，那么我们凭什么不相信地球也透明清澈呢？事实上，如果它是生命之气，它必是透明的。当地球在宇宙循环中被光照亮时，它就是透明的。因此断言地球的灵魂有视觉，这并不可笑，也绝非不可能。而且我们必须认为，拥有这灵魂的躯体绝不是卑微劣等的，它是高贵之体的灵魂，所以它甚至就是一位神，因为这灵魂必定在一切方面都是善的。

27. 如果说大地赋予植物生殖的灵魂——要么是生殖灵魂本身,要么生殖灵魂在地自身里面,叫植物分有它的印迹即生殖原理——如果是后一种情形,那植物就类似于已经赋予灵魂的肉身,只要它们拥有灵魂,就在自身中获得了生殖灵魂。这种生殖灵魂存在于植物体内,把自己优秀的部分给予植物,使它有别于离开植物的断枝,后者不再是生长之物,而只是一根木棍而已。那么灵魂给大地本身的形体究竟带来了什么呢?我们不能认为,一个属地的形体当它离开大地之后,与当它仍然与大地保持联系的时候是一样的。就像石头所表明的,只要它们依附在土地上就能生长;一旦离开土地,就只能保持原先的尺寸。[1] 因此我们必须认为,每一部分都有生殖灵魂的痕迹,整个生长力都渗透其中,它不是只属于这一部分或那一部分:而是属于整个大地。于是就产生了感知觉的本性,它不再是"与身体混合",[2] 而是从上面与形体保持联系。然后产生灵魂的其余部分和它的理解,人们利用神圣启示和某种能预言此类事的本性,称之为赫斯提(Hestia)[3] 和得墨忒耳(Demeter)。[4]

28. 这个问题就谈到这里。现在我们必须重新回过头来研究激情的力量问题。正如我们认为,各种欲望、痛苦和快乐——这些都是情绪,而不是感知——都源于处于特定状态的身体,而这身体在某种程度上是一个生命体。那么我们是否认为,激烈的情绪也源于某种特定状态的身体,或者身体的某一部分?比如,源于处于某种特定状态的心或体内仍富有活力的胆汁呢?如果激情的力量不是身体赋予的,那么它是否就是

---

[1] 这一著名理论,即石头只要保持与大地生命体的关联就能生长(参 VI. 7. 11. 24-5),突出地表明这样一种强烈信念:宇宙中的重大部分,比如地球、天体以及宇宙整体都是活的有机体。地下的矿脉、石头可以生长这一观念可见于 Strabo V. 2. 6; VII. 5. 8,这一点还可追溯到伟大的斯多亚派地理学家和哲学家波西多纽(Posidonius)。参看 W. Theiler *Vorbereitung d. Neuplatonismus* (Berlin 1930) 74。

[2] 柏拉图:《斐多篇》66B5。

[3] 希神,克罗诺斯和瑞亚的女儿,女灶神。——中译者注

[4] 希神,克罗诺斯和瑞亚的女儿,主管农业、丰饶、婚姻的女神。——中译者注

灵魂的印迹，或者这里的情绪是一种特别的东西，既非源于生长力，也非出于感知觉？就欲望而言，生长力渗透整个身体，把灵魂的痕迹给予整个身体，痛苦和快乐也渗透全身，欲望的根源在于整个身体，欲望就是要求得到满足。我们虽然没有提到性快感的欲望，但是我们不妨假定，它涉及能满足性快感的那些部分。我们也不妨承认，肝脏周围这个区域就是欲望的发源地，因为那儿的生长力最活跃。正是这种生长力，使肝脏和整个肉身都充满灵魂的痕迹。欲望就在那里，因为它的活动从那里开始。关于激情的力量，[我们必须探讨]，它本身究竟是什么？它是怎样的一种灵魂？是否来自灵魂的一种印迹引起了心脏周围的运动，或者是另外的事物，即复合物的一个部分？是否这里它并非灵魂的印迹，而是引发愤怒的灵魂本身的激情力量？首先，我们要思考它本身究竟是什么？我想，很显然，我们不仅因为我们自身的肉体遭受痛苦而愤怒，而且也因为其他与我们有着密切关系的人遭受痛苦而愤怒，甚至还在一般意义上对人的一切不适当行为愤怒。因此我们必须认识并理解愤怒是怎么产生的。正因为如此，凡了解这些事实的人，都不会认为激情源于生长力，而须在灵魂的其他能力中寻找源泉。然而愤怒这种情绪与身体的气质密切相关，血液和肝火旺盛的的人容易发怒，一点火星就能暴跳如雷，而那些被称为"无胆汁"、"冷漠的"人则不易发怒，比较好相处。动物发怒不是因为受到了虐待，而只是出于它们的天性而已。人们更多地倾向于把愤怒归因于身体部分，归结于维持有机体生存的原理。同一个人生病时要比健康时更易发怒，饥饿时要比吃饱时更易发怒，这些都表明脾气或愤怒的根源都在于被限定的身体，而胆汁或血液，作为一种激活原理，则促使诸如此类的情绪产生。一旦限定的身体遭受痛苦，血液或胆汁就会立即活动起来，于是就产生了知觉，心理影像使灵魂感受到身体的这种情绪状态，灵魂自身则开始追寻痛苦的根源。另一方面，这一过程也可以从上面开始：一旦出现不正当的事——即使这不当与身体无关——推论的灵魂就将那激情澎湃的部分纳入自身之中，并使它成为自己的助手，因为这灵魂的天职就是，把已经向它显现的敌人打倒。由此可见，愤怒有两种，一种始于非理性，借心理影像把理性吸引到自己一边；另一种始于理性，最后归于某种必然属于愤怒的东西。两者都源于生长和生殖的能力，这种能力构造身体，使它接受快乐和痛苦，正是这种能力，使身体变得暴躁不安、痛苦不堪。由于在这样一个身体里，灵魂的印迹也由此变得不快乐和愤怒起来。因为这恶首先做在它身上，所以它试图以一定方式同样恶待其他部分，使它们也像它自身一样受伤害。事实上，越不追求肉体享乐的人，或者广而言之，越蔑视肉身的人，就越不为愤怒触动。这证明灵魂的这一部分与另一部分是同质的（consubstantial）。① 我们不必奇怪，树木虽有生长的力量，但并无激烈的情绪，因为它们没有血液或胆汁。毫无感知觉的树木如果也有血液或胆汁，那只会引起骚动和烦躁；只要有感知觉存在，就会反击伤害的原因，导致自卫的运动。如果把灵魂的非理性部分分成欲望部分和激情部分，并把欲望看作生长的力量，而把激情看作存在于血液、胆汁或其复合物中欲望的印迹，那么我们得说这种二分法是错误的。因为这样一来，就会使一个在先，一个居后。事实上，两部分都可能是派生的，都是居后者。这种划分是在出于同一个源头的两物之间划分，是关于冲动的划分——就它们两者都是冲动而言——而不是对产生它们的实体划分。实体在它自身中不是冲动，只是由于它自身专注于来自目的的活动，因此可能利用冲动为它的目的服务。这样的说法并不荒谬：在激情中表现出来的灵魂的印迹就位于心的区域。这并不是说灵魂就在那里，而是说有具有这种条件的血液的起点在那里。

29. 那么我们为什么认为身体类似于被加热的事物，而不是像被照亮的事物呢？当另一部分灵魂弃它而去时，难道没有留下一点生命的痕

---

① 注意，homoousios（本质同一）这个词后来成为非常重要的神学术语，不过这里只是个普通的哲学术语。

迹吗？它确曾短暂地拥有过生命，但是生命迅即消褪了，就像被加热的物体，刚离开火时还有些余温，不久就消失了。尸体上的毛发和指甲还能生长，某些生物被切成两半后仍能活动好长一段时间，这些例子都表明，生命的痕迹可能依然呈现在它们身上。即使生命与另一部分灵魂一同离去，也不能表明两者是同一的。比如，太阳落山之后，不仅与它相随相依的光随之消逝，同时它所照耀到的外部事物的光以及靠近它的事物的光也随之消逝，这是两种不同的光，但都同时消逝了。那么它是真的离去或者说消逝了吗？关于这个问题，我们既要研究这光是什么，也要研究身体里面的，也就是我们所说的属于身体自身的生命是什么。随着光源的消失，得到光照的事物不再有余光，这是显而易见的。但是，我们要问的是这光是回到了光源，还是根本就不存在了。既然它确实曾是某物，怎么可能完全不存在呢？那么它究竟曾是什么呢？就可朽的物体而言，当发光（我们称之为颜色）的物体发生了变化时，光是否也就不复存在了，没有人会问这样的问题，比如没有人会问一堆烧尽了的火的色彩到哪里去了，也没有人会问它的形状到哪儿去了。但形状是一种布局，如同手可以握紧，也可以摊开，而色彩不是，它是类似于甜或香一样的东西。当甜物或香物消失之后，甜味或香味并未随之一同消失，而是融入另外的物体中，这种融入是不知不觉的，因为接受这些味道的物体并不具有能对感知觉产生冲击的性质。同样，发光体消失了，光仍会留存，但由各种（可见）性质而产生的反射就不会存在了。当然，人们完全可以说，看只是出于某种惯例，因此所谓的性质并不存在于事物的基质之中。① 若果真如此，那么我们就要说，性质是不可毁灭的，不是源于身体结构；[我们还要认为]产生颜色的不是种子里的形成原理。比如，飞鸟之所以色彩斑斓，不是它们的形成原理使然，而是因为它们将

---

① 参看原子论者德谟克利特的观点："二级性质"的存在只是"出于惯例"的，真正存在的只有原子和虚空。见 fr. B. 125 Diels-Kranz。

现存的颜色合在一起，或者虽是造出来的，却利用了空气中的色彩，空气中充满了诸如此类的东西。但是，当它们进入形体之后，在形体中的显现方式完全不同于在空气中的方式。我们这里先不讨论这个难题。如果当发光体保持不变时，光与物体浑然一体，不被切断，那么当发光物移动到另一位置时，光也必随之而动。无论是发光物本身的光，还是与发光体的光保持连续性的其他光，都莫不如此，在不知不觉中临到，也在不知不觉中消失了。就灵魂来说，我们曾在别处①讨论过这样的问题：次级部分是否总是跟随在先的部分，后续的是否总是服从那在它们之先的；或者，是否所有个体的部分都是独立的，都与它们前面的事物无关，都能独自永远地存在；或者一般而言，是否灵魂的任何部分都没有被分离，所有的灵魂既是一又是多？若真是这样，那它又为何如此？此外，那已经属于身体同时又是灵魂的一部分的东西是什么？如果它是灵魂，并且没有被分离，那么它必服从灵魂的理性原理；如果它是身体的一种生命，那么在光的痕迹中出现的问题同样也会出现在这里。我们还必须研究，没有灵魂而有生命是否可能，或许唯有那存在于上界而作用于其他事物的灵魂例外。②

30. 现在，我们已经证明记忆对天体来说是没有必要的，它们需要的是感知觉，是听觉和视觉，我们还认为它们听得见我们向太阳的祈祷，

---

① 指较早的一篇论文"是否一切灵魂都是同一的"，《九章集》IV. 9(8)。

② 这里 MSS 保存了一个注，告诉我们在 Eustochius 版本里，论灵魂第二册到此结束，下一节就是第三册的开始。这是普罗提诺的医生 Eustochius 证明他的作品还有另一版本的唯一证据（见《生平》第 2、7 节）。优西比乌在 *Praeparatio Evangelica* 里引用的话是出于这个版本（Henry and Schwyzer 可能依然这么认为），还是如很多其他研究普罗提诺的优秀学者所认为的，优西比乌使用的是坡菲利的版本，这个问题争议很大，但并不是十分重要的问题。无论引用哪个版本，优西比乌的引文证实了文本传统是稳固可靠的。当然，如果我们能确定优西比乌使用的是 Eustochius 版本，那我们就可以进一步证实普罗提诺的研究学者普遍相信的一点，即坡菲利作为编辑并没有篡改普罗提诺的原文。

其他人向星辰的祷告。①另外，人们相信天体为人类成就了许多事，但它们做这些事完全出于偶然，所以不但在善行中充当帮手，而且也是恶行中的帮凶。既然如此，我们必须深入探究这些附带产生的问题。这些问题本身充满难点，而那些不愿意接受诸神因在人的不当行为——尤其是各种风流韵事和淫乱纵欲——中充当帮凶而应受指责的观点的人，却对这些问题大加谈论。鉴于这些原因，我们更要深入探究一开始就在讨论的问题，即天体的记忆问题。显然，如果它们回应我们的祈祷，但并非当下回应，而是后来才有回应，并且往往是拖延很长时间后才回应，那么它们必然记住了人这些必死者向它们所作的祈祷。但这是我们前面的讨论所不能苟同的。然而，除非我们认为只有地球才对人类发挥有利的影响，否则即使就德墨忒耳和赫斯提而言，②他们为了赐恩于人类，似乎也应该需要记忆。因此，我们必须努力解答两个问题：其一，如何理解这些存在者（天体）的记忆现象——这是与我们有关的问题，与那些认为[天体]必然有记忆的人的意见无关；其二，关于这些看起来奇怪而令人不快的事，哲学有责任考察研究，看看是否可以为天上诸神遭受的各种指控找出辩护理由。同时，我们还必须努力阐释整个宇宙本身——因为这种指控也直接针对它。有些人认为整个天体系统服从于人强加的某些符咒，认为人类可以凭借自己的技能，通过推测和掌控天体，我们要看

---

① 在古希腊，崇拜太阳的不多，但并非没有，在罗得岛上尤其盛行，赫利俄斯（Helios）是那里最重要的神。苏格拉底向太阳祷告，这并不非同寻常（柏拉图，《会饮篇》220D4-5）。每个人都承认，太阳是神，即使他并不怎么拜它。到了普罗诺诺时代，敬拜太阳变得非常重要。在他死后不久，274年，奥瑞利安（Aurelian）皇帝决定拜太阳为罗马帝国的主，并培养了一大批大祭司。对最初几个世纪的虔诚异教徒来说，太阳始终是宗教的核心。参看尤里安的（Julian）*Oration* IV (Hymn to King Helios)）以及玛克罗比乌斯（Macrobius）*Saturnalia* I. 17ff. 但是对星神的敬拜通常被希腊世界认为是东方的（尤其是迦勒底（Chaldean）的），不属于古希腊的宗教传统。

② 显然，在希腊宗教传统中，德墨忒耳总是与地球紧密相连（虽然并非完全一致），把赫斯拉等同于地球的观点可见于公元前5世纪（优利庇德斯［Euripides］frs. 938; 944 Nauck），还可参照柏拉图的《斐多篇》247A1。

看这些人是否可信。另外，我们还要讨论神灵（精灵）的问题，看它们以何种方式服务于魔术的目的，除非前面的讨论已经解决了有关精灵的难题。

31. 所以，我们必须对整个宇宙中发生的各种活动和经历作一番概述，这些活动包括自然的和技艺的两类。我们得说，自然的活动和经历有些是大全作用于各个部分的结果，有些是各部分作用于大全的结果，也有些是出于部分对部分的影响。在通过技艺产生的活动和经历中，或者以创造出艺术品而告终，或者在创造活动和经历中引入自然力，使之成为自然的作品。整个宇宙活动，我指的是整个天体系统自身的活动以及它的各个部分的活动——因为它的运转包括它自身的运转状态和它的各部分在各自轨道中的运转状态——包括天宇自身范围内的活动和它对地上万物产生的各种影响。可以设想，部分对部分的作用和影响是显而易见人所共知的；而太阳相对于其他天体的地位，对地上万物的作用，以及与其他因素的关系；太阳自身的活动，其他天体的活动，地上万物的活动，这些都必须一一分别加以研究。至于技艺，诸如建房这样的技艺，一旦产品成就，技艺就终止了。医疗、农业以及诸如此类的技艺都是辅助性的，帮助自然生产，使之卓有成效。而修辞、音乐以及所有其他影响灵魂的技艺则能引导人从善或变恶。因此我们必须研究有多少这样的技艺，它们又拥有怎样的能力。对所有这些与我们目前讨论目的有关的问题，我们都必须尽可能地作出理性解释。现在，有一点已非常清楚：天宇的环行活动首先以不同方式安置它自身和它里面的诸天体；其次它无可争辩地影响地上的事物，不仅影响它们的形体，而且影响它们灵魂的倾向性。环行活动的每一部分也影响地上万物，或者广而言之，影响下界的一切事物。至于地上的事物是否也对天体产生影响，我们要在后面探讨。现在，我们可以认为，这是所有人或大部分人都认同的观点，因为理性的论证将表明这是事实。我们需要研究的是，天体最初的运行方式是什么。我们不能简单地断定，运行的是冷和热，以及诸如此类的事物，被称为元素的原始性质的事物，也不能简单地认为，太阳的一切活动皆出于热,另一天体出于冷——在一个炽热的天体里怎么可能有冷呢?——还有的天体出于温火。如果这样认为,我们就不可能理解它们之间的区别,何况还有许多事物的发生完全不是因为这些性质。即使有人把性格特点上的差异归于这些性质,指出他们如此这般是出于身体的禀赋,[①] 取决于主导因素是冷还是热,但是他怎么能把嫉妒、怨恨和邪恶也归于这些原因呢?就算他可以据此作出合理解释,他无论如何都无法解释人的好运和厄运、良善和邪恶、富贵和清贫,他们自身或家庭的高贵和财富等。我们可以举出大量的事例,使讨论远离源于元素的身体性质,转向生命造物的身体和灵魂。同样,对于大全中偶然发生于个体身上的事,我们当然不能解释为出于星辰的慎重选择、大全的决定,归结为它们的理性筹划。让那些神力来安排人的事务,使某些人成为盗贼,某些人成为绑架者、入室抢劫者或盗窃犯,再让一些人的举止和情感娇气柔弱像女人,干些伤风败俗的事,这是不适当的。设计并从事这样的事非但对神来说完全不适当,对受尊敬的人也不适当,或者也许对任何人来说都不适合,因为他们不能从中得到丝毫好处。

32. 既然我们认为,上天降于我们人类和其他生物的一切,或降于地上的一切,并非出于身体原因,也不是天体谨慎选择的结果,那么我们该怎样地进行合理解释呢?首先,我们必须指出,大全是"一个单一生命物,环抱它里面的一切生命存在";它有一个灵魂,充盈于它的所有部分,因为每个个体事物都是它的一个部分。在可感知的大全中,每一事物都是它的一部分。就大全的身体来说,完全是它的部分;就分有大全的灵魂而言,每一事物在什么程度上分有大全的灵魂,就在什么程度上是它的部分。那些单独分有大全灵魂的事物,是完全的部分;那些还分有另外灵魂的事物,就此而言是不完全的部分,但是它们既然拥有

---

① "身体的禀赋"是指人的禀赋,而不是星辰的禀赋。希腊传统一直认为,情绪有不同特点,欲望有强弱,这是由于组成身体的各种元素的比例不同。普罗提诺亦遵循这一传统。

大全的某些东西，就不可避免地要受到其他部分的影响，并且按各自所拥有的东西受到不同影响。①这个宇宙的一切事物都连接在一起，分有同样的经验，就像同一个生物。那相距很远的东西其实很近，正如某个个体生命物的趾甲、头角、手指或其他并非相邻的肢体部分。中间部分留下经验上的缺口但没有受影响，不相邻的部分却受到了影响。因为相似的部分并非比邻而居，其他部分把它们分隔在两旁。但是由于它们相似，相互分有彼此的经验，因此一部分所做的事必然会到达远处的另一部分。既然它是一个生命物，一切部分都属于统一体，那么没有哪一部分在空间上的距离会偏离生命物的本性，以至无法分有它的经验。因此，只要被作用部分与作用部分有一定的相似性，就能获得一种自己熟悉的经验。相反，两者若不相似，被作用部分得到的感受就是陌生和不适的。即使生命体中某一部分的活动伤害了另一部分，也不足为奇。我们自己也是这样，某一部位的活动可能影响到另一部位，胆汁与激烈的情绪似乎压迫并伤害人体的其他部位。可以肯定，在大全中必然有对应胆汁和情绪的事物，也有与[我们身体中]的其他部位对应的事物。在植物中也同样，某一部分可能妨碍另一部分，甚至使它枯萎。显然，大全这生命物不仅只是一，而且是多。就它是一而言，每个个体都受到整体的保护；就它是多而言，由于诸多个体各不相同，一旦相遇，往往会彼此伤害。伤害他者乃是为了满足自己的需要，为此，它甚至会把既与它相关又与它不同的他者当成盘中餐。从本性上讲，每个个体都为了自己的利益而殚精竭虑，都喜欢与同类相聚，与异类相分，就是所谓的人以类聚，物以群分。每个事物都有各自的功能，凡能从中受益的，都是受益者。凡不能承受它的活动压力的，就成为受害者，比如那些一靠近火就枯萎的东西，或者那些因大动物的一阵暴怒而遭遗弃甚至被践踏的小动物。万事万物

---

① 引出这个句子的引文出自柏拉图的《蒂迈欧篇》30D3-31A1。这里阐述的理论，即人是大全的真正部分，但不是唯一部分——虽然人的低级本性分有宇宙的机体统一性，但他们里面有种超越这种机体统一性的东西——对普罗提诺来说非常重要。

的生成、毁灭、发展和堕落构成了[宇宙]生命体那合乎自然又不可阻挡地生命的完满。因为每个个体事物都不可能成为单独的存在，当它们只是部分时，最终目的也不可能引向并朝向它们。相反，它们必然被引向那使它们成为部分的事物。而且由于它们各不相同，所以不可能永远使自己处在一个单一生命中。对任何事物来说，保持完全的同一都是不可能的；如果大全要一直存续下去，任何东西都不可能完全不变，因为大全的持续需要不断的变动。

33. 天体循环不包含任何偶然的东西，它照着自己生命机能的理性原理运行。因此，各种活动和经历之间必然存在一种和谐，万事万物中间必然存在一种秩序，调整它们并把它们纳入相互关联的整体之中。于是，天体循环形成的每种图像都对应着所辖事物的不同倾向，就如同多彩多姿的舞蹈动作组合成完整的芭蕾表演。我们的舞蹈也同样如此，这显而易见，不必再说。各种外部因素、弹奏演唱方式，以及体现表演的整体效果的其他一切，每时每刻都在千变万化。同样，舞者身体的各部位也不可能始终保持同一姿势，总要随着舞蹈动作的变化而变化，一只手要低，另一只手要松；这条腿要不停活动，那条腿要静止不动，一切都须根据舞蹈要求作出不同姿态。舞者的意图贯穿每个细节，他的四肢完全服从舞蹈要求，须随时变换姿态，这样才能完成优美完善的舞蹈表演。芭蕾行家会说，要达到某个特定形象的要求，这只手要抬起来，那只手要弯下去；这条腿要藏起来，那条腿要屈下去。舞者选择做这些动作不是无缘无故的，当他跳舞时，身体的每一部位都作出规定的动作，使整个身体处于舞的姿态。①我们必须说，空中的存在者正是这样为其所为的（对有些事它们只是预示而已）；或者更确切地说，整个宇宙积极地过着它自

---

① 这里的舞者与 III. 2. 16 的一样，是指古罗马时代最伟大的芭蕾独舞艺术家之一，哑剧表演者。他们在伴唱和伴奏下跳完整个神话故事。普罗提诺对此作出这些生动的描述，并选择哑剧来比喻宇宙生命充满活力的和谐，表明他在有生之年可能看过并喜欢这种艺术表演。这种类比与后来印度跳舞的湿婆铜像完全一致，这是值得注意的。

己的完美生活，让它的主要部分跟随自己活动，并不断对它们重新排列。也就是说，当一个单一生命物开始运动，各部分之间的相互关系、部分与整体之间的相互关系，以及各自不同的位置就带动其他一切随之运动，有时根据这种关系、位置和排列对事物作出这种安排，有时则根据另一种关系、位置和排列作出另一种安排，因此，为其所为的不是被安排的部分，而是安排者。而这个安排者并不是不同于所为之事的为者——因为他并不是作用于不同于他自身的其他事物——他自己就是他所为的一切事物，天上的各种安排以及它们在地上产生的各种结果，这些经历必然影响以这种特定方式运动的生命物。也就是说，这生命物以这种特殊的方式构成，自然地结合而成。它必然既作用于自己，又经历自己的活动。

34. 就我们自身而言，虽然我们的那一部分分有大全之体，我们的活动要服从于它的活动，但我们并不认为我们的整体隶属于它，所以我们只是在合理的范围内才服从于它的活动。正如明智的仆人只是用自己的一部分服侍主人，另一部分属于他们自己，因此只是在合理的范围内接受主人的命令。他们不是奴隶，不完全隶属他人。就天体来说，它们的排列必须要发生变化，因为每个天体并非以同等的速度运行。既然天体依理性而动，它们在 [宇宙] 生命里的相互关系也随之变动，而在下界，在我们自己领域里发生的这些事与上界的那些事是一致的，那么我们就有理由探讨，我们是应该主张地上发生的事是对应天上的诸事，还是应该承认，天象具有导致事件发生的力量，是否应该认为天象不过就是天象，或者天象是由某些特定天体构成的图像。一物体与另一物体有这样的排列关系，该物体与其他物体有同样的排列关系，但同样的排列并不能产生同样的意义或行为，因为各个事物都会显示出各自不同的本性。那么是否可以说，这些天体的相对位置是独特的，具有这种特性，而另一些天体的相对位置虽然排列相同，却具有另外的特性？若果真如此，我们就不能把力量给予图像，而应给予排列的实际物体。或者我们应该把这种力量给予两者？如果同一些天体占据不同的相对位置，我们当然会把不同的力量赋予这些天体，甚至同一个天体占据不同的位置，我们也会赋予它不同的力量。那么，我们会赋予它们何种能力呢？是产生行为的能力，还是创造意义的能力？这些特定星辰的排列是两种能力的结合，在许多情形中都是如此，既有行为的能力又有意义的能力，但有些情形则只有意义的能力。由此我们的讨论既认为图象有各种能力，也认为排列的物体有能力。就像舞者，每只手都有不同的能力，其他肢体也各有自己的能力。同样，图像也有强大的能力。此外，还有第三组必然产生影响的事物，就是参与舞蹈的肢体以及它们的构成部分，比如攥紧的手指以及被攥紧的手指所带动的肌肉和血管等。

35. 我们该如何理解这些能力呢？我们需要再次更为清楚地解释三角形与三角形之间的区别，此天体彼天体怎样区别，它为何以这种特定方式活动，这样活动的目的是什么。我们前面认为，天体的活动既不出于它们的形体，也不出于它们的审慎选择。不出于它们的形体，是因为发生的事不只是形体的行为；不出于它们的选择，是因为让诸神选择做不适当的事是不合适的。如果我们记得我们曾指出宇宙是个单一生命体，正因如此，它绝对需要对自己的经验拥有一种内部的自我交流（self-communication）；如果我们还记得宇宙的生命历程是理性的，一切都与它自身和谐一致，它的生命中没有任何偶然因素，只有单一的和谐与秩序；天上的各种排列都是理性的，各个个体都按一定的数运动，就像生命物起舞时身体各部分的活动，那么我们必须承认，大全中的各种图像和构成图像的大全的各个部分（以及它们引起的各种结果和联系方式）都是大全的活动。这也是大全的生活方式，它的诸多能力为此各尽其职，这些能力是大全在它们的理性原理中创造并拥有的。图像就如同大全生命的比例和间隔，它的理性节奏和各种关系，而被安置在间隔之间、图像之中的物体则是大全生命的肢体。此外生命物还有其他能力，这些能力就如同生命物的各个部分，都不是出于刻意选择，因为这些存在者中凡属于审慎选择的东西都在宇宙有机体之外，与这大全生命的本性无关。

—生命物的审慎选择只有一个，而指向它自身的其他能力则是多个。不过，发生在它里面的所有选择都指向同一目的，就是大全一个选择所指向的目的。它里面一物的欲望被引向它里面的另一物，因为每一部分自身都是匮乏的，一部分想要分有其他部分。当它被激怒到某种程度时，就对另一部分生出愤怒，愤怒的滋长源于另一部分，形成的结果也在另一部分中。大全整体在这些部分中做这些事物，但它自己则追求至善，或者更确切说凝视至善。这也是超越情绪的正确选择所追求的，由此它也以这种方式促成了同一目的的实现。因为仆人为主人工作，他们所做的许多事情都只是为了满足主人的要求，但他们对至善的渴求与主人一样都指向同样的目的。如果太阳和其他天体无论怎样运行都对下界的事物产生影响，那么我们必会认为，虽然太阳——最好只谈论这个天体——始终仰望上界，但是正如地上万物所得的温暖源自于它一样，后来作用于它们的任何活动也都来自它，通过灵魂的传播，尽其所能把太阳的作用输送到地上万物，因为太阳包含能量巨大的生长灵魂。同样，任何其他天体都能从自身发出光线，这是不需要选择的。众天体时而组合成这样的方位，时而组成那样的图像，由此产生不同性质的事物。既然不同的图像产生不同的结果，那么图像是有能力的；既然这些天体组成的图像产生这种结果，那些天体组成的图像产生那种结果，那么具体的天体也是原因之一。就图像自身来说，我们根据下界发生的事可以看到，它们是有能力的。为什么某些图像使人感到惊恐，尽管他们从未因这种图像而遭恶报，其他图像却没有这种威慑力？为什么某些特定的图像使某些人感到惊恐，而另一些图像则使另一些人感到惊恐？因为这些特定的形像对这些特定的人产生了影响，而另一些特定图像则对另一些特定的人产生了影响，它们必然只对与它们本性一致的存在者产生影响。比如，一种图像能激发某人去注视它，而另一种形像对此人却没有这种刺激。如果有人说，刺激人的是美，而不是包含能力的图像的特性，那么为什么有的图像激发这个人，有的图像却激发另一个人呢？我们凭什么说色彩有能力起作用，而图像却没有呢？如果说某物存在于实在之中却没有能发挥的能力，这是非常荒谬的。凡是存在的事物，要么起作用，要么被作用。① 有些存在物只有作用力，有些则既有作用力又有反作用力。除了图像外，构成方位的诸物也有能力。在我们这个世界的各种物体中，也有许多能力，它们不是由热或冷的事物而是由各种性质生成，它们根据理性原理形成，并分有自然的一部分能力。比如，石块的本性和野草的活力能产生许多惊人的结果。

36. 大全无所不包，所有的理性形成原理都在它里面，还有无限多样的能力。就像他们所说的，人的每根骨头都有着自己独特的能力，手指骨有手指骨的能力，脚趾骨又有脚趾骨的能力，没有哪一部分没有自己的能力，并且每种能力都与其他能力不同。只是我们对此一无所知，没有人作过深入的研究。大全也是如此，只是比人要复杂得多，或者无宁说，人的诸部分及其能力只是宇宙诸部分及其能力的印迹而已。在大全中，尤其是在那些环绕天宇运动的形体中，存在着大量不可思议而精深绝伦的能力。它并没有非要成为像一座没有灵魂的房子那样的宇宙不可。房子再大再复杂，它的材料也一目了然，是石材、木材或者其他什么。但大全与此不同，它的各个部分都在各自不同的轨道上运动和生活，凡不属于它的，无物可以存在。这就解决了这样一个难题：在一个有灵魂的生命物中，为什么有的东西没有灵魂。我们可以这样解释，我们说整体中的不同事物皆以不同的方式生活，但我们并没有说，未以可察觉的方式推动自己的事物也是活的。事实上，这类事物每一个都有隐藏着的生命。能感知到其活力的事物由那些感知不到其活力但为这类生命物的生命提供了奇妙能力的各部分构成。如果人自身里作为他的起点的能力没有灵魂，那么他不可能取得如此大的成就；如果大全中的各个事物不是按着自身的生命活——即使大全没有作出审慎选择——那么它就不

---

① 这一哲学上的老生常谈可以追溯到柏拉图的《智者篇》247D-E;248C。

可能像现在这样存在。大全的活动无须审慎选择，因为它在选择之前早已存在，因此许多事物及其能力都在为它服务。

37. 因此凡属于大全的东西，都不可能被它抛弃。对于火及其他诸如此类我们称为活跃的事物，若有哪位享有专家之誉的人试图解释它们的活力是什么，却又否认这种能力属于它们在大全中的现实存在，那么他必会陷入困境，并且无从谈论日常生活中常用的其他类似事物。我们认为考察通常的事物是不适当的，我们对它们也毫不怀疑；但我们怀疑那些异常能力的具体活动，我们对异乎寻常的事物深感惊奇。① 当然如果我们对某些日常事物不熟悉，而有人向我们详尽描述、解释它们的各种能力，我们也会感到惊奇。我们必须承认，每个特定事物都有一种非理智的能力，因为它们在大全中被模制和造就，并以一定方式从拥有灵魂的整体中分有灵魂，它们处于这样一个宇宙当中，是一个有灵魂的事物的一部分——因为凡在它里面的，没有一个不是它的部分——然而，有些事物的作用比较强大，有些比较弱小，凡天上的，总要比地上的强大，因为天上的事物具有更清澈的本性。许多事物的发生都是出于这些能力，而不是出于行为实施者的谨慎选择——因为能力也存在于没有任何选择的存在者——能力的给予甚至不需要集中注意力，即使它们还有某种灵魂的传递，也是如此。一个生命物可以不作任何慎重选择就派生出许多生命物，原初的生命物不会有任何减损，也没有意识到所发生的一切。如果它有选择，这选择就会成为消极的，或者不是一个能起作用的选择行为。而一个生命物如果连选择都不需要，那么更不用说有意识了。

38. 因此，产生于天体的另一类生命、没有任何诱因的各种结果，以及由外物，比如祷告——无论是直白的，还是美妙声音唱出的——引起的各种结果，都不应归于各个天体，而应归于所成之事的本性。

---

① 一个哲学常识，可能源于斯多亚派，塞涅卡 *Naturales Quaestiones* VII 1.1 作了修辞上的夸大。

凡有益于保存生命或其他实用目的的结果都是天体的恩赐，是宇宙的较大部分传给较小部分的东西。而天体对地上生物的所谓的不利影响则应归因于基质没有能力接受有益影响。因为发生的事不是抽象的，总是以特定的方式发生于特定的事物。受到影响的事物和将要受影响的事物，都有一种特定的潜在本性。虽然每个天体都对生命提供一定的益处，但各种星力混合也能产生许多结果。没有自然地发挥有益的威力，也会产生不良的后果，而各种宇宙威力的合力并不总是符合每个个体的要求；我们自身也必须对所接受的东西进行大量补充。同样，虽然事物总是来自不同的事物，有的甚至来自对立面，但是它们被统而为一，而且非常和谐，因为万物都属于一个 [宇宙]。任何生成之物的善都是不完全的，它还未完全形成，因为它还未能支配它的质料，可以说它缺乏高贵的出生；它既没有高贵的出生，就陷入了丑陋。由此可见，有些事物是天体成就的，有些是潜能的本性引入的，还有些则是我们自己添加的。

39. 既然万物总要归于秩序，一切都要指向一个单一的目标，那么万物都是有意义的。"美德没有主人，可以任人自取"，① 然而，它的活动也同样融入普遍的秩序。因为下界的事依赖于上界，这个世界的事有赖于诸神，这个宇宙也对那些高级实在有分。因此，凡在大全里生成的事物，并非照着种子的形成原理，而是照着包含能力的形成原理，这些能力先于种子里的原理。因为凡是种子原理范围之外发生的事，或者质料对整体的贡献，或者生成之物相互作用发生的事，都不可能发生在种子的原理中。大全的理性形成原理更像建立城邦秩序和法律的建构性思想，它知道公民要做什么和为什么要做，并在周密思考之后进行立法，通过法律规范他们的行为和技艺，规定什么行为应得赞誉，什么行为要受指责。

---

① 柏拉图语，出自《理想国》X. 617E 3，普罗提诺多次引用。参看《九章集》II. 3. 9. 17; VI. 8. 5. 31。

由此，城邦的一切事务都似乎自觉地走向一种和谐的秩序。符号的出现并非为了预先指明尚未发生的事，相反，事物如其所是地发生，但它们相互之间总有所印证，由此才设置出符号。既然万物都是统一的，并属于同一个统一体，那么我们就可以从一物了解另一物，从结果推出原因，从前因得出后果；我们也可以从宇宙的部分了解宇宙的构成，因为宇宙的理性原理将各个部分构织成整体。如果这个论述是正确的，一系列难题都可望得到解决。比如，关于诸神为什么会产生邪恶的问题，我们可以解释说，这并非出于诸神的慎重选择。事实上，上面发生的一切事都是出于自然的必然性，既是部分与部分之间相互作用的结果，也是宇宙整体生命的结果，我们也独立地对发生之事出了很多力。虽然每个天体所赐的礼物都不是恶的，但是这些礼物混合在一起，就可能产生另外的效果；宇宙生命提供的并非个别事物的目标，而是整体的目标；潜在本性接受的是一物，但经历的却是另一物，因此无法主宰所给予的一切。

40. 那么，魔法的咒语是怎样起作用的呢？一是通过交感，二是因为同类事物之间有自然的统一性，异类事物之间有自然的对抗性；另外还通过构成统一生命物的各种丰富多彩的能力。但是许多事物被吸引、受迷惑并没有另外事物施行魔法手段；真正的魔力是大全中的"爱"和"斗争"。①这（大全）就是最初的术士和巫师，人们通过观察他，也逐渐能够使用他的魔药和符咒。因为爱是人的本性，凡能叫人产生爱的事物都具有一种吸引力，因此就出现了爱的魔力这样一种有益的能力。魔术师根据不同的人设制出不同的魔术，把他们吸引到一起，并把爱的力量注入他们心中。魔术师把一个个灵魂彼此连结起来，仿佛他们在训练各种植物按一定的间距排列。魔术师还利用图像及其里面的能力，只要做出合适的姿势就能悄无声息地把这些力量引到自己身上。因为他们都在同

---

① 引自恩培多克勒（参照例如 fr. B 17, 19-20）。这里及以下几节清楚地表明，在普罗提诺看来，所谓魔法，就是对自然宇宙的生命有机体产生的自然力、吸引力和通感力的一种操控。他对魔法的兴趣是哲学上的，而不是实践的（还可见第 43 节第一个注）。

一个宇宙里面,并对这一宇宙发挥作用。如果有人将魔术师放到大全之外,他就不可能利用魔力或符咒来驱逐或招致某些事物。事实上,魔术师并没有将自己置于大全之外,因此他有能力对对象施加影响,因为他知道在这个大全生命中,一事物是如何被另一事物吸引的。咒语有一种天然的吸引力,通过魔术师特定的语调、语音和姿势发挥魔力——这些东西的吸引力就像羞怯的形象和悲戚的声音一样,能深深迷住人心,因为它是非理性的灵魂,不是选择的意志,也不是理性,非理性灵魂容易为音乐所迷。但这种魔力又丝毫不会使人引以为奇,人们甚至喜欢着迷的感觉,即使这并不就是他们想要从音乐家那儿得到的。同样我们认为,对其他祷告的回应也不可能出于自由意志和深思熟虑,因为着魔的人不可能自由思考了。受蛇蛊惑的人对所发生的一切既不理解也无意识,只有在清醒之后,他才知道有过这样的经历。尽管如此,他的统治理智依然未受任何影响。但是无论如何,当人向一个天体祷告之后,必会有某种影响从这个天体降到他或其他人身上。

41. 然而,太阳或另一天体并没有听见他的祷告。他的祷告之所以应验,只是出于事物相互间的交感关系。正如绷紧的弦,只需拨动下端,就能振动上端。但是,这种情形往往出现在同一琴弦和同一音阶上。如果由于交感的存在,振动能够从一架竖琴传到另一架竖琴,那么大全尽管由各种不同甚至对立的部分构成,也必有一种整体的和谐。事实上,构成大全的各个部分都是相似的,即使对立的各部分也是同类。所有对人有害的事物,并非天生就带着害人的意向,只是当激烈的情绪与胆汁纠缠,并进入了肝脏的本性,才会导致伤害;正如有人生火取光,却烧伤了别人——罪魁祸道或者是作出安排的人,或者是接受安排的人,他把火给予另一人,而那人让火从一个地方移到另一地方。毫无疑问,让火烧了别人的人,他就是造成伤害的原因。但被火烧着的人因无法控制火,才导致火伤到了他。①

---

① 这里的原文非常含糊。希腊文本附有 H-S 的评注,提出了一些重要的改进意见。我虽然有点犹豫,但在翻译时采用了 Gilento 的建议,未做很大改动。

42．所以，天体没有必要拥有记忆，不论是为回应祷告这个目的——这就是我们展开上述研究的原因——还是为了来自低级世界的感知觉。如果我们这样理解，那么天体也不会慎重地留意人的祈祷。但是我们必须承认，就天体是部分或一个整体的部分而言，无论有无祷告，天体都会产生某种影响，因为它们是部分，是一个整体的某些部分。许多能力无须审慎选择，也不论有无魔法，都能发挥作用，因为它们都存在于一个单一的生命物中。某物有益或有害于另一物，这是它的本性使然；而医生和魔术师可以通过一定的技艺，使某物的能量为他物提供所需的东西。同样，大全把自己的某一部分给予它的各个部分，可能是出于自发，也可能由于某人的魔法吸引；大全凭借自己的自然秉性支配它的各个部分，祷告的人也不例外，他们不是在大全之外的。即使祷告者是恶人，那也不必奇怪。这恶人从溪流取水，给予者却对所给之物毫不知觉，它只是给予，但所给的仍是照着大全的本性给予的。因此，如果有人从大全所支配的事物中索取了他不该得的东西，那么天网恢恢，正义之法必将使他无以逃遁。我们绝不能认为大全会受什么影响，或者我们必须承认，它的统治原理完全不受影响。诚然，大全的各部分要受影响。这种影响甚至渗透在诸部分之中，但是由于没有任何东西与大全的本性相悖，所以大全不会受到影响，而是如其所是地指向自身。同样，就天体都是部分而言，它们易受影响。然而，就其在自身中而言，它们是不受影响的。因为 [和大全的能力] 一样，它们的选择能力不可能受到影响，它们的形体和本性也始终不受伤害，如果它们通过灵魂给予了什么，它们的灵魂并不会因此有所减损，它们的形体也会保持不变。即使有什么东西从它们中流溢出去，也是不知不觉的；即使有什么东西被添加给它们，也是觉察不到的。

43．那么善人为什么会受魔力和药物的影响呢？他的灵魂不会受蛊惑，他的理性部分不会受影响，他也不会改变他的思想。然而，他分有大全的非理性部分，这一部分要受影响，或者说他因这一部分要受影响。即使他的灵魂认同另一灵魂的爱情，坠入爱河，他也不会感受由药物引起的那种迷狂之爱。正如他的非理性部分要回应咒语的魔力，另一方面，通过反旋律和反咒语也可以消除它的可怕力量。① 然而，他很可能会因这种咒语而遭受死亡、疾病或其他痛苦，因为 [在他里面] 属于大全的部分可能会受到大全的另一部分或者大全的影响，但是他本人不会受到伤害（魔法的效果并非立竿见影，而是后来才显现的，这与本性并不相悖）。即使是诸灵自身，它们的非理性部分也不能完全免受影响。我们可以合理地认为，它们都有记忆和感知觉，被符合它们本性的各种魔力吸引，其中越是关心下界之事的灵，就越靠近下界之物，也就越能听见向它们求告的人的祷告。凡是被引向他物的，必受他物的吸引，因为它的目的吸引诱惑着它；只有以自我为目的的东西才能免于诱惑。正因为如此，一切实践活动都处于蛊惑之下，实践的人的整个生命也是如此，他总是被推向那吸引他的事物。因此有人说："高尚的厄瑞克修姆（Erectheus）的平凡躯体也显得如此富有魅力。"② 人为什么要追求他物呢？事实上，牵引他的不是术士的技艺，而是自然的技艺，它生出幻想并通过魔力而不是通过空间把此物与彼物联系起来。

44. 只有凝思才能免于魔力之惑，因为指向自我的人不可能受蛊惑。他是一，他所凝思的是他自己，他的理性不受迷惑，他认定自己应做的事，创造自己的生活和工作，履行自己的职责。但是实际生活中的人都不能处之泰然，理性虽不会引起冲动，但是非理性是引起情绪的前提和源头。对孩子的喜爱，对婚姻的关注，都有明显的吸引力。所有引诱人去做的

---

① 虽虽然在这个句子里 επωδαις 是指通常的魔咒，但是当普罗提诺谈到 σπουδαιος 是 ανταδων και αντεπαδων 时，我仍然认为他是想到了柏拉图在《卡尔米德篇》156-7 里为有益的哲学告诫而在比喻意义上使用 επωδη。他自己在 V. 3. 17. 18-20 以这种方式把这个词用在最高类型的哲学上。

② 这里引自柏拉图的《阿尔基比亚德篇》I 132A5。柏拉图为说明这问题，引用了《伊里亚特》2.547。柏拉图补充道，"不过你们应该看看它赤裸的样子"，其上下文是苏格拉底努力阻止阿尔基比亚德狂恋，并因此坠落情网。对普罗提诺来说，柏拉图的这个例子很好地说明了低级世界的诱惑永远是虚幻的，不管是政治的诱惑，还是性的诱惑。

事都是如此，因为它们满足人们的欲望，取悦人的肉体。由我们的情欲之灵导致的实际行为都是非理性冲动的结果，就像那些由我们的肉体欲望引起的事物一样。我们的政治行为和对职位的追求是由人心中的权力欲激发的，一切安全措施无一不是因为恐惧，不断追求无非是为了满足肉欲。既然这些出于必然要求的行为都是为了满足本性的需要，那么它们背后必然有一种本性的力量，保障我们的基本要求得以延续。如果有人说，高尚的实践行为不是出于诱惑，否则的话，凝思也不能免于蛊惑，因为凝思的对象就是高贵之物，那么我们的 [回答是]，如果他按本性要求实施所谓的高尚行为，并知道真正的高尚是另外的东西，那么他未受蛊惑，因为他了解本性需要，他不凝视这个世界，他的生命也指向其他事物。但是，在这个意义上，他已经被人性的力量迷惑，关心他人或自己的生存，这种基本关怀已经吸引了他。可以说，有了这种基本关怀，他就应该融进这个世界，而不是脱离于世界。所以，如果他满足于实际活动中的高尚，在高尚的影子蒙蔽下选择行为，那么他就受了迷惑，追求低级世界的高贵。一般而言，人如果忙着追逐真理的影子，并为之沉醉，那就表明他被诱惑他走向低级世界的力量所蒙蔽了。这就是本性的魔力所在。把不好的东西当作善的东西追求，因非理性冲动被表面的良善所迷惑，这样的人被某种力量盲目牵引，走向自己不想去的地方。这种力量若不是魔力，还能是什么呢？人只有在他的其他部分都试图引诱他的时候，仍然认识到所谓的良善之物皆不是真正的良善，唯有他自己知道的事物才是善物，不受蒙蔽，也不去追逐，只是拥有，只有这样他才能完全不受迷惑，才能永不迷失方向。

45. 从上述的各种事物中，可以非常清楚地看出，大全中的每个事物都按照各自的本性和特性服务于大全，影响大全又被大全影响，正如个体生命物的各个肢体，各个器官按照各自的本性和状况，辅助整体生命，服务于整体生命的目的，同时又有各自的专门职责和效用。各个部分都给出它的所有，同时接受其他部分的所有，因为它们都有一定的接受能力。它们之间有一种共同的意识，这种意识把它们联结起来。如果说各部分都是一个生命物，那么除了作为部分的功能外，它们都具有生命物的功能。我们还可以看到，我们也在大全里活动。这种活动不只是躯体对躯体的作用和反作用，我们还引入我们的另一本性，通过我们里面的亲和关系把我们与外界事物连接起来，通过我们的灵魂和气质，我们与毗邻的精灵世界，以及精灵之上的更高世界有了关联，所以我们不可能没有显明我们是怎样的人。① 当然，我们并不是所有人都给出同样的事物，也不可能全都接受同样的事物。我们没有的东西比如良善怎么可能给予别人呢？而且我们若没有接受良善的能力，又怎能获得良善呢？因此，凡沾染了邪恶的，都可以从他的作为认出来，并照他的本性推入这个世界，进入容纳他的事物里。即使他逃离了这个世界，他的本性也要将他推入另一个同样的世界。然而，对善人来说，无论是他的获取、给予还是转化都是迥然不同的，因为[一切事物]的转化皆出于本性的推力，似乎它们是被线牵着的。② 因此，拥有权能和秩序的大全是多么令人惊奇，万物都依据正义法则安然地各行其道，无一例外。恶人对此一无所知。尽管他无知，这正义法则仍把他放在大全里某个命定的位置。而善者不仅知道必须离开哪里，在离开前他也知道要到达并居住何处，他怀着美好的盼望，盼望与神同在。③ 对卑微的生命物来说，各部分的变化和各部分之间的感知也都是微小的，因此它的诸部分都不可能成为完全的生命存在，当然，在有些事物在短时间内也许是可能的。④ 然而，就

---

① 这里如《九章集》IV. 3. 15-17 一样，可以看到当时"宇宙宗教"的某些影响。"精灵的世界"就是空中，"它们之上的世界"则是天体所在的上层宇宙。

② 这里，普罗提诺概括了柏拉图《法律篇》X 903E 的观点，其中一段谈到人就是诸神用线牵引着的木偶（I 644D-E）。下文中"安然地"一词出自欧里庇得斯（Euripides）的 *Troades*, 887-8。

③ 对照柏拉图的《斐罗篇》63B-C。

④ 这里，普罗提诺很可能想到了亚里士多德对切断昆虫的心理学思考（*De Anima* A5，411b19-22; B 2, 413b19-24）。

大全来说，它的各部分之间相距遥远，各自都有自由活动的空间，因此它里面必须有许多完整的生命存在，它们的运动和变化也必然更大。我们可以看到，太阳、月亮及其他天体都有序地运行，从一个地方运转到另一个地方。同样，既然灵魂并不总是保持同一特性，而是按照各自的经历和活动各取其位，有的位于类似于头的位置，有的位于类似于脚的位置，但始终与大全步调一致，那么我们也可以合理地说，诸灵魂也是有序地改变各自的位置，因为大全本身既包含优秀的也包容卑劣的。而那既不选择地上优秀的部分，也不选择卑劣部分的灵魂，它要转到另一个世界，就是纯粹的一，并在那里获得它所选择的位置。所谓惩罚，类似于对患病部分进行[药物治疗]，有时需要用腐蚀剂，有时则必须摘除替换，只有每一部分都各安其位，大全才能健康。换言之，只有改变需要改变的部分，摘除患病的部分，把它放到不会得病的地方，大全才会呈现出健康的面貌。

5. 三论灵魂问题的难点，兼论视力

1. 前面① 我们已经研究了不借助任何媒质，比如空气或者某种透明物，看是否可能的问题。现在我们要进步研究这个问题。我们说过，看，以及一般意义上的感知觉必须通过一定物体才能发生。因为如果没有物体，灵魂就完全处在可理知世界中，而感知觉只是对感觉对象的一种认识，而非对可理知对象的认识，因此心灵必须凭借与感觉对象非常接近的东西才能与此发生关系，从而建立一种关于它们的知识或感受。这就是知识要通过身体感官才能获得的原因。这些感觉器官与感觉对象之间多少有种天然的联系或一致性，因此心灵也必然与感觉对象本身发生一

---

① 《九章集》IV. 4. 23. 42 ff.

定的联系，达到某种统一，并由此产生共同的感应。既然心灵与认识对象之间必然存在一定的联系，那么我们为什么要研究所有通过某种触觉认识的事物呢？就视力而言——后面我们将讨论是否也应包括听力问题——我们必须追问的是：眼睛与色彩之间是否必然存在某种物体？或者这种物体只是偶然地撞进视域，实质上却对人的视觉毫无用处？如果这种物体非常稠密比如像泥土，它们就无疑会妨碍视力。因此，挡在眼前的东西越稀薄，我们的视域就越开阔。人们会说，介质必然有助于视力，它们若无益，也便不可能有碍了。但是人可以说，土质的物体不就是一种障碍吗？不过，如果作为介质的物体首先受到作用，并在一定程度上留下印记——这表明如果有人站在我们前面，比如看着颜色，他也看得见——那么如果没有中介所受到的作用，颜色就不会为我们的感觉所触及。然而另一方面，如果是那天生就有感受力的事物即眼睛受了作用，那么中介并不必然也受作用。即使它受了作用，也是以另一种方式受的。比如渔夫的手与鱼之间的鱼竿所受的作用与渔夫之手的感受是完全不一样的。当然，如果没有鱼竿和鱼线这些中介，渔夫的手就不会有所感受。[①]或者即使是这一点也是可争论的。因为如果电鳐钻进了鱼网，据说渔夫首先会大吃一惊。讨论至此，我们似乎又回到了前面研究过的感应问题。如果一物因与另一物具有某种相似性，因此自然对它产生感应，那么它们之间的中介则因为没有相似性就必然不会受影响，或者以不同方式受影响。若果真如此，那么具有天然感受力的东西在没有中介的时候，它的感受力会更加活泼，即使那中介本身在一定意义上也具有感受能力。

2. 如果看是这样的一种活动，即眼睛的光与那延伸至视觉对象的媒介相接触，那么光必然就是这种媒介，而这种假设需要这样的媒介。但是如果作为视觉对象的有色物体在眼睛里产生了某种变化，那么谁能

---

① 钓鱼的例子可能源于日常观察。但是苏格拉底关于鱼的比喻（见柏拉图《美诺篇》80A）可能也对普罗提诺有所启示。

阻止这种变化不借着媒介直接到达眼睛呢？如果那物体近在眼前，就如目前的情形，那它在某种程度上必然发生的变化就更是如此了。有些人认为，看就是光从眼睛的一种流溢，因此他们根本不会认为有什么媒介存在，除非担心光线会偏离。然而它既是光线，就不会有什么偏离，因为光总是笔直的。还有些人认为阻力是产生视觉的原因，对他们来说，无论如何都需要媒介存在。影像论者认为，影像要穿过虚空，就需要空间来防止受阻，因此如果没有媒介就意味着减少阻碍，那么他们对这样的假设不会有任何异议。① 凡是认为视觉由感应作用引起的人都会主张，如果有什么媒介存在，它就会妨碍和削弱感应作用，从而影响视觉效果。我们还可以说，甚至那在任何时候都具有同质性的媒介也会削弱感应作用，因为它本身受到了感染。当然，如果用火不停地烤一个斜放的物体，它底部所受的影响肯定没有顶部大，但是，发生感应的如果是生命物的各部分，难道它们会因为彼此之间有东西相隔而少受影响吗？也许它们会少受些影响，但是各部分所受的影响符合各自本性的需要，而且媒介会防止它们超出界限，除非所给予的东西刚刚好，中介根本未受影响。如果感应必须发生在单一的生命物身上，我们产生感应是因为我们是统一体并属于统一体，那么是否可以说，连续性是感知遥远对象所必不可少的条件？回答是，连续和媒介之所以存在，是因为生命体必然是连续的，但是对某种连续的东西产生印象却是偶然的，不然我们得说，任何事物都会对其他事物产生印象。如果此类物体与彼类物体之间都以不同方式产生影响，那么就完全不需要媒介的存在了。如果有人说，媒介对视觉来说是必不可少的，那么他必须说明原因。因为凡穿越空气的，除了分隔空气外，还必然对空气产生一定作用，这似乎还不是一个普遍真

---

① 这段话简略勾勒了一些早期哲学家的思想，同时介绍了普罗提诺自己的观点：看是由感应作用引起的。这种勾勒似乎依赖于对早期视觉哲学观的剪辑和简要驳斥，尤其参阿佛洛狄阿斯的亚历山大的 op. cit. pp.127, 17ff. Bruns，还有托名普鲁塔克的 *De Placitis Philosophorum* IV. 13, 901A-C，以及 the Harder-Beutler-Theiler 版 II b, p.548 的一些注解。

理。比如一块石头从高处落下，除了改变空气的状态外，还有其他什么现象呢？因为说石头是自由落体，它的下落是物体相互碰撞①引起的，这有悖常理。否则，我们也可以说，火凭借空气相互碰撞而上升，这就显得荒诞不经了，因为火是靠自身的运动速度克服空气阻力而上升的。如果有人说，相应的推力由于火的运动速度而加快，那么我们说这也同样是偶然之事，并不能导致向上运动。同样，树木向上生长的动力来自它们自身，并没有任何外物推动。当我们在空中运动时，空气的推力并没有推动我们向前，它只是跟随我们并填满我们身后留下的空间而已。空气既如此为物体开辟道路自身却未受影响，那么它难道不可以为到达我们视域的诸形式开辟通道？何况诸形式穿过空气并不是像穿过溪水一样，所以空气必不受影响，印象也不会因空气所受的影响而经它到达我们。如果我们的感觉源于受了影响的空气，那么当我们看着物体时，我们应该并未看见它，而要从我们周围的空气中获得视觉，正如我们取暖一样。就取暖来说，火离人不远，受暖的空气弥散周围，使我们变暖。变暖要靠接触，但是看则无所谓接触。因此，如果把物体放在眼睛上，是不会产生视觉的。②但是作为媒介的空间必须是照亮的，因为空气本质上是黑暗的。空气若原本就是亮的，它就不需要光了。黑暗妨碍视觉，必须由光来支配它。但也有这种情形，当眼睛看视觉对象时却没有看见，因为对象带着空气的阴影和它自身的阴影，因此眼睛看不见它。

3．我们看见感觉对象的形式并非通过已经受了影响的空气媒介的某种传播，要证明这一点最可信的证据就是，我们在夜间可以看见火和天体以及它们的形象。可以肯定，没有人会认为形式是在黑暗中渐渐呈现，然后与眼睛接触。火如果自己呈现自己的形式，那就不会有黑暗了。事实上，即使在伸手不见五指的夜晚，星星都躲了起来，星光全无，漆

---

① 参阿佛洛狄阿斯的亚历山大 op. cit. 129, 1 Bruns。
② 参 IV. 6. 1. 32-3；亚里士多德 De Anima B 7, 419a12-13。

黑一团，灯标和信号塔上的火光却依然明晰可见。如果有人全然不顾一目了然的证据，认为即使就以上所述的例子来说，火光也是穿越了空气的，那么眼睛就必须首先去洞察这空气中的幽暗，而不是看见光源处的火。如果物体在某种介入的黑暗的另一端是可见的，那么没有中介视觉会更加清楚。我们还可以进一步思考，没有媒介就不可能看见，这是否并不因为没有媒介本身，而是因为生命物的自我感应和它的各部分之间的感应将不复存在？（答案是确定无疑的。）看起来似乎每一种感觉都依赖于这样一件事，即生命存在（这个大全）是个自我感应的整体。如若不然，此物怎么可能分有彼物的力量，尤其是在相距遥远的时候？我们应该思考这样的问题：如果存在另一个宇宙即另一生命物，它与我们这个宇宙的生活毫不相干；又假如存在"天空背后"的眼睛，那么它能看见那个相距甚远的宇宙吗？① 我们要在后面讨论这个问题。现在，我们提出这计划之外的证据乃是为了表明，看并不通过受影响的媒介才发生。任何受到作用的东西必是物体性的，因此它如果受了作用，就必然有一种类似印在蜡上的印记，换言之，视觉对象的每一部分必须被印在空气的相应部分中。这样，与眼睛接触的这部分空气就会接受视觉对象的某一部分，其大小正好是眼睛根据自己的瞳孔大小所能接受的程度。然而事实上，瞳孔接受的是整个物体，只要视线未受阻，空中的一切都看到它的整体，无论是在前面、旁边还是在后面，也不论远近。这表明每一部分空间都包含了视觉对象的整体（比如脸）。但这不是物理作用，而是来自一个自我感应的单一生命物的灵魂的更高法则。

4. 那么，与眼睛周围并一直到对象周围的光相连的眼睛之光又是怎样的情形呢？首先，媒介空气并非必不可少，除非我们可以说，没有空气，光就无以存在。因此空气成为媒介只是偶然的，而光本身才可能

---

① "天空背后"一词来自柏拉图《斐德若篇》247B7-C1。这个推论很有意思，第8节作了进一步阐述，见那里的注。

是不受任何影响的绝对媒介。一般而言,这里没有必要产生影响,但是始终需要媒介存在。如果光并非某种物体,那就不需要物体。进一步说,眼睛如果只是为了看,而不是为了看远处,那它可能连这种作为媒介的光——不是它自己的光——也不需要。至于没有空气是否有光的问题,我们放在后面讨论。① 现在我们要思考的第一个问题是,如果这种连接的光是有灵魂的,灵魂渗透并呈现在它里面,就如眼睛里的光那样,那么在感知对象——也就是看的含义——时,就可以不需要光作为媒介,看就会像触觉一样,视力就在光里感知自己的对象,媒介不会受到影响,而视觉已经行至它的对象。这里我们必须追问,视觉必须行至对象,这是因为眼睛与对象之间有一个空间,还是因为这空间里有一个物体。如果是因为眼睛与对象之间的空间里有物体,把两者分开,那么只要把它移开,眼睛就能看见。但如果只是因为两者之间有空间,那我们必会以为视觉对象的本性是惰性的,它无所作为。但这是不可能的。触觉不仅告诉我们附近有东西,它正在触摸,而且它受到对象的作用,从而报告对象的特性;如果没有东西将它与对象分开,那么即使对象遥不可及,它也能感知得到。毫无疑问,我们是与媒介空气同时感知到火的热量,而不是要等着火先把媒介烤热。事实上,固体物质(即我们的身体)比空气更热,因此对热的感知由空气传递而来,但并非由空气产生。如果感知对象具有活动能力,能发出作用,而感知的接纳者,或者视觉能受到作用,那么对于它能够直接作用的事物,为什么还要通过媒介作用呢?在这种情形中,如果有媒介,那它必不是推动,而是一种阻碍了。比如,当太阳光照射下来时,它并不首先照到空气,然后再照到我们,而是同时照到空气和我们。我们对阳光的感知也并不是要等到它照到我们眼皮底下,无论它在哪里,我们都照受不误。同样,我们看的时候,空气并未受影响,眼睛与对象之间的媒介未曾受到作用,我们的视觉必须接触的光也还没有出现。另外,

---

① 本卷第 6 节。

根据这一假设也很难正确解释我们是如何看见星辰，或其他任何形式的火光的。如果灵魂留在自己的地方，需要光来触及对象，就像棍棒触及事物那样，①那么感知就会成为一件暴力的事：光伸展出去推动对象，然后被照亮的感知对象产生阻力。通过媒介产生触觉的一般过程就是这样。根据这种假设，对象原来就在眼皮底下，它们之间不存在中介，这样触觉才能通过中介产生知识，就如同通过回忆，或者更确切地说，如同通过推论得出知识。但是事实上，看不是这样的。如果有人说，靠近感觉对象的光必然首先受到影响，然后这种影响传递给眼睛，这就等同于说，感觉对象的作用先在媒介中引发某种变化。这种观点我们已在另外地方予以反驳。②

5. 就听力来说，我们是否必须承认，发声物首先震动周围的空气，然后一层层传递到我们的听觉器官？或者应当认为，媒介受到影响只是出于偶然，因为它处在两者之间，如果把媒介拿开，那么一旦有声音发出，比如两个物体相撞发出声音，它能立即到达我们的听觉器官？或者必然有某些空气被震动，因此从这个角度说，作为媒介的空气具有一定程度的重要性？空气看起来确乎对声音有作用，若不是空气被它们的撞击力震动，这种震动又震动其他空气，一层层传递到我们的耳朵，就谈不上有什么声音。但是如果空气是声音的原因，震动是空气的运动，那么又如何解释各种声音之间的差异呢？比如铜与铜相击的声音和铜与其他东西相击的声音是不同的，各种不同的东西相撞发出的是各不相同的声音，而空气只有一种，空气震动只有一种，何况声音的不同不仅仅是指声量的大小不同。如果说撞击发出声音是因为撞击物震动了空气，那么我们就必须承认，这不是就空气是空气来说的。因为当空气具有如同固体物一样的静止特性时，即当它不流动而像固体物一样静止时，才能发出声音，因此只要有相撞之物和它们的撞击就足以产生声音。它们的撞击传到我们

---

① 根据阿佛洛狄阿斯的亚历山大 op. cit. 130, 17 Bruns (= SVF II 867)，这也是斯多亚学派的理论。

② 普罗提诺所指何处不清楚。

的听觉器官就成了声音。生命物内部的声音可以为此作证。它不是在空气中,而是由两部分相互撞击产生出来的。比如关节的弯曲,一根骨头与另一根骨头的磨擦都没有空气参与。有关听力的问题就谈到这里,我们可以得出与视力问题同样的结论,听觉是任何生命物内在固有的意识之一。

6. 那么没有空气还会有光吗?比如没有媒介,甚至在目前的情形下,那只是因为刚好在那儿所以被偶然照亮的媒介也没有,太阳还会照射到物体表面吗?如果光源于空气或其他透明物的某种变化,或者说光就是通过空气获得其本质存在的,那么变化不通过被改变之物就无法存在,[换言之,没有空气就不可能产生光]。然而这里,光根本不属于空气,它的本质特性也与空气无关,它乃是属于每一个明亮火热的物体。还有些石头也有类似的闪闪发亮的表面。现在我们假设没有空气,那么光能从某个发亮的物体进入其他物体吗?如果光只是一种性质,而性质必是某物的性质,因为任何性质都在基质之中,那么光必然要找一个物体作为它的栖息处。如果它不是性质,而是来自另外某种东西的活动,那么它的存在不必依赖相邻的物体,它可以越过一段虚空(如果可能的话),直接到达更远的物体。既然它笔直向前延展,为什么就不能凭空跨越呢?如果它生性要坠落,那它必然要向下运动。当然不是空气(或其他被照亮物)把它从光源拉出来,迫使它向前,因为它既不是偶然产生的,就不至于完全依赖于其他事物;它也不是另外事物的一种影响,也不至于必然有一种受影响的事物。否则,它到了一个地方就必须驻留在那里。然而事实上,它现在已经消失了,它消失是为了下次再来。那么它在哪里呢?它所需要的不过就是一个处所。若果真如此,随着阳光的不断射出,太阳会逐渐失去辐射活动。但是这种活动原本就是光。如果是这样,光就不属于其他东西。辐射活动源自一种基质(substrate),①但并不变成一种基质。如果有基质存在,它可能会在一定程度上受到影响。正如生命,

---

① 即太阳。——中译者注

它作为一种活动，是灵魂的活动。如果有什么东西比如身体存在在那里，就会受到感染，但是即使这身体不存在，生命依然故我。就光来说，如果它是一种活动，岂不同样如此吗？事实上，产生光的并不是空气。相反，正是混杂着灰尘的空气使光变暗，变得不十分纯粹，因此正如俗话所说的，甜蜜因夹杂着痛苦而存在。如果有人说，光是空气的一种变化，那他必得说，空气本身因这种变化而得到改变，它的暗淡必因此而变得不再暗淡。然而事实上，空气仍然暗淡如初，似乎未受任何影响。要知道，一物的变化就是它自身内部的一种经历。由此可见，光不是空气的变化，也不是它的色彩，而是独立自存的。空气只不过是偶然在光通过的地方出现而已。最后我们来总结一下这个问题的探讨。

7. [在总结之前]，还有一个问题：光最终是消失了还是返回了源处？也许我们可以从中发现一些对解答我们前面讨论有益的东西。如果光进入了分有光并把光视为自身之物的事物，那么我们也许可以说光消失了。但是如果光是一种并不流动——否则，光多了就会四处流溢，最后注入接受者内部的光就会多于直接源于光源的光——的活动，那么只要光源存在，光就不会枯竭。如果光源移动，光也改变位置。这种改变不是流回或改变流径，因为光的活动属于发光体，因此它的流动没有任何阻碍。即使我们与太阳相距更远，太阳再大许多倍，光依然伸展如初，中间没有任何障碍。发光体内部的活动则如同它的生命，要更伟大，是它的[外在]活动的源泉和起点。外在活动受制于躯体，是内在活动的形像，是与内在活动不可分割的次一级活动。任何存在物都有一种作为自身之像的活动，只要它存在，它的形像也存在，它留在一处不动时，它的形像可以远行，距离可远可近。有些活动很弱，有些甚至无法辨别，但还有些事物很有活力，可以走得很远。如果一种活动指向远处，人们便会认为那里就是活跃而强大之物的所在之处，也是它的活动抵达之处。就眼睛来说，动物只要有发光的眼睛，就能看到发生之事，而且它们的光也在眼睛之外。还有的动物身体里面有压缩的火，当它们伸展时，火就在黑暗中发出光亮，当它们收缩时，外面就没有了光。当然，火并没有消失，而只是有没有显现出来的问题。①然后呢？光进入里面了吗？总之，光不在外面了，因为火不再向外活动，而是退回了内部。那么光真的也回到了里面吗？不，只有火缩回到里面。当火回到里面，身体的其余部分就成了无光体，因此火的活动不能抵达外部。身体发出的光是发光体的一种外在活动，而发光体（即本质上能发光的物体）内部的光则是完全的实体，对应原发光体的形式。当这样一种物体与它的质料结合，就呈现出色彩。但它自身的活动并不呈现色彩，它只是在表面上打了一层底色，因为它属于另外的事物，并且完全可以说，依赖于那事物。将它与那事物分离的，也将它与自己的活动分离。但是我们必须把光视为无形体的，即使它隶属于某一物体。②因此，"它消失了"或"它存在"这样的话并不是在它们固有的意义上，而是在另外的不同的意义上说的。它的真实存在就是一种活动。就如镜中成像被称为一种活动，被反射物作用在具有反射能力的物体上，而被反射物并没有融入反射物中。只要被反射物出现在镜子前面，镜子里就出现影像。这像就如同在一个彩色平面以一种特定方式形成的像。如果物体离开了，镜面就不复有曾经有过的一切，镜子里所显现的对象，以及这种成像活动。灵魂也一样，就它是先在灵魂的一种活动而言，只要先在灵魂存在，这种依其而在的活动也存在。假设有人说，它不是一种活动，而是活动的产物，就如我们所说的，已隶属身体的生命就像已与身体混合的光，那该如何

---

① 普罗提诺谈到眼睛里面的光，这光不时地从眼睛里迸发出来，见《九章集》V. 5. 7. 24 ff.（比作理智的内在沉思）。亚里士多德在《论灵魂》B 7 419a2-6 里简略谈及磷光现象（指在黑暗中发光的鱼、菌和眼睛），普罗提诺这里使用的可能就是这段话，或者是一位逍遥派者对它的注释。

② 光的无形体性见普罗提诺《九章集》I. 6. 3. 18-19; II. 1. 7. 26-8。这思想的背景是亚里士多德主义。（参《论灵魂》B 7 418b3ff.）不过，对普罗提诺来说，它的含义与亚里士多德不一样。光在这里被比作生命，即灵魂的无形活动，它本身就是形式原理和形式（见《九章集》I. 6. 3）。普罗提诺并不十分强调光的无形性，因为这思想对他并不十分重要。但是它确实使他在谈论灵性活动时能够十分自由地使用光的象征意义。

回答呢？就后者来说，有色彩是因为产生它的东西已与身体结合，就身体的生命来说，身体有生命是因为有另一个灵魂在它背后。因此，如果身体毁灭——因为不分有灵魂，就无物能够存在——无论是曾赋予它生命的灵魂，还是其他任何相邻的灵魂，都不足以挽回它毁灭的命运，那生命如何还能存续呢？那么这生命也毁灭了吗？不，当然没有。因为它就如光形成的影像，只是不在那里了而已。

8. 如果天球之外有一个物体，如果有眼睛能从我们的宇宙一览无余地看过去，那么它是否会看到与我们宇宙并无感应的另一个世界呢？如果事物相互感应乃是因为感应的主体和被感应的物体同属于一个单一生命物，那么除非这外面的物体是我们这宇宙生命物的一部分，否则它就不可能产生感知。如果它属于我们的宇宙，或许会有对它自身的感知。如果它不是我们宇宙的一部分，而是一个发光体，还具有这个世界的物体所拥有的其他性质，因而也具有视觉器官的适当形式，那又怎样呢？如果我们的前提是对的，那么即使这样，它也仍然不可能被感知，除非有人推翻我们的前提，指责说，色彩在眼前却看不见，或者其他感觉器官面对各自的对象却不施展相关活动，这是可笑的。但我们会阐述这种观点为什么看起来荒谬。正是因为我们都存在于并属于一个整体，我们的感官才以这种方式①作用和反作用。因此，我们必须考察我们之所以这样做否就是出于这样的原因。如果这已经足以说明问题，那么我们的证明就完成了。如果没有，那么我们必须用其他证据再作论证。现在有一点是很清楚的，即生命物对自身有一种感应。如果宇宙就是一个生命物，那就不必多说了。既然如此，那么各部分也必相互感应，因为它们同属这生命物。但是，假设有人提出，之所以有这种感应是因为它们相像，那会怎样呢？感知和感觉出现在生命物中，是因为同一事物分有了相似

---

① 即感应。——中译者注

性，它的感觉器官与它自身相像，因此感知就是灵魂通过与被感知对象相似的器官所得到的知识。如果宇宙作为一个生命物感知的不是它自身里面的事物，而是与自身里面的事物相像的事物，那么它能凭借自己是一个生命物而感知它们吗？就被感知之物被感知来说，它们不是作为它里面的存在物被感知，而是作为与它里面的存在物相像的事物被感知。既然被感知物是因相像而被感知，因为这宇宙灵魂已经使它们成为相像的，那么它们并非不相容的。既然那外面的活动原理是另一个宇宙的完全不同的灵魂，那么，假定存在那里的对象也绝不可能与我们宇宙的灵魂相像。这样，所谓荒谬的假设就解开了它看起来矛盾的原因：因为它同时用了"灵魂"和"非灵魂"、"相像"和"不像"这些词，被感知对象既"像"又"不像"。既然它自身包含了这些对立面，它就根本不是假设了。而且，它既主张有另一宇宙的灵魂，也就规定了某种既"全"又"不全"，既"他"又"非他"，既"无"又"非无"，既"完全"又"不全"的东西。因此，假设必须取消，因为在这样的探讨中它的根基已经毁灭了，也就不可能再考察它的结果了。①

---

① 这一节中，普罗提诺从他的前提，即感知是基于把宇宙这个生命有机体的各个部分联结起来的感应作用出发，得出极富逻辑性的结论。根据他在第三节提出的观点，我们这个宇宙之外可能有另一宇宙，他认为，即使我们的宇宙有一只眼去看外面的宇宙，它也看不见，因为要对外面的宇宙产生感知就得有那个宇宙的感应作用，而这两个宇宙是具有不同且不相干的灵魂的不同有机体。这里，普罗提诺似乎没有提出《九章集》IV.3. 1-5 里的讨论。在那里，他的结论是，实体灵魂（hypostasis Soul）——所有灵魂都是它的一部分——与宇宙灵魂不是一回事，后者与我们的灵魂一样，也是部分性的（虽然在力量和荣耀上远远胜过我们）。如果他在这里也提出这一论点，那么他就得考虑这样一个难题：不同的宇宙是否有两个（或多个）这样的部分性灵魂，它们通过感应作用在某种意义上被联结成实体灵魂的各部分。然而，在古代晚期，人们极其坚定而热烈地捍卫宇宙的一体性和唯一性，因此这种想法可能从未在普罗提诺的脑海出现过。

6. 论感知觉和记忆

1. 既然在我们看来,感知觉并不是烙在灵魂上的印象或印记,那么我们当然不能说记忆就是我们所学或者所知之事物的保留,否则就自相矛盾了,因为灵魂中并没有保留下来的印象。感知觉和记忆应该是同一论证的两个组成部分(或者一起立,或者一起破):要么认为有记忆,那就必须承认有某种印象进入灵魂并保留在里面;如果有人不同意这两个前提中的一个,那他也必然不会接受另一个。既然我们不承认任何一个,既不主张感觉对象的印象进入灵魂,在它里面打上印记,也不认为有记忆存在,因为没有印象保留下来,那就必须探讨我们是怎样感知并记住事物的问题。如果我们观察一下发生在"最敏锐的感觉"[1]中的事,也许能够把它推而广之,应用到其他感觉上,从而找到我们所需要的答案。任何时候我们都可以说,当我们通过视觉对某物获得了一种感知时,我们就朝对象所在的地方看,直直地凝视可见对象所在之处。显然,正是在那里我们遇到了它,于是就形成了感知觉;而此时灵魂是朝外看的,我想,这正是因为不曾有过、现在也没有任何印象印在它上面,它也没有获得像戒指印在蜡上那样的印记。否则,如果它通过视觉看的时候,在自己里面已经留下了可见对象的印象,有了对象的形式,那它就没有必要朝外看了。灵魂还显然与它所看见的事物有一定的间距,因为它指出了它是从多远的地方看的,那么它这样是否就能把那原本在它里面、与它毫无间距的事物[2]看作在它之外有一定距离的事物呢?既然对象是在它之外的,而且在它里面不可能有关于大小的印象,那么它如何能够

---

[1] 出自柏拉图《斐德若篇》250D2。
[2] 即印象。——中译者注

说出对象的大小，或者指出它是个大物？比如，如何可能说出遥远的天空的大小？最重要的一点，如果我们对要看之物已经有了印象，那就不可能再去看实际的视觉对象，而只能看视觉对象留在我们心里的形像和影子了。若果真如此，对象本身必与我们所看见的事物完全不同。但是一般而言，正如人们所说的，如果把一个实物放在眼球上，那是无法看它的，要看见它，必须把它移开；① 对灵魂来说就更应如此。如果我们把可见对象的印象放在它里面，刻了印象的灵魂就不可能看见景象，因为看者与被看者必须是两个 [有一定距离的事物]。这样说来，看者必须离开被看者，才能看见外在于它的某个印象，与它占据同一位置的事物，它是不可能看见的。也就是说，视觉不可能看见位于视觉所在之位置的对象。

2. 但是，如果感知觉不是这样发生的，那是怎样发生的呢？ [灵魂] 能够谈论它并不拥有的事物，这就是能力的问题，不是以某种方式被影响的能力，而是能够完成分派给它的工作的能力。我想，灵魂正是这样在被看见事物与被听见事物之间作出区分的。它之所以能够作出区分，不是因为这两种对象都是留在它里面的印象；相反，它们本质上并不是印象或影响，② 而是与处理它们的灵魂有关的活动。但是我们人却不相信这一点，认为每种感觉能力若不受到对象的撞击，使它受到相应对象的影响，就不可能认识对象。殊不知，感官天生就有能力主宰对象，而不是受制于对象。我们应当认为，视觉如此，听觉也同样如此。声音的印象存在于空气中，是一种清晰的撞击，就像发出声音的物体写在空气中的文字；而灵魂的能力和灵魂本身所做的，就是当写在空气中的印记靠近并达到可见视域时把它们解读出来。③ 就味觉和嗅觉来说，是有一些

---

① 参亚里士多德《论灵魂》（De Anima）B 7, 419a12-13。
② 灵魂不受任何事物的影响，也就是灵魂里面没有任何印象。——中译者注
③ 希腊心理学思想认为视觉是"最敏锐的感觉"，这种感觉的卓越性可以从这种随意地用视觉语言来描述听觉的例子很好地表现出来。

影响，但是作为感知和判断的味觉和嗅觉是对印象和影响的认知活动，不同于影响本身。关于可理知对象的知识就更远离印象和影响了；感觉对象从外面可以看到，但是可理知对象，我们可以说，完全是从里面来的。它们是更高层次上更真实的活动，因为这种对象归属于知识，而每一点知识都是灵魂关于理智对象的活动。至于灵魂在内省的时候是否把自己看作二元的，一个不同于自我的另一个对象，而把理智看作是同一的，或者把自己与理智看作一个统一体，这个问题我们已经在别处有过讨论。①

3. 既然关于感知觉我们已经谈到这里，接下来就要谈论记忆了。首先我们必须指出，灵魂具有这样一种能力，它自身不接受任何事物，却能够对它所没有的事物产生感知觉，这一点并不令人吃惊，或者毋宁说，确实令人吃惊，但是不可不相信。因为它是万物的理性原理；尽管在可理知者以及可理知世界的存在者中，灵魂的本性是最后也是最低级的理性原理，但在整个感觉世界，它是首要者。因此，它必然与两者②都有关。一者的力量使它强壮，获得新的生命，另一者的力量则使它被其相似的外表所蒙骗，就像着了魔一样下降。但是处在中间状态，它就可以认识两个领域。它若靠近可理知对象，获得关于它们的记忆，就被认为在思考它们，因为它是通过在一定程度上成为它们才认识它们的。它认识它们，不是因为它们停留在它里面，而是因为它在某种意义上拥有它们、看见它们；它原本在比较含糊的意义上与它们统一，但是通过一种觉醒可以脱离昏暗状态，更清晰地成为它们，从潜能转化为现实。同样，我们完全可以说，灵魂靠自己的力量使那些可以说与它相关的感觉对象显现出来，把它们带到眼前，因为它的感知觉能力是为它们准备的，并且在一定意义上不辞艰辛地向它们运动。因而，当灵魂顽强地转向呈现

---

① 很可能是指 V. 6. 1-2。
② 可理知世界与可感觉世界。——中译者注

在它面前的事物时，有很长一段时间它处在这样一种状态，好像对象一直显现在它面前；它越是强烈地转向对象，这种现象持续的时间就越长。这就是我们总说孩子记性好的原因，因为他们没有看到大量事物，所看的东西有限，因此不论看到什么，都不会立即抛开，而是使事物较长时间地保留在他们眼前。而那些思想和灵魂—能力指向很多事物的人，可以说，总是迅速抛却一些事物，不会长期逗留在它们身上。但是倘若印象已经保留下来了，那么灵魂指向之对象在数量上的增加不应该对记忆产生什么影响。而且，如果已经有了印象，我们就没有必要再去思考，以便记住它们。我们也无须忘记前面的，记住后面的，因为印象不就在手边，随时可用吗？我们常常为了提高自己的理解能力而做一些特定的训练，我们这样做的目的是使灵魂更有力量，就像我们训练手臂和腿脚绝不是为了使它们能轻松地完成不属于手或腿所做的事，而是使它们完成通过进一步训练能够胜任的事。当我们听到某事的时候，如果只听到一两次，就记不住，唯有在听到很多次才能记住，这是为什么？我们对以前听到过的某事并没有特别留意，因此没有记住，但是很长时间之后却能想起来，这又怎么解释？这当然不是因为他先前就有了印象，否则那时他就该记住它们；但是这种记忆是突然发生的，是由于后来听到相关的事或经过训练才又想起来的。这就表明灵魂的记忆力是可以唤醒的，可以通过一般的方法或者为某种特定目的的记忆方法加强灵魂的这种能力。但是事实上，这种记忆力不只是因为我们在如何记住事物上受了训练而呈现给我们，那些因为擅长使用报告而获得了大量知识的人，也照样能够达到这样的程度，即能够轻易地掌握（如人们所说的）[①] 其他信息。所以，若不是得到强化的灵魂能力，我们能说记忆的原因是什么呢？印象的持续保留只能说明它的软弱，而不是强大；因为所谓印象最深的就是最容易受影响的。印象就

---

① 参亚里士多德《论灵魂》2.451a20。

是一种影响，越容易受影响的，必然就是记得越牢的。但是事实上发生的事却似乎与此相反，因为显然，没有哪个地方的有目的训练是为了使受训的对象变得容易受影响。对感觉来说也是这样，益处不是给予弱者的比如视力不好的眼睛，而是给予那在自己的活动中显现出大能力的器官。因此那些上了年纪的人感觉就变得迟钝，同样记忆也衰退。这样说来，感觉和记忆都是一种能力。而且，既然感知觉不是印象，记忆怎么可能是印象的保留呢？因为所谓的印象根本就不曾在灵魂中出现。不过，这里还有一个问题：如果记忆是一种能力，随时可用，那么我们为何不能立即回想起同样的事，而要到后来才能想起来？这是因为——可以这么说——我们需要时间引出这种能力，并使它作好准备。在我们看来，这种能力与其他能力是一样的，必须使其作好准备才能去做它们所能做的事，对有些事立即就见成效，有些事则要看它们是否自我集中。不过，一般来说，同一个人不会既有好的记忆，又有敏捷的心灵，① 因为这两件事并非出自同一种能力，正如同一个人不会既是一个好拳击手，又是一个出色的跑步运动员，不同的人有不同的主要特点。然而，对一个具有某种杰出灵魂的人来说，没有什么东西能妨碍他解读保留下来的印象，一个具有某种天赋的人，难道非得是不受任何影响，不保留任何印记的？灵魂没有广延，这也表明灵魂是一种能力。一般的，任何与灵魂有关的事都与人们通常所想象的不同，这并不稀奇，因为他们没有深入考查，或者因为他们心里怀着源于感觉对象的草率观念，因其表面上的相似被蒙受骗。事实上，他们把感知觉和记忆看作写在牌匾或纸片上的文字，无论是那些认为灵魂是一种形体的人，还是那些认为它是非形体的人，都没有看到他们的假设中所包含的种种不可能。

---

① 参亚里士多德《论灵魂》1. 449b7-8。

7. 论灵魂的不朽

1. 依着这题目的性质研究，我们很可能解开下面这些疑问：我们每一个人是否都是不朽的？或者整个人类都是要毁灭的？或者人的一部分要分解并毁灭，而另一部分，即属于自我的那部分，则保持永恒？人不是一种单一的事物，除了里面有一个灵魂外，他还有一个躯体，不管这躯体是我们的工具，还是以其他方式依附于我们。我们不妨暂且把人作这样的划分，然后来思考每一部分的本质。当然，躯体本身是复合物，因此不能设想它能够永恒，此外，当它的各个组成部分各归其所，并且相互破坏，相互转化，与它一同腐烂，尤其是当协调躯体各部分的灵魂离弃这些质料而去之后，我们的感官就会感知到躯体的枯萎、消解以及种种朽坏。即使有某一部分已经成为一，从而是分离的，它也不是真正的 [一]，因为它的形式和质料中包含了可朽性，由此必然可以推出，即使是基本物质（elementary bodies）也有自己的复合物。而且，它们既然是物质，就有大小；既有大小，便是可分的，甚至可能分裂成碎片，因此从这方面说它们也要经历朽坏。如果构成我们躯体的这种物质是我们的构成部分，那么我们的整体就不可能不朽；如果它是一种工具，那么既然把它给予我们使用一段时间，它就必然能够持续到那个时候。但是无论如何，另一部分才是最重要的，并且就是人自身。既然如此，那么它与躯体的关系就如同形式与质料或者使用者与工具的关系。不管怎样，灵魂才是自我。

2. 那么这灵魂拥有怎样的本性呢？如果它是一个物体，那么它必然被完全分割到各个部分中，因为任何物体都是复合的。如果它不是物体，而是另外的东西，那么我们也得考察它，或者用同样的分析方法，或者用其他方式。首先，我们必须研究，我们要分析的这个被称为的灵魂的物体有哪些组成部分。既然生命必然存在于灵魂，那么这个物体，也就是灵魂也必然由两个或更多的物体构成，它们或者都有同性质的生命，或者其中之一有，另一者没有，或者两者都没有。如果生命是其中之一所拥有的属性，这一个实际上就是灵魂。那么，什么样的物体能拥有自身的生命呢？火、气、水、土本身都是无生命的，只有灵魂呈现在它们里面时，它们才能利用一种外借的生命——但是除了这四种物质之外，再没有其他形式的物质了。有些人虽然认为除了这些之外还有其他元素，但他们也主张，它们是物质，不是灵魂，因此不具有生命。既然它们每一个都没有生命，那么把它们结合起来就能产生生命吗？这岂不荒谬（当然如果它们每一个都有生命，那么只要一个就够了）？事实上，无生命的物质聚在一起是不可能产生生命的，没有思想的事物怎么可能产生意识呢？[坚持这一理论的人]自己都不会认为他们自己的各部分是随意混合而成为有生命的。因此需要一种统治原理，需要使各部分结合起来的一个原因，它的地位与灵魂类似。这不仅因为物质是复合的，而且因为若没有宇宙中的灵魂，即使单一的物质也不可能存在，因为物质的存在归功于一种形成原理进入质料，而形成原理只能来源于灵魂，此外没有别的源头。

3. 如果有人对此提出异议说，原子或无部分的事物通过统一体或共同的感受结合在一起，于是就产生了灵魂，那么我们可以驳斥他说，它们的结合只是并列在一起，而不是完全的一，因为任何在共同感受中与自身合而为一的东西不可能由那些没有感受和不可能被结合的东西中产生，而灵魂就是在共同感受中与自身合一的东西。① 反之亦然，任何物质或物体都不可能产生于没有部分的元素。进一步说，如果物质是单一的，他们② 就不会认为它里面质料性的东西具有自身的生命，而会认为是

---

① H.R. Schwyzer 博士在 review of Harder, *Gnomon* 32 (1960) 34-5 中对这段晦涩的话作了非常清楚的解释，揭示了它的真正意义。

② 在本节的开头几行对伊壁鸠鲁的观点作了极为简略的驳斥后，这里，普罗提诺又回到他的主要对手，即主张形体主义的斯多亚学派。

形式产生了生命。如果他们说这形式是一种实体，那么它不可能是各部分复合的物体，只能是这些复合部分中的一个，而这一个应该就是灵魂，所以它就不再是物质。它也不可能由质料构成，否则我们要以同样方式把它分为 [质料和形式]。但是，如果他们主张说，这形式不是实体，而是质料的一种影响，那么他们必须回答影响和生命从何处进入质料。可以肯定，质料不会生成自身，也不会把灵魂注入自身里面。那么必然有某种东西来提供生命，不管它是提供给质料还是给某个物体，而且它必然超越于一切物质本性之外。事实上，如果没有灵魂的力量，甚至不会有任何物质存在。物质流逝而过，它的本性稍瞬即逝，如果一切事物都是物质，即使有人把其中某种物质称为灵魂，它的力量也会很快消失。因为如果 [被称为灵魂的物质] 与其他物质具有同样的质料，它也必与它们以同样的方式受影响，或者它甚至不会进入存在。而如果没有东西铸造质料，未成形的万物就只能寿终在质料里，也许甚至连质料都根本无法存在。如果把我们的这个宇宙交给某种物质的结合力，把灵魂的名称和功能给予这种物质，比如空气、气息这样一些极易分解而缺乏自身统一性的东西，那么我们的宇宙就会分崩离析。因为一切物质都处在分解的过程中，如果有人把这个宇宙的起源归于其中某个物质，那岂不使它成为一个没有意识和自由漂浮的事物了吗？气里能有什么秩序、理性或理智？它是需要从灵魂获得秩序的东西。要是灵魂存在，所有这些物质就成为构成世界和每一个生命物的基础，不同的物质具有不同的力量，它们共同构成宇宙整体。而如果灵魂不存在于宇宙整体中，这些物质就什么也不是，当然也不可能整齐有序。

4. 然而，他们 [即我们的对手] 自己也迫于事实而不得不承认，必然存在一种先于并强于物质的灵魂形式。他们谈论说，气息里面包含一种意识，火是有悟性的，似乎没有火和气，实在的较高部分就不能存在，似乎这较高部分正在为自己寻找栖息之地。事实上，他们倒是应该为物质寻找一个立足之处，因为物质必然根植在灵魂的力量之中。如果他们认为，生命和灵魂不是别的，就是气息，那么他们一直在谈论的这个"特性"是什么？当他们被迫承认除物质之处还有另一种运行原理时，就以这个"特性"为避难所。并非每一种气息都是灵魂，因为存在着无数没有灵魂的气息，于是他们会说"具有某种特性"的气息是灵魂，由此他们或者会说，这种特性和这种条件属于真实存在者所有，或者会说它不属于。如果不属于，那么灵魂就只是气息，而其特性也只是一个措辞而已。这样说来，他们不太可能会说灵魂和神决不是质料，它们都只是徒有其名而已——只有那 [质料性的气息] 存在。另外，如果这条件属于真实存在者，并且是某种超越基底和质料之外的东西，虽然在质料之中，但本身是非质料性的——因为它不再是由质料和形式组成——那么它就应该是一种理性原理，而不是一种物质，因此它是 [不同于物质的] 另一种本性。此外，以下的原因同样清楚地表明灵魂不可能是任何一种物质。因为 [如果它是物质]，它就可能是热的或冷的，硬的或软的，是流体或固体，黑的或白的，我们还可以提出不同物质具有的其他不同性质。它若是热的，就有加热功能，若是冷的，就有冷却作用；轻的性质使事物变轻，重的性质叫事物变重，黑色使事物变黑，白色使事物变白。火不可能叫事物变冷，冰也不可能叫事物变热。但是灵魂在不同的生命物里面做不同的事，甚至在同一生命物中成就完全对立的事，比如叫一部分变固体，另一部分变液体，叫有些东西变稠，另一些变稀，使事物既变黑又变白，既是轻的又是重的。如果它是一种物质，那么它应该根据物质的性质，根据包括色彩在内的全部性质而产生一种效果；但事实上它产生的是多种效果。

5. 那么我要问既然每一种物质都有统一的运动，为什么运动有各种各样，而非只是一种？如果他们回答说，有些是由于选择，另一些是出于理性原理，这当然是对的，但是选择既不属于物质，也不属于包含了多样性的理性原理。物质是纯一而单一的，它不分有这里所讲的理性原理，只是受那赋予它热冷这些性质的理性原理的影响。那么，物质从哪里获得力量使自己适时地成长并达到某种程度的成熟？物质确实在生长，但是并非物质本身具有生长力，而是质料体接受了一种生长能力，为引起物质生长的原理提供辅助。如果灵魂既是一个物质，又是导致生长的原因，那么它若要与由它引起生长的躯体保持同步，它自身也得生长，这意味着它必给自身添加了类似的物质。那添加的东西或者是灵魂，或者是无灵魂的躯体。如果是灵魂，它从哪里来，是怎样进入，又是如何被添加上去的？如果是无灵魂的东西，那么它将如何成为灵魂，如何与那早已存在的东西相互协调，与其合而为一，并与那先在的灵魂享有同样的思想，而不是像一个外来的灵魂，对另一灵魂所知的东西一无所知？如果它的某一部分实体终将消失，正像我们的肉身那样，而另一部分要来自外界，相互都是不一样的东西，那么我们怎能有记忆？如果人们不是拥有相同的灵魂，朋友和亲人之间又怎能相互认识呢？同样，如果灵魂是一物质，而物质的本性可分，那么灵魂的每一部分都与整体不一样；如果灵魂是一种确定的物质尺度，那么当它缩小了，它就不是灵魂了，因为每一种量都是根据它先前的存在通过缩小变化的。如果某种有大小规定的事物，当它的体积缩小了，性质却保持不变，那么就它是一种物质，就它具有特定的大小来说，它就是另外的东西了，但是虽然量上发生了变化，质上却保持不变，它的质与它的量是不同的。那么那些主张灵魂是物质的人对此将会说什么呢？首先关于同一躯体中的灵魂的每一部分：它们都在与整体灵魂同样的意义上是灵魂吗？其次，每一部分的各个部分也同样如此吗？如果是，那么大小对它的本质之是毫无影响。不过，灵魂若是一个有特定尺寸的物体，大小就应该对它的本质之是产生影响。然而灵魂是一个无处不在的存在者，这是任何物质都不可能具有的能力。对灵魂来说，它的整体同时存在于多个地方，它的每一部分就是它的整体。如果他们否定每部分都是灵魂，那么他们只能说灵魂是由无灵魂的部分组成的。而且，如果每一个灵魂的大小都有限度，那么无论如何在这个限度之外的东西就不是灵魂了。然而，一次交媾和一粒精子就足以产生两个胚胎，或者像有些动物那样产生一窝崽子。这粒精子散发到子宫的许多部分,每一部分都是一个完全的整体。这一事实难道不能叫那些愿意学习的人明白,凡是部分就是整体的东西,在其本质之是中必然超越量的规定性,它自身必是无数量的?正因为它与数量和体积无关,它自己的本性是另外的东西,所以当量的规定性消失了,它依然保持不变。总而言之,灵魂和理性原理没有数量。

6. 从以下的论证可以清楚地看出,如果灵魂是一物质,那么感觉、知觉、知识、美德以及任何其他有价值的东西统统都将不复存在。某物想要感知另一物,它自身必须是统一的,并以同样的方式感知每一个对象,无论是通过多种感觉器官获得大量印象,还是在同一个事物上感知多种性质,或者通过一种感觉器官感知一个复杂事物比如感知一张脸。对脸的各部分的感知并不是相互分离的,并不是对鼻子有一种感知,对眼睛又有另一种感知,而是对整张脸有一个整体的感知。如果一种感觉来自眼睛,一种来自耳朵,那么必有一种东西能够综合两者。不然,若是这些感知觉并非都综合于同一个[接受者],人们又怎能说它们是不同的呢?这个接受者必然像一个圆心,来自各个方向的感知觉就像来自圆周的各条线,都要到达圆心,那领会各种感知觉的事物必然具有圆心的性质,是一个真正的一。① 如果进一步推演,让感知觉变成一条线的两个端点,那么它们或者重新连结在一个点上,就像线的中点,或者两个端点各不相关,各自感知不同的东西(就如我感知我的,你感知你的)。② 如果感觉对象是一个,比如说一张脸,那么就有两种情况。一种是它被感知为一个统一体,这显然最有可能发生,因为眼睛自己的瞳孔就把它组合成整体。不然,我们的眼睛如何能看到大型的东西呢?就思想来说就更是如此了,各个思想都是无部分的整体,由统治原理(这个圆心)连接起来,而这统治原理当然也是无部分的。另一情形是,假设这理性

---

① 这是逍遥学派的一个比喻。参阿佛洛狄阿斯的亚历山大 De Anima p. 63, 8-13 Bruns。
② 还是逍遥学派的措词。参亚里士多德《论灵魂》2, 426b19 以及亚历山大《论灵魂》p. 61, 1-3 Bruns。

原理有大小，那么感觉对象就被相应地分割成诸多部分。这样每个感觉器官都只感知到对象的某一部分，我们最终也无法了解感知对象的整体。但是，它肯定是个统一的整体，不然，它怎么可能被分割呢？因此平分并不必然体现公正，因为统治原理不等同于每一个感知对象。那么它可以被分成多少个部分呢？它是否根据进入感觉领域的对象的复杂程度而分成许多部分？那么灵魂的这些部分每一个以及每一个的各部分都有自己的感知觉呢，还是各部分的诸部分没有感知觉？这是不可能的。如果任何一部分感知到的都是整体，而每一物质都必然能被无限分割，那么每一个感觉器官都必获得无限的感知觉，就像我们的统治原理对同一事物产生无穷的影像。同样，因为被感知的对象是一物质，因此感觉的产生不外乎就是印在蜡上的印像，无论是把感觉对象印在血液里，还是印在空气里。如果这种印像如同印在流体上——这是可能的——比如印在水上，那么印像终归要消失，也就不会有什么记忆。如果留下的印像没有消失，那么或者其他东西不可能再在这里打印，因为前者不允许它们这样做，因此也不会再有其他感觉印像，或者如果其他东西也在这里打印，那么以前留下的印像必受到破坏，因此同样不可能有什么记忆。如果有可能在一物之后记住并感知另外事物而不受前者干扰的话，那么灵魂必不可能是物质。

7. 从痛和对痛的感受中我们也可以看到这个道理。当人们说某人的脚趾头痛时，痛大概就在脚趾这一区域里，但是，他们显然会承认，痛的感觉存在于统治原理中。① 因此，虽然气息或生命并不就是受伤的部位，但是统治原理却知道它受到了影响，整个灵魂也同样受了影响。这是怎么回事呢？他们会说这是由于传染所至。② 首先，脚趾区域的灵魂——气息受了感染，然后把这种感染传递到相邻部位，这样层层传递直至统

---

① 参 *SVF* II 854。
② 这种斯多亚学派观点在 IV. 2. 2. 13 中再次受到抨击。

治原理。因此，如果第一个部位因受伤而感到痛，而第二个部位的感知是因感染所知，那它的感知应该不同于第一部位，第三部位的感知又也与前两者不同，这样，对同一种痛就会产生许多甚至无限种感知，而统治原理最终接受这些感知，并超越它们产生它自己的感知。事实上，每一种感知不可能都是对脚趾头上的痛的感知，除脚趾头外，脚感到的是整个脚的痛。更进一步，腿感到的是整条腿的痛，这样层层递进，就产生了许多种痛感，最后统治原理感到的也不是脚趾头的痛，而是相邻于它自身的部位的痛，它要了解的也只是这种痛，而对其他部位的痛不感兴趣，对脚趾头的痛更不得而知。这样说来，如果对事物的这种感知不可能因传染而产生，一物发生变化时另一物也不可能得知，因为物体的体积有大有小——每一种体积的各部分都互不相同——那么有人必会设想感知原理是这样一种事物，它无处不与自身同一。这种特征是某种不同于物质的其他实在的活动才有的。

8. 以下的论证可以表明，把灵魂设想为某种物质简直是匪夷所思。如果感知觉就是灵魂利用躯体领会感觉对象，那么思考就不可能是通过躯体进行的，否则，它与感知觉就没有什么区别了。既然思考不需要躯体，那么从事思考工作的也完全可能不是躯体。同样，如果感知觉是对感觉对象的感知觉，思维是对思维对象的思考——即使他们不喜欢这样，但仍然存在着（至少有一些）对思维对象的思想，以及对无形之物的领会——那么有大小的东西如何思考无大小的东西，有部分的东西如何思考无部分的东西呢？也许它是带着自身的一个无部分之部分 [进行思考的]。无论如何，如果从事思考的事物是这样的，那么它必然不是躯体。因为触觉不需要整体接触，只要触及一点就够了。① 如果他们承认这样的真理，最初的思想是对完全独立于躯体的对象的思想，是对绝对单

---

① 这也是亚里士多德的一个观点。参看《论灵魂》A 407a15-22。普罗提诺似乎没有注意到这是针对柏拉图说的（反对从字面意义解释《蒂迈欧篇》35A-37C 里的"灵魂圆圈"（soul-circles））。

一的实在的思想,那么思者必然因独立于躯体而认识这些对象。也许他们会说,思想是对质料中的形式的思想,然而这些思想是通过与躯体分离而产生的,把它们分开的则是心灵。因为可以肯定,我们抽象出"圆"、"三角形"、"线"、"点"这些东西并非借助于肉体,或者广而言之,并非借助于质料。(在这样的抽象活动中,)灵魂必是以这种[抽象的]思考使自己独立于躯体,[因此灵魂本身不可能是物质。]

同样,我认为尊严和公正是无大小的,对它们的思考也是如此。当这些无形的事物来到我们的灵魂面前,我们的思想就会以它的无部分状态接受它们,而它们就作为无部分之物存在于那里。然而,倘若灵魂是物质,它的各种美德,自制、公正、勇敢以及其他,怎么能够存在呢?因为它们都将成为一种气息或者血液,除非我们把勇敢理解为气息不易受感染,把自制看作它的各种因素的均匀结合,美是线条优雅的外观,唯有这样,当我们看到这样的人时,我们会说他们的形体是健康的、年轻的和美丽的。也许用强壮和美丽来形容气息的外观还是很适宜的,但是它要自制干什么用呢?在环抱和触摸中它岂不是更能产生舒适感吗?它可以从中得到温暖,或者得到凉爽,① 或者靠近那些柔和、精致和光滑的东西。它怎么会关心公正的分配吗?那么,灵魂是否获得它凝思的美德以及其他永恒的可理知对象?或者美德只是出现在某些人身上,对他们有利,最后又消失不见?若是这样,那是谁让它出现的,它又来自哪里?如果有什么东西使它出现,那么这东西也应该是长存的。因此美德必须永恒而长驻,就像几何学的对象。既然它们永恒存在,那么它们必不是物质。而那接受它们的事物必然与它们同类,即这事物不可能是物质。因为物质的整个本性都会消失,不可能长存。

9. 如果他们看到躯体的各种活动,变热、变冷、前进和下落,就把灵魂置于躯体里面,并在一定程度上把它定位在活动领域内,那么首先,

---

① 《奥德赛》10.555 的一个典故。

他们不知道是躯体自身通过它们里面的非躯体力量来做这些事；其次，这些不是我们所认为的灵魂力量，灵魂的力量是指思考、感知、推论、渴求和监督，以及其他智性活动，①这些活动都需要另一种形式的存在。因此，尽管无形实在的力量转移到了躯体里面，但这对无形之物没有任何影响。以下的原因显然可以解释为什么躯体能够借助无形的力量做它们能做的事。他们会承认，质不同于量，而每一个物质是具有某种量，但并非所有的物质都有质，如质料就不包含质。承认了这一点，承认了质不同于量，他们就必须承认，质也不同于物质。既然每一种物质都具有某种量，那么没有量的东西就不可能成为一个物质。而且，正如我前面讲的，如果每一种物质和体积一旦分解就不再是以前所是的，那么某种东西虽被分解，但每一部分中仍然完整地保留某种质，比如蜂蜜的甜味在每一滴蜂蜜中都是一样的，那么甜不可能是一个物质，对其他质来说也是同样的道理。另外，如果说能力是物质，那么强大的能力必然就是大型的体积，然而事实上，即使最小的东西都可能有强大的力量，因此行为不在于大小，能力必然属于某种非度量的东西。他们又说，质料是一种物质，但它始终保持不变，同时一旦获得质就可以产生不同的事物，这一事实足以说它所获得的东西是不朽的，是无形的理性原理。然而他们必不会说，因为生命物中的气息或血液消失了，它们就枯萎了，因而[灵魂就是]一种物质。对生命物来说，没有血气，或者没有大量其他事物是不可能生存的，但是它们都不是灵魂。而且，无论是气息还是血液，都没有渗透于整个物体，只有灵魂才如此。

10. 再说，如果灵魂是一种物质并渗透于整个躯体，那么它就会与其他物质一样，与这个躯体混合。如果两者混合之后，被混合的各部分不能现实地存在，那么灵魂也不会真正存在于躯体之中，而只能潜能地存在，并且会丧失它作为灵魂的存在性，正如甜与苦混合，甜就不存在了。

---

① 这里对灵魂各种能力的罗列可能受柏拉图《法律篇》X 897A1-4 里灵魂活动表的影响，但相似之处并不很多。柏拉图的罗列是中性的，全面的，灵魂的活动既有恶的，也有善的。而在普罗提诺比较保守的罗列中，只有善的力量。

同样，我们也会失去灵魂。如果灵魂是一种物质，与躯体的混合是整体与整体全方位的混合，那么无论一方在哪里，另一方必然相随，双方都占据同等的空间；如果一方插入之后并没有产生增加，那么这个混合体就没有任何部分是不可分的。混合基本上不会是一个挨着一个——否则，那就是 [斯多亚学派] 所说的并列，[而不是混合]——而是那被插入的一方渗透到每一部分，即使它是较小的一方——但这是不可能，因为所谓的较小一方与较大一方是相等的。不管怎样，渗透一方因全面渗透而无处不在，因此，如果分解是全方位的，没有哪一部分不可分，那么此物必然被分解为几何学上的点，而这是不可能的。既然这样，由于分解是无限的——因为任何物体都是可分的——那么无限的部分不仅潜能地存在，而且现实地存在。因此一个物体与另一物体"全方位地"渗透①是不可能的。事实上，是灵魂渗透在整个躯体中，因此灵魂是非质料的。

11. 至于有人说这气息以前曾是生长原理，而当它冷却并经锻造后就成了灵魂，因为它在冷冻中变得精简了，这是一种荒谬的观点。许多动物就在热中出生，拥有并没有经过冷冻的灵魂。但是他们却主张说生长原理是灵魂的前身，它因外在的事件而生成现实的灵魂。他们自己把低劣的事物放在前面的位置，又把更低劣的东西或者他们称之为"特性"的事物放更前面，而把理解视为源出于灵魂的事物放在最后。如果理智在万物之先，那么他们就应该把灵魂放在理智之后，然后是生长原理，愈后面愈卑下，就像事物的自然状态那样。如果他们把神（即他们认为的理智）置于后面，把他的理解看作来自外部的事物，那么灵魂、理智以及神都不可能存在。如果没有现实性和理智的先在，潜能的东西即使开始存在，也不可能获得现实性。如果在它之前没有与它不同的另一物存在，那是什么原理产生了它呢？即使是它自己使自己从潜能成为现

---

① 斯多亚学派关于"完全交融"（complete transfusion）的观点见 SVR I. 102, II. 467, 471。普罗提诺基于阿佛洛狄阿斯的亚历山大在批评中引用的逍遥学派的论点，对之作了比较全面的反驳，见《九章集》II.7。

实——这是荒谬的——它仍然要通过凝视某物而形成自身，而这某物不可能是潜能，必是现实的。如果潜能要拥有始终不变的属性，它就要使自己走向一种相应的现实性，这种现实性必然优于潜能性，因为它是潜能所追求的目标。这更好的事物具有不同于躯体的本性，它总是存在于现实性中，因此它是先在的。因此理智和灵魂先于生长原理。所以，灵魂既不同于气息，也不同于躯体。其他人还提出许多不同的论证来证明灵魂不可能是一种物质，不过我们这些论证就足以说明问题了。

12. 既然灵魂具有另外的本性，那么我们必须研究这本性到底是什么。它是某种不同于物体但属于物体的东西，比如是一种调谐？尽管毕达哥拉斯学派认为这个术语有另一种含义，但是人们认为它是指某种类似琴弦调谐的东西。就如在这个例子里，琴弦一被拨动，它们就以一定的方式受到影响，这种受影响就称为调谐。同样，因为我们的躯体也由不同的部分结合而成，某种特定的混合就产生出生命和灵魂，这就是混合体所受的影响。但是许多证据都已经表明这种观点站不住脚。这些证据有：灵魂是先在者，而调谐在灵魂之后；这先在的实在统治并指引着躯体，同时也经常与躯体发生冲突，但是如果灵魂是一种调谐，那它就不可能发挥这样的功能；这先在的实在是一种实体，而调谐不是一种实体，构成我们躯体的各部分如果是协调的，那么只表明它是健康的，而不能表明它就是灵魂。每一部分都以不同的方式成为整体的一部分，它们都会要求有各自不同的灵魂，这样就会出现许多灵魂。最困难的是，在这灵魂之前必须有另一灵魂来产生这种调谐，就如必须有一位乐器演奏家来拨动琴弦，使它发出和谐的音符，同时他自己必须知道演奏谐音的原理。因为无论是琴弦还是躯体本身，都不可能使自己进入和谐状态。总而言之，这些人把无灵魂的东西看作有灵魂，使无序的事物随意地变成了有序的，他们不是把秩序归于灵魂，而是认为灵魂从一种偶然的安排中接受自己的存在。但是无论是在部分中还是在整体中，这都是不可能发生的。所以灵魂并非调谐。

13. 现在我们来考察这样一个问题，为什么隐德来希能以下面的方式应用于灵魂。[漫步学派]认为，在一个复合的存在者中，灵魂的角色就如同形式，与之相关的质料则是接受了灵魂的躯体。这里的形式不是任何躯体的形式，这里的躯体也不是简单的作为躯体的躯体，而是"具有潜在生命的自然机体"的形式。① 如果灵魂与躯体的关系就如同铜像与铜的关系，那么当躯体被分裂成部分时，灵魂也会随着它被分裂成部分；如果某一部分被砍去，相应部分的灵魂也随之而去；如果隐德来希必然固守在它所在的地方，那么就不会发生在睡眠中灵魂退缩的事，事实上连睡眠都不可能发生。而且，如果灵魂是隐德来希，那么理性对欲望的抵抗也不会有了，整体必以同样的方式经历同样的感受，没有任何内在的冲突。也许只有感知觉可能发生，而思想是不可能的。因此[漫步学派]自己引入另一灵魂，或者说理解，他们假设它是不朽的。这样说来，推论性的灵魂必在另一意义上是隐德来希——如果你一定要用这个词的话。而感知的灵魂——如果它拥有不在场的感觉对象的印象——也无需借助于躯体就能拥有感觉。否则，印象就会作为形状和影像存在于灵魂里，而这就意味着它再不可能接受其他印象了。因此感知的灵魂不是与躯体不可分的隐德来希。进一步说，即使是不仅处理饮食而且处理其他与躯体无关之事的欲望原理，也不可能是的不可分的隐德来希。也许生长原理会一直留存，似乎让人思考这种生长原理是否可能是这个意义上的不可分的隐德来希的可能性。但是显然，即使是这种生长原理也不是这样的隐德来希。因为如果每一个植物的原理在于根部，有许多植物即使它们的其他部分枯萎了，灵魂仍然存留在根部和较低的部位，这表明它抛弃了其他部分，将自己聚集到一处，因此总的来说，它不是一种不可分的隐德来希。另外，在植物生长之前，灵魂也存在于小小的[根部]。如果灵魂既可以从高大的植物传递到细小的根部，也可以从细小的根部

---

① 这里对亚里士多德的话稍稍作了变动，见《论灵魂》B 1, 412a27-b1。

传递到整株植物,那么它为什么不可能是完全独立的呢?既然它毫无部分,它怎么可能成为有部分的躯体的隐德来希呢?同一个灵魂可以从一个生命物到另一生命物,如果它是其中一个生命物的隐德来希,那么它是怎样从前一个生命物的灵魂转化为后一个生命的灵魂的?(这显然是通过生命物之间的相互转化实现的。)因此,灵魂并不是通过成为某物的形式而存在,它是一种实体,它的存在不是来源于躯体,而是在它进入这个特定躯体之前就已经存在。那么它的实体是什么呢?既然它不是躯体,也不是躯体的状态和经历,而是包含了行为、创造以及许多其他东西,而且这些东西都从它而来,那么这不同于躯体的实体到底是什么呢?显然它就是我们所称的真实体。任何物质性的东西都只能称为生成者,不是实体,它们"生成又灭亡,从来就不是真正的是"。它们只是通过分有是而留存,因为它们确实具有分有是的能力。

14. 而另一本性具有自身的是,是真正存在的事物,既不是生成的,也不会死亡。否则,如果这维持万物尤其是这大全——灵魂不但维持它,而且赋予它普遍秩序和美——的真存在也灭亡的话,那么一切都要消失,再也不可能生成存在物。灵魂是"运动的源泉",[①]是其他事物运动的原因,它自己则是自动的;灵魂赋予接受灵魂的躯体生命,它自己的生命则是自有的,并且永不消失,因为它拥有的是自身的生命。可以肯定,并非所有事物的生命都是被给予的,否则就会有一个无限的链条,因此必然有某种事物原初就是有生命的。它必然是不可毁灭和不可朽坏的,因为它是其他生命的源头。这必定就是神圣而蒙福者的所在,它自有生命,自我存在,拥有原初的存在和原初的生命,在自身的本质中无有任何变化,既不生成也不灭亡。因为这样一个事物不可能从什么地方生成,也不可能灭亡然后变成另外东西。如果我们真的用"是"来称呼它,那么是本身不可能时而存在,时而又不存在了。就拿白色这种颜色来说,它不可能一会儿是白的,一会儿又不是白的。如果白既是"是"又是白,

---

① 柏拉图《斐德若篇》245C9。

它就会永远存在。不过，它只是白，并不拥有是，所以不是真正的存在。只有拥有源于自身的"是"，并且原初就"是"的事物，才能永恒存在。这种原初而永恒存在的事物不可能无生命，不可能像石头或木头那样。它必然是活生生的，只要它保持自身的独立，它拥有的生命就是完全纯洁的。凡是与低级之物结合的，都会妨碍与这佳美者的关系，当然这佳美者不会失去自己的本性，只要它转向自身，总是能够重新找到它的"先前状态"。①

15. 我们已经证明灵魂不是一种物质，这个证明过程清楚地表明它类似于神圣者和永恒者。它肯定没有形状或颜色，因此是无形和触摸不到的。我们还可以用下面的方式来证明它的这种相似性。我们都同意一切神圣而真正存在的事物都有良善和明智的生命，现在我们要研究的是由此可以推导出什么，我们从我们自己的灵魂出发来研究它有什么样的本性。我们所说的灵魂，不是指在接受了非理性欲望、激情以及其他情感的躯体里的灵魂，而是已经清除了这些东西，尽可能不与躯体有什么关系的灵魂。这灵魂清楚地表明，它的诸恶都是来自灵魂之外的某个地方而被附加在灵魂表面之上的，但是等到它净化之后，最好的事物，比如智慧以及其他种种美德，就存在于它里面，都成为它自身固有的财富。如果灵魂就是这样一种东西，那么当它重新回升到自己之后，它必成为我们所说的完全神圣而永恒的东西。因为智慧和真正的美德都是神圣之物，不可能发生在某种琐碎而可朽的东西身上，只能发生在[拥有神性的东西]身上，而灵魂因为它与神圣之物的相似性和同质性而分有神性。因此我们中间凡类似于此的，就他的灵魂本身而言，距离上界的存在者已经不远了，他只是因为还留在躯体中的那部分才稍逊一层。因此，如果每个人都像这个样子，或者很多人的灵魂都这样，那么人们就不会如此不敢相信人里面的灵魂是完全不朽的。当你思考具体事物的本性时，你必须集中于它的纯粹形

---

① 柏拉图《理想国》547B6-7。

式，因为附加的东西往往会妨碍认识那附加物背后的本性。要先把附加物剥离干净，然后思考它，或者最好叫人先净化自己，然后观察自己，这样当他看到自己进入了理智的纯粹状态，他就会相信自己的不朽。因为他将看到一个理智，它不看任何感官获得的东西，不看这些可朽的东西，它只用它的永恒领会永恒的东西，以及可理知领域的一切事物，它本身就已成了一个充满光的可理知世界，被来自至善的真理照亮，至善将真理照耀到每一个可理知对象身上。因此，他将常常想到这样美妙的话："你好，我是你不朽的神。"① 因为他已经上升到了神圣者的位置，完全致力于对它的模仿。如果净化使我们进入一种认识至善的状态，那么隐含在里面的学识就显现出来，变成唯一真实的知识。因为灵魂不是靠在外面东游西荡"看见自制和公正"的，而是在自己的本性中，通过自我认识，自我理解，深入洞悉自己的原初状态，清除因长期疏忽而积成的斑斑污锈，然后在自身里看到它们，就像精美的雕像一样。② 就好比说金子有灵魂，把积在表面的所有灰尘清除，就看到了灵魂。而之前它一直不认识自己，因为没有看到过真正的金子。现在它看到了独立的自己，惊叹于自身的价值，并认为它根本不需要任何外界附加的美，只要它完全独立自存，它就是至上的自己。

16. 有理性的人谁会否认这样的事物是不朽的？它有自身不灭的生命，这生命不是它从外面获得，灵魂对生命的拥有也不同于火里面的热量。这里，我的意思当然不是指热相对火是某种从外面进入的事物，而是说，即使热对火来说不是外在的，但对火的基础质料来说却是如此，否则这火就会永远烧下去，没有尽头。然而，灵魂并不以这样的方式拥

---

① 恩培多克勒 fr. B 112 Diels-Kranz. 4。

② 亦出自《斐德若篇》神话（247D5 ff.），不过被明显改动了。道德形式不像柏拉图那样位于"诸天之上的地方"，而是位于灵魂自身里面，灵魂不是把它们看作超越的实在，而是看作包括在它的自我视域里的东西，那时它已经在自我净化过程中"清除了时间之尘"，返回一种真正的自我领会中。下面讲到的"活的金子"剔除自己的粗坯，这是普罗提诺最富原创性的动态形象之一。

有生命，似乎它是潜在的质料，然后生命进入它里面，使它成为灵魂。确切地说，生命是一个实体，灵魂也是这样的实体，是自生的——这正是我们一直寻找的东西——他们得承认这是不朽的，否则他们就会把它当作一个复合物，分解它的各部分，直到找到自动的不朽之物，从而防止它接受死亡的命运，不然就是违背了神圣法则。如果他们认为，生命是质料的外在属性，那么他们不得不承认，使这属性进入质料的那个事物是不朽的，它不会接受它所带来的生命的对立面。然而，事实上有一种单一本性真实地拥有生命。

17. 此外，如果他们主张每一个灵魂都可灭，那么万物应该在很早之前就毁灭了。如果他们说，有的灵魂可灭，有的不朽比如大全的灵魂是不朽的，而我们的灵魂则可灭，那么他们需要说明原因。要知道，每一个灵魂都是一种运动原理，每一个都是自生的，以同样的方式领悟同样的事物，思考天上的以及天界之外的事物，研究一切具有实体性存在的事物，并上升至第一原理。每个事物的真正实在的理解活动是灵魂从自身衍生的，出于灵魂的内在凝思，出于记忆。这种活动使灵魂先于躯体存在，也使灵魂永恒存在，因为它拥有永恒的知识。同样，一切可朽坏的事物都因结合而生成，并必然以同样的方式而分解，怎样合成，也便要怎样分解。而灵魂则是一种单一而单纯的本性，它的生命活动就是它的真实存在，就此而言，它不可能毁灭。"但是如果它被分为各个部分，就会因被切割而毁灭。"然而，如我们已经表明的，灵魂不是物体，也不是数量。"但是它会因数量的变化而毁灭。"那破坏事物的量变只改变了它的形式，对它的质料毫发未损。对一个合成物来说也是如此。既然这些方式中的任何一种都不可能毁灭灵魂，那么它必是不可毁灭的。

18. 既然可理知者是独立的，那么灵魂如何进入躯体之中？它是这样进入的：灵魂的纯理智部分拥有纯粹的智性生命，永远停留在可理知领域不受任何影响。但是，紧跟在理智后面的另一部分，就是追求欲望的部分，因欲望的驱动离开原地，向外迈出了一大步；它想要传授它在理智中看到的秩序和美，就好像它孕育着诸多可理知者，努力要把它们分娩出来，因此它渴望创造并建构世界。带着这种渴望，它随同整个宇宙灵魂，努力走向感觉世界。于是它超越自己所管辖的领域，分有大全所关心的事务，当它想引导某一部分时，它就独自离开来到那一部分里面。但是它并非整体而完全地归属于躯体，在进入躯体的同时，还有一部分仍然在躯体之外。换言之，即使是[个体]灵魂，它的理智也不受情感影响。所以，这灵魂时而在躯体里面，时而又在躯体外面。它始于最初的实在，然后通过理智活动走向第三级存在物，就是下界此世的事物，而理智始终保持同一，并通过灵魂使万物充满各种各样的美，使它们井然有序，它那永不枯竭的能量和永不疲倦的活动使它永垂不朽。

19. 至于其他生命物的灵魂，那些虽经历失败但最终进入了动物躯体的灵魂，也必是不朽坏的。如果还有另一类[非人的]灵魂，那么它不可能来自其他地方，只能来自有生命的事物，这事物必须真实存在，并且是生命物获得生命的源泉。对植物中的灵魂来说也同样如此。因为它们都始于同样的源头，都有自己的生命，都是无形体，都无部分，都是实体。如果有人说，人的灵魂由三部分组成，因此作为复合体它必被分解，那么我们得说，纯粹的灵魂一旦得自由，就抛弃一切出生时附加在它们身上的事物，其他的灵魂则还要携带一段时间。但是，如果抛弃了低劣的部分，就算是这些灵魂，只要它们的源头依然存在，也不会灭亡，因为一切真是的事物都不会灭亡。

20. 至此，我们已经向那些要求证据的人提供了足够的证明，该说的都说了。但对于那些要求感官证据才肯信服的人，我们最好从有关以下这些事物的大量信息中选择证据：诸神有话命令曾经受屈的灵魂平息愤怒，赋予死者（假设他们仍能意识到）荣耀，就像人类对死者所做的那样；许多曾经住在人类中间的灵魂在他们离开躯体后并没有停止赐福于人类，他们建立了圣殿，通过他们的预言为人类提供帮助，并以他们自身证明其他灵魂同样没有毁灭。

8. 论灵魂坠入躯体

1. 我常常从身体中醒来，意识到我自己，或者从其他事物中解脱出来，进入自我之中。我看到一种极其伟大的美，确信我的大部分是属于好的部分。我确曾有过佳美的生命，与神圣者无有二致。我曾深深置身这种生命，置身高一切事物的理智领域，因为我已经获得那至高的现实性。虽然我原本安息在神圣者里面，但后来我从理智坠入了推论性理性，我不知道自己是怎么坠落的，不知道我的灵魂如何进入躯体，即使在躯体里，它仍然表明它是它自身。赫拉克利特敦促我们研究这一问题，他谈到对立面之间的"必然转化"，指出"上升与下降"的变化，"静止之中的变化"以及"始终服从于同样的事物，令人厌倦"。但是他的话比较晦涩，没有清晰地向我们表明他的意思，因此有待我们进一步推想。也许我们应该自己去探索，就像赫拉克利特那样亲自探索和发现。恩培多克勒说过，罪恶的灵魂必坠入这个世界。这是一条法则，他本人就是因为陷入狂乱的争斗，从而"被流放,离开了诸神之国"降生到这个世界。同样，毕达哥拉斯及其追随者也用谜一样的语言对此以及其他许多问题作了阐述。(此外，因为毕达哥拉斯以诗的形式表达他的思想，因此其含义更加晦暗不明。)① 现在我们必须求助于神一样的柏拉图，他在著作中对

---

① 普罗提这里先阐述了自己独特的体验，然后转向传统，借以进一步解释这种体验。如以往一样，他很少考虑前苏格拉底的思想家，似乎认为他们并不重要。扬布里柯（参看斯托拜乌[Stobaeus] *Anth.* I 49 p.378,21-5）和斯托拜乌都把"必然转化"归于赫拉克利特，赫拉克利特的其他话出自 fr. B 60, B 84b DK。恩培多克勒的引语出自 B 115 DK，第 13—14 行。值得注意的是，毕达哥拉斯及其追随者被几笔带过，急急打发了。因为对努美尼乌斯和普罗提诺之前的其他新毕达哥拉斯主义者，以及普罗提诺之后的新柏拉图主义者来说，若说毕达哥拉斯有什么比柏拉图更值得尊敬的话，那么他是一位传统的权威。普罗提诺这里对毕达哥拉斯的态度类似于亚里士多德，而不是他自己的学派传统通常所采取的态度。

灵魂和它的入世作了许多宝贵的阐述,因此我们希望能从他那儿得到一些清晰的解释。那么,这位哲学家究竟说了些什么呢?显然,他在各处所说的并不一样,免得让人轻易知道他的意图,但是他始终轻视整个感觉世界,对灵魂与肉体的伙伴关系不以为然,而认为灵魂是被束缚囚禁在肉体里面的,认为"神秘的说法才是伟大的真理",即灵魂在肉身中是"被囚禁"的。他的洞穴,我想就像恩培多克勒的洞孔一样,是指这个宇宙,由此他认为,灵魂向理智世界的行进就是"解脱锁链","逃出洞穴"。在《斐多篇》中,他认为,"蜕变"是下坠的原因,循环使已经上升的灵魂又坠回到这里,经过审判又派遣其他灵魂降到这里;此外他还提出命运、机遇和必然。虽然他不赞同灵魂坠入肉身,但是在《蒂迈欧篇》谈到这个大全时,他还赞美宇宙,把它称为有福之神,认为灵魂是由这大工匠的良善赐与的,因此这大全可能是有理智的,因为它必须是有理智的。既然有理智,灵魂就是必不可少的。正是出于这个原因,神派遣灵魂进入大全,也赐与我们每个人灵魂,这样大全就可以变得完美。因为凡在可理知世界存在的生命物也同样应该存在于可感知世界中,这是毋庸置疑的。①

2. 因此,当我们努力从柏拉图那里了解我们自己的灵魂时,我们也必须对灵魂作一般性研究,研究它如何自然地接受与躯体的伙伴关系,居住于怎样的一个宇宙当中——不管这种居住是自愿的还是非自愿的,或者是由其他方式造成的;研究它的创造者,他是否成功地 [完成了他的工作],或者 [大全的灵魂] 是否与我们的灵魂处于同样的状态。由于我们的灵魂管理着低劣的躯体,它们若想主宰这样的躯体,就必须坠入世界的深处,否则,每个躯体的各部分就会分解,各归其所。大全中的

---

① 普罗提诺一如既往地认为,如果我们力图准确地阐释柏拉图,并努力协调他思想中的表面矛盾,那么他必是指引我们走向真理的最好向导。这里所直接或间接引用的话出自柏拉图《斐多篇》67D1;《克拉底鲁篇》400C2;《理想国》514A5;515C4;517B4-5;《斐德若篇》246C2;247D4-5;249A6;《理想国》619D5;《蒂迈欧篇》34B8。在普罗提诺看来,《斐多篇》、《理想国》中的洞穴成像,以及斐德若神话都是从否定方面看待灵魂降于世界的最主要典据,而《蒂迈欧篇》则是持肯定观点的主要引证。

各部分都自然地各归其所，但我们的躯体需要大量烦人的思想，因为许多外力侵袭它们，使它们持续地处于困顿状态，因此需要各方面的帮助，使它们摆脱困境。但是，既然[宇宙的躯体]完美、适当且自足，没有任何东西与它的本性相背，那么它只需要一个简短的命令。它的灵魂始终与其本性保持一致。它没有任何欲望，也不受任何影响，世界这个躯体"无所失也无所得"。① 因此，柏拉图说，如果我们的灵魂与那完美的宇宙灵魂和谐一致，那么它也由此使自己臻于完美，"在高处行走，并引导整个宇宙"。② 如果它脱离躯体而去，不再属于它们中的任何一个，那么它也会像大全灵魂一样在大全中分享安宁。无论如何，灵魂赋予躯体生长并存在的能力并非坏事，因为并非每一种关注卑微者的神意都要剥夺供给灵魂留驻在最高处的能力。对万事万物的关注有两种：一种是普遍的，由君王的权威通过不常用的命令管理整个系统；另一种是特殊的，包括亲自实际地从事某种行为，通过与所成之事接触，以所成之事的本性感染行为者。既然神圣灵魂始终被认为以第一种方式管理整个天体，保留它高级部分的超越性，而把它的最末最弱的力量送到这个世界的内部，那么我们就不能指责神让大全的灵魂存在于低级事物之中，灵魂也不该丧失它的本色，那是它从永恒中得到的，因此将永远拥有，它的本色也不可能与它的本性相悖，因为这是始终并永远属于它的东西。柏拉图说，星辰的灵魂与它们的躯体的关系就如同大全与它里面的物体的关系——他把它们的躯体都纳入灵魂的循环之中③——由此，他保证它们也享有适当的福祉。灵魂与躯体的伙伴关系之所以令人不快有两个原因：其一，躯体是思想的障碍，其二，躯体使灵魂充满了快乐、欲望和悲伤等情绪。④ 没有坠入躯体里面的灵魂，不可能出现任何情绪，它也不是任

---

① 《蒂迈欧篇》33C1-2。
② 《斐德若篇》246C1-2。
③ 《蒂迈欧篇》38C7-8。
④ 《斐多篇》65A10; 66C2-3。

何人的属性，它不属于躯体，相反，是躯体属于它。这样的灵魂无所需要，也无所欠缺，因此它不可能充满欲望或者恐惧，因为它绝不会对这样一个躯体产生恐惧感，也没有任何事务使它离开高贵而幸福的凝思而转向下界之物。它始终指向那些高级实在，以一种不需要主动努力的能力把这个世界安排得井井有条。

3. 柏拉图也讨论过人的灵魂。他说，它要遭受各种各样的不幸，要陷于悲惨境地，因为它存在于愚蠢、欲望、恐惧以及其他种种不幸之间，因为躯体就是它的锁链和坟墓，宇宙是它的洞穴和地狱。他的这一思想与前面说的①并无矛盾之处，因为他给出了灵魂坠落的不同原因。现在我们要阐述他关于这个问题的思想。由于普遍理智作为一个普遍的整体存在于思想王国，也就是我们所说的可理知的世界，又由于这个世界中存在着各种理智能力和各个个体理智——理智不只是一，而且是既一又多——因此必然同时存在多个灵魂和一个灵魂，多个不同的灵魂源自于那一个灵魂，就像一个属包含许多的种，有些优良，有些低劣，有些富有理性，有些缺乏理性。因为在那儿，在理智领域，一方面，我们，包括其他大型生物在内，都拥有潜在的理智大全；另一方面也拥有个别的具体理智，每一个具体理智都实现普遍理智所包括的一种潜能。我们可以这样设想，一个城市有自己的灵魂，它所包括的其他存在者也各有灵魂，那么城市的灵魂应该更完全更有力量，但这并不妨碍其他存在者分有城市的性质。或者我们也可以设想火的例子。从普遍的火中产生的，既有大火也有小火，但是它们的本质是一样的，都是普遍的火，或者更确切地说，普遍之火的实体源于普遍的实体。因此，更富理性的灵魂的工作就是理智活动，但又不只是智慧活动。不然，它凭什么与理智分别开来？它除了有智力之外，还有别的东西，有了这别的东西，它就不再保持原来的悟性状态，它自己也与其他存在的可理知实在一样，有自己

---

① 指大全中的灵魂不受伤害。——中译者注

的工作要做。当它凝视在它之上的事物时，它就运用它的悟性，当它凝视自己时，就把在它之后出现的事物排列有序，引导并治理它们。因为在可理知领域，如果在一物之后有可能存在另一物，这一物虽然是低一个层次，但只要前一物存在，它就必然存在，那么即使在可理智领域，一切事物也不可能静止。

4. 当然，个体灵魂都有一种智性欲求，都有回归自身的冲动，都想回到它们出生的原理之中，但是它们也拥有一种引导它们来到下界的力量，就像光，源自上层世界的太阳，但是毫不吝啬地照耀在它之后产生的事物。如果它们与宇宙灵魂一起留在可理知世界，那么就可以免于任何痛苦，能够在天上与宇宙灵魂一起，参与它的治理工作，就像那些与最高统治者共同生活的人也共同治理帝国；它们也不会离开它们的宝座，因为它们在同一 [处所]。但是，他们从整体变成了部分，属于他们自己，似乎他们已经厌倦了共在的生活，现在要各奔东西。如果一个灵魂长期这样，即离开大全，独立自存，不关注可理知领域，那么它就成了一个部分，成为孤立的、虚弱的、充满焦虑的和朝向部分的东西。它既脱离了整体，便要栖息在某个具体事物里，由此也就抛弃了其他一切事物。它进入并只关注那一事物，而那一物无论如何都是受事物的总体制约的。所以它离开整体，极其艰难地管理个体领域。这样它就投身并关注外在事物，存在于个别部分，并深深地陷于其中。① 这里，它出现了所谓的 "蜕皮"，带上了躯体这副镣铐，因为它已经丧失了与宇宙灵魂共同治理 [宇宙的] 较好部分时具有的免疫力。以前，当它向上奔跑的时候，它有很强的免疫力，但是现在它坠落了，被它的镣铐束缚了，它的行为只能凭借感觉，因为它的新开端使它不能使用理智，因此人们说它被埋没了，陷入了洞穴。不过，一旦它转向理智，一旦它通过回忆开始

---

① 这里非常清楚地阐明了普罗提诺一以贯之的信念，灵魂的恶在于自我孤立，个体主义，脱离较高状态的自由普遍性，把自己束缚于具体状态（当然这种脱离从来不是完全的）。对他来说，这是理解第一节所引的柏拉图话语的钥匙。

凝思实在，它就要脱离它的镣铐而上升。因为无论如何，它始终在一定程度上拥有某种超越性的东西。所以，有人会说，灵魂就成了具有两重性的东西，被迫轮流过着上界的生活和下界的生活。那些更能适应理智的灵魂就生活在上界，那些基本条件不适宜的，不管是出于本性还是出于偶性，就生活在下界。柏拉图在区分第二种混合碗槽（mixing-bowl）的产品并把它们称为部分时已经不经意地指出了这一点。他还说，既然它们成了这样的部分，就必然要经历生成。① 但是当他说神"播种了"它们时，我们必须认为，这就如同他说神讲话甚至公开演讲一样，是一种形象的说法。因为他把存在于大全本性中的事物解释为通过生育和创造生成，通过层层转化生成，其目的是论证那些始终生成并永远存在的事物。

5. 因此，在为生育而播种与为大全的完美而坠落之间，审判与洞穴之间，必然性与自由意志（其实必然性中包含了自由意志）以及躯体中的恶之间并无不可调和的矛盾。恩培多克勒逃离神漫游，以及招来审判的罪，赫拉克利特的变化中的静止，以及一般意义上的自愿和非自愿的坠落，这些思想都 [没有前后不一的地方]。其实，任何变坏的东西都不是自愿的，只是既然它因自己的行为而变坏，因此当它变坏了，人们便说那是它自作自受。另外，这些经历和行为都是由一条永恒而必然的自然法则决定的，从高处坠落是为了满足其他与它相遇的事物的需要，因此如果有人说是神是派遣了他，他并无任何违背真理之处，也没有自相矛盾的地方。最后的结果总是指向把它们生发出来的原理，不管中间经过多少阶段。灵魂的罪可能是指两件事，要么是指坠落的过程，要么指灵魂到达下界后作恶，对前者的惩罚就是经历这种坠落，对后者的惩罚较轻，就是根据对它的公正审断进入并且非常迅速地进入其他躯

---

① 参看柏拉图《蒂迈欧篇》41D5-8. 事实上，在柏拉图那儿虽然有两种混合，却只有一个"混合碗槽"。但是普罗提诺之前的阿提库斯（Atticus）和之后的爱塞尼的塞奥多勒（Theodore of Asine）都无端地认为柏拉图的文本中有两个混合碗槽。

体——这里和"审判"是指根据圣谕作出的审判——但是,罪大恶极的,要由惩戒之灵来实施更大的惩罚。因此,虽然灵魂是神圣的,来自上界,但是它进入了躯体里面,虽然它是最低层次的神,但它来到这个世界是出于自发的秉性,凭借它自身的力量,它想要有序地安排在它之后产生的事物,这是导致它坠落的原因。如果它躲避得很快,那么它不会因认识恶、了解罪孽而受到任何伤害,它显明自己的力量,又使那些工作和活动显现出来——它们如果一直停留在灵的世界里悄无声息,就不会有任何用处,因为它们永远不能转化成现实。如果它们没有实现,没有被揭示,那么灵魂本身也不会知道自己所拥有的力量。在任何地方,都是现实性彻底显示出隐匿的潜能性,在某种意义上我们可以说潜能是被遗忘的,是非存在的,因为它还没有真实地存在。事实上,这个世界的丰富多彩的现象使我们每一个人都想探索内在的原因,也叫我们惊叹那行为者的伟大,因为它展示了如此美好的事物。

6. 显然,不可能只有一个孤立的一,否则,一切事物都将被毫无区别地隐匿在那无形的一中了。如果那个一始终停留在自身之中,就不会有任何一个真正的存在者存在;如果由太一源生的真实存在者没有接受各层次的灵魂而生发出自己的后代,就不可能有它们的多样性。同样,灵魂也不可能是唯一的存在者,它们还生产出其他事物。每一事物都要生产自己的后代,它就像一颗种子一样自我伸展,① 从无部分的源头发展到感官感知的最后阶段。先生者始终停留在它专有的居所里,同时它又在一定程度上从一种不可言说的大力中生产出它的后代。这种力量在那些较高存在者中不可能静止不动,不可能出于自私和嫉妒,不可能划地为牢。这种力量必然处在永远的推进之中,一直到万物在这种力量本身的驱使下到达终极界限。这种力量既把万物蕴育出来,便不可能不让它

---

① 在《九章集》III. 7. 11.23-7 中也用了种子的比喻,但两处的风格显然非常不同。这里强调的是一的必然性和恢宏的自我扩展与自我交流,那里强调的是从统一性到多样性不可避免的坠落和削弱。

们分有它自己。因此可以肯定，没有任何东西能阻止万物按各自的接受能力分有善的本性。质料的本性也是永远存在的。只要它存在，就不可能不分有万物按能力各得其所的事物。否则，质料的生成就是它之前的原因的必然结果，即使这样也不能使它从总体中脱离，因为慷慨地赐予它存在的至高者因缺乏先在力量而静止不动了。因此，感觉世界的最大的美就是至尊者显现在可理知者中，显现它们的力量和美好。一切都永远地联系在一起，无论是可理知的存在还是可感觉的存在。可理知者是自在的，感觉对象通过分有可理知者，尽其所能模仿它们的本性而永远获得自己的存在。

7. 既然这本性（灵魂）是双重的，部分可理知，部分可感知，那么灵魂最好留在可理知世界。同样，既然它有这种本性，就必然能介入感知领域，不会因为认识到并非一切事物都是最好的而自寻烦恼。它在实在中占据中间的位置，属于神圣领域，但位于可理知领域的最低处，与可感知领域接壤。如果它在管理宇宙时不仅使用它的安全部分，而且以极大的热情投入它所选择的领域内部，同时不放弃灵魂整体的形象，那么它一方面把自己拥有的某些属性赋予感知领域，另一方面也从感知领域接受一些属性。尤其是对它来说，获得了下界的所见所闻之后，仍有可能复归到上界，了解下界事物的模本在上界，通过对两者——从某种意义上可以说是对立的两者——的比较，更清晰地了解美好的东西。有些人力量太弱，没有体验恶之前无法以清晰而确定的理智了解恶，对这样的人来说，体验恶能使他更清楚地认识至善。正如理智的外发之路就是降到低于理智之物的下限的过程——因为它不可能上升到超越于它的事物中，但它必然从自身向外活动，无法留在自身之中，通过必然性和自然法则到达灵魂。这是它的目标，它必然把它后面产生的事物交给灵魂，然后重新升回自己的轨道——灵魂的活动也是如此，它之后产生的事物就是这个世界，它之前的事物则是对真是的凝思。对个体灵魂来说，这样的活动是慢慢出现的，开始它们还处在低级事物中，然后转向高级事物，但是被称为大全灵魂的灵魂并未卷入低级活动，也未曾体验恶；它只是凝思低于它的事物，同时始终依附于它之前的实在。这两种工作对它来说都是可能的，它可以从上界接受某些东西，同时把它们分配给下界。因为它作为灵魂，不可能不与这个世界接触。

8. 如果有人敢清楚地表达与其他人不同的观点，认为即使我们人的灵魂也不完全坠落，它的某一部分始终留在可理知领域，那么我们要说，如果处在感知领域的这部分占支配地位，或者毋宁说使自己置于支配之下，被 [躯体] 困住，那么它就使我们对灵魂的高级部分所凝思的事物一无所知。① 当理智降到知觉时，我们才能获得通过理智所了解的事物，因为在灵魂的某一部分里面发生的事，除非它到达了整个灵魂，否则我们无法了解。比如，我们能了解躯体的欲望，但是只有借助于内感觉或推论理性，或者同时使用两者，我们才能了解欲望。每个灵魂都有低级部分，它指向躯体，也有高级部分，它朝向理智。大全的灵魂作为一个整体，通过朝向躯体的那一部分管理宇宙，在毫不费力的超越中保持整体的美和秩序，因为它不像我们那样要通过预测和思考来实施意志，而是通过 [纯粹] 的理智，就像艺术无须深思熟虑一样……② 个体灵魂和个体事物的灵魂也有超越的方面，只是被感知觉占据了而已。由于它们的意识领会能力较低，它们获得许多与自己的本性相反的东西，这使它们烦恼和困惑。因为它们关心的是一个部分，有缺陷的部分，它周围有大量外在的和敌对的事物，还有许多它所欲求的事物。它拥有快乐，但这快乐欺骗了它。然而还有一个高级部分，它对稍纵即逝的快乐毫无兴趣，它的生活 [与它的本性] 完全一致，[平静而快乐]。

---

① 这一观点即我们对灵魂活动的了解受到并依赖于我们躯体的状况，见《九章集》IV. 3. (27) 30; I. 4. (46) 10。

② "艺术无须深思熟虑"引自亚里士多德《物理学》B 199b 28-9。这一段话似乎提出了这样的观点：灵魂和自然的活动在形成和管理物理世界时是不思考的。这也是普罗提诺始终坚持的观点。对后面的话似乎无法作出可以接受的解释，也无法提出任何可信的修改建议，因此我遵循哈达（Harder）的做法，没有翻译。

9. 是否所有灵魂都是同一的

1. 我们坚持认为每一个体的灵魂都是一，因为它是作为一个整体存在于整个躯体里面，而不是一部分在躯体的这儿，另一部分在躯体的那儿，在这个意义上它确实是一。在一切可感知的存在者中，感知灵魂以这种方式存在，在植物中，生长灵魂也作为整体存在于每个部分之中。所以同样，我的灵魂和你的灵魂都是一，所有的灵魂都是一。那么是否真的就如我们所主张的这样呢？大全中的灵魂是否在任何事物中都是一，没有被它所披戴的躯体分成不同的部分，而是无论何处都保持同一？因为如果我的灵魂是一，那么为什么宇宙灵魂就不是一呢？何况它还没有体积或躯体。如果我的灵魂你的灵魂都来自大全的灵魂，而大全灵魂是一，那么我们的灵魂也必然是一。另外，如果大全的灵魂和我的灵魂都来自同一个灵魂，那么同样，所有的灵魂都是一。那么，这一个灵魂是什么呢？在回答这个问题之前，我们必须先讨论所有的灵魂或者每个个体的灵魂都是一个灵魂这种说法是否准确。显然，说我的灵魂和其他任何人的灵魂是同一灵魂，这是荒谬的。当我感知到什么东西时，难道其他人也同样感知到了吗？若果真如此，那么如果我是善的，他也必须得是善的，如果我想要什么，他也必须得想要什么。总之，我们各人相互之间以及与大全之间必须具有同样的经验，我有什么经验，整个宇宙都得分有这种经验。如果灵魂是同一的，那么为什么有的灵魂是理性的，有的却是非理性的，有的存在于动物里面，有的却存在于植物里面呢？如果相反，我们从另一方面来设想，大全不是同一的，那么我们就不可能找到所有灵魂的同一原理。

2. 首先，如果我的灵魂与另一个人的灵魂是同一个灵魂，这并不能推出我这个[灵魂和肉身的]复合体与他那个复合体是同一的。因为双方在这一点或那一点上相同并不能表明它们的经验都相同，就拿人的形式来说，我运动时我的形式是运动的，你静止时你的形式是静止的。同样的形式既在你那里又在我这里，这并无奇怪之处，也无不一致的地方，当然这绝不是说我有这样的感知，他也必须有完全一样的感知。即使在同一个躯体上，这只手也不可能感知到另一只手上所发生的事，只有灵魂能感知到整个躯体。如果因为我们的构成中具有某种相同的东西，你就必须知道我的真实感受，那么我们就得是连体的。只有两个躯体连成一个，每个灵魂才可能有同样的感知觉。但是我们也要考虑，有许多事情是整体存在者没有注意到的，即使是发生在同一个躯体中，也会有这种情形。如果躯体非常庞大，就更可能如此了，比如巨型的海洋动物身上发生的事，即使躯体的一部分受到影响，但是因为这种影响非常之小，整体并没有任何察觉。因此一部分受影响并不必须引起整体的清晰感知。当然，整体必然受到了影响，这一点没错，我们也不必不承认，但是它并不必然要有感觉。既然同样的东西可以在这人身上是运动的，在另一人身上是静止的，那么毫不奇怪，那同一的灵魂也可以在我身上拥有美德，在另一人身上却拥有邪恶。我们并不是说，它是不分有任何多样性的——这只能是某个至高者的属性——而是说它既是一又是多，既分有"躯体可分的本性"，也分有"不可分的本性"①。因此，它是一。正如我身上某一部位的体验并不必然主宰整个躯体，相反，发生在更本质的东西（灵魂）的事情必然对部分产生影响，同样大全对个体的影响更加明显，大全受到怎样的影响，我们总是以同样的方式受到影响。但是，我们所引发的事物是否对大全有作用，这一点还不清楚。

3. 事实上，有许多事实与灵魂完全独立的观点相反。从这些事实来看，我们确实相互拥有共同的经验感受，比如我们看到别人痛苦，自己也感到痛苦，我们与他们一起感到快乐，感到轻松，并自然而然地爱

---

① 引自柏拉图的《蒂迈欧篇》35A1-3 的术语，无论是最初在 IV. 2(4) 中的讨论，还是在 IV. 3. (27) 1-8 中对灵魂的统一性更加仔细而深入的讨论，以及后来许多新柏拉图主义对这一问题的讨论，都以这两个术语为起点。

上他们。如果没有共同的体验，怎么可能有爱呢？如果说一般意义上的巫术和魔法能把人们吸引到一起，使他们相距遥远却能分享共同的经验，那么这得完全归功于同一的灵魂。一个无声的语词就可以改变相距很远的对象，使遥远的对象听到这个词语，由此我们可以看到万物的统一性，因为它们的灵魂都是同一的。

如果灵魂同一，那么为什么有的灵魂是理性的，有的却是非理性的，还有的仅仅是生长原理而已？这是因为它的不可分部分必然被置于理性层次，即使在躯体里也不可分割，而在躯体里可分的部分本身也是一，只是因为它在躯体里被分割了，它为躯体的每一部分提供感知觉，这被称为它的力量之一，另一种力量则是它形成和创造躯体的能力。它并不因为拥有多种力量就不是一了，比如种子包含了许多力量，但它还是一颗种子，这个统一体中能生育出许多东西，但它仍然是个统一体。那么，为什么并非所有的灵魂都在任何地方呢？就人们所说的存在于躯体的每一部位的灵魂来说，感知觉并不同样存在于每一部位，理性也不是在每一处都发挥作用，生长原理还在无感知的地方工作。但是只要它离开躯体，所有这些力量照样上升为同一的灵魂。滋养力如果源于整体，也同样拥有来自宇宙灵魂的某个部分。滋养力难道不同样源于我们的灵魂吗？因为得到滋养的事物是整体的一个部分，这部分本身也被动地感知，但是与理解一起判断是非的感知觉属于个体，它没有必要构造已经从大全获得形状的东西。要不是它必然存在于这个大全之中，或许它也会从事这种造形活动。

4. 我们前面的讨论表明，所有的灵魂都归于同一个灵魂，这不足为奇。但是，我们仍然要说明它们是如何同一的。是因为它们都产生于一或者因为它们都是一吗？如果它们都产生于一，那么这一是可分的，还是在保持整体性不变的同时又产生出多样性？它既然产生了各种各样的灵魂，怎么又能保持自身的实体不变呢？我们要求告神帮助我们寻找答案；我们得说，如果有多，那必然有先在的一，这多必然来自这先在的一。如果这先在的一是物质性的，那么多的生成必然要把这一分解，使它成为多个不同的实体；如果这一灵魂在各部分中都是完全统一的，那么所有的灵魂在形式上都是同一的，拥有同一个完全的形式，只是在各自的形体上不同。如果它们的本质灵魂取决于它们的质料形体，那么它们就都各不相同；如果依赖于形式，那么所有的灵魂在形式上都是同一的。但是这就意味着许多躯体中存在的是同一个灵魂，同一灵魂分散在不同的躯体中，而且在这个分散在多个躯体中的灵魂之前，还有另一个不分散在多个躯体中的灵魂，分散在多中的那个正是从这个先在的一中产生出来的，就像先在一的一个影像复制在多个地方，好比同一个印章印在许多块蜡上。按前一种方式复制，这一灵魂会因产生多而枯竭，而按后一种方式，灵魂是无形的。即使灵魂是躯体的一种情绪或变化，我们也不会感到惊异：这来自同一源泉的同一性质呈现在许多不同的事物中。如果灵魂作为一个[情绪和实体的]复合物而存在，也同样无须奇怪。但是事实上，我们认为它是无形的，是一种实体。

5. 那么，这一实体是怎样存在于许多不同的灵魂中呢？或者这一作为一个整体存在于所有灵魂中，或者多产生于这个整体，同时整体自身保持不变。也就是说，那灵魂是一，多归于它，但它既把自己交给多，又没有放弃它本身，因为它能做到把自己交给一切的同时又保持同一，它有能力渗透在万物之中，根本没有与任何一个个体事物隔绝，（同时自身又毫发未损，）因此它在一切中都是一。可以肯定，没有人会不相信这一点。比如知识是整体，它的各部分从这个整体中产生出来，而它自身保持不变。再如种子是整体，它孕育的各部分都生自这个整体，每一部分都是一个整体，而种子这个整体始终是没有减少的整体——只有质料将它分开——所有的部分都是一。有人也许会说，就知识而言，部分并非整体。但是我们得说，在知识中，出于某种需要，使某一部分处于准备状态，这一部分就是成为现实的部分，它占据主导地位，而其他部分作为未受人注意的可能状态相随，因此每一部分都在显示出来的那个部分里面。也许，这就是我们所讲的"整体"和"部分"的含义。在整个知识体中，所有部分在一定意义上都同时是现实的，因此你想拿来使用的每一部分都是现存的，但是在部分中，只有准备使用的那一部分才是现实的，它的力量在于它与整体的关系。当然我们不能认为它孤立于其他所有的理性推论，如果有人这样认为，那就谈不上什么技艺或知识了，就好像是哪个小孩的幼稚谈话。如果它符合知识，那么它必然潜能地包含其他部分。所以，知者如果认识了知识整体的某一部分，他必能通过某种联系推导出其他所有部分。同样，几何学家在分析中清楚地表明，一个命题包含着所有的前提——分析也因此而成为可能——和所有的结论，结论就是从这个命题中演绎出来的。只是由于自身的缺陷，我们不相信这些，躯体遮蔽了真理。然而在那里，在理智世界，一切事物以及每一个事物都清晰明白。

第五卷

1. 论三个原初的本体

1. 灵魂皆出于它们父神的高级世界,并且完全属于那个世界。尽管如此,它们却忘记了自己的父神,也不认为自己不认识他,那么究竟是什么使它们变成这样子呢?(是恶。)① 灵魂的恶源于胆大妄为(audacity),② 源于进入生成过程,源于最初的相异(otherness),源于"成为自己"的渴望。它们显然对自己的独立十分喜悦,于是极大地发挥它们的自动能力,沿着相反的道路越走越远,甚至忘了它们自己原是出于那个世界。正如自小被人从父母身边夺走的孩子,在异地他乡长大,不知道自己是

---

① 此句为中译者所加。
② τολμα 是新毕达哥拉斯主义对不定形的二(见下面第 5 节)的称呼,"因为它将自己与太一分离"。对照普鲁塔克 *De Iside et Osiride* 75, 381 F; 扬布里柯 *Theologoumena Arithmeticae* 7, 19; 9, 6 de Falco(引用 Anatolius,3 世纪亚历山大里亚的亚里士多德学派教授,后来成为基督教主教)。在《九章集》中,普罗提诺几次采用毕达哥拉斯的这个概念,从自作主张的无耻行为和想要独立存在的意向中看到一切复多性的根源,也就是除太一或至善之外并低于它们的一切实在的根源。VI. 9. 29 论到理智成为独立存在时也用了这个词(那里用的词是 τολμηαος),对照 III. 8. 32-6。这里有关灵魂的 τολμα 的论述与 III. 7. 11 论时间起源的思想非常类(但那里没有使用 τολμα 这个词……)。还可参看 *Naguib Baladi La Pensee de Plotin* (Paris 1970),它完整地讨论了普罗提诺的"大胆"的主题,以及本人在《剑桥晚期希腊和早期中世纪哲学史》第 242-5 页的讨论。

谁,他的父母是谁。同样,由于灵魂从未见过也不了解它们的父亲,不了解灵魂本身,对自己的身世一无所知,因此它们鄙薄自己,仰慕他物,崇拜身外之物胜过它们自身。灵魂对地上之事感到惊讶和喜悦,对这些东西恋恋不舍;它们放纵自己,直至对它们所背离的东西不屑一顾。正是因为对地上之事的仰慕,对自身的蔑视,导致它们对神全然无知。仰慕并追求他物也就意味着承认自身的低劣。但凡承认自己比那些生灭不已的事物低劣,认为自己微不足道,是它所敬慕的事物中最易死亡的,①必不可能对神的本性和力量有所了解。所以,如果我们想要让心灵转向与此相反的、更为本原的方向,引导它们趋向至高者、太一和太初,那么我们必须从两方面向心灵处于这种状态的人阐述。哪两方面呢?一方面,我们要揭示灵魂所敬重的那些事是何等的令人不齿,我们将在别处充分论述这一点;②另一方面,我们要教导并提醒灵魂,它的出生和价值是何等的高贵。后一方面应当优先于前一方面,这层意思澄清了,前一层意思也就自然彰显。这也是我们现在要加以讨论的内容,它与我们的研究主题密切相关,对其他讨论也会有所裨益。从事研究的是灵魂,作为正在从事研究的灵魂应当首先明白自己是什么,这样才能弄清自己是否有能力研究这类事物,弄清自己有无观察这些事物的正确眼光,弄清自己能否胜任这种研究。如果研究对象与灵魂不是同类事物,那进行这样的研究还有什么意义呢?只有当研究对象与灵魂同属一类事物,这样的研究才是适宜的,也才能有所发现。

---

① 普罗提诺似乎心存人常有的那种忧虑,将人短暂的生命与不断自我更新的非人的事物相比较。公元前1世纪的拉丁诗歌里可看到对这种情绪有透彻的描述,比如 Catullus 5, Horace *Odes* IV. 7。比照 [Moschus] *Elegy on Bion* 99-104(这可能启发了 Catullus)。

② 如果《九章集》里真有这种充分的讨论,那它究竟在何处,编者对此意见不一。看起来最好还是象哈达那样认为普罗提诺并未实施这一计划,并未全面论述过这个世界的不齿之处,至少没有进行书面讨论。也许是因为尽管他时常觉得应当鄙弃这个感觉世界,但又发现要鄙弃它实在是非常困难的。因此,当有人(诺斯底主义)真的鄙视并憎恶这个世界时,他却满腔热情地捍卫它的美和善(对照 II. 9)。

2. 每个灵魂首先都应该这样思考：它创造了万物，赋予它们生命，它创造了陆生的、海生的生物，以及天空神圣的星辰；它创造了太阳及这个宏大的天宇，它装点这个宏大的天宇，让它有序地运转；它不同于它装点、驾驭和创造的万物，它是另外的本性；与万物相比，灵魂必然更受敬仰，因为万物的存在或灭亡全在于灵魂是赋予还是否弃生命，而灵魂自身永远存在，因为"它不离弃自身"。① 所以，灵魂应当思考自己是如何赋予整个宇宙和个体事物生命的。每个灵魂都应该看看这伟大的灵魂，它本身是另一灵魂，绝不是渺小的；它已经不受假象束缚，远离其他灵魂所迷惑的事物，已经牢牢立足于宁静之中，所以值得每个灵魂凝视。它不仅让环绕它的躯体和躯体内的怒海波涛静如止水，而且能让它周围的一切宁静：让地球宁静，让大海和空气宁静，也让天宇宁静。② 不妨想象一下吧，灵魂一旦进入这个宁静的天宇，它就仿佛流溢、倾泻、遍及天宇的每个角落，并照亮整个天宇；就好比阳光迸射，照得乌云金光万道。灵魂进入天宇之后，给天宇带来了生命和不朽，并使它从停滞无力中活跃起来。而天宇，在灵魂的明智引导下，进入永恒的运动，成为一个"幸运的生命物"，又因灵魂的进入和安居其中而获得自身的价值。在未有灵魂之前，天宇不过是一具僵死的躯体，是土和水，或者毋宁说是质料的黑暗和非存在，就如一位诗人所说的，"是诸神所憎恶的"。③ 只须想想灵魂如何环绕天宇，如何以其自身的意志推动天宇，就可以愈加清晰地凸显出灵魂的力量和本性。灵魂所及之处，无论空间是大是小，它都已经将自身充盈整个天宇。万物各有其位，有的位于此处，有的位于彼处；有的在地上，有的在天上；有的被分开，在宇宙相互对立的部

---

① 语出柏拉图《斐德若篇》245C9。这里有关灵魂的宇宙活动的全部论述皆受《斐德若篇》245C5ff 及《法律篇》X 895Aff 启示。

② 这段话对圣巴西尔（S. Basil）和圣奥古斯丁都产生了深刻的影响。奥古斯丁在叙述与母亲共同经历的灵性体验时对这段话进行了改编，是非常著名的《忏悔录》IX 10. 25ff.）。

③ 此话出自哈得斯（Hades），《伊利亚特》20. 65。

分中，其他的都以各不相同的方式存在。但是灵魂不同，它不是把自己分开才能给出生命，它赋予每个个体存在的并不是自身切开的某一部分，相反，任何个体皆因拥有完整的灵魂而具有生命，整个灵魂无处不在，因为灵魂就如同生育它的父亲那样，既是统一的，又是普遍的。由于灵魂的力量，天宇是一，虽然它又是"多"——因为它的各个部分彼此分离在各处；由于这灵魂的作为，我们的宇宙是一位神。太阳也因赋有灵魂而成为一个神。其他天体以及我们——如果说我们多少也具有神性的话——也出于同样的原因而成为神。因为"僵尸比粪土更被人唾弃"。① 而诸神的原因，使诸神成为诸神的事物，必然是比它们更年长的神。我们的灵魂也有属于这样的神。当灵魂未被玷污，还处于洁净状态时去观照它，你会发现灵魂就是 [我们所说的] 令人仰止的事物，它比躯体里的任何东西都更让人尊敬。因为凡是形体性的东西都是土；即使它们是火，（除了灵魂）还有什么能充当火燃烧的原理？凡由这些元素——即使你再加上水和气——构成的事物莫不如此。既然形体因赋有了灵魂才具有了价值，那人们为何放弃自己而去追逐别的东西呢？因为敬仰另一个灵魂，你才能敬仰你自己。

3. 既然灵魂如此可敬，如此神圣，可以肯定，靠了它的存在，你必能到达神，有了这种动力，你必走向神；而且毫无疑问，你也无须望断秋水，因为神和灵魂的距离并不遥远。那就抓牢灵魂的这位上邻② 吧，它比灵魂还要神圣，灵魂在它之后，从它而来。虽然我们的讨论已经表明了灵魂的种种价值，但它不过是理智的一个形像而已。正如表达出来的思想只是灵魂中的思想的一个形像，同样，灵魂本身是表达出来的理智的思想③，是理智的整体活动，是理智发出并确立起另一种实在的生命；就如火总

---

① 赫拉克利特，第尔斯和克朗茨所辑《前苏格拉底学派残篇》B96。
② 这里普罗提诺可能想起了柏拉图《法律篇》IV，705A4 中的一个不常用的词 γειτονημα。果真如此，那么他忘了此词使用时的上下文与这里是完全不适合的——在柏拉图那儿，对一个被筹划建成城市的地方来说，大海是"又苦又咸的邻居"。
③ 这里对理智中的思想与表达出来的思想作了区分，这种区分最早出现在斯多亚学派的逻辑学中，参 SVF II 135。

有内在的热和发出的热一样。但是我们必须明白，理智层面的活动并未流出理智，而是外部活动作为某种新的东西形成。既然灵魂的存在源于理智，灵魂就是属理智的，灵魂的理智在于论证理性，它的完全出于理智。这神圣理智就好比一位父亲，他生育了儿子，把他抚养成人。儿子与父亲相比，总是不完的。因此，灵魂在实在中的位置源于理智，它的思想在它看见理智时成为现实。因为当灵魂凝视理智时，它便在自身里面拥有它在现实活动中所思的东西，并视之为自己的东西。唯有这些我们才能称为灵魂的活动。灵魂的这些活动都是智性的，都发源于它自己的家园。但是灵魂的低级活动源自别处，是低级灵魂的活动。理智既是灵魂的父亲，又内在于灵魂之中，因此它使灵魂一直保持神性。理智与灵魂确是不同的两者，这是事实。但除此之外，它们之间并无任何阻隔，只不过灵魂在顺序上居后，是接受者，而理智则是形式。甚至理智的质料都是美的，因为它有着理智的形式，是单一的，而非复合的。事实上，即使如此卓越的灵魂，在理智面前也是卑微的，由此可以想见，理智究竟是何等的优秀。

4. 我们也可以用以下事实证明这一点。如果有人赞美这个可感知的宇宙，观察它的宏伟、壮美和亘古不变的秩序，又设想其中或显明或隐匿的诸神和诸灵，以及一切动物和植物，那么请他再上升到宇宙的原型和更真的实在领域，在那里看见它们都是可理知的，在它自己的悟性和生命中，一切都是永恒的；请他看看统辖它们的纯粹理智、精深智慧和克洛诺斯（Kronos）的真实生命，他是充沛与理智之神。①因为他所环抱的一切都是不朽的，所有的理智，所有的神和灵魂，一切都是永恒静止的。既然一切都与它完美合一，它又何必寻求变化？既然它拥有万物，

---

① 这里普罗提诺想到了柏拉图在《克拉底鲁篇》396B6-7中的奇特的词源解释。但是，对普罗提诺来说，无论是此处还是别处，"κοροϛ"具有两种意义，分别适用于理智和灵魂：饱足（指智性存在的充足）和孩子（指父、太一之子），比照第536页第7节以及III. 8. 11; V. 12-13。

它又怎会弃离故园奔赴异乡？既然它已最完全，它甚至无须要求添加。它里面的一切都是完全的，那么它必是完全的；凡它拥有的，无物不完全，无物不思考。它思考不是通过寻求，而是通过拥有。它的福分并非后天获得，一切都在永恒之中。这是真正的永恒，时间只是仿效它，围绕灵魂奔跑，新旧更替。事物围绕灵魂此起彼伏，一会儿是苏格拉底，一会儿又是一匹马，总是某个具体的实在，而理智却是万物。它在同一处所静止不动却拥有万物，它仅仅是"是"，而这"是"永恒，没有未来，也没有过去，因为在它里面无物消亡，万物永在；它里面的万物也必永远静止，因为它们都是同一的，仿佛对自己的现状之所是自满自足。① 它们每一个都是至高的理智和是，而整体就是普遍的理智和是；理智在思考是中使是存在，反过来，是作为理智的思考对象，也使理智实施思考行为并存。至于思考的原因，那是别的东西，它也是是的原因。所以理智和是有一个与它们自己不同的原因，它们因这个原因存在。同时，尽管它们同时存在，共在一处，彼此不相弃，但它们仍然是二：理智与是，思考与思想；理智就是思考，是则是思想。因为没有相异就不可能思考，同样，没有同一也不可能思考。因而，理智、是、异和同，这些都是原初的范畴。此外，我们也必须把运动和静止包括在内。运动使思想成为可能，而静止则保证思考的对象同一；因为有差异，才有思者与思想之分，否则，如果取消差异，那一切都是同一的和寂静的。同样，思想的各个对象也必然各有区别。除了差异，我们也必须把同一包括在内，因为这一思想思考的是它自身，而且万物都有某种共同的统一性，而各自不同的特征就是差异。既然原初的范畴有好几个，也便产生了数和量；而各个

---

① 普罗提诺这里解释的是柏拉图在《蒂迈欧篇》37D5-38B3 中有关永恒的可理知之是的论述（尽管我们不能确定，柏拉图是否像普罗提诺那样，认为思考的是无时间的永恒，而非不变的持续）。普罗提诺遵循《蒂迈欧篇》的观点，认为理智领域的一切都是静止的。但是，当他后来（35 行以下）用《智者篇》（254D 以下）中"柏拉图的范畴"来描述理智时，不得不引入"思想的活动"（第 36—37 行）。有时他还要走得更远，把与我们关于生命和思想概念不可分的运动引入理智世界。对照《九章集》V. 8. 3-4 以及 VI. 7. 13。

范畴的特性就构成了质。万物都从这些作为原理的原初范畴中演绎而来。

5. 因此,灵魂之上的这位神有多重性。灵魂存在于可理知的实在中,与它们紧密结合,除非它自愿离弃它们。所以,当灵魂靠近神,并在某种程度上与他合而为一,它就获得了永生。那么究竟是谁生育了这位神呢?是那单一的神,多之前的一。它是这位神和多得以存在的原因,是数的创立者。数不是原初的,太一先于二,二源于太一;太一是二的规定者,太一自身没有自己的规定性。一旦太一有了规定性,它已然是一个数,当然是一个实体的数(数的原型)。灵魂也是这样的一个数。① 体积(masses)和数值(magnitudes)都不是原初的,有厚度的事物总是后来者,只有感知觉才认为它们是真实在。即使就种子来说,受尊敬的也不是水分,而是那隐而不显者,这就是数和理性原理。因此,所谓的可理知世界的数和二就是理性原理和理智。虽然我们可以借被称为基质的东西形成"二"的观念,但二还没有获得规定性。事实上,二所生的每一个数和太一本身都是形式,似乎理智也是由二所生的数规定的。二的规定性一方面出于太一,另一方面则在于它自身,就如同视觉活动中的视力;因为理智活动(二的活动)就是看见视域,二者合而为一。

6. 那么,理智是怎样看的呢?它又看见了什么?为了能够看,它是怎样生成怎样源于太一的?灵魂现在知道这些事物必然如此,但是还希望解答古代哲学家们也反复讨论的问题:如果这太一就如我们所描述的,那么它怎么可能生出其他东西,生出"多"或"二"或"数"?它

---

① 这里"二"指无规定的生命或视力,这是理智从太一源出并回归太一的永恒形成过程中的最初时刻。见 V. 4. 2. 4-10,那里明确地将理智的 αοριστος οψις 等同于 αοριοτος δυας;关于这一极其重要的学说的更详尽阐述,见 VI. 7. 16-17 和 V. 3. 11. 1-12;亦比照 II. 4. 1-5 关于"可理知的质料"的叙述。关于二是 τολμα,见第 1 节。本节简洁而含糊的进后劲柏拉图的完数论,关于普罗提诺对这一理论的详尽讨论,见 VI. 6《论数》。关于柏拉图(如亚里士多德所报告的)和老学园派的完数以及它们怎样从太一和不确定的二产生的学说,首先请见《晚期希腊和早期中世纪哲学剑桥史》(剑桥 1970) P. Merlan 撰写的第二章第一部分,以及所给出的参考书目。

为何不是独立自存,而是流溢出如此众多的事物?这些事物显现在我们所见的存在物中,但我们认为应当将它们归于太一。我们若要谈论太一,首先要祈求神本身,不能口头祈祷,而是敞开我们的胸怀,用灵魂向神祷告,这样才能与神单独交流。①因为神独立自存,仿佛处在圣殿的内层,保持着超越万物的宁静,因此凝思者必须首先凝思与立在圣殿外层的影像相对应的事物,或者确切一点说,要凝思首先显现的影像;影像之所以呈现,是因为凡被推动的事物必然有某种它所趋向的目的。然而,太一没有这样的目的,因此我们不能说它是运动的。如果有什么事物在它之后生成,那么我们必须认为,太一生成它们的同时仍然处于自在状态。在讨论永恒的实在时,我们千万不能引入任何时间性的存在物,否则就会阻碍我们的思想。我们在讨论它们的因果联系和秩序时,虽然使用了"生成"一词,但是我们必须指出,太一"生成"他物,自身却毫无运动。因为如果任何事物的生成都是太一活动的结果,那么,这生成物就不是太一之后的第二者,而是第三者了,因为中间还有运动存在。②因此,如果太一之后有第二者存在,它的生成必然不是出于太一的活动,太一并无任何倾向、意识或活动。那么它又怎么生成(他物),我们所谈论的围绕着静谧太一的事物是什么?那必是太一发出的光;太一发光而自身保持不变。这就如同环绕太阳的光,源源不断地发出,太阳却始终保持不变。一切存在的事物,只要存留在是中,就必然根据各自当下的能力,从它们自己的实体产生出某种包围性的实在,并指向自身之外的东西,这就是由原型产生的一种影像。比如火生出热,热向外扩散;雪生出冷,冷不只是贮存在雪自身里面,(同时也向外弥漫。)特别是香料,最能说明这一点。只要它们存在,就能散发出某种香味,只要靠近它们,都能享

---

① 这是普罗提诺唯一明确论及真正祷告的地方(但可以说,他的全部哲学就是这种意义上的祷告)。对他来说,为了物质需要向低级神祇祈祷只是一种巫术活动。参看《九章集》IV. 4. 30-39。

② 比照 II. 9. 1 关于增加多余本体的讨论。

受它们的存在。① 事物一旦达到完全，就开始生产；而太一是永远完全者，因此它永恒地生产；它的产物与它相比，总是不完全的。那么我们该怎样谈论这完全者呢？它生产的东西必然仅次于它，是除它之外最伟大的。理智就是这样的东西。因为理智只凝思太一，只需要太一；反过来，太一却并不需要理智。比理智更伟大之物所产生的只能是理智，理智是万物中的最大者，因为万物都在它之后。灵魂是理智的表达和活动，正如理智是太一的表达和活动一样。但灵魂的表达是模糊的（因为它是理智的影子），出于这个原因，灵魂必须凝视理智；同样地，理智要成为理智，必须凝视神。但是理智之凝思神，并非作为它从神中分离出来，而是因为它仅次于神，它们之间无有任何阻隔，就如灵魂和理智之间无有阻隔一样。任何事物都想念并热爱自己的父，尤其在父和子都处于孤独之时。然而，这父若是至善，那么子必与父同在，它们的分离是出于两者的相异。

7. 我们说，理智是至善的影像。对此，我们必须进一步作出明白的阐释。首先，我们必须说明，已经生成的事物（理智），必在某种程度上就是那至善，保有至善的大部分，与它相像，就如光之于太阳。然而，理智并不就是至善。那么至善是如何生育理智的呢？它因回归至善而凝思（看）至善，这凝思（看）就是理智。② 理解别的事物的事物，要么是

---

① 常被误解为比喻"发散"（emanation）的一个显著例子，请见本人为《晚期希腊和早期中世纪哲学剑桥史》编写的第三部分第十五章第 239—241 页。

② 有些学者认为，这个句子里 εωρα 的主语是太一或至善，因为前一句 γεννα 的主语就是太一或至善。亨利和舒维兹接受这种看法。这样，这个句子的意思是说，"太一通过回归自身而凝思，这凝思就是理智"。但是把理智简单地等同于太一的自我凝思，这与《九章集》里谈论的二实体之间的关系并不一致，而且在我看来，普罗提诺几乎不太可能讲过太一"回归"自身，作为多中的一自我凝思，这多中的一就是理智。在他的思想中，太一绝不可能与自身分离，太一中也不可能有多。普罗提诺后来对这种终极而神秘的关系作了发展，其中一方面思路（显然坡菲利承继了这方面思路）使我们可以得出类似的结论。但是如果没有比现在这段模棱两可的话更清楚的证据，我们当然不能对普罗提诺的思想作牵强附会的理解。因此我们，包括 Cilengo、Igal 和其他一些人，认为可以对主语作大胆变更（这在普罗提诺绝不是没有前例的），认为普罗提诺是在阐述他的常规思想，即理智通过内视或凝思太一而构成自己。

感知觉，要么是理智（感知觉是一条直线，等等）；① 然而圆是可分的，这[智性的领会]却不可分。这里也有太一，但这里的太一是生产万物的能力，这种生产能力生产的万物就是理智观照的对象，在某种程度上可以说，万物是从这种能力中分离出来的，否则它就不是理智了。其实理智在自身里面对自己的能力具有一种内知觉，知道它有生产实在的能力，因此可以肯定，理智凭借源自太一的能力，甚至可以自己规定自己的是；由于它的实体是属于太一并源于太一之物的单一部分，因此它因太一而强大，因太一而获得实体存在上的完全，从太一获得本质。理智通过它自身——就如从某种源于不可分之物的可分之物——看见生命、思想和万物无不出于太一，因为那神不是万物中的一个，而是万物的源泉，他不受任何形相限制；那太一只是一，否则，如果他是万物，就要坠入存在者行列了。正因为如此，太一不是理智事物中的任何一个，而是所有理智实在的源泉。理智实在都是实体性存在，因为它们都是确定的，各有自己的形相。可以说，是不可能在不确定中流动，它必因界限和稳定性而是固定的。可理智世界里的稳定性就是界限和形状，有了这些东西，它才能存在。我们正在谈论的理智就是属于"这个世系"的，② 与最纯洁的理智相配的一种血统，这个理智不可能出于其他地方，首要原理是它的唯一源泉。理智一旦进入存在，随即就在自身内产生全部实在，全部理念的美和可理知的神。它充满自己所生产的存在者，又仿佛将它们全部吞噬，保有在自身里面，因为它们并未坠入质料，也不是在瑞亚（Rhea）的屋里长大。正如诸神的奥秘和神话所隐喻的，克洛诺斯，这个最智慧

---

① 如果我们像 Igal 那样设想，普罗提诺是在提醒读者他们很可能熟悉的一个比喻，即感知觉如线，理智如圆，而太一就是圆心，那我们就不会认为这里的文本有什么讹误了。（这些早期文章只是在少数几个亲密朋友之间传阅。对他们来说，这种简短提醒就足以说明问题。参坡菲利《生平》第 4 节。）

② 出自《伊里亚特》6. 211，柏拉图用来描述他的理想城邦中民间冲突的产生（《理想国》VIII. 547A4-5）。令人吃惊的是，普罗提诺记得许多柏拉图用语，但往往忘记它们的出处，这里又是一例。

的神，在生宙斯之前，先把他生育的一切收了回去并保有在自身之中。因此神是充盈的，理智也因此而饱足。奥秘和神话又说，在此之后，克洛诺斯生育了宙斯，即他的"Koros"[意思是孩子和饱足]；①理智生育灵魂，因为它是完全的理智。理智既然完全，就不得不生育；既然它是如此强大的一种能力，就不可能没有孩子。但是它的孩子不可能比它优秀（即使在这里下界也是如此），而是比它略逊一筹的影像；②而且，这种影像本身是不确定的，它的确定性来自父亲，也可以说，父赋予它形式。理智的孩子是一种理性的形式，是现存的存在者，也是推论式的思考者。这个存在者③围绕着理智运动，是理智的光和印迹。一方面，它依赖于理智，与理智合一，因此充满、享受、分有和思考着理智；另一方面，它又与它之后产生的事物密切相关，或者毋宁说，它自身又生产必然比灵魂低劣的事物。关于这一点我们将在后面讨论。④关于神圣实在我们就谈到这里。

8. 因此，柏拉图说道，关于"万物之王"（他指的是原初的实在）的一切事情都是三重性的，"第二原理关于第二类事物，第三原理关于第三类事物"。他还说有一个"原因的父"，这里的"原因"指的是理智，因为理智在他看来就是工匠。柏拉图说，理智在他所讨论的"混合碗槽"中造出了灵魂。⑤而理智的父亲——就是原因，他称为至善——在理智之外，也"在是之外"。⑥他也经常把是和理智称为理念。由此可见，柏拉

---

① 这样解释神话并利用双关语 Κρονος-κορος，参第 4 节以及那里的注释。
② 普罗提诺始终认为，产品或孩子必然比生产者或父亲低劣，这里也是这样认为。这种观点源于我们在这个世界的经验。但是难道他也认为自己比他父母低劣吗？
③ 即灵魂。——中译者注
④ 比照第 1 节注 2。
⑤ 普罗提诺引用《柏拉图书信》II 312E1-4，这是他特别喜爱的一段话，他在 I. 8. 2 和 VI. 7. 42 也有引用，在 III. 5. 8 有间接引用，由此开始证明他的三本体论是真正的柏拉图理论。他还进一步从《柏拉图书信》VI 323D2-5 和《蒂迈欧篇》34Bff. 及 41D4-5 引用文本来支持他的观点。普罗提诺经常把柏拉图的工匠等同于他自己的理智，但从未与灵魂等同起来，因为他认为灵魂创造物理世界的功能是次级的，工具性的。参照 V. 8. 7。
⑥ 这是另一段普罗提诺极喜爱的话，出于柏拉图《理想国》VI 509B8-10。

图知道，理智源于至善，灵魂源于理智。[这也就是说]，我们的这些论断并不是全新的，不是现时才有的，而是很早以前就有了，只是还不十分清晰而已。我们的讨论就是对这些思想的一种解释，柏拉图的著作足以表明，这些观点都是自古有之。① 在柏拉图之前，巴门尼德也已提及类似的观点。他说，"思与是同一"，显然他认为是和理智一致，他并没有将是归入感知领域。他说，这个是是不动的（尽管他确实把思与是联系在一起），它没有任何物体性的运动，始终处在同一状态。巴门尼德把是比作"巨大的圆球"，因为它把万物都接纳在其中，而且因为它的思不是外在的，而在自身之中。② 但是当他在自己的作品中说它是一时，却很容易受到批评，因为人们发现，他所谓的一事实上是多。柏拉图著作中的巴门尼德则说得比较准确，他这么区分：一个是本原的一（the first One），这是对太一更确切的称谓，第二个他称为"一即多"（One-Many），第三个是"一和多"（One and Many）。③ 因此，他也接受三本性（三本体）的理论。

9. 同样，阿那克萨戈拉也说理智是纯粹的而非混合的，由此指出第一原理是单一的，太一是独立的。但由于他处在古代，因此他没能进一步明确解释。赫拉克利特也知道太一是永恒的和可理知的，而物体总是不断生成又不断消亡。对恩培多克勒来说，"斗争"是分离的原理，而

---

① 出于显然的原因，传统的权威著作认为真正的理论是当前的，只是不够明晰而已，这种信念对于1世纪的异教和基督教的传统主义者（包括后来的基督教传统主义者）来说是至关重要的。参照奥利金《论首要原理》I. 3.

② 参阅巴门尼德，Diels B 3; B 8, 26,43。

③ 柏拉图《巴门尼德篇》137C-142A，144E5，155E5。这里对《巴门尼德篇》的解释可能是新毕达哥拉斯主义的。见 E.R.Dodds, "The *Parmenides* of Plato and the Origin of the Neoplatonic One"，《柏拉图的〈巴门尼德篇〉和新柏拉图主义"太一"的渊源》，C.Q. 22(1928)129-42. 注意这里对历史上的巴门尼德与柏拉图的巴门尼德作了严格区分。普罗提诺经常引用前苏格拉底（包括毕达哥拉斯）哲学家，以进一步证明他在柏拉图那儿发现的理论。他并不像柏拉图那样认为这些理论是传统的权威，而常常认为它们是错误的（如这里的巴门尼德那样），混乱的，模糊不清的[参照下一节开头对阿那克萨戈拉的评论]。

爱就是太一，是非形体的，诸元素则充当质料。^①再后来就是亚里士多德，他指出第一原理是独立的（分离的）和可理知的，但是他又说第一原理认识自身，这样他就又后退回去了，使第一原理丧失其本原性。亚里士多德又提出许多其他可理知的实在，它们与天体一样多，每个特定的可理知实在推动一个特定的天体。由此可见，他所描绘的可理知世界与柏拉图不同，他的假设虽有可能性，但是缺乏哲学上的必然性。我们甚至可以怀疑这种假设是否可能，因为我们认为，更为可能的说法毋宁是：所有天体都把它们的几种运动作用于一个单一的系统，所以它们应当共同朝向一个原理即第一原理。我们可以追问，亚里士多德是否认为诸多可理知者源于一即最初者，或者认为在可理知世界有许多原初的原理。如果可理知事物源于一，那么显然这种情况类似于感觉世界的天体。感觉世界的每个天体彼此包含，而包围在最外面的那一个支配着所有其他球体。同样，可理知世界的最初者必然包含其他可理知实在，也必存在一个可理知的宇宙。另外，正如感觉世界的球体无一是虚空的，最初者充满天球，其他天球也包含各种天体，同样，可理知世界中的推动原理也拥有许多理智实在，而且那里的实在比感觉世界的更为真实。但是，如果每个可理知实在都是原初原理，那么众多的原初原理就形成了一个随意的集合；既然如此，它们凭什么成为一个运行一致的共同体，显明整个宇宙的和谐？天上可感知的存在者在数目上怎么可能与可理知的推动者相同？既然可理知者是无形体的，并未被质料所分离，那么甚至可以说，它们怎么可能是多呢？出于这些原因，那些与毕达哥拉斯及其继承者，还有弗兰凯达斯（Pherecydes）^②的立场相近的古代哲学家都主张这种自然观，有些在著作中充分贯彻了这一理念，有些虽然没有著作论述，

---

① 参照阿那萨戈拉 Diels B 12，恩培多克勒 B 26, 5-6，狄奥根尼·拉尔修 IX 8（= Diels A 1）提供的关于赫拉克利特教导的一般叙述。

② 参照弗兰凯达斯 Diels A 29。

但通过口头讨论照样阐发这种观点，① 也有的不置可否。

10. 如前所述，我们已经无可辩驳地证明存在太一，它超越是，我们也已经表明它的本性，我们的讨论证据充足。按照顺序，太一之后是是和理智，第三位是灵魂。正如在本性上有我们所说的这样三个，同样，它们也必存在于我们自身之中。我 [说在我们自身之中] 指的不是感觉世界的存在者——因为这三个本性独立于 [感觉事物]——而是指感知觉领域之外的存在者。这里使用的"……之外"与我们讲的实实在在整个宇宙"之外"的意义相同。因此，人的实在，也就是柏拉图所说"内在的人"，② 也是在人"之外"的。我们的灵魂也是神圣之物，它的本性不同于 [可感知之物]，这是灵魂的普遍本性。人的灵魂一旦拥有理智，就成为完全。理智可以分为两类：一类是推论的，另一类则使推论成为可能。灵魂的推论部分无须躯体作为推论活动的工具，它要保护推论活动的纯粹性，必须从事纯粹的推论。我们无疑可以把这个独立而不混合的部分置于原初的可理知领域中。我们不能给它找个具体住处，而要指出它存在于一切处所之外。它既然是孤立的，不沾染任何躯体本性，那它必是自在的，超越一切的，并且是无形的。因此柏拉图在谈到宇宙时说，工匠③"从外面"包裹灵魂。柏拉图这里指的是留存在可理知领域的灵魂；他又含糊地说，我们的灵魂"位于头的顶部"。④ 他劝勉我们将灵魂与身体分离，这种分离并不是指空间意义上的分离——灵魂的这个 [高级部

---

① 这可能指普罗提诺的老师阿摩尼乌斯。对照坡菲利《生平》20 节关于朗基努斯的描述。

② 语出柏拉图《理想国》IX 587A7。普罗提诺又在 I.1. 10. 15 引用此语。这整节内容清楚地表明，普罗提诺感到空间意义上的比喻很不恰当，所以在使用时必须保持清醒的头脑，并带着批评的眼光。

③ 指得穆革。——中译者注

④ 参照柏拉图《蒂迈欧篇》36E3 和 90A5（比照 44D-E）。普罗提诺很可能用了"epikrupton"一词，表示蓄意的含糊。因为他不相信灵魂或灵魂的任何部分真的居住在躯体的某一部分，因此他认为柏拉图也不相信。他在解释柏拉图的文本时，用无所不在的灵魂的各种力量作为头脑和其他器官的活动之源。参看《九章集》IV. 3. 23。

分]是自然分离的——他要求我们不得迷恋身体，不得有心理影像（而要运用我们的思维能力），对身体采取疏远的态度，①一有机会就使留存的灵魂形式上升，带领我们一起到达至高者。唯有根植于下界的这部分灵魂，担当躯体的工匠和铸造者，倾力关心它。

11. 既然有灵魂论证什么是公义，什么是良善，又有推论理性研究此物或彼物的正义和良善，那么必有某种永恒的正义，就是灵魂领域的推论理性得以产生的源泉。否则，灵魂怎么可能得出如此这般地推论呢？而且灵魂有时候探究正义和良善，有时候则不，那么我们里面必存在着某种理智，它并不推论，而是始终拥有正义，也必有原理、原因和理智的神。②他是不可分离的，始终保持原型，他无有居所，因此呈现在众多的存在者中，每个有能力的存在者都接受他，如同接受另一个自我，③就像圆心本身是自在的，但圆上的每条半径都分有圆心，由圆心生出各自的自我，④正是我们灵魂中的这种类似"圆心"的事物使我们领会神，亲和神，并依赖于神。凡向神靠近的，就能牢固地确立在他里面。

12. 为什么我们拥有如此巨大的财富却不能自觉的把握住它们？为什么它们大部分都处于不活跃状态，有的甚至根本没有发挥自己的效用？因为它们——理智、理智之前始终在自身之中的事物，以及在这意义上"永恒运动"的灵魂——总是沉醉于自己的活动。并不是灵魂中的

---

① 劝导疏离可能是柏拉图《斐多篇》67C-D。普罗提诺常常把这一文本解释为内在分离，而不是空间上的分离。参照《九章集》III. 6. 5。

② 关于太一超越理智的一个著名论断。（关于所涉及的问题请见 V. 2 第 1 节开头以及那里的注 1。）

③ 这里普罗提诺是否想起亚里士多德为一个朋友使用了同一个引人注目的短语 Ἔστι γὰρ ὁ φίλος ἄλλος αὑτός（《尼各马科伦理学》IX 4. 1166a31-2；比照 1169b6-7,1170b6）？

④ 这个圆、圆心、半径的比喻在第 7 节提到过，《九章集》其他地方也用过（比如 IV. 2. 1. 24-9，用来说明非质料、不可分的是与感觉世界质料的、可分的准实在的关系）。这个比喻可以在任何层次使用；当普罗提诺试图描述一个源于实在的比较复杂的多与它更为单一而统一的原因之间的关系时，看到内在的显现与超然的独立是合而为一的，于是就用这个比喻来形容这种合一性。

一切东西都是可以当下感知到的，只有当它们进入知觉领域，我们才能感知。如果某种活动的能力还没有分派给感知能力，那种活动就没有渗透整个灵魂，①因此我们感知不到它，因为感知能力总是伴随着我们，并且我们拥有的不是部分灵魂，而是整个灵魂。进而言之，因为灵魂的每一部分总是充满活力的，因此它总是独自进行自我活动；要认识这种活动必须分有感知力和理知力。如果显现出来的是意识能力，那么我们必须把我们的理解力内转，专注于内心里的事物。就如同某人期望听到他所渴念的声音，就对别的声音充耳不闻，集中利用听力去捕捉自己想听的声音；这种声音一旦出来，就成为一切声音中最悦耳的声音。同样，我们必须放弃一切可感的声音（除非我们必须倾听它们），保持灵魂理解力的纯粹性，随时准备聆听那来自高处的声音。

2. 论本原之后产生的存在者的起源和秩序

1. 太一就是万物，而不是万物之一；② 太一是万物的原理，而非万物本身，万物有另一类超越的存在。因为在某种意义上说，它们确实在太一里面，或者更确切地说，它们还未在太一里面，但将来总要归于太一。太一既然是单一的，不包含任何多样性，也没有任何双重性，那么万物又怎能从太一产生出来？正是因为它里面一无所有，它才能产生出万物。也就是说，为了使是能够存在，太一不是是，而是是的生产者。我们可以说，这就是最初的生产行为。事实上，正是因为太一无所求，一无所有，一无所需，所以它自身完全，甚至可以说满溢出来，它的充盈产生出它自身之外新的东西。这产物生成之后又回转到太一，被充满，并因为凝

---

① 这里所提到的有关意识的思想可参看 IV. 3. 30 和那里的注释。
② 参看柏拉图《巴门尼德篇》160B2-3。

视太一而成为理智。它的止步和转向太一构成了是，它对太一的凝视则构成了理智。因为它止步转向太一，把太一作为凝思的目的，因此它同时成为理智和是。理智模仿太一，以同样的方式连续不断地发出多种能力——这是它的一个形象——就像它的本原产生出它一样。这种产生于理智实体的活动就是灵魂，在灵魂生成的同时，理智则保持不变，就像理智生成之后，理智生成者保持不变一样。但是，灵魂在生产中却并非保持不变，它的形像就产生于它的运动。它凝思自己的源头，从而被充满，但是通过向另一方面运动产生出自己的形像，这就是感觉和植物的生长原理。① 没有任何东西能独立于自己的先在，或者从先在中完全分离出来。因此高级灵魂的渗透甚至可远及植物，从某种意义上说确实如此，因为植物中的生命原理属于灵魂。当然，它并不是全部呈现在植物中，而是说它一直延伸到植物的层次，并因为这种延伸在它的低级愿望中产生了另一层次的是。而在它之前的部分（高级灵魂），也就是直接依赖于理智的部分，离开理智之后仍然保留在自身之中。

2. 所以，从最初到最终和最低级者，每一位 [生产者] 都留在自己的位置上，② 而每一个被生产的事物都获得低一层次的位置。然而，只要被生产者继续保持与生产者接触，它们每一个都可成为与自己所跟从的事物相同。因此，当灵魂进入植物之后，在植物里面的灵魂就是灵魂的另一部分，是它最鲁莽、最无知的部分，是坠落到最低处的部分。当灵魂进入非理性动物时，感知觉的能力就占据了支配地位，并把灵魂也带到那里。③ 而当它进入人里面之后，或者活动完全在灵魂的推论部分中，或者它源自理智，因为人里面的灵魂具有自己的理智和与生俱来的思考

---

① 生命和生长的这种内在原理，或者说"本性"，与高级灵魂的关系见《九章集》III. 8. 1-5；与身体的关系见 IV. 4. 18-20。
② 比照 IV. 8. 10（这话可能出自柏拉图的《蒂迈欧篇》42E5-6）。
③ 比较详尽的解释见《九章集》III. 4. 2，那里解释了哪一类灵魂进入低级动物和植物，以及原因是什么。

愿望，或者一般意义上的活动愿望。现在让我们回到[植物灵魂]。如果有人砍掉植物的边枝或旁枝的顶部，那么这部分的灵魂到哪里去了？很简单，在它的源头处，因为灵魂不可能在空间意义上活动，因此它始终存在于它的源头。但是，如果你砍掉或烧掉树根，那么根部的灵魂会去哪里呢？在灵魂里面，因为它从未离开自身，未去任何其他地方。当然，如果它重新上升到高级阶段，它必存在于某个事物里面；如果它没有上升，它就存在于另一植物灵魂里，因为灵魂不挤占空间。如果它又上升，就会存在于先于它的能力中。那么，那种能力在哪里呢？也在先于它的能力中，这样一步步上溯直至理智，但这种上升不是空间意义上的。[灵魂的这些部分]没有一个存在于空间中，理智则更加与空间毫无关系，所以这个[高级]灵魂也不在空间之中。也就是说灵魂不在任何地方，正是因为它不在任何地方，因此它无处不在。如果灵魂在上升过程中，在完全到达最高点之前处在中间，那么它就获得一种中介生命，并停留在自己的中间部分。所有这些都是太一，又不是太一。说是太一，是因为它们都源自于它；说不是太一，是因为太一在生育它们时依然保持自身不变。这就像绵长的生命尽情展开，每一部分都与它后来的部分不同，而这些各不相同部分构成了整个绵延不断的生命整体，前一阶段都积累在后一阶段里面。那么，进入植物里面的灵魂又怎样呢？它是否不再生产任何东西了？不，它生产它所在的那个事物。但是，我们必须从另一个起点来考察这是怎么回事。

3. 论认识本体和超越者

1. 那思考自我的事物是否必须由诸多部分复合所成，这样它才能以其中的一个部分来凝思其他部分，从而可以说认识自我？因为绝对单一的事物不可能归向自己并对自身获得理智的把握，或者那非复合的事物也有可能对自身产生某种理智的认识？① 事实上，那因为是复合的所以被认为能够反思自我的事物，正是因为它以其中的一个部分来思考其他部分，就如同在感知觉里我们可以看到自己的相貌以及身体上的其他特性，因而不可能具有真正的自我认识；因为如果那思考与其同在的他物的事物不同时也思考它自身，那么在这样的环境下所认识的对象就不可能是整体，而这种认识主体必然不是我们所要寻找的即某种思考自身的事物，而只是某种思考他者的事物。因此，我们必须认为一种单一的事物才思考自身，并尽我们所能考察它是怎样思考自身的，否则我们就必须放弃有某物能真正思考自身这种观点。而要抛弃这种观点可能性不大，因为一旦抛弃，随之而来就会有许多荒谬之处。即使我们可以认为灵魂不具有这种自我认识能力，这还算不上十分荒唐，但是若认为理智的本性也不具有这种能力，也就是说，认为理智具有其他一切事物的知识，却没有对自我的认知和理解，这就极其荒谬了。② 因为这样一来，认识外在事物的就不是理智，而是感知觉了（并且如果你乐意，还可以说是推论的思想和意见）；当然，思考理智是否具有关于外在事物的知识是恰当的，不过很显然，理智将要认识的一切都是可理知的。那么，它是只认识可理知对象，还是也认识它自己，就是去认识可理知对象的那个主体？它对自己的认识是不是这样的：只认识可理知对象却不认识自己是谁，同时知道它认识属于它的可理知对象却不认识自己这一点？或者它既认识属于它的事物，也认识它自身？我们必须思考它是怎样并且在何种程度上认识自身的。③

2. 首先我们必须探讨灵魂，我们是否应当承认它就是对自己的认识，它所包含的认识原理是什么，是如何运作的。我们同时可以说，它的知觉部分只感知外部事物；即使伴随着对身体里面所发生的事物的意

---

① 关于这个观点的详尽论述见第 5 节。
② 奥古斯丁的 *De Trinitate* IX 3, 3 (PL 42, 962) 显然有对这段话的回忆。
③ 比照奥古斯丁 *De Trinitate* IX 3, 5 (PL 42, 976)。

识,那也仍然是对某种外在于感知部分的事物的认识,因为它通过自己的活动感受到它身体里的经验。而灵魂中的理性能力则根据来源于感知觉、呈现在它面前的心理图像作出自己的判断,对它们进行合并和归类。至于从理智来到它面前的事物,我们可以说,它观察它们的印象,也有同样的能力处理这些印象;它继续向理解力发展,好像在不断认识新的刚进来的印象,使它们适合早已存在于它里面的那些印象。这个过程就是——我们应称之为——灵魂的"回忆"过程。至此,灵魂的理智是到达了自己终极的目的,就此止步了,还是转回到自己,进而认识自己?它当然必须归因于上界的理智。这样说来,如果我们认为自我认识属于灵魂的这一部分——我们得承认它是一种理智——我们就要探讨它如何区别于上界的理智;如果我们不认为它属于[灵魂的理智],我们就要涉及那高级理智,这是我们的讨论进程,从而思考"自己认识自己"的意思。如果我们也承认它存在于低级理智中,就得考察[低级理智与高级理智的]自我思考有什么分别;如果毫无分别,那么灵魂的这一部分就已经是纯粹的理智了。那么灵魂的这一理智部分是否回归自己呢?不,它并不回归。它包含对来自双方的印象的理解。因此我们必须首先讨论它是如何拥有这种理解的。

3. 我们知道,感知觉看见一个人,然后把它的印象传给推论理性。理性怎么说呢?它还不会说什么,只是认识,并止于此;除非它有可能问自己"这是谁?"如果它以前见过此人,就会借助于记忆说这人是苏格拉底。如果它要使这人的相貌清晰地显现出来,就得把摄影官能交给它的东西条分缕析;如果它要说明它是不是良善的,就要对它通过感知觉获得的内容作出评判,但它就此作出的评判是出于它自身的,因为它在自身里面已经包含良善的标准。为何它在自身中包含了良善呢?因为它与善相像,并且理智照亮它,使它有更大的能力去感知这类事物,因为这是灵魂的纯粹部分,接受了临到它身上的理智映像。但我们为什么不认为这个认识状态就是理智,而源于感知觉的另一状态就是灵魂呢？因为参与推论的必然是灵魂，而这一切都是某种推论能力的工作。但是我们为什么不可以把自我思考赋予这一部分，从而结束这个题目的讨论？因为我们交给这一部分的任务是观察在它外面的事物并专注于此，而我们认为理智应当观察属于它自己的事物，也就是它自身内在的事物。如果有人说"有什么能阻止灵魂的这一部分借着另一种能力观察属于它自身的事物？"那么他已经不是在寻求推论理性的能力，而是要抓住纯粹理智。那么有什么能阻止纯粹理智存在于灵魂里面？没有，我们会这样回答。但是我们是否就得接着说它属于灵魂？我们不会说它属于灵魂，但我们会说它是我们的理智，虽然它不同于推论部分，而且已经上升到高处，但仍然是我们的理智，即使我们不能把它列为灵魂的部分。事实上，它既是我们的，又不是我们的。因此之故，我们使用它，也没有使用它——但我们总是在使用推论理性——当我们使用它的时候，它就是我们的，而当我们不使用它的时候，它就不是我们的。那么这种"使用"指什么呢？是不是指我们变成它，并像它那样说话？不是，而是指与它一致，因为我们本身并不是理智。于是，我们借着自己的理性能力——是它首先接受理智——与理智一致。我们通过感知觉感知，尽管我们本身并不是感知者，那么我们的推理是否也是这样，并也这样通过理智思考？不，进行推论的是我们自己，在推论理性中作出理智行为的也是我们自己，因为这就是我们自己的本质。理智的活动源自于上界，就如同感知觉的活动源自于下界一样；我们就是灵魂里的这个首要部分，处于两种能力之间，一种是坏的，另一种是好的，坏的是感知觉，好的是理智。但是一般都认为，感知觉总是我们的——因为我们总是在感知着——而对于理智是否属于我们自己却意见不一，这既是因为我们并不总是在使用理智，也因为理智是分离的；它之所以分离是因为它本身并不倾向于我们，反倒是我们仰头朝向它。感知觉是我们的信使，但理智是我们的王。①

4、当我们与理智一致的时候，我们都是王。我们可以从两个途径与它一致，一个是拥有某种类似于法律一样刻在我们里面的理智的作品；另一个就是充满它，从而能看见它，意识到它的呈现。我们靠这样的视觉来了解与自己有关的所有其他事物，从而认识自己，或者通过那种认识能力本身来了解这种视觉，或者通过我们自己成为那种认识能力。因此认识自己的人是双重的，一方面认识属于灵魂的推论本性，另一方面超越这个人，而根据理智认识自己，因为他已经成为那种理智；通过那种理智他又思考自己，他不再是原来的人，如今已经变成了完全不同的人，自我提升到了高级世界里，只提取灵魂中好的部分，唯有这一部分能够长翼飞向理智行为。②并使立足在那里的人能够保留他的所见。但是，推论的部分真的不知道自己就是推论部分吗？不知道它认识了外在于它的事物，对它的论断对象作出论断？不知道它这样做是基于自身里面源于理智的原理，也就是存在着某种比它自身更好的事物，但那事物它不用寻求，而已完全拥有？它若知道它是哪一类事物，它的作品是什么，岂不知道这一切就是它自己？因而，如果它说它源于理智，位于理智之后，是理智的一个形像，自身中包含一切，似乎都刻在它里面，好像有一个书写者写在里面，那么认识自己的人是否该到此为止了？我们是否必须借助于另一种官能看看认识自己的理智，或者我们因为拥有那种理智的一部分——那理智属于我们，我们也属于它——因此我们就必然这样认识理智以及我们自己？是的，如果我们要知道理智中的"自我认识"

---

① "分离"这个词出自亚里士多德的《论灵魂》430a17。这里以及别的地方，普罗提诺把亚里士多德关于理智的思想作为他自己思考的起点。普罗提诺接着阐明他的理智是神圣的理智，就是柏拉图《斐利布篇》28C7-8中的"天地之王"。但是这远远超出了《论灵魂》原文的意思，Alexander of Aphrodisias——普罗提诺知道他的注释（《生平》第14节）早已将《论灵魂》的"活动理智"等同于神圣理智，也就是亚里士多德的第一因，不动的推动者。

② 普罗提诺经常提到柏拉图《斐德若篇》246以下的这个神话，这里是其中一处。

意味着什么，就必须知道这一点。当人放弃理智之外的其他一切属于他的事物，用理智看理智，以自己看自己，那他当然就已经成了理智，也就是说，他就像理智一样看见自己。

5. 那么，他是否以自己的另一部分看见自己呢？若是这样，就会有作为看者的一方和作为被看者的另一方；但这种情形就不是"自我认识"了。如果这类事物在一定意义上都是由完全相同的部分组成的，从而看者与被看者无论如何都没有什么区分，那又怎么说呢？因为在这样的看中，不论看的是他的哪一部分，都是与他自身同一的，看者与指向的被看者实在毫无分别。（对此我们得说，）首先，把它自身分成各个部分是荒谬的。请问，能对它作怎样的划分？当然不能随意划分；划分者又是谁呢？是把自己设立为凝思者的一方，还是被凝思者的一方？如果他把自己放在凝思者一方，那凝思者如何认识处在被凝思状态的自己？因为凝思就不处在被凝思状态。如果这样认识自己，那他就会把自己看作被凝思者，而不是凝思者，于是，他就不可能完全或完整地认识自己。因为他所看见的，是作为被凝思者看见的，而不是作为凝思者看见的，因此他必是在看他者，而不是他自己。也许他会从自己加上已经凝思的那一部分，以便对自己有个完全的认识。但如果他加上凝思的部分，也就同时加上他所看的对象。如果是那样，被凝思的事物就在凝思里面。如果在凝思里面的事物就是关于被凝思者的印象，那凝思者就没有拥有被凝思者本身；如果它拥有它们本身，它就不是通过自我分离看见它们的，它在分离自身之前原本就是凝思者和拥有者。若是这样，那凝思与被凝思必然是同一的，理智与可理知对象是同一的；如果不同一，就不会有真理。因为努力拥有实在的人就只能拥有不同于实在的印象，而印象当然不是真理。真理不应当是关于其他事物的真理，而应就是它所言说的东西。因而，理智与可理知对象同一，这就是实在，并且是第一实在，也是拥有真存在者，或者毋宁说等同于真存在者的第一理智。既然理智与可理知者同一，那么它如何思考自己？须知，理智必然或者在一定程度上包含可理知者，或者与可理知者同一。这样，理智不可能清楚地思考自己。既然理智与可理知者同一——可理知者是某种活跃而现实的事物，它当然不是潜能（也不是非理智的东西），不是毫无生命的，也不是从外面带给另外某物的生命和思想，就好像带给石头或某个无机物生命和思想一样——那么可理知者就是最初的实体。既然它是活跃的现实，且是最初、最高贵的活跃现实，那么它就是第一思想（理智）活动，是实体性的思想（理智）活动，因为它最真实。这样一种原初的最高的思想活动必然就是首要的理智，这种理智不是潜能，不与它的思维活动相分离，否则它的实体性就会成为潜能性。既然它是现实的，它的实体是现实的，那它就与自己的现实性同一。而我们知道，是与可理知者也与现实性同一。于是，理智、思想（理智）活动和可理知者都是同一的。因而，既然理智的思想活动就是可理知者，可理知者就是它自己，那就是自己思考自己了，因为它以思维（理智活动）——就是它自身——思考，思考的是思想（理智）活动，也就是它自己。在两种意义上它都是思考自己，思想活动是它自己，可理知者是它自己，它在自己的思想活动中思考自己。

6. 由此我们的论证表明，自我思考在特定并最初的意义上是某种存在的事物。这种思在灵魂中与在理智中是不同的，理智中的思更加完美。因为[我们看到]，灵魂思考自己是把它看作另外的事物，而理智自我认识是把它看作自己，看作它之所是，它是从自己的本性[开始思考]，通过转向自己来思考自己。它在看真实存在者时，所看到的是它自己，在看中它是活动的，它的现实性就是它自己，因为理智和思想活动同一，它以整体的自己思考整体的自己，而不是以自己的某一部分思考自己的另一部分。这样说来，我们的论证是否能激发人的自信心？不，它包含的是必然性，不是说服力，因为必然性在理智中，而说服力在灵魂中。看起来我们确实似乎是在说服我们自己，而不是通过纯粹的理智凝视真理。但是只要我们上升到理智的本性中，我们就能得到满足，把所有一切都聚集为一体，真正地思考，真正地看见；因为是理智在思考谈论它自己，灵魂保持缄默，并配合理智的工作。但是由于我们下降到了灵魂中，因此我们寻求某种说服，似乎我们希望在影像里凝思原型。也许我们应当教导我们的灵魂知道理智是怎样凝思自己的，让它知道灵魂的那一部分在一定意义上是属于理智的，因为我们称之为推论性的理智，由这个名称就可看出它是一种理智，或者具有凭借理智且出于理智的能力。①因而灵魂应当知道，就它自己来说，也要逐渐认识它所看的对象，认识它所说的事物。如果它就是它所说的事物，那么它就会在说的时候认识自己。但由于它所谈论的事物高高在上，或者是从上面下降到它面前的，而它自己也从那里而来，所以它接受与它同类的事物，使它们与它自身里面的迹象对应起来，并由此认识自己。于是，它要将影像换成真理。[我们看到，]它所思考的与真理同一的事物是真实存在的，且是原初的，因为它既是这样的存在者，就不可能与它自身分离，不可能在自身之外——既然它在自身里面，与自身同在，那么它所是的必然就是理智（甚至不可能是一种无知的理智），它对自己的认识必然伴随着它——也因为它在自身里面，除了成为理智之外，没有别的功能，也没有别的实体。显然它不是一种实践理智，因为实践理智朝向外部，不停留在自身里面。它可以有一种关于外部事物的知识，但如果它是完全实践的，那它就没有必要在自身里包含对自身的认识。而不包含实践活动的理智，也就是纯粹理智甚至对在它之外的事物没有一点欲望，因此，它回归自身表明它的自我认识不仅是可能的，而且是必须的。否则，它脱离实践活动回归理智，它的生命能是什么呢？

7. "就在于它凝思神"，我们可能会这样说。如果有人承认它认识神，他就不得不同意它也认识它自己。因为它必认识一切源于神的事物，认识神的恩赐，认识他的能力之所是。当它了解并认识了这一切，也就以

---

① 比照第 3 节注释。

这样的方式认识了它自己，因为它自己就是神的恩赐之一，或者更确切一点说，它自己就是神的全部恩赐。如果它通过神的各种能力渐渐认识了 [至善]，它就必然渐渐认识自己，因为它是从那里来的，接受了所能接受的事物。① 如果它不能清楚地看见神，因为看的活动可能就是被看者本身，那它就更会以这种方式去看见并认识自己，因为这种看见就是成为被看者本身。此外我们还应给它什么呢？当然是平安和宁静。而对理智来说，平安和宁静不是放弃理智，而是一种活动。理智的平安和宁静就是一种使它脱离一切其他活动的活动，因为在一切存在形式中，脱离外物处于平安宁静之中的存在者，都能保留它们自己独特的活动，尤其是那些不是潜能而是现实存在的存在者。因而，理智的是就是活动，这活动不指向任何东西，只指向自己，它是自我指向的。如果它要产生什么，都是在这种自我中心、自我指向中产生出来的。它首先得在自己里面，然后才指向别的，或者产生别的与它一样的事物，正如火首先要在自身里面是火，有火的活动，然后才能在他者里面产生它自己的影像。再者，理智是一种包含在自身中的活动；而灵魂具有两重性，指向理智的那一部分可以说是在里面的，指向外面的部分则外在于理智。这样说来，在一部分里，它与原型一样，在另一部分里，即使不相似，也借着这一领域的行为和生产活动变得相似；因为它的行为同时就是凝思。在它的生产活动里，它产生出形式，就像实践中展开的思想活动。因此，万物都是思想活动和理智的痕迹，都是从它们的原型流溢出来的，离原型越近，就越像原型，离得最远的，也就是最后最末的，就只能保留原型的淡淡影子了。②

---

① 认为只能通过神他的能力才能认识神这种观念广为传播。参西塞罗《论神性》(De Divinatione)I 79；斐洛 (Philo)《论该隐的后裔与放逐》(De Posteritate Caini 167)。当然，这种观念并没有使普罗提诺感到满意，因为在他看来，直观神（太一或至善）并与神联合是可能的。对神的认识和自我认识是同步的这种思想也曾广为传播，这种思想可以追溯到柏拉图的《阿尔基比亚德篇 I》133C。

② 整个活动同时就是凝思，并且凝思向下伸展到灵魂最末最低的活动中，关于这一学说见《论凝思》(III. 8《论自然、凝思和太一》)。

8. 另外，理智在看可理知对象时看见的是什么样的事物，它在看自己时看到的又是什么样的事物？关于可理知者，我们不能指望看到诸如身体中的颜色或形式这样的事物，因为可理知者在这些事物存在之前就已经存在，在产生这些事物的种子里的理性形成原理不是形式和颜色，因为形成原理尤其是可理知对象都必然无形而不可见。它们与拥有它们的事物（理智领域）具有同样的本性，就像理性原理与拥有这些 [关于颜色和形式的不可见原理] 的灵魂是同一本性一样。但是灵魂没有看见自己所拥有的事物，它甚至不是它们的生产者，这灵魂与理性原理一样，是其原型的一个影像。它的原型则是清晰的、真实的、原初的事物，属于它自己，也为自己而存在；而这 [影像]，如果不属于别的事物，不存在于别的事物之中，就不能存在，因为"影像的特点就是这样，从属于他者，存在于他者之中"①，它与原型唇齿相依。因而，它甚至不能看见，因为它没有足够的光线。就是看见了，也不是看见自己，而是看见成全在他者里面的另外的事物。而在可理知世界却全然不是这样，在那里，看与被看是一致的；被看者就是看者，看者也就是被看者。那么谁会来指明这种一致性的本质是什么呢？当然是看者；而理智就是看者。就是在我们的感觉领域也是这样，视觉因为是光，或者说与光联合，所以能看见光，也就是看见各种颜色。当然在可理知世界，看不是通过他者 [中介] 实现的，而是通过自身实现，因为它不指向外面。因而理智是以一种光看见另一种光，而不借助于任何中介。这样说来，光看见了光，也就是说自己看见自己。这种闪耀在灵魂里的光把灵魂照亮，也就是说使它成为富有智性的，成为与自身即上界的光一样。如果你思考灵魂里留下的这种光的痕迹，以及更加美、更加伟大、更加明亮的光，你就会渐渐靠近理智和可理知者的本性。再者，这种照亮使灵魂有了一种更加清晰的生命，但是这种生命不是生产性的。相反，它使灵魂转向自己，不

---

① 出自柏拉图《蒂迈欧篇》52C2-4。

让它消散，任它满足于自身里面的荣耀。这种生命当然也不是感知觉的生命，因为感知觉朝外看，感知外部的世界，而已经接受了真正实在之光的人，可以说，不再认为可见事物是好的，而认为相反之物即不可见事物才更好。因此对灵魂来说，唯一的可能性就是接受智性的生命，理智生命的一个形像，因为真正的实在就在那里。理智的生命和活动①是最初的光，首先为自己闪烁，照耀在它自己身上，既是照亮者也是被照亮者，是真正的可理知者，既是思者也是思想，自我直观，不需要别的中介，为它自己提供看的能力——因为它就是看本身——因那种能力为我们所认识，因此我们是借着它自身来认识它的，否则我们该从哪里获得谈论它的能力？它就是这样的事物，自己看自己非常清晰，但我们看它就要借着它才能看。我们的灵魂也因这种推论回升到理智状态，把自己看作是理智的一个形像，它的生命就是理智的一种反映和样式，当它思考理智时，就成为像神一样的，像理智一样的。如果有人问灵魂，那完全、普遍的理智，拥有最初的自我知识的理智，究竟是怎样的一种事物？那首先就得进入理智里面，或者留出空间给理智施展它的活动，理智立即就会自我显明出来，原来它确实拥有它留在记忆里的事物，这样，借着灵魂，就是它的形像，我们就可以在一定程度上看见理智，因为灵魂的某一部分能够成为与理智一样的，因此灵魂与其原型的相似程度越来越逼近。

9. 这样说来，立志要认识理智之真正所是的人必须认识灵魂，以及灵魂中最神圣的部分。要获得这样的知识也可以通过以下方法。如果你首先把身体与人分开（并且显然地，也与你自身分开），然后，与构成人体的灵魂分离，再非常彻底地与感知觉、欲望、激情以及其他所有诸如此类的蠢事分开，②因为它们都大力倾向于必死的事物。这样，灵魂中

---

① 再次回顾亚里士多德对神圣理智的描述，参《形而上学》Λ 7.1072b27。
② 参照柏拉图《斐多篇》66C3。

所存留的就是这个，我们称之为理智的形像，保存了一些理智之光，就像太阳的光，虽然倾泻下来照在物质世界，仍然在太阳自身周围闪耀，并且源于太阳。太阳的光环绕太阳本身，从太阳放射出来，并且始终存留在它周围，同时，一束连着一束的光前后相继源源不断，一直抵达地球上的我们，因此我们不会说太阳的光是自存的，而认为太阳的所有一切，包括围绕太阳本身的光，都位于另外的事物里面。否则的话，我们就得承认太阳底下有一个空间，一个没有形体的虚空。但灵魂生自理智，就如它周围的一束光，直接依赖于它，不在别的事物里面，而是环绕着它，没有任何空间，因为理智没有空间。太阳的光是在空气中，但灵魂是纯粹的，全然没有这种接触，它就是自己，任何其他同类的灵魂都能看见它本身。灵魂必能从始于自身的考察中判断出理智究竟是什么，但是理智不需要任何关于自己的论断就能认识自己；因为它总是向自己显现，而我们唯有达到它时才能看到它的显现。因为我们的生命是分离的，我们有许多生命，而理智不需要另一个或者另一些生命，它乃是给予生命，把生命给予他者，而不是给予自己。它不需要低级事物，并且它既已拥有大全，也就不会再把不完全的事物给予自己。它既拥有原初的实在——或者确切一点说，不是拥有它们，而就是它们本身——就不会有实在的影子。但是如果有人无法领会这种纯粹地思想的灵魂，那就请他先认识形成意见的灵魂，然后再由此上升。但是如果他连这一点也做不到，那就请他从解释感知觉开始，这个阶段获得的形式比较低级，但是借着它自身及其官能，也已经处在形式中了。如果他愿意，最好降到生产的灵魂，再过渡到它所生产的产品，然后从那里上升，从最低级的形式上升到最高级的，或者毋宁说上升到最原初的形式。

10. 这个问题就谈到这里。如果只有被造的事物，那就不可能有终极实在。但在可理知世界中，创造的原理都是原初的。正因为它们创造，因此它们原初。这样说来，原初的原理与创造的原理必然是一致的，并且两者必然同一。否则的话，两者必居其一，另一个就不需要了。然后呢？是否需要超越理智的事物？或者这就是理智？再后呢？它是否不看自己？显然，它不需要这种看。

不过，我们会在稍后讨论这个问题。现在我们务必再说一遍——因为我们所考察的不是某种偶然的事物——我们应当再次指出，理智是需要看见自己的，或者毋宁说，^①它事实上拥有关于自己的视觉，首先因为它是多，然后因为它属于他者，因此必然是一个看者，而看者，当然是关于另一个的看者，它的看就是它的实体。既然有别的事物存在，就必然有看的情形，如果不存在任何别的事物，看就毫无用处。因此，必然存在着多，而非一，看才可能存在，并且看与被看者必然一致，它自己所看见的必然是一种普遍的多。绝对同一的事物不包含任何它的活动可指向的东西，它既是完全"孤立而独一的"，^②就只能保持绝对的不动。如果它是活动的，就会有一个接一个的现象，若没有这种现象，它能产生什么，或者它能向哪里活动？因而凡是活动的，必然要么向着他物活动，要么其自身是一个多样性的事物，也就是它必然在自身里面活动。如果一物不是向他物运动，那它必然不动。它既然完全不动，当然也肯定不思想。这样说来，思想原理当其思考时，必然一分为二，或者两部分彼此不同，或者两部分同一，而思必然存在于异中，同时也必然在同中。思的对象必然与理智既同一又相异。并且，每一个被思的事物都随同自己带来同和异。^③它们若不包含同和异，思者能思什么呢？当然如果每一个都是理智原理，它就是多。因此，它要认识自己就得或者成为能看见各种影像的眼睛，或者成为包含各种颜色的对象。如果它使自己的凝视对着一个毫无部分的单一对象，它就会毫无思想或语言，它能对它说些

---

① 参照柏拉图《理想国》I 352D5-6。

② 对柏拉图的《斐利布篇》63B7-8不准确回忆。柏拉图似乎是说快乐的"种类"不应保持孤立，脱离知识的"种类"。普罗提诺对出现在他脑海里的柏拉图的话语并非总能记忆准确，引用恰当。

③ 也是"柏拉图的范畴"，参柏拉图《智者篇》254D-E。

什么，或者理解些什么呢？如果绝对单一的事物必须得谈论自己，那么首先它必然说它不是什么。这样一来，它要成为同一也得是多才行。然后，当它说"我是这个"时，如果它的意思是指不同于它自身的事物，那它就是在说谎。如果它是指它自身的某种偶性，那它就是在说它是多，否则就无异于说"是是"或"我我"。现在我们假设它只是两部分，并说"我和这"。那么它必然已经是多了，因为两部分是不同的，并且处在各自不同的方式中，这样就出现了数目和许多别的事物。因而，思者所理解的必然是各不相同的事物，而在被思中的思的对象也必然包含多。否则就不可能有关于它的思想，最多只能是一种触摸，一种接触，毫无语言或思想的前思想，因为理智还没有存在，那触摸的事物不可能导致思想。思者本身不可能保持单一，尤其是当它思考自己的时候，因为它会复制自己，即使给出的是一种沉默的领悟。那么 [太一] 必然不需要对自己有任何谈论，否则的话，它能从自我之思中学到什么呢？因为它的所是在理智思考之前就已经属于它。再者，知识就是对所缺失事物的一种渴望，就像寻求者的发现。那绝对同一的事物总是保持自我中心，对自己无所求问。而那阐明自己的，必是多无疑。

11．因而，这包含多的理智，当它想要思考超越者，[思考] 那自身为一的事物，竭尽全力想要领会它的单一性时，结果却不断地得到在它自身里产生的多。这样说来，当它向对象移动时还不是理智，而是没有视觉的眼睛，而当它回来时已经拥有它自己所产生的多。它原本想求的是一，结果得到的是另外的事物，是它在自身里产生的多。再者，视觉当然有所见之物的印象，否则它就不可能让对象进来存在于它里面。但是这印象从一变成了多，由此理智认识了它，然后它就成为拥有视觉的眼睛。当它拥有视觉之后，它就是理智了，它就作为理智而拥有视觉。在此之前，它只是向往的、未形成的眼睛。因此，这理智对太一有一种直接的领会，并借着对太一的领会而成为理智，因此它永远需要太一，它一思考就成为理智、实体和思想活动。① 在此之前它原不是思想活动，因为它不拥有可理知对象，也不是理智，因为它还不曾开始思想。在这些原理之前的就是原理之原理，但并不内在于这些原理；因为内在性不是相对于所源自的原理说的，而是相对于构成它的部分说的。须知，产生各个具体事物的事物并不是某个具体事物，而是不同于所有个别事物的事物。它不是万物之一，而是在万物之先，由此它也在理智之前。另外，万物理所当然都在理智之中，由此也可推出它在理智之前。如果从它出来的事物都在万物之中占有一席之地，那么也可以推出它在理智之前。它既在万物之前，当然不可能是万物中的一个，你不可称之为理智，甚至不能称之为至善。是的，如果"至善"意指万物中的一个，也不能如此称呼。当然如果它是指万物之先的，那就保留这个名称吧。这样说来，理智之所以成为理智，就是因为它是多，而思本身——尽管它源自于理智，那也是一种内部发生的事件——使它成为多。至于绝对单一、万物之先的事物，必然超越于理智。当然，如果它要思考，它就不会超越于理智，而要成为理智本身；而如果它是理智，它本身就要成为多。

12. 只要它是一实体，谁能阻止它成为这种意义上的多呢？因为理智之多不是指它由多种成分组成，而是指它的活动是多样的。但是如果它的活动不是它的实体，只是从潜能转化为活动的现实，那么它就不是一种多样性。在它的实体还没有成为现实和活动之前，它是不完全的。如果它的实体就是活动，它的活动就是它的多样性，那么它的实体就正好是多样性。事实上，我们承认理智就是这样的，因为我们认为它是自我思考的，但不承认万物之原理也是这样。对生出多的太一来说，必须存在于多之前，就像在任何一个数字系列里，一总是最先存在的。对数字系列，人们不会提出疑问，因为连续的数目是复合的结果。但对实在

---

① 理智作为理智只构成它自己，因为它虽然努力到达太一，但肯定不能完全到达，因此永远需要太一，永远渴望太一。比照 III. 8. 11. 23-4。

系列，人们就会问，为什么必须也要有一个一，从中生出多？因为如果没有这样的一，多就会彼此分离，每一个都会因偶然性从另一个方向进入它们的复合体。但是他们会说，活动由单一的理智所生，[1] 由此可见，他们其实已经假定先于这些活动存在的是单一的。当然他们必须始终认为活动永远存在，且是实体性的实在。既是实体性的实在，它们就不同于它们的源头，因为那源头是单一的，而从那源头出来的，其本身是多，但依赖于那 [单一的原理]。如果这些活动成为存在是因为这原理从某一点开始变成了活动，那么在原理里面就必然存在着多；如果相反，它们本身就是最初的活动，那么就由它们产生第二实在，成为第二实在的原因和源头，因为这实在完全是出于活动的。同时使在这些活动之前并自我存在的那个原理能够保持 [静止不动]。须知，它本身是一回事，它所产生的活动是另一回事，因为它们并非出于它的活动。[2] 如果情形不是如此，理智就不可能是最初的活动；因为太一并没有以某种方式需要理智存在，从而使理智生成，并成为太一和它所产生的理智之间的一个中介。倘若真的如此，太一就不是完全的，需求者也不可能有任何可需求的。再者，它不可能拥有它所需求的事物的一部分而没有另一部分，事实上根本不存在能使它产生欲求的事物。显然，如果有什么在它之后形成，那事物形成了，"它则仍然保持自己原有的状态。"[3] 因此，为了使其他事物存在，太一必须保持自身绝对的静止，否则，在出现运动之前它就会运动，在还没有思想之前它就已经思考，或者它的最初活动是不完全的，因为它只是一个毫无对象性的驱动者。难道它能致力于什么目的，好像它缺乏什么东西似的？如果我们要作合乎理性的论述，我们就

---

① "他们"是指逍遥学派弟子，他们坚持认为神圣理智是单一的。比照 Alexander of Aphrodisias Mantissa 109, 37-110, 3 Bruns。

② 因为太一根本就是不动的。——中译者注

③ 引自《蒂迈欧篇》42E5-6。柏拉图论到，得穆革完成了自己的活动，把造人体的具体工作留给年轻的诸神去做。有趣的是，普罗提诺把这用到太一身上，太一虽是一切创造活动的源泉，但他自身是毫不活动的。

会说，第一活动，可以说就像阳光之于太阳一样从它出来，就是理智和整个可理知世界，而它自己一动不动地停留在可理知世界的顶端，统治着这个世界；它没有把光从自身推伸出去——或者我们应当把它看作光之前的光——而是永远发光，始终住在可理知世界中。从它出来的事物并没有从它身上除去，也不是与它同一，也没有成为远离实体或者盲目的事物，相反，这事物看见并认识自己，它就是最初的认知者。而太一，既是超越于理智的，当然也是超越于知识的，它无论如何不缺乏任何东西，因此，它甚至不需要认知。认知只能是属于第二本性的事物。因为认知是一事物，而太一是无物的一。它若是一事物，就不可能是绝对的一了，"绝对"先于"某种事物"。

13. 因而，它实在是难以言说的，无论你对它说什么，你都是把它当作"某种事物"在说。要谈论这真实所是的事物唯有一种方法，那就是说它"超越万物、超越至尊的理智"。这不是给它命名，而是说它不是万物之一，"没有名称"，① 因为我们对它无法论说什么，我们只能尽我们所能对它有所表示。但是当我们提出这个难题说"它没有任何自我感知，没有自我意识，也不认识自己"时，我们应当想到，我们这样说它只是在用它的对立面来描述它。因为如果我们把它当作认知的对象和知识，就会使它成为多，把思归属于它，就是使它成为需要思的事物。但事实上，即使与它密切相关，思在它也是多余的。一般而言，思似乎是在许多部分构成一个整体时对这个整体的一种深刻意识。当一物认识自己，当然是在恰当意义上的认识，情形固然如此，因为每个单独部分正好就是自己，它无所寻求。但是如果思是对外部之物的思，思就必然是有匮乏的，而不是适当意义上的思。须知，那完全单一、真正自足的事物是无所匮乏的，而在第二层次上自足的事物则需要自己，因而需要

---

① 对柏拉图《理想国》VI 509B9-10 的一个独创性意译，用"Νους"来取代"ουσια"（这在普罗提诺是完全合理的）。

思考自己。那相对于自己有所匮乏的事物通过成为整体而获得自足，使它的各个部分亲密地向它自己显现并倾向自己。因为内在的自我意识顾名思义就是一种关于某种包含多的事物的意识。而思是在先的，向内转显然包含多的理智，即使它只能说"我是存在的"，它也把这看作一种发现，认为它是可理解的，因为存在是多样性的。如果它凝视自己，把自己看作单一的事物，并说"我是存在的"，它就不可能达到自己或者存在。因为当它说到真理时，它说的存在不是指像石头一样的东西，而是用一个词说出了很多东西。因为这个是——意指真正的是，而不是指是的痕迹，否则不能称之为是，只能称之为原型的一个形像——包含着许多事物。那么这许多事物是否每一个都是思想呢？如果你想要抓住完全"孤立而独一的"，① 你就不能思，它是不可思的；但绝对的是在其自身中是多，如果你谈论包含在它里面的另外的事物，那就是思。若果真如此，如果有完全单一的，它必不能拥有关于自己的思，因为它若拥有，就会成为多。因而它不是思想，也不存在任何关于它的思。

14. 那么我们自己怎样谈论它呢？我们确实在说着什么，但我们肯定又没有言说它，因此我们对它没有知识也没有思想。② 但是如果我们对它毫无知识，那是否就完全不拥有它呢？事实上，我们在这样一种意义上拥有它：我们谈论它，又没有谈论它。因为我们所说的是它所不是的，而不是它所是的，因此我们是从它所产生的事物来谈论它的。但即使我们不能谈论它，也并不意味着不能拥有它。正如那些心里有神的人在入神状态时至少清楚地知道，他们心里拥有某种更伟大的事物，虽然不知道那究竟是什么，但从他们被感动的方式，从他们所谈论的事物——当然这些事物不同于神——中总能对感动他们的神获得一定的

---

① 又是对柏拉图的《斐利布篇》63B7-8 不准确引用（参第 10 节注 2）。
② 又是对柏拉图《巴门尼德篇》142A1-5 的回忆。

意识。[①] 同样,当我们拥有纯粹理智时,我们似乎天生倾向于神圣的太一,这是内在的理智,给出实体以及这一层次的其他一切事物,而他自己不仅不是这些之一,而且高于我们所称的"是",他比一切所说的事物更多更大,因为他高于言语、思想和意识;他把这些提供给我们,而他自己不是这一切。

15. 那么他是怎样给出它们的?是通过拥有它们给出,还是通过是不拥有它们给出?如果它不拥有它们,那怎么可能给出呢?如果他拥有它们,他就不是单一了;如果他不拥有它们,那么多又是如何从他产生出来的?我们完全可以这样设想,他从自己给出一个单一物——若果真如此,仍然可以追问绝对的一怎能生出单一物?不过我们可以说,他给出的,就像光源发出的光一样——但是他究竟怎样给出许多事物?须知,从他出来的事物不可能与他本身同一。既然不能同一,当然不可能比他更好,谁能比太一更高,或者超越于他呢?那就必然比他低级。比太一低级的,就是非一,因而就是多。但是这非一仍然渴望太一,因此它是一和多。[②] 凡不是一的,都借着一而存在,并因这"一"而是其所是,因为如果它没有成为一,即使它由许多部分组成,我们还是不能称之为"它自身"。[③] 如果可以说每一部分都是它自身,那是因为每一部分都是一,正因为如此,它才是它。而那自身里不包含许多部分的,不是通过分有太一而成为一的,它自身就是太一,不是包含他物的"一",而是因为它就是这太一,其他的一之所以称为一都是因为分有了它,有些因为靠近它,分有得多一点,有些离它比较远,就分有得少一点。那直接继它之

---

① 这段话似乎源于柏拉图《伊安篇》533-4 关于诗人灵感的描述。有趣的是,普罗提诺发现这种诗人式的迷狂(在柏拉图看来,这种状态远远低于哲学家的清晰知识)很适合比喻我们的最高意识,即对太一的意识,对他来说,这也是一种知识(尽管不是关于太一的知识),当然在柏拉图看来并不是。

② 一多出于柏拉图《巴门尼德篇》144E5(第二本体,普罗提诺根据一种更早的注释传统——很可能是新毕达哥拉斯主义传统——指他的第二本体理智)。

③ 比照 III. 8. 10. 20-8。

后出来的事物清晰地表明自己是直接源于它的，因为这事物的多是全面同一的多，它的所有多样性都存在于它的自身同一性中，你绝不可能把它的多与它的一分割开来，因为"一切都合而为一"；①它所生出的每一事物只要分有生命，都是一种一和多，当然这些事物不可能显现为一——全。但[理智]确实自我启示为一——全，因为它直接出自源头，它的源头是真正的一，实在的一。那出于源头的就是以一定方式在太一的压力下流出来的分有了太一的一切，它的整体和每个部分都既是大全又是一。那么"一切"是什么呢？就是以太一为原理的一切。那么太一如何就是一切之原理呢？是不是因为它作为原理使它们是其所是，使每一个各自存在？是的，并且是因为它才使它们成为存在。但它是怎样做到这一点的呢？通过预先拥有它们。但我们已经说过，如果这样它就会成为多。那么我们只能作这样的设想，它不是把它们作为不同者而拥有它们。它们与它同一：只是在第二层次，在理性形式上才显出彼此的分别。这一层次显然已经是现实的，而太一则是万物的潜能。它是什么意义上的潜能呢？不是像所谓的质料那样的潜能，因为质料只能接受，是被动的，因此这种质料意义上的潜能与创造完全相反。②那么太一如何创造出它自身并不拥有的？它并不是靠偶然来创造，也没有反思将要造出的事物，但它仍然能创造出来。我们前面已经说过，如果有什么从太一出来，它必然是不同于太一的事物；既然不同，就不是一。它若还是一，那太一就不是一了。而如果它不是一，那就只能是二，也就必然是多，因为它已经是同、是异，有属性以及其他种种。③源自于太一的自然不是一，这一点可以认为是已经证明了的，但是对于以下这个命题还应当进一步思

---

① 阿那克萨戈拉 Diels B 1（一切事物原初的混合，与普罗提诺的形式世界完全不同）。

② 普罗提诺对他把多义的词 $δύντομις\ πάντων$ 用于太一时所指的含义作了明确的区分（比照 III. 8. 10. 1; V. 4. 1. 36; VI. 7. 32. 31）。

③ 还是"柏拉图的范畴"，参柏拉图《智者篇》254E5-255A1。

考：它是一种多，而且是体现在它之后的存在物中的那种多；另外还应当探讨，太一之后是否必然有什么事物存在？

16. 我们已在别处说过，太一（本原）之后必然有某种事物存在，并且一般来说，那是能力，至高无上的能力；① 我们还指出，所有其他事物都证明这一点是可信的，因为即使在最低级的事物中间，也找不到不包含生产力的事物。但是现在我们得进一步补充说，因为凡被造的事物，向上运动是不可能的，唯有向下，进一步向多运动，因此每一组事物的原理都要比事物本身更单一。因而，造出感觉世界的原理不可能是感觉世界本身，而必然是理智和可理知世界；而在可理知世界之前并造出理智的也不可能是理智或者可理知世界，而是比理智和可理知世界更单纯的事物。多不可能源自于多，这理智之多必然源自不是多的事物。它若自己也是多，就不可能成为原理，原理当还在它之前。因而必然要集中寻找一个真正的一，在一切多和任何一种通常的单一之外的真正的单一。但是既然它显然不是一个理性形式，它所产生出来的怎么能是一个多样的、普遍的理性形式呢？如果它不是理性形式，为何理性形式不是源于理性形式，而是源于别的事物？类似于至善的是怎样源自于至善的？它从至善所获得的使之称为"类似于至善"的是什么？是不变的稳定性吗？这与至善有什么关系呢？我们寻找稳定性是因为它是众善之一。我们追寻在前的稳定性，这是必然与它不分离的，因为它是至善。如果它不是至善，这种稳定性就要离它而去。那么它是否拥有一种稳定的生命，并自愿依附于它？如果它的生命令它感到满意，它当然就不再寻求什么了，因此它的稳定性看起来就是向它显现出来令它满意的事物。它的生命令它满意是因为万物都向它显现出来，并且以这样的方式显现：它们不是别的，就是它自身。如果它拥有大全生命，一种清晰而完美的生命，那么每一个灵魂和每一种理智都在它里面，生命或理智的任何部分都不在

---

① 参比如 II. 9. 3; IV. 8. 6. 关于太一是 δύντομις 见注释 69。

它之外。于是它就满足了，无所求了。它之所以无所求，是因为它在自身里面拥有那如果没有就必然要去寻求的事物。因而，它在自身里拥有的就是至善，它或者是某种我们称为生命和理智的事物，或者是另外的伴随这两者的偶然事物。如果这就是至善，那么生命和理智之外就不会再有任何事物。如果外面还有什么事物，那这里的生命显然就要指向并依赖于那个太一。它的存在源于太一，生命向着太一，因为太一是它的原理。因而，太一必然比生命和理智更优越；因而它必然将自身里的生命——就其有生命而言，是太一的一个形像——和它里面的理智——无论是什么，都是对太一之实在的一种表现——都转向太一。

17. 那么，还有什么比这满有智慧、毫无瑕疵和错误的生命更美好的，比包含万物的理智、比普遍生命和普遍理智更高贵？如果我们说"那产生它们的比它们更高贵"，那么请问，它是怎样产生它们的？如果要防止真有什么更高贵的事物显现出来，① 我们的思路就不会继续追问，而是到理智这里就打住。但有许多理由要求我们上升，尤其是因为理智的自足——因为它包含万物——是某种从外面给予它的事物，构成它的每一样事物都显然是不自足的；并且因为它们每一个都分有绝对的一，现在仍然在分有着，因此它不是太一本身。那么它所分有的，使它存在的，使万物与它同在的，是什么呢？既然这（太一）使各个事物存在，并且正是通过太一的显现使理智里的诸多事物以及理智本身成为自足的，那么显然，它是存在和自足之因，因而它本身不是存在，而是存在之外的，超越自足的。

是不是该到此为止了呢？我们是否可以终结讨论了呢？不，我的灵魂还没有停止劳作，甚至更加勤勉了。也许她现在正处在分娩的阵痛之

---

① 如果这里我们保留 MSS 对 καί 的解释——我们应该保留——这个句子非常清楚地表达出普罗提诺对他非常熟悉的太一在理智之外的学说犹豫不决（他的同学阿摩尼乌斯和柏拉图主义者奥利金也不太愿意接受）。很可能他那个时代的许多柏拉图主义者（当然还有所有亚里士多德主义者）都感到犹豫，就如那时以及后来的基督教神学家们那样。

中，对太一的渴望之痛已经达到顶点，马上就要喷薄而出。但我们如果能在别的地方找到缓解她阵痛的药，就必须对她念诵另一个咒语。也许在我们所说过的话中就有这样的一个咒语，只要我们一遍又一遍地念它就可以了。但是我们需要找到另外一个具有新意的咒语，那是什么呢？灵魂可以领略种种真理，但是如果有人试图用语言和推论性思考来表达真理，真理就要离我们远去；因为推论性思考为了用语言表达事物，必须依次思考，这就是描述法；但对绝对单一者，我们怎么可能描述呢？只要纯粹理智与它接触，这就够了；但当理智这样做的时候，虽然接触持续着，却绝不可能也没有时间言说了；只有到了后来它才可能进行推论。如果灵魂突然接受了光，①我们必然相信我们已经看见了，因为这光从超越者而来，他就是光；当他像有人称之为他的家的另一神那样，带着光向我们显现，我们必须认为他是存在的。倘若他没有到来，他就不可能带来光。未被照亮的灵魂就不会把他看作神；但当灵魂有光照亮，它就拥有了所寻求的东西，而灵魂的真正目标就是触及那光，看见那光，不是靠另外的光看见，而是靠那光本身看见。它必然借那照亮它的光看见光，就像我们看见太阳不是靠别的光，而是靠太阳自身的光一样。那么怎样才能实现这样的事呢？唯有舍弃一切！

4. 本原之后的东西如何产生于本原，兼论太一

1. 如果本原之后有什么东西，那么它必然产生于本原。它或者是直接产生于本原，或者通过中介存在者溯源到本原，因此必然有二级存在者和三级存在者，二级追溯到本原，三级追源到二级。在万物之前必

---

① 灵魂的终极开视是突如其来，意想不到的，这是普罗提诺对灵魂描述的一个重要特点，这种视觉是不能计划的，也不是按人的愿望发生的。比照 VI. 7. 36. 18-9。在他之前，柏拉图的《会饮篇》210E4-5 和《书信》VII 341C7-D1 也有同样的描述。

然存在一种简单事物,它必然不同于它所产生的任何事物,它是自在的,不与它所产生的东西结合,同时能够以不同的方式呈现在它所产生的东西里面。它是真正的同一,而不是组合而成的统一。事实上,即使用同一来描述它也是错误的,对它不能有任何概念或者知识,因此也许只能说它"超越是"。① 如果它不是单一的,不是在一切重合和结合之外,那么它就不可能成为一个最初的原理。正因为它是单一的,是一切之首,所以它必完全自足。任何非本原的东西都需要在它之前产生它的东西,任何非单一的东西都需要单一的构成元素,这样它才能由之生成。这样的实在必是唯一的一。如果除它之外,还有另一个,那么两者必是同一的。因为毫无疑问,我们不是在谈论两个物体,或者以为太一是最初的物体。任何单一的东西不可能是物质性的。物质是生成的,它绝不是第一原理,因为"第一原理不可能是生成的"。② 如果它是非质料的原理,是真正的同一,那么所谓的另一个就必是这同一的原理。因此如果本原之后还有什么东西,它就不可能是单一的,它必是一——多。那么,这是从哪里产生的呢?当然是从本原。它肯定不是偶然产生的,否则,本原就不再是万物的第一原理了。那么,它是如何从本原产生的?如果本原是完美的,是一切中最完美的,是首要的能力,那么它必是万物中最强大的,而其他能力必尽其所能模仿它。因此,当某种存在日趋完美时,我们就看到它开始生产行为,它无法保持自身不动,而是要生出其他东西。不仅具有选择能力的事物如此,而且那些没有自由意志的生命物也如此,甚至无生命的事物也要尽其所能将自己给予他者,如火给人温暖,雪使人凉爽,药以与其本性相吻合的方式作用于他者,因此这些都尽其所能模仿第一原理,学习它的永恒和慷慨。既然这最完美者,这本原至善是

---

① 柏拉图对话为新柏拉图主义关于太一超越是的观点提供的两处基础文本:《巴门尼德篇》142A3-4 及《理想国》509B9。

② 柏拉图《斐德若篇》245D1。

产生万物的原始生产力，那么它又如何保守着自己，似乎不愿给出自己，[①]或者似乎是无能的？若是这样，它怎么可能还是本原呢？如果有其他事物从它产生出来并存在，那么它必是生产者，此外没有任何其他本原了。它所产生的东西必非常荣耀高贵，虽然位于本原之后，但比起其他万物来是最好的。

2. 如果生产者本身就是理智原理，那么它所产生的必稍逊于理智，但非常接近它，像它。但是既然生产者是超越理智的，那么被产生的就应该是理智了。既然生产者的活动确实是智性的思考，那么为什么它不是理智原理呢？因为思凝视（看）并转向可理知者，并因此而得完善，因此在一定意义上，它自身像凝视（看）一样是未界定的，要由可理知者来界定它，因此人们说，从不确定的二（Dyad）和太一生出了诸形式和数，那就是理智。[②]因此理智不是单一而是多，它显然是一个复合物，当然是可理知的复合物，并已经思考了许多东西。当然它自身也是一个可理知者，但同时它还作思考活动，因此它已经是二。此外，它既是太一的后代，便也是不同于太一的另一种可理知者。但是这个理智是怎样从可理知者产生出来的？可理知者始终独立自存，不像凝视（看）和思考者那样有缺乏——我说思考者有缺乏是与可理知者相比较而言的，它当然不同于无意识的东西。万物都归属于它，都在它里面，都与它在一起。它完全能够辨认自己，它的生命在自身之中，万物也在它里面，它对自己的思就是它自身，它通过一种无中介的自我意识存在于永恒的宁静中，它的思考方式不同于理智的思考。[③]若有什么东西生成，而可理知

[①] 自私自利，只想自己保留好处不与人分享，这是与真正的仁慈背道而驰，因此柏拉图认为神的特点与此相反，这是对传统希腊思想的有意挑战。参看柏拉图《斐德若篇》247A7 及《蒂迈欧篇》29E1-2。

[②] 见 V.1 第 5 节注释。

[③]《九章集》里唯有这段话清楚地把一种思归于太一。普罗提诺这里采纳的观点与努美尼乌斯相似，后者的第一神就是一个理智（frs. 16 和 17 des Places, 25 和 26 Leemans），当然看起来这个理智的思必然高于第二神，或者凝思形式并创造世界的得穆革。

者依然守在自身里面，那么它必然就是生成之物的源泉，它虽然产生了新东西但自身保持不变。因此，可理知者永远"以自己特有的方式生活"，① 一切生成的事物确实都是从它生成的，而它保持不变。既然这生产者是不变的可理知者，它的产物的产生就如同一种理智行为即思考；既然这产物就是思考，思考它的源泉——此外，它不是其他任何东西——那么它就成了理智，也就是说，成了另一种可理知者，与它的源泉相似，是源泉的复制和形像。但是，理智如何从完全静止的东西中产生出来呢？在任何事物中都有本质的活动和源于本质的活动；本质的活动就是实现了的事物本身，而第二种活动必然源于第一种活动，必是本质活动的结果，不同于事物本身。比如火包含着热，这是它的本质内涵，当永恒不变的火展开它的本质活动，这最初的热就产生出其他的热。在上界也是如此，或者说更是如此。本原（第一原理）永远"以自己特有的方式生活"，从它的完全和它的本性活动中产生的（二级）活动获得了实体性的存在，因为这种活动源自一种伟大的能力，事实上是一切事物中最伟大的。另外，那本原（第一原理）"超越是"，所以这二级活动成为现实的是和实体。本原是万物的生产力，它的产物就是万物；但是，即使这产物就是万物，本原却在万物之外，因此它"超越是"。如果产物就是万物，而太一在万物之先，与万物不是处于同一层次，那么它必也"超越是"。换言之，它也超越理智，因此有某事物在理智之外。"是"不是一种死的东西，也不是无生命不思考的东西，理智与"是"同一且相同。因为理智不可能领会在它之前存在的对象——就像感觉与感觉对象的关系——理智本身就是它的对象，除此之外，它不可能从其他什么地方获得形式（它还能从哪里获得形式呢？）。它在这里与它的对象同在，并与它们同一。它的对象就是对非质料之事物的知识。②

---

① 柏拉图《蒂迈欧篇》42E5-6（下面再次引用）。
② 这里普罗提诺又把亚里士多德关于理智的观点作为他的起点。参看《范畴篇》7.8a11（关于感觉对象先于感觉）及《论灵魂》4.430a2-5; 7.431b17（关于理智与对象的一致性）。

5. 论可理知者不外在于理智,并论至善

1. 谁能说理智,正确而真实的理智,会陷入错误,谁会相信非真实的东西?当然不能。它如果没有知识,怎能算是理智呢?这样说来,理智必然总是知道,永远不会忘记任何事物,并且它的知识不是粗浅和模糊的,或者是类似于从别人那里道听途说的东西。当然,它的知识也不可能依赖于证明。即使有人说,它所知道的某些事是通过论证知道的,也不能否认有些事在它是直接显现和自明的。(事实上,理性告诉我们,它所知道的一切都是自明的,因为我们怎能区分哪些是自明的知识,哪些不是?)不管怎么说,人们总能承认理智的某些知识是直接的,那么就这部分自明的知识来说,他们认为是从哪里来的呢?理智从哪里获得这份自信,认为事物就是这样的?要知道,就是那些感知觉对象,看起来似乎完全可以相信它们的自明性,但关于它们的这种表象存在是否有内在实在性作依托,还是仅取决于影响感觉器官的方式,也不能完全肯定,需要理智或推论理性来对它们作出判断。即使承认感知觉所感知的是真实的感性实体,通过感知觉获得的知识也只是事物的一个形象,感知觉不可能理解事物本身,因为感知觉停留在事物的外部。当理智开始它的认识活动,也就是开始认识可理知者时,如果它是把它们看作它自身之外的存在者来认识它们,那么它怎么可能保证随时与它们接触呢?既然它有可能没有接触到它们,那就有可能不认识它们;或者说,因为唯有当它与它们接触时才认识它们,因此它并不总是认识它们,拥有自己的知识。如果他们说可理知对象与理智相联,那么请问,这"相联"是什么意思?若是这样,智性活动就只会产生一些印象。若果真如此,它们就只能是从外部进入,由撞击而成。若是这样,那么印象将怎样产生,类似可理知对象的事物会是什么样子?再进一步说,这样的思想活

动只能是关于外在事物的，就如同感知觉一样。那么除了它所领会的对象比较小之外，它还能在什么意义上区别于感知觉？还有，它又怎么知道自己真的领会了它们？它如何能知道这对象是善的、美的和公正的？因为所有这些观念都与它不同，它所能依靠的判断原理也不在它自身里面，而在它外面，真理也同样在它外面。这样，可理知对象要么毫无知觉，没有任何生命或智力的影子，要么拥有理智。如果它们有理智，那么知觉和生命也同时在它们里面，真理也在，这就是原初的理智。我们接着要考察真理、可理知对象和理智是如何联合[为这样的二合一]的？它们是否联合为同一的实体，同时保持两者的差异，或者还有别的联合方式？如果它们毫无理智和生命，那么它们又是哪一类实体？它们当然不是"前提"、"格言"或"表达"，否则它们就只是对别的事物作了一些描述，而不是事物本身，①比如[有人]说："公正是美的"，公正和美当然是不同于所使用的词的实体，②但如果他们说公正和美都是单一的实体，是自在的公正和自在的美，那么首先可理知对象就不是一个统一体，也不在某个统一体里，每一个可理知对象都要彼此分离。那么，它们会到哪里去？要分散到什么区域呢？当理智四处寻找它们时又如何才能遇到它们呢？理智又怎么可能停留在自己的处所，怎么可能保持自身的同一？它将从它们获得怎样的形状和印象？这样说来，我们岂不就是把它们看作由某个雕塑家用金子或者别的质料雕刻而成的像？若果真如此，凝思它们的理智就成为感知觉无疑。但问题是，为何它们中的某个要成为公正，而另一个成为别的？③对这一切的最常用的反驳是这样的。如果认为

---

① 即"自身没有真正的是"。——中译者注

② 这里普罗提诺是在驳斥那些从推论的逻辑角度——无论是亚里士多德的，还是斯多亚学派的——来理解理智知识的人。

③ 这段话普罗提诺是在驳斥他同时代的像朗基努斯（Longinus）这样的柏拉图主义者，他们认为柏拉图的形式在理智之外，与理智分离（参 Proclus In Tim. I. 322. 24 Diehl；关于坡菲利接受这种观点和转变，见《普罗提诺生平》18）。他似乎特别记得关于他最喜欢的斐德若神话里的形式异象的原原本本的解释，参柏拉图《斐德若篇》247D-E。

思想的对象完全是在理智之外，理智凝思它们就像凝思完全外在的事物一样，那么理智就不可能拥有关于它们的真理，对它所凝思的一切事物只能产生幻觉。它们可能是真实的实在，但它凝思它们时却没有拥有它们，在这样获得的知识中它所拥有的只能是它们的形像。如果它不能拥有真正的实在，只能得到真理的形像，那么它所拥有的就是幻觉，没有一点真理。如果它知道它所拥有的是假的，它就得承认它没有一点真理；如果它连这一点也不知道，没有真理却自以为拥有真理，那它里面的幻觉就是幻上加幻了，就离真理更远了。（我想，这就是感觉里面没有真理只有意见的原因。意见之为意见在于它是接受的，所接受的当然不同于它所源出的。）这样说来，如果理智中没有真理，那么这种理智必然不是真理，或者不是真正的理智，或者根本不是理智。而真理也不可能在别的什么地方。

2. 因此，我们不可到外面去寻找可理知者，或者认为理智中所有的只是真实存在者的印象，或者剥夺它的真理性，使可理知者成为不可知的，非存在的，最终取消理智本身。我们必须提供知识和真理，必须小心地保存实在，以及关于各物之所是的知识——不只是关于各物的性质的知识，① 否则我们只能拥有实在的影像和痕迹，不能拥有实在本身，不能与它们同在并融为一体——我们必须把一切[真实的存在]都归给真正的理智。这样，它就能认识它们，并且是真正地认识它们，不会忘记它们，或者四处寻找它们。真理就会在它里面，它就是一切实在的根基，它们就有生命，能思考。所有这些都必然属于最神圣的原理，否则它的荣耀和威严何在？而且，它之所以如此不需要任何证明和确认，因为它就是这样的，就是这样向其自身显明的——若说在理智之前还有什么，它清楚地知道那就是它的源头；若说在这源头之后有什么，它也清

---

① 关于事物本身与它的性质（或者怎么样）之间的重要区别，参柏拉图《书信》VII 342E 以下。

楚地知道那就是它自己——它清楚地知道所有这一切都存在于可理知世界中,并且真实地存在。因此,真正的真理也在那里,它不与任何别的事物一致,只与其自身一致。它不论说别的任何事物,只论说它自己,它就是它所说的,它所说的就是它的所是。如此说来,谁能反驳它?人能从哪里提出反驳呢?因为任何反驳都会与前面提出的论述一致,即使是把它作为不同的观点引进来,它也必然表明与原先的论述一致,因为你不可能找到比真理更真的事物。

3. 这样,我们就看到了一种原理,就是理智,也是真理,它包含一切实在。若此,它就是一个伟大的神。或者更确切地说,不只是众神之一,而是普遍的神。这原理是神,并且是自我显明出来的第二位神,我们还没有看到另一位即第一位神,本原的神。他超越一切,高高地立足于理智之美中,就像立在一个基座上,而理智这基座就从那里垂挂下来。① 本原在其进展中不可能立足于某种无灵魂之物,也不会直接立足于灵魂之上,在它面前必然会出现某种不可思议的美,就像国王行进的行列,最先出现的总是最低品的,然后依次递增,越来越高贵,越来越威严,终于国王的贴身侍卫出现了,最后,伟大的国王本人也赫然显现出来,人们匍匐在他面前,虔心祷告——至少那些没有提前离开的人看见国王的到来会感到心满意足。不过,在我们举的这个例子里,国王是一个不同的人,不同于那些在他之前出场的人;而在高级世界中的王所统治的不是与他不同的另外的人们,他所拥有的是最公正、最合乎本性的王权以及真正的王国;因为他是真理之王,是他自己所生的神圣一族的自然之主,是王中之王,是万王之王,比所谓的诸神之父的宙斯更加公正。在这方面宙斯也效仿他,因为他不满足于对父亲的凝思,而是——我们

---

① 这里应当注意这个著名的比喻与常识之不同之处。超越于理智之上的本原之塔就像矗立在基座上的一个雕像,或者坐在王位上的东方国王,但绝不是说这超越者是由基座支撑着或者借基座而得提升。理智虽然如同基座,但它的存在完全依赖于基座之上的那个本原。

可以这么说——向往他的祖父建立实在所用的那种神圣力量。①

4. 我们曾说过,上升的过程必向着某个一,这是真正的一,而不是类似于其他事物那样包含着多,只是因为分有一才是一。这一是太一,我们必须把它理解为不是分有的一,不是由多合成的一。可理知世界和理智比其他一切事物更接近一,没有任何事物比它更靠近太一本身,但它仍然不是纯粹的一。无论如何,只要有可能,我们渴望看见纯粹的、真正的、与任何事物没有关联的一。到了这一步,你必然大步冲向一,不可再给它添加什么,而是凝神屏气,唯恐它会离去,因此根本不会移步走上通向二的道路。如果没有到达这一步,那你就得先到达二,但不是包含一的二,而是两个部分都后于一的二。因为太一不可能与别的一或者别的数并列,它根本就不能被计算,因为它本身就是一种尺度,而不是被度量者,它不与其他单位相提并论,否则就要成为它们中的一个,就会和那些与它并列的有某种相似之处,而这种相似性就必然先于太一本身。然而,太一本身之前不可能有任何事物。它甚至不属于本质的数的范畴,因而肯定不属于本质的数之后的有量之规定性的数②(本质的数就是不断给予存在的数,量的数就是当它与别的数一起时给予量,如果这[不与其他数一起的]数真的是一个数,那么当它不与其他数一起时仍然给予量)。由于属于量的数系列的数与它们的原理的关系,类似于它们的原理③与真正的太一之间的关系,其存在并不是出于它的一的扩散或者断裂,当二④形成之后,二之前的一依然存在如初,这一不同于二中的每个一。不然,它为何成为二的这个一,而不成为那个一呢?既然它不

---

① 通常把三本体(the Three Hypostases)对应于神话学上的三位前后相继的主神:奥拉诺斯(Ouranos)、克拉诺斯(Kronos)和宙斯;也就是超越者对应于奥拉诺斯,神圣理智对应于克拉诺斯,普偏灵魂对应于宙斯。
② "本质的数"就是柏拉图的相之数。关于普罗提诺对柏拉图的相之数的理解,请见《论数》VI. 6[34]。
③ 即"更高序列的数"。——中译者注
④ 也译为"不定型的二",这里从略译为"二"。——中译者注

是任何一个一，而是完全不同的一，始终停留在自己所在之处，那么那[二里面的两个单位]如何区分？什么是二合成的一？这一与构成它的两个部分的一是否同一？我们必须认为，它们分有最初的一，但不同于它们所分有的一，而是二，只是因为分有了一，因此也是一，但这个一与最初的一不是同一个意义上的一，就如同一支军队与一所房子不是同一个意义上的一一样。一所房子是一，是就它的整体结构说的，而不是实体或数量的一。那么在数字五里与数字十里的一是不是不同的，或者数字五里的一与数字十里的一是相同的？如果每一只船与另外任何一只船都是一样的，大的与小的一样，每一座城市都与另一座城市一样，每一支军队都与另一支军队一样，那么这里的一也是一样的；但如果以上这些情形并不是一样的，那这里的一也同样不是一样的。如果这个问题还有什么难点，我们会在后面再作讨论。

5. 现在我们必须回到前面说过的观点，即本原即使生出别的事物也仍然保持自身不变。就数目来说，太一保持不变，另一个一产生数目，这样数目就以太一为范型成为存在。但就那真正存在的事物来说，太一仍然在一切实在之前保持不变。它既然保持不变，即使真实存在者以它为范型，它也并不是那个创造的一，那个一本身就足以产生实在。就如在数目的例子里，第一个一的形式直接或间接地存在于所有的数目中间，在一之后产生的每一个数目都分有这个一，但并不是同等地分有。同样，这里本原之后产生的存在者每一个都在自身中拥有本原的一种形式。在数的领域，分有使数目有量的存在。但是这里，它使存在者获得实体性存在，因此存在者是太一的一个影子。如果有人说，einai[是]这个词——意指实体性存在——源于hen[一]这个词，那么他很可能已经说出了真理。可以说，这个我们称为原初之是的，离开太一向外走，但它并不希望走得很远，于是只向外走了一点路就向内回转，并驻足[este]在那里，从而成了万物的实体[ousia]和活动中枢[hestia]。我们在发音时不同处理就表明了这种含义。对"einai"发重音时就产生"hen"，表示是源于太一，而"on"表示它尽其所能说出的事物。因此成为存在的实体和是具有太一的影像，因为它源于太一的力量；看见它的灵魂被所见的景象所感动，要显现出所看见的事物，于是就喊出"on"、"einai"、"ousia"、"hestia"。这些声音尽其所能模仿实在的生产过程，意在表明发音者在分娩阵痛中产生的事物是真实的是。

6. 关于这些词源的解释，可以仁者见仁，智者见智。由于太一所产生的实体是形式——我们不可能说从那个源头产生的是另外的事物——并且不是某个事物的形式，而是一切事物的形式，因此在它之外再没有别的形式，太一必然是毫无形式的。既然它没有形式，它就不是一个实体。因为实体必然是某种具体的事物，也就是说，某种被限定和有界限的事物；而对太一，不可能把它理解为某种具体事物，否则它就不是原理，只能是你对它所称谓的那个具体事物。既然万物都存在于那从太一产生的事物里，你能说太一是它里面的哪个事物？既然它不是它们中的任何一个，那就只能说它超越于它们之外。而这些事物都是存在者，是是，因此它必然"超越是"。① "超越是"这个词并不意味着它就是一个具体事物——显然，这个词没有对它作出任何肯定性陈述——也没有意指它的名称，这个词所暗示的意思无非是说它"不是这个"。如果这个词所表示的就是这一点，那么它绝不可能领会太一。事实上，企图领会毫无界限的事物是荒谬的；凡是想要这样做的人就是阻断自己的道路，甚至完全不跟随它的踪影。人如果想要看见可理知的本性，就必须抛弃一切感知觉的影像，凝思那超越于感觉领域之外的事物。同样，人如果想要凝思可理知者之外的事物，就得放弃一切可理知者去凝思那超越者；他通过可理知者可以知道这超越者是存在的，但要知道它怎么样和像什么，就必须抛弃可理知者。不过，"它像什么"必然表明它"不像"，

---

① 出于柏拉图《理想国》VI 509B9。下面引出《巴门尼德篇》里对第一本体的否定结论，这通常是相伴相生的。

因为对于不是"某种事物"的事物来说，不存在"像什么"的问题。但是我们总是为不知道该说什么而感到痛苦，总是在谈论着不可说的东西，还要给它取个名字，因为我们想要尽我们所能向自己表明它究竟是什么东西。然而，"太一"这个名称可能只包含对多的一种否定。正因如此，毕达哥拉斯主义用阿波罗①的名称来象征性地表示对多的否定。②如果我们把太一看作肯定性的含义，认为这个词表达了它的名称和实体，那还不如根本没有给它命名，那样，它的含义反倒更清晰一点。探求者之所以给它太一的名称，也许是为了从这个完全意指单一性的名词开始最终达到否定它的目的，因为尽管探求者可以并且事实上给了它这个名称，但这个名称并不足以显明那个本性，因为它是不可能通过声音传递的，即使听到也不可能理解。如果要有什么理解，只能通过看。但是如果看者试图看到一种形式，那他必然连形式也看不到。

7. 再者，实际的看包含两个方面。拿眼睛来说，它有视觉对象，这是通过感官感知到的事物的形式，还有眼睛借以看见视觉对象的媒介，这媒介本身也是眼睛所能感知到的，它不同于形式，是使形式被看见的原因，它在形式里并与形式同时被看见。这就是它无法提供关于自己的清晰感觉的原因，因为眼睛被引向照亮了的对象。如果眼前没有其他事物，只有中介，眼睛就通过直接感知看见它，当然就是在这样的时候，眼睛看见它也是基于某种不同的东西，如果唯有它自己，不依赖于其他事物，感觉就不能把握它。③如果没有一种较坚固的物体，就是太阳本身所固有的光，也可能不是我们的视觉所能感知到的。如果有人说，太阳全身都是光，我们可以认为这恰好有助于解释我们正努力讨论的问

---

① Apollo，"a"就是"not"（不、非）；"pollo"等于"of many"（多的）。——中译者注

② 关于毕达哥拉斯主义的这个词源解释，参普鲁塔克 *Isis and Osiris* 381F。

③ 这里普罗提诺为了解释的需要采纳了通常的理论，即认为视觉是通过一种媒质产生的。但他在更早更详尽的讨论中（IV. 5 (29)）并不承认媒质理论，而认为感知觉是借大全的普遍通感产生的。

题，因为那样的话，太阳就是光，这光没有任何属于其他可见之物的形式，因而就可能成为纯粹可见的，而其他所有可见对象都不是纯粹的光。理智的看就是这样的，借着另一种光看见被第一原理照亮的事物，看见它们里面的光。当它把注意力转向被照亮之物的本性时，它看到的光要小一些；但如果它抛弃事物，就能看见使它看见它们的媒介，这样，它就直接凝视光和光源。由于理智不可能把这光看作外在的，因此我们必须再次回到眼睛的类比；眼睛本身常常认识一种非外在的、非异己的光，在看外在的光之前总是先看见它自己的一种光，一种更加明亮的光；这光或者是在夜晚黑暗里从它自身发出来的，或者当眼睛不想看任何事物时，它就垂下眼睑，但仍然发出光，或者眼睛的主人挤压眼睛，看见它里面的光。这种视觉不是在看的活动过程中产生的，但却是最真实的看，因为它看见了光，而它所看见的别的事物只具有光的形式，并不是光本身。正因如此，理智避开一切外在事物，使自己潜入里面，当它不再看任何事物的时候，就必然看见光，不是在其他事物中的不同于它自己的光，而是独立和纯粹的光，这光突然显现出来，以至于理智一下子感到茫然，不知道它是从哪里来的，不知道是从外面来的还是在它自身里面的。当这光消失之后，它才会说："它原是里面的，但又不是里面的。"

8. 其实我们不能追问它是从哪里来的，因为根本就没有这个"哪里"。它确实没有从哪里来或者到哪里去，它只是显现或者不显现。因此我们千万不可追寻它，只要静静等待它的显现，作好准备凝思它，就像眼睛期待太阳的升起一样；太阳在地平线升起（诗人们说，"从海里升起"[①]），主动让眼睛看到它。那么太阳的原型（太阳是他的一个像）会从哪里升起来呢？他显现时所要爬上的地平线是什么呢？他必升到凝思他的理智之上。因为理智必是最先凝思它的，理智不看别的，只看至美者，集中

---

① 参比如荷马的《伊利亚特》（Iliad）7.421-2。

一切力量倾注于他，一动不动，并且可以说蓄满力量。它首先看到自己变得更美，更亮了，因为他就在附近。但他并没有如我们所预料的那样出现，他的出现其实不是到来的出现，因为他之被看见，不是他到来被人看见。他没有到来，而是存在于万物之前，甚至先于理智的存在。来来去去移动的是理智，因为它不知道自己该停留在哪里，也不知道他停留在哪里，事实上他不在任何东西里。① 如果理智有可能住在非处所里——我不是说理智在空间里，它与他一样都没有空间处所，而是指绝对的非处所——它就可以始终看见他，或者更确切说，不是看见他，而是与他完全同一，不再是两个。然而事实上，因为它是理智，所以它看见他；当它要看他的时候，必须借着它里面不是理智的东西（也就是借着它的神圣力量）才能看见。这确实是一个奇迹，他竟是如此不曾到来地呈现出来，虽然自己不处在任何地方，却又无处不在地显现出来。人们一开始肯定会对此感到惊异，但对于知道的人来说，如果不是这样，而是相反的情形，那才是让人惊异的；当然，不可能发生让他惊异的相反情形。原因在于：

9. 一切借着他物成为存在的事物，或者存在于造它的事物中，或者如果在造它者之后有另一事物，那就存在于另一事物中。因为它藉着别的事物生成，它成为存在需要别的事物，因此它在任何方面都需要他物，因此它也存在于他物里面。因而，最后最低级的事物就存在于仅先于它们的事物中，这前一级的事物则存在于更先于它们的事物中。这样层层递进，直到最初的本原，也就是原理。这原理因为再没有先于它的存在，因此它不存在于任何别的事物中。它既然没有任何可在于其中的事物，而其他事物都存在于先于它们的事物中，那么它就包围着所有一

---

① 我们在《九章集》其他地方也看到普罗提诺对理智的永恒不变作了非常深刻的描述，尤其是 III. 7《论时间和永恒》前 6 节，但这里是最难与其他地方的描述相一致的段落之一。普罗提诺这里似乎是在直接谈论自己的经验，完全没有考虑形而上学的含义。

切事物。但是在这种无所不包中,它并没有分散到它们中去,它拥有它们,自己却不被它们所拥有。既然它拥有万物,却不被万物所拥有,那么当然没有什么是它所不在的。否则,如果它不在哪个事物中,它就没有拥有这个事物。但它又不是被他物拥有的,因此它又不在任何事物中。这样说来,它既在又不在。它不在是因为它不在任何事物的限制中,但正因为它不受任何事物的限制,因此没有事物能阻止它在任何地方。如果相反,它受到了阻止,那它就会被他物限制,它所生的事物就不可能分有它,神就只能到此为止,不可能完全独立,倒要受制于在他后面出现的存在物。因而,存在于他物中的事物就在它们所在之处,而不在某个处所的事物就没有任何处所。如果说它不在这里,那显然就有另一个处所包容它,它就在他物里面,因此"不在某处"是错误的说法。如果"不在某处"是真的,"在某处"是错的(也就是它不可能在他物中),它必不会离开任何事物。既然它不会脱离任何事物,又不在任何地方,那么它就是无所不在的独立自存。它并不是一部分在这里,一部分在那里,它甚至不是整个在这里,而是整个无所不在。没有事物拥有它,或者说没有事物不拥有它,也就是说,一切都被它所拥有。①再看一下我们的宇宙。由于在它之前没有别的宇宙,因此它本身不存在于另外的宇宙中,也不在处所里——在宇宙之前还能有什么空间存在呢?——但是它的各个部分在它里面依赖于它。然而,灵魂不在宇宙里面。相反,宇宙在灵魂里面,因为身体不是灵魂的处所,灵魂在理智中,身体在灵魂中,②而理智在另外事物中,它所在的这个另外事物则不在任何事物中,也就是说,它不在任何地方。那么其他事物在哪里呢?都在它里面。神没有离弃万物,但神本身也不在它们中,也没有任何事物拥有太一,唯有它拥有万物。

---

① 关于太一没有处所的讨论起点可以在柏拉图《巴门尼德篇》的表述中找到,参138B5、144B2、131B。

② 身体在灵魂里这是柏拉图的观点,参柏拉图《蒂迈欧篇》36E。普罗提诺这里再次对这个观点作了强有力的发挥,以确立太一既无处所又无处不在的特点。

在这个意义上，它也是万物之至善，因为万物的存在无不以各自独特的方式指向它，依赖于它。① 之所以有些事物比其他事物优秀，是因为有些事物比其他事物拥有更多的存在。

10. 不过，我恳请你不要通过其他事物来看它，否则你很可能只看到它的一个影子，而不是它本身。你必须思考它可能是怎样的，恐怕只能把它理解为自我存在的、纯粹的、不与任何他者混合的，虽然没有任何事物拥有它，一切事物却都对它有分，因为没有任何别的事物是这样的，但必然有某种事物就是这样的。那么谁能完全整个地获得它的力量呢？如果有人确实完全而整个地获得了它，那为何还与它不同呢？那么他能部分地抓住它吗？其实，只要你专注于它，就能完全地领会，只是你不可能说出整体，否则，你就[只]是理智之思，并且即使你达到了这一点，他也要离你而去，或者毋宁说你要离他而去。当你看他的时候，必是把他作为整体看；当你思想他的时候，所思的是你所记得的关于他的事物，也就是他是至善。——因为他是充满思想、理智的生命的生产力，生命和理智以及一切拥有实体和是的都从他而来。他是太一，因为他是单一的和首要的；他是原理——因为万物都源于他，第一运动源于他（它不是在他里面）；静止源于他，因为他不需要静止；"他既不运动，也不静止不动"；② 因为他既没有位置可以静止不动，也没有位置可以运动，试想，他能绕着什么、向着什么或在什么中运动？他就是首要者。他是无限的，谁能限制他？并且他之无限不是指量上之巨大，他还会向哪里扩展？他既无所缺乏，怎会有获得什么的意向？他之无限是指力量的无限，因为他永远不会变化，也不会衰败，一切永不败落的事物无不借着他而在。

---

① 普罗提诺往往能毫不费力地转换阳性和中性、"人格"和"非人格"的方式来谈论第一原理，这里就是一个显著的例子。
② 用《巴门尼德篇》139B3 关于第一本体的语言来描述关于理智的"柏拉图范畴"中太一的超越性（参柏拉图《智者篇》254D5）。

11. 它之无限在于它只是一，而不是别的，还因为凡属于它的，没有一样会有局限。它既然是一，就不可度量，也不在数目范围之内。因而它无论相对于自己还是相对于别的事物都不可能有界限；否则的话，它就要成为二。它也没有形状，因为它没有部分，也没有形式。因此，如我们的阐述所描绘的，不可试图去用肉眼看它，也不可像那些以为万物都可用感官感知的人那样来设想它，这样的设想无疑取消了最高的实在。人以为最真实的，其实却最不真实，[质料上的] 庞然大物其真正的存在反而更少。而本原是存在之原理，比实体性实在更真实。因此要扭转你的思考方式，否则你只能失去神，就会像那些在宴席上饕餮大餐的人一样，把敬神的人绝不允许沾染的东西全塞进自己肚子里，认为这些事物比他们应当为之庆祝的神的异象更加真实，因此根本不参加里面的神圣仪式。是的，在我们的这些仪式中，不可见的神也使那些以为唯有肉眼可见的事物才是真实的人不相信他的存在，就好像一生都在睡觉的人以为梦中的事物才可靠，即使有人把他们叫醒，他们对眼见之事也必然不会相信，仍然一意孤行地回到睡梦中去。

12. 我们必须通过相应的器官认识不同的事物，有些事物用眼睛看，有些事物用耳朵听，如此等等。我们也必须相信，我们还用理智来看另一些事物，不能以为理智的认识就是看或者听，否则就无异于坚持认为耳朵是看的，认为声音不存在，因为它们不可见。我们必须想到，人们已经忘记了他们从一开始就想往和渴望的事物。万物出于其本性都向往、欲求这样的事物，就好像它们都接受了这样的神谕，没有它，它们就不可能存在。对美的感知、惊奇以及由此激发出来的对它的爱，唯有那些在一定程度上已经对它有所认识和有所醒悟的人才会拥有。然而，至善久远之前就在那里，以唤醒某种内在的欲望，因此甚至向那些昏昏欲睡的人显现出来，并且当他们终于有一天能够看见它时，它也不会使他们吃惊，因为它总是在那里，从来没有关于它的回忆。只是这些人没有看见它，因为它显现在他们的睡梦中。而对美的炽爱一旦出现，就会引起痛苦，因为人若看见了它，就必然要追求它。这种对美的炽爱是第二层次的，后于对至善的爱，并且唯有那些已经有所意识的人才能感受得到，因此美显现为第二层次。而对至善则有更早的、难以感知的渴望，这就表明至善本身更早，也就是在美之前。所有人都认为，如果他们到达了至善，那就该心满意足了，因为他们已经到达了自己的目的地。但并非所有人都看见美，当美成为存在的时候，他们认为它对其自身来说是美的，但不是对他们来说是美的。这一点也适用于下界的美，即美只属于拥有美的人。对人来说，只要看起来显得美就足够了，即使并非真的是美也无关紧要；但善不是这样，他们不愿意只拥有表面的善。[1] 于是，他们与美争夺第一的位置，与它激烈争战，认为它已经像他们自己那样成为了存在。这就好像某个在宫廷里占据最低位置的人想要获得与仅次于国王的人同样的荣耀，理由就是他们都出于同一个源头，他没有认识到他虽然也依赖于王，另一个的位置却在他之前。之所以出现这种错误，原因在于两者都分有同样的源头，太一在两者之先；在高级世界里，至善本身并不需要美，而美则需要至善。至善是仁慈的、友善的和慷慨的，只要人希望，他就向任何人显现。美则带来奇迹、惊异和混合着痛苦的快乐，它甚至使那些不知道发生了什么事的人离开至善，就像可爱的东西吸引孩子离开自己的父亲一样。因为美比较年轻，而至善较老，不是在年龄上，而是在真理上。因此至善具有更高更先的力量，事实上就是全能，而在他之后出现的事物没有全能，次于全能，是对全能的分有。因此至善也是这种衍生力量的主人。他不需要从他成为存在的事物，完全独立于已经生成的事物，因为他根本不需要它，他虽然使它成为存在，自己却一如当初。就算它没有生成，他也不会在乎；如果有另外的事物可以从他出来，他也会毫不吝啬地赐给它存在。当然事实上，不可能有其他事物成为存在，万物都已经生成了，再也不遗漏什么了。他原本不

---

[1] 参柏拉图《理想国》505D。

是万物，否则，他就会需要它们；又由于他超越于万物，因此他能创造它们，让它们自主存在，而他始终临驾于它们之上。

13. 由于他是至善，而不是某种善，因此他在自身中必然一无所有，甚至自身不拥有善。他若要拥有什么，不是善的，就是非善的；非善的事物当然不可能在至善这种真正的、原初的善里；至善也不拥有善。既然他不拥有非善的和善的，他就是一无所有。他既"一无所有"，就是"独一和孤立"①于其他一切事物。其他事物或者是善，但不是至善，或者不是善，无论是什么，他都不拥有，他一无所有，并因一无所有而是至善。如果有人给他添加什么，无论是实体，是理智还是美，任何添加都会使他不再是至善。如果有人拿走一切，对他不置一词，没有错误地说某某事物是属于他的，那么此人就使他得以"存在"，没有把并不在他那里的事物归属于他，否则就会像那些编写毫无艺术性的颂词的人那样，把琐碎的、与赞美对象的高贵不配的事添加上去，看似赞颂，实质是降低对象的声誉，这些人不知道怎样真正赞美他们的对象。我们也不可给他加上任何后来的、下界的事物，只能说他超越于它们之上，是它们的原因，而不能说他是它们中的一个。另外，至善的本性就在于不是万物，不是万物中的任何一个。否则的话，他就会与万物出于同一个类别。如果出于同一个类别，那他只能靠自己的个性、种的特点以及某种附加的属性来区分于他物了。这样，他就成了二，而不再是一，就会有两个他与他者共同的元素，一个是不善的，另一个是善的；他就不再是纯粹而原初的善，而是通过分有那超越于共同元素的原理而成为善。这样，至善的本性就只能因分有而是善的，它所分有的则不是万物中的任何一个。如果这至善存在于复合物中——它就是复合物之为善的具体特点——它必然是从另外事物中出来的。而那事物必是单一而孤立的善。由此我们看到，那原初的至善是超越于一切实在的，是纯粹的善，自身中不包含其

---

① 又是对《斐利布篇》63B7-8 不恰当的引用。见及 V. 3. 10 注释。

他任何事物，不包含万物，超越于万物，是万物之因。须知，美而真的存在者不可能源自恶者，也不可能出自不善不恶的中立者。创造者比被造者良善，因为创造者比被造者完全。

6. 论超越是的东西不思，兼论什么是首要的和次要的思的原理

1. 一物思考另一物与某物思考自身，这两者之间存在一定区别，后者更可能避免成为二。前者也想避免成为二，也想思考自己，但力不从心，它确实把它所看的对象包含在自身里，但这对象仍然不同于它自身。而后者与自己的对象并没有实质区别，它始终与自身相伴，因此看见的是它自身。它既成为二，又保持为一。因而，它的思想更加真实，是首要的思，因为思的原理必然既是一又是二。如果它不是一，思者与被思者就成为不同的——这样，它就不再是首要的思者了。如果它的思是关于另外某物的思，它就不是首要的思者，因为它不包含它所思的，它思考对象没有像思考自己一样，因此它没有思考自己。如果它包含它思考自己一样的所思对象，那么它就可能是真正地思，二就必然是一，因此它必然既是一又是二。——如果相反，它是一但不是二，它就无物可思，这样，它就甚至不能算是一个思的原理。因此，它必然既是单一的又不是单一的。如果我们从灵魂上升，就会对它的这种特性有更清晰的认识。在灵魂中，可以很轻易地作出区分，也可以更容易看到这种双重性。如果我们设想一种双重性的光，灵魂是较低级的光，它所思的是更纯粹的光，然后设想这看的光等同于被看的光，这样我们就再也不会通过性质上的差异把它们分开了，就可以把二设想为一。在思中我们知道它们是二，但当我们看它们时，它们是一。这样我们就能把握理智及其对象。因此，我们在讨论中使二成为一。但在现实中则相反，二来源

于一，因为思，一就成了二，或者更确切地说，因为它思，因此它是二，又因为它思考自己，因此它是一。

2. 如果一个是首要的思考原理，另一个是另一种意义上的思考原理，那么超越于首要思考原理的东西就不思。若要思，它就必须成为理智；如果已经是理智，那还得有思的对象；如果它是在首要的意义上思，它就得在自身里拥有思的对象。不过，并非任何一个思的对象都必须在自身中包含一种思的原理，然后思，若是那样，它就不只是一个思的对象，而是一个思者了，而且由于它是二，就不可能是本原太一。如果没有一个实在作为纯粹的思的对象，拥有思的对象的理智就不可能存在。它将是理智的一个思想对象，但其自身在特定而真正的意义上既不是思者也不是思的对象。因为思的对象就是他物的对象，理智如果没有理解把握它所思的对象，它的思想活动就空无一物，没有内容，因为它不可能没有思想对象而拥有思。那么，当太一拥有思想对象之后，它是否就完全了？但是在思之前它必然有一种从其自身的实在中获得的完全。也就是说，包含完全的事物存在于思之前，因而它根本不需要思。它在思之前就是自我完满的，因此它必然不思。于是我们就有了这样三者，一者不思，一者是首要的思考原理，还有一者则是次要的思考原理。① 再说，如果太一思，那就得有什么事物属于它。这样，它就不可能再是首要的，而是次要的了，也不再是一，而是多，就是它所思的全部事物。即使它只思考自己，它也要成为多。

3. 也许人们会说，没有什么能妨碍同一的事物成为多，那么这些多后面必然有一个一。如果没有一个生出多或者包含多的一，或者一般意义上的一，一个列为他物之前的首位，必须理解为独一自在的一，那就根本不可能有多。如果它与他者合在一起——它虽然显现在他物中，但本质上不同于他物——我们就得放弃它，而去寻找作为他物基础但不与

---

① 次要的思考原理就是灵魂，首要的考思原理就是理智。参第 1 节末。

他物同在、完全自在的事物。那存在于他者中的一看起来很像这自在的一，但不会是它。即使它显现在其他事物中，也仍然是独立自在的，除非有人说它的存在依赖于与他物的同在性。若是那样，它就不是单一的，由许多部分构成的复合物也不可能存在。那不可能单一的事物必然没有存在，因为单一者不存在，复合者自然也不可能存在。如果每一个单一的事物都不能存在——因为没有任何单一者靠自己的动力成为存在——没有任何一个部分能够靠自己获得存在，或者使自己与他物同在，因为它根本就不存在，那么由许多部分组成的事物怎么可能成为所有这些部分的复合物？它如何从非存在的事物成为存在？——其非存在不是指非某种具体事物，而是指根本就不存在。这样说来，如果某种事物是多，这多之前必然有一个一。因而，思考原理中必然包含多，不包含多的就不可能是思。而这不包含多的就是本原即太一。因此，思和理智是后来出现的。

4. 再者，如果至善必然是单一的，没有欲求的，它当然也不需要思。它所不需要的东西就不会在它身上显现出来，因为根本没有什么与它同在，思也不与它同在。它无所思，因为它不需要任何事物。另外，理智不是至善本身，它是因思考至善而拥有至善的形式。我们知道，在二这个数字里，有一个一和他者，而这个与他者相连的一不可能就是数的一。因此，在这与他者相连的一之前必须要有一个自在的一。同样，当一事物里面有某种单一的事物与别的事物同在，那么① 真正单一的必然是本质上单一的，自身中不包含任何此物与他物的联系中所包含的一切事物。若没有某个源头独立于一切关联而存在，某物怎么可能呈现在他物中间呢？单一者不可能源于他物，而包含多或二的事物其本身必然依赖于他物。因此，应当把本原比作光，其次者比作太阳，再次者比作月亮这个天体，它的光源于太阳。灵魂拥有理智就像拥有某种外在的添

---

① 插入"这种单一不是真正的单一。"——中译者注

加物，使它变得富有智性和色彩，但理智在自身里拥有它是作为它自己拥有的，不只是光，还是在它自己的是中被照亮的。那赐给它光的不是别的，就是单一的光，这光赐给理智力量，使它能够成为其所是。既然如此，这光怎么可能有所需要呢？它与那在他物中的事物是不同的，也就是说，那在他物中的事物不同于那在自身中借着自己存在的事物。

5. 再者，多可能会寻求自己，希求自我合一和自我意识。但是那完全同一的事物凭什么要走向自己？在哪一点上需要自我意识？它是一，是同的事物，超越于自我意识，超越于所有的思。无论是在实在上还是在价值上，思都不是最先出现的，而是其次的、生成的事物。至善已然存在，然后推动这生成物趋向自己，因此它是被推动和被看见的。这就是思。所谓思，就是因渴望至善而趋向至善的一种运动。欲望产生思，并把它确立在是中与自身一起，因为视觉的欲望就是看。而至善本身必然不思考任何事物，因为至善不是别的，就是它自己。当非至善之物思考至善时，就变得"类似于至善"，①留下关于至善的回忆，这就是对至善的思，它把它作为至善来思考它，作为借着其本身可欲求的事物思考它，好像它包含至善的心理影像。如果它永远像至善，它就永远思考至善。再者，在思考至善过程中，它只是顺便地思考自己，因为正是在趋向至善时它才思考自己。它是在现实活动中思考自己，而万物的现实活动无不指向至善。

6. 如果这样说是正确的，至善当然就不可能有思的空间，因为所思的至善必然是某种不同于其自身的事物。因此至善毫不活动。现实本身怎么可能是活动的呢？一般来说，任何活动的现实就不包含别的指向他物的现实活动，②然而，万物之太一、他物所依赖的现实，我们必然承

---

① 参柏拉图《理想国》VI 509A3（知识和真理"类似于至善"，但不是至善）。
② 引自亚里士多德关于"第一现实和第二现实"的理论。参亚里士多德《论灵魂》（De Anima）B 412a-b。这种分法只适用于人的心灵，它们的思考活动是间歇性的；而亚里士多德的神圣心灵始终是完全活动的和完全现实的，因此"第一现实和第二现实"的区分不可能适用于它。

认它是其所是，不可给它添加任何事物。因此，这样一种现实活动不是思，它无物可思，它就是本原本身。再者，思考的不是思，而是拥有思的事物，这样就又在思的原理中显出了二，但这至善绝不可能是二。另外，我们如果知道这种双重性如何在一切思中更加清楚地体现出来，就会对此有更好的理解。我们认为，作为真实存在者本身，它们的每个个体都存在于"可理知领域"。① 我们这样说不只是因为它们始终如一地驻留在本质里，而其他事物，即在感知觉领域的事物，则是变动不居的——也许有些事物住在感官感知到的那些事物中——更因为它们具有来自自身的完全存在。那被称为首要意义上的本质的事物，必然不是是的影子，而拥有是的完满。而当是拥有思想和生命的形式时，是就是完满的。因此，思想、生命和是全都是真正的所是。如果它是是，它也是理智；如果它是理智，它也是是，同时思想和是也聚集在一起。因而，思既是多又是一。也就是说，凡不属于这一层次的，就不可能是思。当我们分别来看事物时，可以说有人和关于人的思想，马和关于马的思想，公正和关于公正的思想。因此，所有事物都是双重的，一就是二，同样，二合而为一。但是至善不是关于所有这些事物的一，也不是所有二的产物。它根本就不是二。至于二如何源于太一，我们已经在别处讨论过了。②凡"超越是"的，必然超越思。这样，即使他不认识自己也并非荒谬。因为他在自身里一无所有，没有任何可学的，他就是纯粹的一。而其他事物则需要认识他，因为他给予它们比它们所能获得的关于他的知识更好更大的事物——他是他者的至善——他允许它们与他同在，并尽其所能获得他。

---

① 出自柏拉图《理想国》VII 517B5 的一个术语。
② 这个问题曾在早期论文（见《九章集》V. 4. 2）中作过讨论。亦参柏拉图《理想国》VI 509B9 以下关于至善的超然性的段落。

7. 是否有关于个体的理念

1. 每个特定事物是否都有一个理念？是的，如果我以及我们每一个人都能够上升并转向可理知者，那么关于我们每个人的原理就在那里。如果苏格拉底，也就是苏格拉底的灵魂永远存在，那就会有一个绝对的苏格拉底。这意思是说，就每个人的灵魂而言，也可以说他们在可理知世界中永远存在。但是如果苏格拉底并非永远存在，原先是苏格拉底的灵魂在不同的时代变成了不同的人，比如变成了毕达哥拉斯或者别的什么人，那么在可理知世界中也不存在特定的苏格拉底这个人。然而，每个人的灵魂都拥有构成所有人的理性原理，按照这样的假设，每个人还是应该都存在于可理知世界的，并且我们确实认为，每个灵魂都拥有宇宙中的一切形成原理。既然宇宙拥有形成原理，不只是形成人的原理，也包括一切动物的原理，那么灵魂也是这样。由此，就存在无限的形成原理，除非宇宙定期循环。若果然如此，形成原理就会有一定的限制，因为循环就是同样的事物重复出现。这样，如果在所有时代形成的事物在数量上大于原型，为何还必须有在同一个阶段形成的万物的形成原理和范型？作为范型的一人就可以产生所有人，就像有限灵魂就可以产生无限的人一样。不，不可能存在所有个体都适用的形成原理，同一个人不可能作为彼此不仅在质料上不同而且在形式上也大相径庭的很多人的范型。人与其形式的关系不同于苏格拉底的画像与其原型的关系，人的不同结构必然是由不同的形成原理造成的。宇宙的整个循环包含着所有的形成原理，它的每一次重复，都是再一次根据同样的形成原理产生同样的事物。我们不必担心由此产生的可理知世界的无限性，因为这一切都存在于一个单一的一中，并且我们可以说，是从它的活动中产生出来的。

2. 如果男性形成原理与女性形成原理结合就产生孩子，那么就不会再有关于每个孩子的形成原理了。父母之一,比如父亲就是产生它的源泉,因此每个孩子不是根据各不相同的形成原理,而是根据同一个——或者是父亲的,或者是父亲的父亲的形成原理产生的。但是情形并非如此,孩子完全可以根据不同的原理存在,因为父亲就包含了全部原理,可以在不同的时候成为不同的原理。但是同一对父母可以生出不同的孩子,对此我们该说什么呢?这是因为父母两人的支配性的不等同。还可以进一步说,尽管我们看到,有时候父亲的形成原理显得更大,有时候母亲的显得更大,有时候则显得势均力敌,但事实并非如此,父母双方都完整地给予形成原理,它在孩子里面是作为整体存在的,只不过它属于它们之中支配质料的那一部分。那么为何在不同季节怀的孩子会各不相同呢?产生不同的是不是质料?因为它在不同的季节并非以同样的方式受到支配,若果真如此,那么除了一个之外,其他所有的孩子都会成为不符合本性的。① 如果差异是一种美,那就有大量的美,美的形式就不是一。唯一的丑就是质料的影响力,就是在质料中,也存在完全的形成原理,尽管隐藏着,但也是作为整体给予的。就算承认形成原理是多种多样的,但如果给出同样的原理,每个人就可以显现出外在的差异性。那么为何还需要很多人,多到每个时代都要生出大量的人?须知,我们只是认可原理是作为整体给予的。现在的问题在于,当同样的形成原理占据支配地位时每个个体是否可以各不相同?那么是否绝对的同一只能存在于另一世代,在这一世代没有任何事物是同一的,因此不同的形成原理是必不可少的?②

---

① 这清楚地表明,在普罗提诺看来,质料始终是抵制本性的原理(本性是物理世界的内在创造原理,灵魂的最低形式)。如果一个孩子把自己与家里其他成员的不同归于质料,而不是本质上的形式,那么它就是一个非本质的造物。

② 普罗提诺这里是把斯多亚学派的 ἰδίως ποιον 论,即任何一个世界周期的每一个实体都有独特的个体性,作为一种可能性思考(不是明确地接受),参 SVF II 395;塞涅卡 CX III, 16。这里以及下一节里,他倾向于认为接受斯多亚学派的世界周期的循环论——每个个体一丝不差地自我重复——可能有助于接受个体的形式,同时也能拒斥有无限形式的观点——他通常不接受这种观点——但在本文第 1 节和第 3 节末尾他似乎至少准备思考这个观点,而且他最亲密的朋友阿美利乌斯就持有这样的观点(Syrianus In Metaph. 147. 1ff)。

3. 那么我们怎能认为在生育多胞胎的例子中形成原理各不相同呢？假如我们再转向别的生命物，尤其是一生就生一窝的动物，那又该怎么说呢？就所生后代完全相似的例子来说，只有一个形成原理。但若如此，那么形成原理在数量上就与个体不对等。是的，它们等同于各不相同的个体的数量，其不同并非由于形式没有支配质料。即使各个个体并非不同，也就是说，假设有完全无差异的个体存在，仍然会有各不相同的形成原理，谁能阻止这种情形呢？就如匠人，即使他是在制造与原型毫无差别的事物，他也必须通过一种逻辑上的分别来领会这种相同性，由此他就要给它的相同性带来一定的差异性，这样才能创造出另一事物。同样，在本性中，另一事物不是靠推论，而是靠理性形成原理成为存在的，因此差异必然与形式相关，只是我们无法把握差异。如果 [自然的生产中] 包含任意数目的个体，那是另外一回事了。如果准确规定有多少个体，那么这数量必是由所有形成原理的充分展现来决定的。因此，当万物走向终结，就会出现另一个开端。因为宇宙应该有多大，它一生中要经历哪些阶段，都是从包含着形成原理的那个开端就确立的。那么就别的生命物，一生就生一大窝仔的动物来说，我们是否也要接纳同样数量的形成原理？既然灵魂包含所有这一切，我们就不必担心种子和形成原理中的无限性了。是的，在灵魂中如此，在理智中也一样。这些形成原理也是无限的，它们显现出来备灵魂之用。

8. 论可理知的美

1. 既然我们认为，已经开始沉思可理知世界，并领会真正理智的美的人，必能将自己的心灵引入它那超越于理智之上的父，①那么我们要

---

① 这里提到同一篇论文的第一部分的结尾，按坡菲利的分类是 III. 8(30). 11——原手稿里这一节前面的一节。

尽自己之所能，讨论人为何能够凝思理智和高级世界的美。如果你乐意的话，我们不妨设想有两块并排而放的石头，一块天然未定形未经雕琢，另一块经技艺精雕细琢之后成了一座神或人的雕像。这雕琢的石像刻的若是神，那必是一位美丽的女神或是某个缪斯；刻的若是人，那这人像必不只是某个具体的人的像，而是集中了所有人之美的人像。经技艺加工具备了形式之美的石头之所以显得很美，并不是由于它是石头——否则，另一块未经雕刻的石头也该是美的——而是由于技艺赋予了它形式。①质料（石头）本来并无这种形式，形式在于人，甚至在它进入石头之前，人的心中就已具备了这种形式。当然具备这种形式的只能是工匠。工匠之所以具有这种形式，不是因为他有手有眼，而是因为他分有某种技艺。因此美在于技艺，并且处于更高的状态。由于技艺之美本身并未进入石块，它始终存在于技艺之中，进入石头的乃是这种美的源生美，是比本初之美低级的美。它是不纯粹的，因为它想进入石头；只有当石头接受技艺的雕琢，它才能存在。如果技艺根据自己的本性和属性创造作品，并照着它所设制的形成原理创造作品的美，那么技艺本身必是更高更真的美，这美比外在对象的任何东西都伟大，也更美。美一旦扩散进入质料，在程度上就要比留存在自身中的美逊色。凡是离开自身向外伸展的，都要比它本身逊色，力量要变弱，热量要变低，每种能力都要减弱，同样，美也变得不那么美。② 每一个原初的创造者在自身之中必然比被造物更强大。不是由于缺乏音乐人才喜欢音乐，相反，正是音乐使人喜欢音乐，而且感觉世界的音乐是由先于这个世界的音乐创造的。如果有人因技艺模仿自然创造作品而蔑视它们，那么我们首先要告诉他，自然的事物也是仿制品，然后让他知道，技艺不是单纯地模仿可见之物，它们乃是要

---

① 对照《九章集》早期论文 I. 6(1). 2. 25-7，在那里，有时艺术赋予整座房子及其各个部分美，有时自然使一块石头显为美。

② 这是标准的普罗提诺理论，尤其参 III. 7. 11. 23-7（关于灵魂自我伸展进入时间的论述）。

回溯到形成自然的形成原理。而且，技艺本身也有许多功能，因为它们拥有美，能够弥补自然物所缺乏的许多东西。斐狄亚斯（Pheidias）并不是依据某个可感知的模型来造宙斯，他明白如果宙斯想要向人显明出来，他会采用怎样的形式。①

2. 我们暂且将技艺放在一边，先来思考这样的事物，它们乃是天工之作，具有自然之美，是一切艺术创作的仿效对象，它们就是一切理性的和非理性的生命造物，尤其是那些已经成就的生命物——因为它们的工匠能够支配质料，赋予它们他所希望的形式。那么，这些造物的美是什么呢？可以肯定，它绝不是血液和月经。确切地说，这些造物的色彩是特异的，它们或者无形，或者有无形之形，或者有某种类似单纯事物的形相。②海伦的美究竟从哪里来，竟能使众多男人为之征战沙场？像阿佛洛狄忒（Aphrodite）一样的美妇的美从哪里来？再者，阿佛洛狄忒本人的美又在哪里？或者显现出来的神的美，甚至虽不显现，但具有可见之美的神的美又在哪里？这种无处不在的美难道不是形式吗？它存在于创造者里面，创造者将它赋予造物。就如技艺之美在于技艺，技艺将美赋予它的作品。那么，是否被造物和质料中的形式原理是美的，而不是在质料中而在创造者中的形式原理，第一个非质料的形式原理却不是美呢？绝非如

---

① "斐狄亚斯典故"——据此，普罗提诺确立了他自己关于艺术家直通可理知世界的观点——至少可以追溯到西塞罗时代。当然这里普罗提诺并不同意柏拉图的观点，因为柏拉图认为，艺术家只是感觉世界之实体的模仿者（参照柏拉图《理想国》X 597B 以下）。至于这种分歧是否刻意的，可以参看里斯特 J. M. Rist, *Plotinus*（Cambridge 1967）183-4 以及我的论文, Tradition, Reason and Experience in the Thought of Plotinus（*Plotino e il Neoplatonismo,* Rome 1974）179。

② 这段话的文本和意思有点可疑。但是按照这里的处理方式可以得出相当适宜的含义：质料不可能有轮廓，就是最简单的轮廓也没有。这里的"无形"是指"畸形"、"丑陋"。普罗提诺在谈到血液和月经的形状时似乎有两次自我纠正——首先想到，如果它们是由质料实体构成的，即使是由最基本的元素构成，它们也不可能没有形状，然后发现 ἄσχημον σχῆμα 多少也有点自相矛盾。他最后对这一点的表述似乎暗示复杂的形状对美来说是必不可少的，但这种说法又与 I. 6. 1-2 的主张形成对比，后者反对美的"恰当比例"论，主张美学上对简单事物的美感（光、一块单纯的石头）。

此。如果美在于体积，那么就会推论出形式原理不美，因为它没有体积。然而，如果这同一形式无论是在大型物还是在小型物中都同样以自己的力量推动，并影响灵魂，那么美就不能归于体积的大小。我们还可以进一步证明，某物在我们之外，我们不能看见，只有当它进入我们里面，才能影响我们。它只有作为形式才能通过眼睛进入，否则，它怎么能进入如此小的眼睛？当然它并非没有大小，但它的大小不是体积上的，而是形式上的。就创造者来说，他或者丑陋，或者平庸，或者美丽。他若是丑陋的，不可能造出美的东西；他若是平庸的，那为什么造出的是美的东西而不是丑的东西呢？因此，可以肯定，造出如此美好作品的事物必定远比它们更美。但由于我们不习惯洞察内在的东西，对它们总是茫然无知；我们追逐着外在的东西，不知道推动我们的乃是内在的东西，就如同某人只看到自己的影子，却不知道去追寻产生影子的真身。[1] 无论是学习中、生活中还是一般的心灵中的美[2]都清楚地表明，我们要追求的是另外的东西，真正的美并不在于具体事物中，真正的大美不是某人身上看得到的是非感，不是喜形于色，不要看他的脸——那完全可能是丑陋的——要透过一切外形看到他内在的美。如果这美不能打动你，你无法认识这种状态中的美，那么当你自省时，也不会因你自己的内在美而喜悦。若是这样，那么追寻美对你毫无意义，你只会去追逐丑陋和不洁的东西。因此，这些事并不是对任何人都能谈论的。如果你认识到了你的内在美，请记住它们。

3. 因此，自然本性中有一种理性原理，它是形体美的范型。而灵魂里的理性原理比自然本性里的要更美，是后者产生的源泉。[3] 高贵而良善的灵魂中的理性原理是最清澈的，它的美也是最高级的。它粉饰灵魂，赋予它原美的大光。它存在于灵魂中，这一点使我们可以推断，灵魂之前的那个事物是怎样的，它不再在任何他物里面，只存在于自身之中。

---

[1] 参见拿西索斯（Narcissus）的故事；对照《九章集》I. 6. 8. 9-12。
[2] 参照柏拉图《会饮篇》210B-C。
[3] 灵魂与自然（本性）的关系已在本作品的最初几节作了阐述，III. 8 (30).1-4。

由此，美绝不是可以表达的形成原理，而是第一形成原理的创造者，这第一原理就是显现在灵魂这种质料中的美。①这[美的最初原理]就是理智。它始终都是理智，而非有时是理智，有时不是，因为它不是从外面进入自身。那么，我们能得到它怎样的形像呢？虽然任何形像都源于较低劣的事物，然而，理智的形像只能源于理智，因此我们并不是真正通过形像领会它，而是如同取了其中一片金子作为样品。如果取的这片金子不纯，那就要通过行为或语言使它纯粹，同时指出这不是全部金子，只是金子的一部分而已。②这里，正是出于我们里面的纯净理智，或者如果你愿意，出于诸神，我们才能领会它们里面的理智是什么。凡神都是伟大和美丽的，他们的美超乎一切。③那么，是什么使他们如此之美呢？是理智，因为理智在诸神里面非常活跃，以至于成为可见的。诸神之为神当然不是因为他们的形体之美，即使有形体的神，其神性也不在于形体；他们之为神同样出于他们的理智。因为他们是神，因此必是美的。他们必然不会有时正确思考，有时错误思考。他们的思维处在理智的宁静、不变和纯净中，是永远正确的。他们是全知全能的，他们所熟悉的不是人的事务，而是他们自己的圣事，理智凝思的一切。住在天上的诸神无所羁绊，他们抬起头凝思那更远更高的天上之事。④而住在更高天上的诸神，包括凝思它的和住在它里面的神，都因他们居住在整个高天而凝思高天。那儿的一切都是属天的，土地、海洋、动物、植物以及人类无不是属天的。凡属高天的，都是属天的。高天中的诸神不会鄙视人，也不看轻其他任何

---

① 这里的 λόγος 必须在特定意义上理解，即"高级原理在实体的低级层次上的形式化表达"。关于灵魂是质料，参 II. 4. 3. 4-5。

② 参 IV. 7. 10.47-52 对这一影像论的发展，值得注意的是，其中论到"活的金子"能够自我洁净。

③ 参柏拉图《会饮篇》218E5。

④ 这里的起点还是《斐德若篇》神话（参柏拉图《斐德若篇》247ff.）。下面的话可能受柏拉图《斐多篇》关于"真天真地"（109Dff.）的描述影响。但是对可知世界的这整个令人惊叹的描述（一直延续到第 4 节）似乎表达了普罗提诺自己的某种直接体验（参看 VI. 7. 12-3）。

东西——它们既然住在那儿,便毫无疑问是高贵的。诸神平静地穿越在那高天上,足迹遍及那儿的每一寸疆土和每一处地域。

4. 这就是"安逸的生活"。① 对诸神来说,真理就是他们的母亲和养育者,就是他们的是和粮。他们所凝思的一切不是生成的一切,而是包含真是的一切,他们在其他事物中看见自己。因为那儿的一切都是透明的,没有任何黑暗或阴晦。每一事物相互之间都通体透澈,因为光之于光怎能不透明?在那个世界,每一物都包罗万象,都可在任何他物中观照万物,因此每一物都无处不在,每一物都是全,都有无边无限的荣耀。每一物都是大物,即使小的事物也是大的。在那里,太阳就是所有的星辰,而每个星辰就是太阳,也是其他星体。不同种类的存在者彼此独立,但所有存在者都相互显明。运动也是纯粹的,推动者并非在运动之外,因此不会干扰它的进程。静止也不受干扰,因为它未与非静止的事物混合。美也是纯粹的美,因为它不在非美之中。每一个都不是仿佛行在异地,它的处所就是它自身。当它上升到它的源生之地,它的处所亦与它同行,它本身与它的处所原是一回事,都是理智。这就好比我们设想,在我们这个可见的星光灿烂的天空中,星辰的处所发出的光原本就是星辰产生的光。在我们的世界,一部分不会生出另一部分,每一存在者都只是部分;在那个世界,每一存在者都完全源于整体,既是整体又是部分。它表现为部分,但是它有深邃的视力,能洞悉它所包含的整体,就像传说中的林扣斯(Lynceus)② 的视力。据说,他能看到地球的内部。这个故事乃是用谜语比喻那个世界的存在者的眼睛。他们不倦于凝思,也不会因满有凝思而停止凝思,因为那儿没有任何虚空,即使他们满有凝思,到达目的,也不会因此而志得意满。那里的事物没有区别,因此不会因各自不同的特性而相互冲突。那里无物疲乏,也无物厌倦。那里,完满并不导致对

---

① 荷马对诸神的描述语,参看《伊利亚特》6.138。

② 关于林扣斯的传说见 Cypria XI。

它的生产者鄙视,从这个意义上说,不存在满足。因为凝思者仍然在凝思,并照着自己的本性,感知它自身的无限,和它所凝思的对象的无限。生命若是纯粹的,任何人都不会感到厌倦,走向最美好生活的人,怎么可能会变得不耐烦呢?这生命就是智慧,这智慧不是靠推论得来的,因为它从来就无处不在,无时不在,无须追求。它就是本原,在它之前再无其他智慧。理智的是本身就是智慧,它并非先有存在,然后成为有智慧的。因此并不存在更大的智慧。绝对知识与理智并驾齐驱,享有共同的神性,就如人用比喻所说的,公正与宙斯同座。① 所有这些事物就像在它们自己的光中看见的形像,为"极其有福的看者"② 所看见。由此,我们可以想见智慧的大能,它拥有一切,创造万物,叫万物服于它,它就是真存在者,真存在者与它同在,它们合而为一,实在就是智慧。但是,我们还没有领悟到这一点,因为我们认为各种知识由大量的定律和命题构成。然而,这是错误的,即使我们感觉领域的各门学科也并非如此。如果有人想要讨论这些问题,目前还是请他省省吧。至于那个世界的知识,——柏拉图曾观察并谈到这种知识,他说,"那知识并不是与它自身里面的东西不同",至于何以如此,他并未解释。如果我们还自诩为名副其实的柏拉图主义者,那么我们最好从开始讨论这样的问题考察。

5. 一切生成之物,无论是艺术作品,还是自然产物,无不出于某种智慧。无论何处,事物的创造活动都由智慧主宰。若说有什么是真正照着智慧本身创造的,我们认为,那就是艺术。然而,艺术家还是要追溯到本性的智慧,他自己就是照着这本性智慧生成的,它不是由各种定律构成的智慧,而是整体的一,不是智慧把诸多部分整合为一,相反,

---

① "公正与宙斯同座"出于 Sophocles *Oedipus Coloneus* 1381-2(在 *Antigone* 451 里,显然是出于戏剧化的原因,她与死人世界里的诸神同住)。在柏拉图《法律篇》(IV 716A2)中,她(公正)始终是主神的追随者。有趣的是,普罗提诺甚至对绝对知识与理智作了区分,尽管它们享有共同的神性,但对他来说,它们显然是完全不同的东西。

② 参柏拉图《斐多篇》111A3。

它从一化出多。如果我们认为这就是本原,那就不必再寻找了。它既不出于他物,也不存在于他物之中。但是,如果人们说,理性形成原理在自然之中,它的源头就是自然,那么我们要问,这自然又从何处得到这理性原理呢?难道不可能从别处得到吗?如果它本身就拥有那些理性原理,那么我们就此止步,无须再探求;如果人们把源头转向理智,那么我们必须追问,理智是否生产了智慧?如果人们对此持肯定态度,那么我们又要问,理智从何处得到智慧?如果它从自身生出智慧,那么除非它本身就是智慧,否则它不可能生产智慧。所以,真智慧就是实体,真实体也就是智慧;实体的价值源于智慧,正因为它属于智慧,因此才是真实体。因此,凡不拥有智慧的,就不是真实体,它们之所以成为实体乃是出于某种智慧,但它们自身并未拥有智慧。我们不能认为,高级世界的神或"极其有福的看者"凝思的是各种命题,相反,我们所讨论的所有形式都是那个世界的美丽影像,就像有人认为的,这就是存在于智慧人灵魂里的形像,它们不是画出来的,而是真实的。① 因此,古人有话说,理念原本就是实在和实体。

6. 我想,埃及的智慧人也凭科学知识或本能直觉明白这一点,因此他们若想用智慧表明某物,不会采取任何语言形式——它们纠缠于词法和句法,仿效各种声音,传达哲学思想——而是画出形像,在庙宇里刻上各种事物的各种雕像,以此表明理智世界的不可论证。② 换言之,每一个形像都是一种知识,一种智慧,一种陈述主题,所有这些都合而为一,

---

① "智慧人灵魂里的像"出自柏拉图《会饮篇》结尾阿尔基比亚德赞美苏格拉底所说的话,他谈到在苏格拉底像西勒诺斯(Silenus)一样的外表下面隐藏着神奇的像(神像):柏拉图《会饮篇》215B1-3;216E6-217A1。如果普罗提诺引用的是柏拉图的段落,那引用的形式("有人认为")似乎有点古怪,但普罗提诺很可能把西勒诺斯像里面藏着神像的设想归于阿尔基比亚德,而不是柏拉图。它很好地表明,理智里的形式就是具体生动的实在,不是像命题这样的心理抽象概念,这是普罗提诺在本文中有意主张的观点。

② 关于普罗提诺这里谈论的雕像,见 E. de Keyser *La Signification de l art dans lex Enneades de Plotin* (Louvain 1955) 60-2,他指出,普罗提诺谈论的不是圣书里的庙宇,因此并没有误解圣书里不完全按字母顺序排列的象形文字,而是谈论确实出现在庙墙上的纯粹的表意符号。

无须论证或思虑。只是到了后来，这大一统中才出现了一种形像。它已脱离大一统，展现在另一种存在中，由此论证解释说明为什么事物如此，生成的世界如此美丽。如果有人知道如何敬仰它，为了表达自己的敬仰，他必会说，这智慧自身并不包含实在之所以如此卓越的原因，却把原因赋予照它而造的事物。如果我们要找出什么，那么可以说，如此优美的事物，很难或者说绝不可能通过研究发现它必然是这个样子，它存在于研究和推论之前。比如——我们不妨举个典型的例子来说明我们的观点，这一例子适用于其他所有情形。

7. 这大全，如果我们同意它的是和它的所是源于他物，我们是否也认为，它的创造者首先在自己心里构想出地，以及它的必然位置圆心，然后构想出水，以及它在地上的位置，再后构想由地到天的各层次的其他存在物，然后是所有生物，各有自己现在所有的形相，有各自内在器官和外在肢体？他是把所有这些先在自己头脑里构想好，然后开始创造工作吗？这样的筹划完全是不可能的，他从未见过这些事物，从哪里获得它们的观念？若说他是从他人那里获得这些理念的，那么他不可能像工匠那样用双手和工具造出它们，因为手和脚乃是后来才有的，是他造出来的。因此唯一的可能就是所有这一切都存在于另外某物中（即在实体中）。那时，万物之间毫无阻隔，因为它们与真是领域的实体非常接近。突然那里出现了那实体的一个印记，一个形像，它或者出于实体的直接活动，或者借助于灵魂或某个特定的灵魂出现——无论出于何种原因，都不妨碍我们目前的讨论。① 我们这个世界的美都来自那里，那里存在着大美；这里的美是混合的，那里的美却是纯粹的。这个宇宙的一切自始至终都由各种形式连结起来。首先，质料由各种元素的形式联结，元素

---

① 值得注意的是，普罗提诺主张可理知世界与可感觉世界之间有直接而紧密的关系，而灵魂的媒介作用相对不重要。在普罗提诺那里，灵魂从未有一个介于可理知世界和可感知世界之间的它自己的中间世界，它通常只被认为起连结它们的作用，而在这里似乎连这种联结作用也并不需要。

形式之上又有其他形式，如此等等。因此，质料藏在如此多的形式后面，要找出它并不容易。事实上，质料本身也是形式，是最低级的形式。① 由此可见，这个宇宙整个就是形式。它里面的一切都是形式，它的范型就是形式。既然创造者是真是，是形式，那么创造活动就在静默安宁中进行，毫不喧哗。这也是理智的创造得心应手毫不费力的又一原因。它是某个大全的样式，因而这大全就是创造者。无物阻碍这种创造，即使现在，它仍有这种优势，尽管各物之间彼此妨碍，但没有什么能够阻碍它，因为它作为大全而存在。我还想，如果我们自身就是范型、真是和形式，如果创造这个世界的万物的形式就是我们的真是，那么我们的创造也必势不可当，毫不费力。即使现在，人还是工匠，自身之外的一种形式，因为他已成为另外的东西，他现在所是的事物。既然他成了人，他就不再是大全。但是一旦他不再是人，他"就会行在高处（上界），主宰整个宇宙"；② 一旦回归大全，就成为大全的创造者。不过，还是回到我们的主题上来吧。你可以解释地球为何处在宇宙中心，为什么是圆的，可以解释黄道为什么这样偏斜。但是它们之所以如此，并不是因为我们的解释；它们之所以被设计成这样，不是因为它们必须如此，而是因为上界的事物如此之美，因此下界的事物也是美的。就好像在三段论揭示原因之前，结论早已存在，它并非由各个前提推导而来。[世界秩序] 不是逻辑推演的结果，也不是理性思想的产物，它乃是存在于一切推论和理性思维之前的，因为所有这些推理、论证以及 [由此而生的] 自信都是后来才有的。既然 [可理知的世界秩序] 就是原理，一切被造的必然从它而来，与它保持一致。正是在这个意义上，以下这话说得好，我们不得去探究原理造物的原因，③ 不能探究完全者的原因，它就是目标；作为源

---

① 把质料称为恶的形式虽然与普罗提诺惯有的观点很难协调（在他那儿没有什么恶的形式），但这是他迄今为止对质料的最具肯定性的评价。
② 参照柏拉图《斐德若篇》246C1-2。
③ 参见亚里士多德《物理学》A 5. 188a27-30，但是普罗提诺如往常一样，对亚里士多德的理论作了颇多改造，以适合自己的体系和目标。

泉和目标的原理是合起来的整体，大全的一，完美无缺。

8. 谁不认为这美就是原初之美呢？它是一个整体，无处不在，没有哪一部分缺乏美。我们当然不会认为，那并非整体拥有美，而只是部分拥有美的东西，甚至没有哪一部分拥有美的东西是美的。若是那整体美不称为美，那什么才是美呢？它之前的实体甚至不想成为美的，因为这实体作为形式和理智凝思的对象是在凝思中自明的。凝思它是一件喜悦之事。因此，柏拉图想通过我们比较清楚的东西表明这一点，他引用了工匠如何认同他所完成的作品的例子，以此表明摹本之美——也就是美的理念——是如何的令人喜悦。①无论何时，人若想赞叹照着范本造成的摹本，必会直接赞叹那范本本身。但是如果他不知道自己身上发生的事，也不必惊奇，因为我们下界的爱美者和美的欣赏者都不知道美原是出于那可理知的美，可理知之美是美的源泉。柏拉图为要阐明范本的喜悦，又说，"他大为高兴，并要使摹本更像它的范本。"他说，范本生出的摹本本身也是美的，因为它是可理知之美的形像，以此表明什么是范本的美。如果那超乎一切美的不是至高的美，那比我们这个可见世界更美的又是什么呢？因此若有人指责它，那必是错误的，除非它并不是可理知世界的美。

9. 那么让我们在脑海里设想这个可见的宇宙：它的各部分界限分明，毫不混淆；同时尽我们所能把它们组合成统一体。这样，一旦某一部分比如外层的天体呈现出来，太阳和其他天体也便随之——在想象中呈现，地球、海洋以及一切生命造物都呈现出来，似乎它们都展现在一个透明的球体里面。然后在你的心中想象一个闪光的球体，它包容一切，无论活动的还是静止的，或者部分活动部分静止的，让这球体停留在你的想象中，同时想象另一个球体，一个抽离了体积，也无空间位置的球体，

---

① 出自柏拉图《蒂迈欧篇》37C-D1。其实，柏拉图并未暗示任何类似的解释，普罗提诺完全是根据自己的理论认为，一切完全的活动都是凝思，创造活动就是凝思的自觉流溢。本作品第一部分（III. 8）对此作了全面阐释，本章第 7 节将它扩展到宇宙的创造。

剔除你心里与生俱来的质料图像，不要试图把它想象成小于前一球体的另一球体，只要向神祈求——他创造了你正在想象的球体——祈求他到来。愿他到来，带上他自己的宇宙，并他里面的所有神。他是一又是全，每位神就是所有神的合而为一；诸神各有不同的能力，但由于那既是一又是多的能力，他们都是一，或者更确切一点说，这一位神就是全部神。因为尽管他生成了一切，自身却毫无损失。他让一切统而为一，同时每一个又各自独立，虽独立却又毫无分离，因为它们没有可感知的形状——若有形状，就有位置，每一个各据其位，就不可能融入大全。每位神都没有与自身不同的属于别的神的部分，它的能力也不会被分割成与各部分相应的部分能力。这 [可理知的] 大全，就是普遍的能力，它无限延展，也无比强大。神是如此伟大，甚至它的各部分也已成为无限。我们怎能说有什么地方是他的足迹不曾遍及的呢？这个 [可见的] 天宇诚然伟大，它所蕴含的各种能力也伟大无比。但是，如果没有卑微的躯体束缚它，它就会更加伟大，它的伟大将无以言表。我们当然可以说，火和其他形体的力量是大的。但是，正是由于没有经历过真正的能力，我们才认为它们是焚烧、毁灭和破坏力量，或者只为生命物的生产提供服务。它们之所以具有毁灭力量，是因为它们自身是要被毁灭的；它们之所以辅助生产，是因为它们自身是被生产的。然而可理知世界的能力不是别的，就是它的是，就是它的美。如果它被剥夺了是，那它的美能在何处立足呢？它若丧失了美，它的实在又在何处栖身呢？缺乏美，它也将丧失实在性。出于这样的原因，是是令人想往的，因为它与美同一；美也是可爱的，因为它就是是。既然二者同一本性，我们又何必研究谁是谁的原因呢？下界的实在确实不是真实的存在，它需要从外部引入美的形像，以便能够呈现为美的存在；它分有多少美的形式，就表现为多少美，分有的美越多，它的实在性就越完全。因为只有当它是美的，它才具有实在性。

10. 因此，尽管宙斯是他所领导的诸神中的长者，却率先进入对这神的凝思之中，其他神、精灵以及具有凝思这些事的能力的灵魂紧随其后。① 然而，这神仿佛从某个看不见的地方来到他们面前，从高处向他们喷薄光芒，普照万物。他的光线强烈，低级存在者为之目眩躲闪，不能凝视他，仿佛他就是太阳。有些能承受他，凝视他，另一些因距离太远难以凝视。凡能够凝视的，都凝视他并他的所有，但他们并不总能得到相同的视野。凡执着凝视的，有的看到源泉和公正，有的看到道德之美，当然不是人们在感觉世界看到的那种，而是它所仿效的原型。那荣耀君临万物，它的影响遍及那一世界的全部疆域，② 最后呈现在那些已经看见许多清晰视野的存在者面前，他们是既相互分别又合而为一的神，看见可理知世界里的一切并源生于它们的灵魂，也包括自始至终都在自身之中的一切。它们存在于可理知世界，这是出于它们自己的本性能力，而且它们在未分离之前，总是完整地存在于那个世界。宙斯看见的就是这些事物，我们中间凡是与他一同追求美的也与他一同看见这些事，最后由于对可理知之美的分有，他在一切之上看见了美的整体。这美光照万物，凡进入可理知世界的，都充满这光，于是他们也成为美的。就像人们一爬上那棕红色泥土的高地，就往往融入那种色彩之中，似乎成为他们行走之地的一部分。③ 在可理知世界，呈现出来熠熠闪光的乃是美，或者更确切一点说，表面呈现的都是色彩。美则是它最内在的部分，因为它的美并不是某种不同于自身的东西，像表层的花那样。那些没有看见整体的人，只能获得外部印象，而那些因为美已浸润他们的整个灵魂，因此尽情享受着琼浆玉露④ 的人，绝不只是外在的凝视者，因为凝视者不

---

① 出自《斐德若篇》神话，在下面普罗提诺还有解释。参柏拉图《斐德若篇》246E以下。

② 灵魂从道德之美本身的凝思上升到道德形式的凝思（不同的具体情况，凝思起点各不相同），最后完整地到达可理知世界的美的视域。

③ 这里，普罗提诺似乎是指，人进入位于尼罗河流域两边的高地，笼罩在强光之中，因此看上去就融合在他们所行走的红土之中。

④ 参柏拉图《会饮篇》（宙斯花园里喝醉琼浆的波罗斯（Poros），普罗提诺对这个神话作了多种意义上的寓意解释）。

再存在于凝视对象之外。凡有这样深邃洞察力的，无不在自身里面拥有看的对象。但是大部分人并不知道自己拥有这种视象，他们把它当作外部的东西凝视它，把它当作视觉对象，出于看的愿望而看它。凡从客观角度看万物的，都只是旁观者。他必须把看的对象引入自身里面，凝视它就如凝视自身一样，这样的人就是充满了神的人，似乎福玻斯或某位缪斯附在他身上，从而在自身中产生神的视力，在自身里面具备凝视神的能力。

11. 同样，我们中的任何人，虽然不能看见自身，但若为那神支配，便把内在的神引到他的凝思面前，并把他自己显现在他自己的心里，看到一个美的自身像。但不管这形像有多美，他都要摒弃它，进一步深入，直到与自身达到统一，不再有任何分离。于是，他与那静静呈现的神合而为一，他的愿望与能力也合而为一，想做到什么程度就能做到什么程度。即使他又恢复原先的二元存在，他仍然是纯粹的，仍然与神靠得很近。只要他再次凝视神，神仍会以同样的方式呈现在他里面。虽然他并不是神，但这种转向使他受益。他开始看见自己，然后又深入内省，最后他拥有一切，将感知抛在后面，免得又有分别。他从而成为那高级世界的存在者。如果他想通过分离来看，那他就将自己逐出其外。虽然他在逐步了解神，但必须始终坚守神的某种形像，在追求中对神形成清晰明确的概念，认清他正在靠近的是怎样的事物。一旦确认了他要进入的真是至高的福祉，他必须将自己交托给内在的东西。他不再是看者，而成为另一者看的对象——这另一闪耀着来自那个世界的思想之光凝思他。人若没有看见过美又怎能进入美里面呢？即使他看见了美，但把它看作某种外部的东西，照样不能在美里面。只有当他成为美，他才完全在美里面。因此，如果视力从事的是某种外部的事，我们必然不拥有视力，最多只有视觉对象的视力。这是一种内在领悟，一种自我意识，它小心翼翼，免得因想了解太多而失去自我。我们还必须指出，丑恶的感觉比惬意的感觉对我们具有更强的影响，但产生较少的知识，因为它是由冲撞引起的。比如疾病在我们的意识中留下强烈的印记，而健康则静静伴随，使我们更好地理解它，因为健康乃是属于我们，与我们合一的东西。疾病是异己的，不是我们自身的，因此它显得如此突兀，与我们如此不同。对于自己的本性或属本性的东西，我们都没有什么感知，既然如此，一旦我们的自我知识与我们自身合而为一，我们就达到了对自己的完全理解。在上界，当我们的知识与理智完全一致时，我们会以为自己一无所知，因为我们期盼的是感知觉的经验，然而它什么也没有看到，因此它告诉我们说，它对理智一无所见。它当然一无所见，并且永远看不见诸如理智这样的事物。不相信的只是感知觉，另一个（即理智）却能看见；若连他也怀疑起来，那就等于不相信他自身的存在：因为毕竟他不能将自己置于理智领域之外，成为视觉对象，从而用自己的肉眼来看。

12. 我们已经解释了他如何作为他者看，又如何作为自身看。那么，在他看时，无论是作为他者还是作为自身，他都报告了些什么呢？他报告说，他看到了一位神，他正在分娩一个俊美的孩子。神已经生出的一切都在他自身里面，他把无痛生下的所有孩子都保留在自己里面；他对自己所生的一切感到喜悦，为自己的后代而自豪，因此他就把它们都保守在他所享有的他和它们的荣耀之中。其他一切美的，甚至更美的东西都被保守在神里面，唯有宙斯这个儿子是向外显现出来的。① 尽管他是最小的儿子，但他就如同父亲的形像，我们可以从他身上看出他父亲的模样，以及仍然留在父亲身边的其他兄弟是多么伟大。但是他说，他自父而生不是无目的的，因为另一宇宙必因他而存在，它是美的一个形像，因此也成为美的事物；因为美和实在的形像若不是美的，那是完全不合理性的。这形像在一切方面都仿效范型，它有生命，有复制的实在，有

----

① 在这最后两节里，俄剌诺斯（Ouranos）、克洛诺斯和宙斯的神话被分别比喻为三本性：太一、理智和灵魂。普罗提诺并非经常沉迷于这种比喻，但是他在使用时，总有点曲解，他觉得很难保持一致性。

来自高级世界的美；它还拥有与一个形像相当的永恒；不然，这形像若不是永恒的，那[可理知世界]必会有时有形像，有时则没有。这形像不是技艺的产品，因此每一本性的形像都与它的范型一样长存。所以，只要可理知者留存，毁灭形像宇宙，把它带入时间领域，仿佛它的创造者原来就打算这样造它，那是错误的。这些人并不想明白这类创造工作是如何进行的，只要高级世界给出光，其他事物就能够永不衰落；只要光在那里，它们就在那里；而光是始终存在的，以前存在，将来也永远存在。这里，为要表明我们的意思，不得不使用这些[时间性的]词语。

13. 神如此眷顾自己不变的同一，因此把治理这个宇宙的职责交给他的儿子——因为就他的本性而言，他不可能放弃对可理知世界的治理，不可能因为拥有足够的可理知之美，就去追寻低级世界。因此，他放弃这个低级世界，在自身里面确立自己的父。一方面，尽他所能向上伸展，另一方面在他之下确立自子开始的一切。这样他就处于两极之间：一方面由于分离，他有别于至高者，另一方面，他又远离他所产生的低级存在物。换言之，他就处于较高的父与较低的子之间。由于他的父太伟大，以至不能成为美，因此他仍然是原初的美。灵魂自然是美的，但他比灵魂更美，因为灵魂是他的一个印象；正因为是他的印象才是美的，并且只有当它凝视这原美时才是美的。说得更清楚一点，如果大全的灵魂是美的，就是阿佛洛狄忒，那么理智是什么呢？① 如果阿佛洛狄忒的美源于她自身，那高级的美又该何等伟大？这美若来自他者，灵魂又是从哪里获得这美呢？它既从外部来，又怎么成了灵魂的真正本性呢？因为只有当我们的本性是美的，美才属于我们自身；我们若变成了另一本性，我们就会变成丑的。换言之，只有当我们了解我们自身时，我们才是美的；

---

① 普罗提诺喜欢将阿佛洛狄忒等同于灵魂（参《九章集》III.5.2ff.）。但是，到目前为止，在这篇文章中，宙斯一直代表灵魂，他引导理智的凝思（10节），从可理知世界造出感觉世界（12节）。在 III. 5. 2. 15-20，阿佛洛狄忒成为克洛诺斯和俄刺诺斯的女儿，也许这里普罗提诺仍把她当作克洛诺斯（理智）的女儿，暂时将宙斯排除在比喻之外。

我们若对自身茫然无知，我们就是丑的。因此，美在于那个高级世界，只从那个世界来。我们的讨论是否足以使人对这"可理知的领域"形成清楚的认识，或者我们应该寻找另外途径再作一番论述？①

9. 论理智、形式和是

1. 人类自降生之日还未使用理智之前，就已开始使用感知觉，他们首先遇到的必然就是感觉对象。有些人，终生都耽于感觉领域，以为这些事物就是初始的和最终的存在者。他们认为，凡让人痛苦的东西就是恶的，凡令人快乐的东西就是善的，终其一生不过趋乐避苦而已。而他们中那些自诩为有理性的人却将这样的观点奉为哲学。他们就像笨鸟，虽有天生的翅膀，却因撷取太多地上的东西而不堪负荷，以致无法展翅高飞。另一些人，由于灵魂的高级部分督促他们从感官快乐走向大美，因此稍稍脱离了这些地上之事。但是，由于他们没有立足的平台，无法看见那高处的事物，只能以美德之名，回到他们原先力图脱离的低级世界的活动和选择。② 此外，还有一种人，他们像神一样，有大能和锐眼，仿佛有一种特殊的洞察力，看见了上界的荣耀。他们仿佛超越云层，超越低级世界的迷雾，上升到高级世界，并驻留那里，俯看下界万物，对这真实的领域大感喜悦，这原是他们自己的世界。他们就像漂泊在外的游子，经过长途跋涉，终于回到了自己富庶的家园。③

---

① "可理智的领域"参柏拉图《理想国》VII.517B5。这句话直接引入 V.5 的开篇，并清楚地表明，这两篇论文其实是同一个作品的两个部分。

② 这是一篇柏拉图学派的辩论文章，反对伊壁鸠鲁学派和斯多亚学派。对那些笨鸟一样的伊壁鸠鲁学派者，一如既往，带着讥讽，随意摒弃；而对斯多亚学派则相对比较尊敬。鼓励斯多亚学派追求的"大美"当然就是美德。这里提到的斯多亚的选择理论参照 SVF III. 64 及 118。

③ 这里的荷马典故及其含义参看 I. 6. 8，注 1。

2. 那么，这一世界是什么呢？我们怎样才能到达那里呢？凡能到达那个世界的，必是天生的爱美者，是真正一开始就致力于哲学的人。他既是一位爱美者，在努力走向美的过程中不必经历"形体的美"，而是避开它，直接通达"灵魂、美德和诸如此类的知识之美，生命和法律之美"，① 然后上升到灵魂之美的原因，又通达这原因之上的事物，一直到最终的也是最初的事物，就是美本身。只有当他到达了那里，他才可以停止努力。在这之前，他不能有任何松懈。但是，他是怎样开始攀升的，他的力量来自何方，是什么样的理性为他指引这种爱的道路？这种理性就是一种美，它停留在形体里，但从别处进入形体。因为形体里的这些美就是形体的形式，它们停留于形体就如停留在质料里。无论如何，这美的基础如果发生变化，只能变丑，不会变美。因此，我们的理性告诉我们说，这美是分而有之的。那么是什么使形体变美的呢？一方面是由于美的呈现，另一方面是造它的灵魂把这种具体形式放在它身上。那么灵魂本身是美吗？不是。因为灵魂显然有明智、美丽和愚昧、丑陋之分，因此灵魂之美源于智慧。那么，又是什么赋予灵魂智慧的呢？必然是理智。这理智又必然是真正的理智，不可能时而是理智，时而是非理智。因此，理智就是美本身。那么我们是否应该就此打住，视理智为本原，还是应该超越理智，继续追寻？在我们看来，理智是否站在第一原理面前，就像站在至善的门前②，向我们宣告它里面的一切，就像它在更大的复多性中的一个印象，同时至善始终完全在一之中？

3. 我们既已通过其他途径证实了理智之类的事物的必然存在，那么我们必须思考它的本性究竟是什么。我们的理性告诉我们，它是真正

---

① 像通常那样，这里结合了柏拉图的《斐德篇》和《会饮篇》。参看《斐德篇》248D3-4 和《会饮篇》210B3-C6。关于从音乐家到爱美者以及爱美者到哲学家的可能转变，参 I. 3. 1-2（普罗提诺在那里没有象他在本文这篇较早的的论文里这样简单地将爱美者与哲学家等同）。

② 对照柏拉图《斐利布篇》64C1。

的实在和真正的实体。也许追问世上是否有理智这样的问题是可笑的，但是仍然会有人对此提出质疑。然而，更值得讨论的是，它是否是我们所认为的那类理智？是否独立自存？是否是真实的存在者？是否有形式的本性？这些就是我们目前的话题。我们知道，所谓存在的万物都是复合的，没有一个是单一的，无论是技艺制作的作品，还是自然形成的事物，莫不如此。技艺作品有铜制的、木制的或石制的，但光有这些质料并不能成就作品，只有各种技艺将自身包含的形式嵌入它们里面，造出雕像、木床和房子，才能成就作品。同样，你也可以将自然合成的事物，那些由多种元素构成，被称为复合物的事物分解成为加在复合物的各元素上的形式。① 比如，人可以分解为灵魂和躯体，躯体又可分解为四元素。一旦你发现每种元素都是质料的复合，了解构成它的是什么——因为各元素的质料本身是无形式的——你就会探究形式从哪里进入质料。同样，你会研究灵魂是否是一个单一实体，或者它里面是否有某种像质料的东西，或者某种像形式的东西即理智？一者代表铜像的形相，另一者代表创造形相的人。我们若把这种思路推广到整个宇宙，也能看到理智把它设想为真正的创造者和工匠。我们会说实体接受形式，部分成为火，部分成为水，还有气和土，所有这些形式都来自他者，这他者就是灵魂。然后，灵魂又把宇宙的形式赋予四大元素，而理智为它提供理性原理，就如艺术家心中的各种原理，因为他们的创造源于他们的技艺。一种理智如灵魂的形式，灵魂依附于它的形相，另一种理智提供形相，就如雕像的创造者，他赋予雕像的一切都活灵活现。理智赋予灵魂的事物都近乎真理，而躯体接受的只是影像和仿制品。

4. 我们既已到达灵魂层面，为什么不设定它就是第一实在，而要继续上升呢？首先，理智不是灵魂，它比灵魂高级。最高级的必然就是

---

① 普罗提诺这话似乎省略了已经形式化的质料，或者已归于形式的元素，但下面所举的例子中又出现了。有些编者补上句子以修缮这一遗漏，但普罗提诺非常善于这样的省略。

本原。毫无疑问，灵魂即使得了完全也不可能如他们①认为的那样生产理智。若没有原因使潜能成为现实，它怎么能实现呢？即使偶然实现，也很可能无法成为现实性。因此，我们必须承认第一实在是真实的、无瑕的和完全的。凡不完全的无不源于完全的本原，并因它们的生产者而得完全，就如父叫原本不完全的子得完全。我们也必须认为，灵魂就是造它的第一实在的实体，后来它又得形相和完全。可以肯定，如果灵魂易于变化，那么必有某物是不变的——否则，时间会毁灭一切——因此必有某物存在于灵魂之前。如果灵魂在宇宙里面，必有某物在宇宙外面。在这个意义上也必有某物在灵魂之前。因为如果在宇宙里的事物就是在形体和质料里的事物，那么无物能够保持同一，因此人和其他理性形成原理必不是永恒的，也不是同一的。从这些论述以及其他许多论证，我们可以得出结论说，必有一个理智在灵魂之前。

5. 如果我们想要在理智一词的真正意义上使用它，那么我们就不能认为理智有潜能性，或者是由愚蠢变成智慧的东西——否则，我们就得再去寻找它之前的另一种理智——而必须认为它就是真正现实的和永恒的理智。既然它并非在它之外拥有思维，那么无论它思考什么，都是从自身思考，无论它拥有什么，都是从自身拥有。既然它从自身思考，从自身获得思维的内容，那么它本身就是它思考的。因为如果它的实体并非它的思想，它所思考的不是它自身，而是别的东西，那么它的实体本身就是非理性，并因此而是潜能的而非现实的。因此我们绝不能将两者（理智和理智对象）相互分离。但是受我们这个世界的事物的影响，我们往往在观念上把高级世界的事物相互分离。那么这自身与其思考对象合一的理智具有怎样的活跃现实性和思维呢？显然，作为理智，它思考的确实是真存在者，并将它们确立于存在之中，因此它就是真存在者。

---

① "他们"指斯多亚学派者。参 IV. 7. 82. 8-9；关于这里所抨击的斯多亚学派观点见 SVF I，374，377；II，835-7，839。

它思考它们，要么认为它们在另外某处，要么认为在自身之内，就是它自身。然而任何其他地方都是不可能的——怎么能想象这另外某处是哪里呢？因此，它在自身里面思考自身。毫无疑问，它所思考的不可能如他们①所想的那样是感知觉领域的东西。任何原初的实在都不可能是感觉领域的东西。在可感觉事物中，任何质料的形式都是真形式的一种形像，每一种形式都是另外事物赋予的，都是赋予者的一个形像。同样，如果的确存在一位"这个大全的创造者"，②那么他必不会为要造出大全而思考还未存在的宇宙中的事物。他的思维对象必然存在于宇宙之前，不是他物的印象而是原型、原理和理智实体。如果他们说理性形成原理足够了，那么显然这些原理必是永恒的；它们既是永恒的，不变的，那必在理智里面，它们所在的理智必是先于条件、自然和灵魂这些潜能性的事物。③因此理智所思考的确是真存在者，没有把它们当作另外的东西。因为它们既不在它之前，也不在它之后，它就如同最初的立法者，④或者不如说，它本身就是存在之法则。因此，这样的说法是正确的，"思与是是一回事"，"无形者的知识与知识的对象同一"，"我研究我自己"（作为真存在者之一），也就是"回忆"。⑤凡是真存在者，无一在理智之外，无一在处所之中，它们永远在自身里面，无有任何改变，也不受任何损失。正因为如此，它们才是真正的真存在者。如果它们有生成，有毁灭，那么它们的是就是从自身之外获得的。若然如此，这是就不再是它们自身，而

---

① 这里还是指斯多亚学派者。
② 对照柏拉图《蒂迈欧篇》28C3-4。
③ 对斯多亚学派理论的柏拉图主义评判。参 SVF II 1013 p. 302, 36-7 Arnim。
④ 称理智为"立法者"可能出于努美尼乌斯。参看残篇 13 Des Places《论处所》(22 Leemans)，努美尼乌斯称他的第二神或得穆革为"立法者"，他的意图可能就是要把他的得穆革等于犹太人的神。——英译者注
⑤ 这是一个极佳的例子，表明普罗提诺如何善于从早期哲学家那里收集大量原本含义迥异的文本来支持他自己的观点。参看 Parmenides fr.《巴曼尼德篇》残篇 B 3 Diels; 亚里士多德《论灵魂》G 4. 430a3-4;7. 431a1-2; 赫拉克利特残篇 B 101 第尔斯; 柏拉图《斐多篇》72E5-6。

是它们之外的实在。我们所说的感觉对象是通过分有获得存在的,它们的本性从别处接受各自的形相,比如铜质从雕刻术,木头从木工术获得形式,技艺借着影像赋予这些质料形式,但它本身在质料之外,保持自我同一,拥有真正的雕像和木床。① 自然的形体也如此。这大全分有各种影像,由此表明它们与真存在者如何不同。影像可变,真存在者不变,它坚守在自己里面,无须处所,因为它们没有大小。它们拥有一个智性存在且自满自足。形体的本性要求被他物保存,而理智凭借自己的奇特本性托住天生要坠落的事物,它自己不需要任何处所立足。

6. 由此,我们认为,理智就是真存在者。它拥有它们,并非如同它们的一个处所拥有,而是如同拥有自己与它们合一。在那里,"万物都聚在一起",② 没有丝毫分离。即使就灵魂来说,它包含多种不同的知识,但也没有丝毫的混乱。每一种知识都在需要的时候从事自己的职事,③ 绝不毫无必要地干涉其他领域。每种知识进入活动时,都与其他仍然留在心灵里的知识界限分明。在这个意义上,而且不仅于此,理智既是万物的聚合又不是聚合,因为万物各有自己的力量。理智整体环抱它们就像属环抱它的种,整体环抱它的部分。种子的力量可以说明我们所谈论的这种关系。一切部分在整体里无所区分,它们的原理就如浓缩在同一的圆心中。同时整体中又有眼睛的原理和手的原理,它们产生出不同的感觉对象,表明这些原理各不相同,因此种子的每一种力量都是包含部分的整体形式原理,它有形体作为质料比如种子里的精液。但它本身是整体的形式,是一个理性原理,就如生产灵魂的形式一样,是另一高级的

---

① 亚里士多德、柏拉图和普罗提诺自己的艺术观的有趣结合。亚里士多德在讨论因果关系时经常使用工匠,尤其是雕刻家的例子。参看诸如《物理学》B 1-3。"真正的床"(床的形式)出自柏拉图《理想国》X 597C3。但是,在普罗提诺看来,只有艺术家的艺术才拥有真正的形式。参看《九章集》V. 8.1 注 1。

② 引自阿那克萨戈拉 fr. B 1 Diels。

③ 这是柏拉图对(城邦和灵魂)公正的简洁定义,参《理想国》IV 433A-B。

灵魂的形像。有人称，种子里的灵魂就是"自然本性"，^①它始于上界，源于它之前的原理，就像火发出的光那样闪耀，勾勒出质料的形状。这种勾勒不是通过拉扯推搡，或者使用他们不停谈论的那些手段，^②而是让质料分有它的形式原理。

7. 至于理性灵魂中的各种知识，那些关于感觉对象的知识——如果我们要谈这些知识，称它们为"意见"才恰如其分——都是从对象产生的，是这些对象的形像；而那些关于理智对象的知识——毫无疑问都是真正的知识——则是从理智到达理性灵魂的，它们不思考任何感觉对象，但是就作为真知识而言，它们都有各自的思考对象。它们的思考对象和思想皆出于它们自身，因为理智是内在的，是现实的和原初的实在，始终保持自身同一，又存在于现实性中，不会为思考而去寻找对象，似乎它不曾拥有它们，或者努力要得到它们似的，也不会论证性地研究它们，似乎在论证之前，它们还未上手似的——这些都是灵魂所经历的事。理智不会去做这些事，它屹立在自身之中，与万物聚合为一，它也不是为使事物存在而去一一思考它们。我们不能说，它一思考神，神就存在了，或者说它一思考运动，运动就存在了。同样，如果"形式就是思想"的意思是指，理智一思考某种具体形式，它就在了，或者就是这种形式了，那么这种说法是错的。因为思考的对象必然先于这种[关于具体形式的]思考，否则思考如何可能？它不可能是偶然发生的，也不可能是随意出现的。^③

8. 因此，[理智的]思想就是对内在于理智的事物的思想，内在于理智的事物就是理智所固有的形式，就是理念。那么，这理念又是什么

---

① 影射斯多亚学派的观点，普罗提诺借此提出自己的自然本性观，它是灵魂最低级的的内在形式。在《九章集》III. 8 的前几节有详细阐述。参看 SVF II 743。

② 这似乎影射经常提及的伊壁鸠鲁对神创造物理宇宙的异议。一个例子见西塞罗 De Natura Deorum I 8. 19，可以意译为"神从哪里获得建筑机器和劳动力？"

③ 早期的一处重要暗示，表明普罗提诺接受中期柏拉图主义的普遍观点：形式是"神的思想"。

呢？就是理智和智性的实体。每个个体理念并非理智之外的东西，它就是理智。整体的理智就是全部的形式，单个的形式就是单个的理智。比如整个知识体系就是它的全部定理，每个定理作为整个体系的部分，并非在空间上独立于整体，而是在整体中拥有自己特定的能力。因此这理智在自身之中。既然它在宁静中拥有自身，那么它就是永恒的完满。① 如果理智被认为是先在的是，那么我们就得说，理智因在思考中成为活跃的现实，从而成就并生产了真存在者。但是，由于我们必须把是看作先在的理智，因此我们只能认为，真存在者立足于思考的主体中，思考的活跃现实性在真存在者里面。比如火的行为一开始就在火里存在。这样，真存在者拥有理智，就如拥有它们自己，它们与理智合而为一，理智就是它们的活跃现实性。但是，是本身就是活跃现实性，因此理智与是拥有的是同一的活动，或者毋宁说两者是同一的事物。既然是和理智同一本性，那么真存在者、是的活跃现实性和这样的理智都是同一本性，这类思想就是是的形式和形相，是它的活跃现实性。只是我们的思维将它们分离，认为一个在前，一个在后。分离的理智是另一种理智，而未分离的也不可分离的理智就是是，就是万物。

9. 那么，这同一的理智——尽管我们的思维要将它分离——究竟包含怎样的事物呢？它们都处在宁静之中，但是我们必须把它们揭示出来，就如人们有序地考察某种知识体系的诸条内容那样。显然，这个宇宙是个生命物，它容纳了一切形式的生命，但是它的是和形式则源于另外的事物，它的源泉可以追溯到理智，它的整体原型必在理智之中。这理智必是一个可知的宇宙，就是柏拉图说存在于"绝对生命"中的。② 正如如果存在某个生命造物的理性原理和接受形式原理的质料，那么这生命物必然进入存在。同样，只要有某个智性的和全能的本性存在，并且

---

① 这里所暗示的奇特的神话学上的词源以及背后所蕴含的关于柏拉图的回忆，见 V. 1.4，注 1。

② 参见柏拉图《蒂迈欧篇》39E8。

没有任何事物阻碍它——因为它与能够接受它的事物之间毫无阻隔——那么一个必得形式进入宇宙的秩序和美,另一个必赋予它这样的形式;接受形式进入宇宙的拥有分离的形式,因此人在此处,太阳在彼处,而形式本性(给出形式的)在同一中拥有一切。

  10. 所以,凡在感觉世界显现为形式的,无不出于那个可理知的世界;而没有作为形式存在的,都不是出于可理知世界。因此,凡与本性相悖的,皆不能存在于那个世界,正如艺术中不可能有任何非艺术的东西,种子里也不存在任何不健全的东西。① (出现先天跛足是因为形式原理没有驾驭质料,意外跛足是由于形式遭到破坏。)[在可理知世界中,] 必然存在符合本性的质、量、数、尺度和关系,以及同样属于本性的活动和经历;既有可理知者普遍的运动和静止,也有可理知者各个部分的运动和静止。但是那里没有时间,只有永恒。空间也是以智性的方式存在,各物相互包含,一物呈现在另一物中。因此,在那个可理知世界,一切都聚而为一,无论你挑出哪个,都是智性实体,都分有生命,是同和异,动和静,既在运动中又在静止中,是实体和性质。每一个都是实体,因为每个真存在者都是现实的,而非潜能的,因此各实体的性质都没有与它分离。② 那么,在可理知世界是否只有感觉世界事物的形式,或者还有其他更高存在的形式?首先我们要研究技艺作品。毫无疑问,恶没有形式,因为下界的

---

  ① 普罗提诺在这节里的观点与柏拉图不同,柏拉图对话的许多比喻都提到反面的、缺乏的、邪恶的形式(详尽的讨论见 W. D. Ross *Plato s Theory of Ideas* (Oxford 1951)167-9,其中列出了提到这类形式的段落)。柏拉图为什么主张这些形式存在,它们如何与他的形式论的其他观点相协调,这些问题一直使古代和现代的评论家们感到困惑。J. N. Findlay 对这类形式提出了非常有趣的哲学意义,并从有利于柏拉图的角度将柏拉图对这个问题的观点与普罗提诺的对比:*Plato: The Written and Unwritten Doctrines* (London 1974) 41-5, 374-5。中期柏拉图主义者一般不承认这类形式的存在(参 Alcinous [Albinus] *Didaskalikos* IX),普罗提诺不过是跟随这一学派的普遍观点(但更多时候不是简单跟随)。

  ② 关于可理知世界的实体和性质的详尽讨论参看《论实体或性质》(II. 6);亦参 VI. 2. 14 以及 Klaus Wurm *Substanz und Qualitat* (Berlin – New York 1973) 对这整个主题作了非常透彻的研究。

恶出于缺乏、丧失和败坏，是质料和类似质料之物的一种不幸。

11. 那么，可理知世界有艺术和艺术品的原型吗？就模仿艺术来说，绘画、雕刻、舞蹈和哑剧等在一定程度上都是由这个世界的元素构成的，它们使用感性模型，模仿形式和运动，把它们看见的比例转换成各自所需的尺寸。因此，将它们追溯到可理知世界是不合理的，最多只能包括在人的形式原理中。如果某种技艺始于[个体]生命物的比例，进而思考一般生命物的比例，那么它就是那在高级世界考察、凝思可理知者的普遍比例的能力的一部分。所有音乐拥有的相都关涉节奏和旋律，因此都是可理知世界里关涉可理知之数的艺术的复制。① 至于生产感觉对象的技艺如建筑和木工手艺，就它们都利用比例而言，可以说，它们的原理源于可理知世界和那里的应实之思。但是它们又将这些与感知得来的东西混合起来，因此它们并非完全出于可理知世界，只是出于人[的形式]。② 那里当然没有帮助感觉世界的植物生长的农业技艺，没有沉思世俗人的健康的医学，也没有关注形体强壮和舒适的技艺。可理知世界的力量完全是另一回事，那里的健康也与下界的不同，一切健康的生命物都安详宁静，恰如其分。演讲和领导的技术，管理和统治的才能，如果它们的活动是传达美德，并且沉思那可理知的美德，那么它们的部分知识源于可理知世界的知识。几何研究的是可理知者，因此必属于可理知世界；智慧是最高层次的，它关心是。关于技艺及其作品就谈到这里。

12. 如果人——包括从事推论活动的人和从事技艺活动的人——的

---

① 关于可理知世界的艺术以及艺术家的心灵如何进入形式，参 V. 8. 1，在这里，普罗提诺对艺术作了区分：一种是非智性的，只是对感觉对象的复制，另一种是真正的智性视域的艺术，以及源于可理知世界的音乐，我们没有理由认为，他在那里打算放弃这种区分。

② 柏拉图对话中几次提到过艺术作品的形式，但是柏拉图是否真的相信它们的存在（或者对它们改变了想法），这是自亚里士多德以来一直激烈争论的问题。参 Ross Theory of Ideas 171-5 (参第 10 节，注 2) 对争论的精辟概括（还有详尽的参考资料）。大多数中期柏拉图主义者不承认它们的存在。在这篇相当简要的早期文章里，普罗提诺似乎仍然跟随学派的传统观点。

形式，存在于可理知领域，理智产生的技艺也存在于可理知领域，那么我们必会说，那里的形式是普遍的，不是苏格拉底的形式，而是人的形式。①但是，就人来说，我们必须研究个体人的形式究竟是否存在于可理知领域？个体性必是有的，因为同样的个体特征在不同人身上就显得各不相同。比如，有人长了狮子鼻（即塌鼻子），有人长了鹰钩鼻，我们会说，扁塌和钩状是人的形式中的不同种类，就像动物有不同种类一样。但是，我们也看到，即使同样是鹰钩鼻，不同人的钩状也各不相同，这原因在于它们的质料。同样，色彩各有差异，这些差异有些出于形式原理，有些出于质料和不同的处所。

13. 最后我们还要讨论，是否只有感觉世界的事物的形式存在于可理知世界，或相反，正如绝对的人不同于人那样，可理知世界中存在一个不同于灵魂的绝对灵魂，不同于理智的绝对理智。首先，必须指出，我们不应把感觉世界的一切事物都看作范型的形像，灵魂并非一律是绝对灵魂的形像，不同的灵魂在高低贵贱上各有不同，甚至下界也有绝对灵魂，虽然这看起来不太相配。一个真正的灵魂必有某种正义和道德之美，在我们的灵魂里也必存在某种真知识，这些都与感觉世界的事物不同。它们不是形式的影像或复制，而是那些形式本身以不同的形态存在于这个世界，因为它们并未占据具体的位置。因此，一旦灵魂脱离躯体，

---

① 讨论的主题仍然是有理性和技艺能力的人以及他的技艺和知识。普罗提诺是要指出，如果它们都在那里（可理知领域），那么有理智和技艺的人所思考的普遍形式也必然在那里，但关于个体形式并不能得出同样必然的结论。我们不能因为属理智的技艺和知识存在于可理知领域，就断言个体形式也存在那里，关于它们是否存在的问题悬而未决。普罗提诺可以根据不同的依据独立论断个体形式的存在性，如他后来在 V. 7 (18) 所做的，与本段落并无任何矛盾之处。应当注意的是，在紧接着的论述里，普罗提诺不是思考人的灵魂、自我或个体性，而是个体之间身体上的差异，像通常那样，以苏格拉底的塌鼻子为例。但在下一节里，他提醒我们注意，不论可理知世界里是否有个体自我的形式（这个问题他在这里没有提出），我们的灵魂在可理知世界都有一个永恒的立足之处。关于普罗提诺个体形式的整个主题，见本人的论文 "Form, Individual and Person in Plotinus" (*Dionysius* 1, 1977, 49-68)，还列出了其他的参考文献。

那些美德就出现在上界。感觉世界只占据一处，而理智世界无处不在。这样的灵魂（脱离了躯体的灵魂）在下界所拥有的一切事物都出于可理知世界。因此，如果我们把"感觉世界的事物"理解为"可见领域的事物"，那么可理知世界包含的不只是感觉世界的事物，而且更多；如果我们认为它是指"宇宙中的事物"，包括灵魂和灵魂里面的事物，那么下界的一切就是可理知世界的一切。

14．因此，包括可理知世界中的一切事物的这一本性必然理解为原理。但是，既然真原理绝对同一，完全单一，而真存在者却是多，那这如何可能？我们必须从另外的起点出发来讨论诸如此类的问题：太一之外为何还有其他东西？太一怎么又是多？它如何就是所有这些可理知的存在者？为什么理智就是所有这些存在者，以及它来自何处？①

至于坠落而生的造物和野兽，它们是否也有形式存在于理智世界？尘土和污泥是否也有形式？我们必须指出，理智从本原获得的一切都是高贵的，所有形式中都没有我们所提及的这些东西；②它们也并非理智从形式中取得，而是源于理智的灵魂从质料中产生，从质料中产生的，除了这些，还包括其他一些事物。

一旦我们转而讨论多如何源于一的问题，这些问题就会更加清晰。

我们看到，复合物不是理智所造，而是感觉事物随意复合所成，因此它们不能归在形式之下。而污秽之物的产生也许是因为灵魂无能，生产不出其他东西；如果它有能力，就会生出符合本性的东西。无论如何，它有怎样的能力就做怎样的事。

至于技艺，我们说，它们全都出于绝对的人，他所支配的质料与人

---

① 可以参 V. 4 (7)。普罗提诺并不认为在这篇小文里已经把这个话题讲完了，因此在以后的文章里他还是不断地提出讨论。

② 这里，普罗提诺仍然遵循中期柏拉图主义的传统，可能与柏拉图的真实思想有出入。参第 10 节注释和第 11 节注 2。这里把"野兽"随意排除在可理知世界之外，但在 VI. 7. 7-10 中，普罗提诺更为详尽而深刻地讨论了动物的形式在可理知世界，两者可以相互比照。

的本性相一致。

最后，个体灵魂之前是否有普遍灵魂？普遍灵魂之前是否有绝对灵魂或生命？我们认为，绝对灵魂必在灵魂进入存在之前就存在于理智之中，这样，它才能进入存在。

| 第 六 卷 |

1. 一论是的种类

1. 很早以前的哲学家就考察过"是"(being)的问题:有多少种"是",它们是什么?有些哲学家说只有一个是,有些认为有一定数目的是,还有的认为有无限的是。认为只有一个是的哲学家中,有的说"是"是这个事物,有的说"是"是那个事物;主张有几个"是"的人和主张有无数"是"的人也一样,他们对"是"究竟是什么的问题各持己见。[1] 这些人之后的那些哲学家对这些观点都已经作过充分的考察,所以我们就不再赘述。但是这些后来的哲学家[2]在考察了早期哲学家的观点之后,他们自己提出"是"有确定数目的种类,所以我们必须思考它们,看看究竟有多少种类。这些哲学家没有断定只有一个"是",因为他们看到即使在可理知领域也有很多"是";他们也不认为"是"是无限的,因为这不可能,不可能产生这样的知识;他们中有些提出"是"的种类是十个,有些认

---

[1] "很早以前的哲学家"是指前苏格拉底的哲学家。按惯例,普罗提诺关于这些哲学家的信息源于亚里士多德,并且非常简洁地一笔带过。主张"一个是"(或存在)的有:泰勒士(Thales)、阿那克西美尼(Anaximenes)、赫拉克利特;主张"几个是"的有:恩培多克勒;主张"无限是"的是:阿那克萨戈拉(Anaxagoras)、德谟克利特(Democritus)。

[2] 亚里士多德和斯多亚学派。

为没有那么多（他们说，不能把"是"的根基看作某种元素，而应认为是某个类（genera）），也可能有人断定不止十个类①。当然关于究竟有哪些类，也同样是意见各异。有些人认为这些类是"是"的原理，有些人认为类就是"是"本身，两者数目相同。

首先，我们必须抓住将"是"分为十类的观点，看看我们应当怎样理解哲学家的意思。他们是说有十个类，可以统一归到"是"这个名称之下，还是在说有十个范畴？他们说，每一个类里的"是"并非指同一个意思，这话说得没错。但是我们更应当首先问他们这样的问题，这十类是否以同样的方式存在于可理知的存在者和可感知的存在者里，或者它们全都在感觉世界的存在者里，而在可理知领域，有些在，有些不在，因为反过来②是绝对不可能的。就此而言，我们必须考察十类中哪个也在可理知领域，在那里的事物是否可以与在下界的事物归于一类，或者"实体"这个词是在两种不同意义上用于那里的事物和这里的事物？如果真如此，那就不止有十个类了。如果"实体"是在同样意义上用于可理知领域和可感知领域，那岂非是说，当它用于原初存在者时意思与用于后来产生的事物身上时是一样的？这对它来说显然是荒谬的，因为在先的事物与在后的事物之间不存在共同的类。但是在他们的分类中，他们没有谈到可理知的存在者，所以他们并不是想要对所有存在者分类，他们不考虑那些最真实的存在者。

2. 那么我们真的必须认为它们是类吗？为何实体就是一个类？无论如何，我们都必须从这个问题开始。不可能有通用于可理知实体和可感知实体的普遍实体性，这一点已经说过了。此外，[如果是这样，] 在可理知实体和可感知实体之前还应有另外的事物。那确实是另外的事物，

---

① 可能是指逍遥学派哲学家 Andronicus、Boethus 以及他们的追随者（公元 1 世纪）关于范畴的讨论，参 *Dexippus In Categ.* I 37, P. 32, 10-34. 2。但这里的措辞很模糊，普罗提诺显然对这些人知道得不多，其实他对他们也没有多大兴趣。

② 即全部在可理知领域，而在感觉世界，有的在，有的不在。——中译者注

不过包含两者的属性，这事物不可能是形体，也不可能是无形体的。因为如果它是形体，就会成为无形体的；如果是无形体的，就会成为形体①。当然关于这里的实体本身我们也必须考察这样一个问题，什么是质料、形式以及两者的复合物所共有的？因为他们说，质料和形式都是实体，只是并非同等的实体。如果他们说形式比质料的实体性更多，这完全正确，但是有些人会说质料是更多的实体。然而，次级实体是从先于它们的实体获得实体这个名称的，那他们称为原初的实体怎么可能与次级实体有共同之处呢？一般而言，要指出实体是什么是不可能的，因为即使人们赋予它"自己独有的特性"，它仍然没有它的"所是"，或许，就是连"能接纳对立面的、在数上完全同一的事物"这样的定义也不能适用于所有的情形。②

3. 那么我们是否真的应把实体称为一个范畴，将可理知的实体、质料、形式以及两者的复合物都归到一起呢？这就如同说赫拉克勒斯的族类或自称为赫拉克勒斯后裔的人是一个一，意思不是说所有成员联合成一个统一体，而是说他们全都出于同一位祖先。因为在这个意义上，可理知的实体是原初的实体，其他实体（因分有而是实体）在实体性上依次递减。那么为什么不能说所有事物都包括在一个范畴里，其他一切被认为是存在的事物都源于实体？因为就算其他存在的事物都是[实体的]属性，实体自身之间也有不同的等级。更何况仅仅通过一个范畴，我们仍然无法突出实体的特殊意义或者领会它的真实本质，使得其他实体能够从它而出。当然，如果承认一个范畴，那么所有被称为实体的事物都是同族，拥有某种高于、超越于其他类的东西。但是这里的"东西"是什么？它是"基质"，但不依赖于任何事物，也不以其他事物为基质。它的所是不属于另一物，不像白色属于物体的一种性质，数量属于实体

---

① 这似乎是驳斥最广泛的斯多亚学派范畴 τι（某物的类别），它包括有形物（真正的实在）和无形物（只存在于思想中）。参 SVF II 117, 329, 331-3；参 25 节 1-10。

② 对亚里士多德《范畴篇》5.4a10-11 的批判性引用。

的性质，时间属于运动，运动属于运动者。那么这样的"东西"究竟是什么呢？没错，第二实体包含着其他事物。但它是以不同于以上所说的另一种方式包含其他事物，它揭示一个内在的类，作为一个部分而内在的类，揭示第一实体的"所是"。而白色这种性质之所以意指其他另外事物，是因为它在其他事物中。有人也许会说，这是实体相对于其他事物而言的独特属性。出于这个原因，他会把它们聚集为一，称它们为实体。但他不可能是在谈论一个类，他也没有说清楚实体的概念和本性是什么。关于这个问题就讨论到这里，我们接下来要探讨量（quantum）的本质。①

4. 他们说，最初的量就是数，再加上整个连续的量值（magnitude）、空间和时间；他们认为所有其他他们称为量的事物都可以归于这些；他们说，运动也是量，因为它的时间是量化的——尽管也可能相反，时间从运动获得连续性。但是，如果他们说连续的事物因为是连续的，所以是一个量，那么不连续的事物就不可能是一个量。然而，如果连续性作为一个量是偶然的（不是原初的），那么使两者（连续和不连续）都成为量的共同的东西是什么呢？我们不妨承认数有作为量的属性，但这只是使它们有了被称为量的属性，仍然没有阐明它们的本性，也就是使它们得称为量的东西是什么。而一条线、一个面、一个体，这些甚至都不能称为量。可以把它们称为量值，但不是量。唯有当它们有一个数来限定时，比如两肘尺或三肘尺，才获得额外的称呼量。自然物体如果确定了大小尺寸，也成为一个量，空间也是这样偶然成为量的，并非因为它是空间，所以就是一个量。但是我们不能接受偶然成为量的东西，只能接受本身就是量的东西，比如数量（quantity）。事实上，三头牛并不是一个量，它们的数才是量，因为三头牛已经是两个范畴。同样，一定长度的线是两个范畴，一定面积的面是两个范畴，其中的数量是量，那么平面本身怎么能是量呢？无论如何，只有当它受到限定，比如由三条线或

---

① 普罗提诺在 VI. 3 重要开始详尽讨论可感知的"实体"。

四条线构成时，此时才可以说它是量。那么我们是否可以说只有数才属于量呢？如果我们说的数是指数本身，独自存在的数，① 那么这些数可以称为实体，尤其是因为它们在自身中并独自存在，所以得称为实体。如果我们说的数是指分有以上这些数的事物，是我们拿来计数的数，不只是单位，而是十匹马和十头牛，那么首先，如果数本身是实体，这些计算的数却不是实体，这似乎是荒谬的。同样，如果它们测量事物时，它们存在于这些事物里面，而不是存在于外面，就像尺子和测量壶那样测量它们，那也似乎是荒谬的。如果它们独自存在，而不是在拿它们来测量的事物里面，那么那些事物就不是量，因为它们没有分有数量。那么数本身为何构成量的范畴？因为它们是度量标准。那么度量标准为何就是量或数量？可能是由于它们属于存在的事物。如果它们不适合归入其他范畴，那人们称它们为什么，它们就归为什么，于是被归入称为数量的这个范畴里。它们的单位标出一个尺度，然后又标出另一个尺度，得到的数就表明了多少，灵魂借助于数来度量多样性。因此当它度量时，它不是度量一物是什么，它说的是"一"、"二"，它也不度量一物处于什么状态比如热的或者美的，而是量出有多少事物。就数本身来说，不论认为它在自身中还是在分有它的事物中的，它都是量，但它的分有者不是。所以量不是"三肘尺长"，而是"三"。那么为何量值也是量？是否因为它们靠近量，我们就把它们所产生的事物称为量？难道不是因为它们在专门的意义上是量，我们说某物大，似乎是因为它分有一个巨大的数，说它是小，是因为它分有了小的数？但大和小本身不能认为是量，它们是一种关系。同样，他们称大小为关系是因为它们表现为量。我们需要更精确地思考这个问题。总之，这样看来，没有一个量的类，只有数是量，其他事物是次级意义上的量。也就是说，在严格意义上没有一个类，只有一个范畴。这范畴将在最先和次级意义上靠近量的事物都囊

---

① 这些是柏拉图的理想之数，普罗提诺在 Ⅵ.6 里有讨论。

括在内。但是我们柏拉图主义者必须考察，为何独立自存的数本身是实体，它们是否也是一种量？无论怎样，那些数与下界的这些数除了名称一样外，没有任何共同之处。

5. 那么，为何说清晰的说话、时间和运动是量呢？如果你愿意，首先来看说话。它肯定可以度量，具有一定的数量，但就它是说话而言，它并不是一个量，因为它是有意义的东西，就像名词和动词那样。跟它们一样，它的质料是空气。事实上，它就是由这些东西构成的。其实，说话就是空气的碰撞，但不是单纯的碰撞，而是——可以说——塑造空气产生的印象。因此它是一种行为，一种有意义的行为。当然人们可以更合理地将这种碰撞运动归于行为，将回应的运动归于影响。或者说，它们每一个都是一物的行为，另一物的影响，或者一个作为对于基质的行为，另一个是基质里面的影响。但是，如果不是从碰撞方面而是单纯从空气方面来考虑声音，就会有两个范畴，因为声音是有意义的事物，只用一个范畴而不联系另一个范畴，不足以说明有意义之事物的意义所在。至于时间，如果我们是从它的度量能力去理解它，那我们必须明白拿它来作尺度的东西是什么。这东西或者是灵魂，或者是"现在"。如果相反，把时间理解为被度量的，那它作为一定长度，比如一年，就是一个量。但是就它是时间而言，它不是量，而是另外的事物，因为我们既然可以赋予它长度，那恰恰表明它不是长度，而是另外的事物。所以，完全可以肯定，时间不是数量，但它恰恰是不依附于其他东西的数量，是严格而恰当意义上的量。如果把一切分有量的事物都看作量，那么实体也等同于量。但是所谓的"同等和不同等是量的特点"，[①] 我们必须认为这是指量本身而言的，不是指分有量的事物，或者那些偶然成为量而非本质上是量的事物，比如三肘尺高的人，这是因为分有量而成为量。所以也不能单纯地将它归入一个量的类，而应归入一个类和一个范畴。

---

① 亚里士多德《范畴篇》6.6a26-7。

6. 至于关系，我们应该探讨这样的问题：它是拥有某种类的共同性，还是以另外的方式合而为一。在讨论这个范畴时，至关重要的问题是：关系这种状态比如左右和倍半，是否有什么实体性的存在；或者有些情形有实体性存在，比如上面提到的倍半，而有些比如左右就没有；或者任何情形都没有实体性存在？那么关于倍半以及一般意义上的延伸和被延伸，关于习惯状态和可变位置比如躺、坐和站，关于父子和主仆，以及关于像与不像、等与不等、主动与被动、度量与被度量，关于所有这些关系又该怎样谓述呢？再比如知识和感知，一个与被认识对象有关，另一个与被感知对象有关。知识相对于它的对象确实有一种单一的、主动的实体性存在，感知相对于它的对象也同样如此，主动者与被动者如果要完成一项单一的工作，也有实体性存在，尺度要度量被量者也同样如此。那么像与像的关系中会产生什么事物呢？什么也不会产生。这不是产生的问题，相像是存在于那里的某物，是内在的性质上的同一性。在相像的事物中，除了性质之外，没有任何东西，也没有超越于性质的东西。相等的事物也同样如此，因为量上的等同先于相对关系存在。其实，这种关系的状态不是别的，就是我们将如其所是的事物比较作出的判断，然后说"此物与彼物有同样的大小，同样的性质"，"此人生了彼人，此人支配着彼人"。同样，除了坐着和站着的事物之外，还会有什么东西坐着和站着呢？就习惯状态而言，如果它是指拥有者说的，那应该表示拥有；如果是指被拥有者说的，那应该表示某种特性。对于可变的位置也同样如此。这些相互关联的事物，除了我们自己认为的并列关系之外，另外还有什么东西呢？延伸是指一物有一种大小，另一物有另一种大小，此物与彼物是两个不同的事物。而左右、前后可能更应属于位置范畴，一物在这里，另一物在那里，只是我们把它们看作一个是左，另一个是右，其实在事物本身中并无这种关系。前和后其实是两个时间，是我们把它们看作一个是前，一个是后。

7. 所以，如果我们什么都不解释，我们的语言又是能蒙骗人的，那么所有这些关系都不会存在，"关系状态"就是一个空洞的术语。但是如果我们将两个时间拿来比较，说"这个时间先于那个时间，这个时间后于那个时间"，又说"先"不同于潜在的遭受者——如果我们这样说是说出了真理；关于左右也同样。说到大小，如果说它们的关系是在它们的数量之外的东西，因为一个超过，另一个被超过，如果这样说是对的；再者，如果即使当我们不说话和不思考时，确实存在一个是另一个的倍数，一个拥有，另一个被拥有，甚至在我们没有注意之前就如此；如果一物与另一物相等的关系在我们之前就存在；就性质来说，事物确实处于彼此相同的关系中，如果就一切我们所说的彼此相关的事物来说，彼此相关是相关事物产生的结果，而我们把它看作当下存在的，我们的知识指向被认识的对象——在这一点上，关系状态具有实体性就更加明显了——那么我们应当停止追问关系状态是否存在的问题。但我们也要注意，处于这种状态下的事物，有些只要事物仍然是原来的所是，即使它们分离了，这种关系还在持续。但另一些，唯有当它们合在一起时，这种关系才形成。还有一些事物，即使仍然保持原来的所是，关系状态或者完全终止，或者变成了另外的关系，比如左右和远近就是这样，正是因为特别考虑到这些情形，我们必须考察各种情形中的共性是什么，它作为共性是否就是一个类，而不是偶然存在的东西。这样，当我们找到了什么是共性之后，我们才能进一步研究它是哪一类存在。毋庸置疑，我们谈论的关系不是单纯地指一物属于另一物，比如某种习惯是属于灵魂的状态还是躯体的状态，关系也不是因为灵魂属于这个人，或者在不同于它自身的另外事物里，而是因为它在由这种关系状态而不是由其他东西产生其存在的事物里。这里的存在不是指相关对象的存在，而是指关系的存在。比如倍与半的关系既不能让两肘长存在，也不能让一般的两物存在。同样，既不能使一肘长存在，也不能使一般的一物存在。当这些处于相互关联的状态中时，分别加上两和一，第一个就有了倍的名和实，另一个有了半的名和实。因此，两者合起来从自身中产生了另外的事物比如倍和半的存在，它们是在彼此的关系中形成的，它们的是不是别的东西，就是为彼此而是。就倍来说，它超过半，所以是倍；同样，就半来说，它被倍超过，所以是半。所以，两者不是一个在先，一个在后，它们是一起形成的。那么它们是否一起保留在存在中呢？就父子和类似的关系来说，当父不在了，子还是子，兄不在了，弟还是弟，因为我们会说，"他与这死者相像。"

8. 说到这里，我们有些离题了。现在我们必须考察这些关系中为何有不相似。请这些哲学家①告诉我们，在这种彼此相关而形成的是中，有什么共同的实体性。显然，这种共同实在不可能是一个形体。所以假设它存在，它必然是无形的，并且它或者在与其他事物相关的事物中，或者来自外部。如果关系状态始终同一，那关系这个术语的含义就是单一的；如果不始终同一，是不同时候有不同状态，那它就是多义的，因为肯定不会仅仅因为它被称为关系状态就必然有同一的本质特性。那么关系是否由此就可识别？——因为我们看到，有些事物有一种不活动的关系，可以说只是躺在那里，只有当它们完全同时发生时，关系才存在；有些事物将自己的能力与活动和关系联系在一起，或者始终倾向于关系，预先为这种关系作好准备，但只有当它们合在一起、成为现实时，关系才真正存在；或者一般地，一方生产，另一方形成，形成的一方只能给另一方名称，而生产者赋予存在。比如父子关系就是这样，但生产方与被生产方有一种生命和现实性。那么我们是否可以这样划分关系状态，不是认为各种不同的关系中有某种统一而共同的东西，而是基于一般的假设，即关系状态与关系双方都不同，是另一种本性，然后从多义性上来谈论，也就是说联合的一方发出行为和影响，另一方不发出，在相关事物中产生关系的事物不同于关系双方？比如，等同是创造相等物的关系状态，它们因等同而成为相等物。一般而言，相同的事物因某种同而

---

① 漫步学派。

成为相同的。至于大小，一者因大的存在而是大的，另一者因小的存在而是小的。如果是较大与较小的问题，那么一者因显现在他里面的大成为现实而是较大的，另一者则因小成为现实而是较小的。

9. 因此就上面提到的情形来说，比如生产者和知识，我们必须指出，由于有实际行为者的活动，以及在活动中运作的理性形成原理，所以关系状态是活跃的，而在另外一种情形中，只有对形式和理性形成原理的分有。可以肯定，如果实在必然是形体，那我们不得不说，被称为关系的这些状态不是实在；但是如果我们把首要的位置给予无形之物和理性原理，认为关系状态就是理性原理，就是对形式的分有，它们的原因……①因为必须得说，倍本身就是事物成为倍的原因，而关系的另一方即半也是事物成为半的原因。有些相关者由于同一形式得其名称，有些则由相反的形式得其名称。比如倍进入一物，同时半进入另一物；大进入一物，同时小进入另一物。或者关系双方都在同一个事物里比如像与不像，以及一般的同与异（所以同一事物可以既像又不像，既同又不同）。这里的问题是，分有同样的形式是否能使一人丑陋，另一人更丑？就他们全是丑的来说，他们同等，都缺乏某种形式；如果一人的丑多一点，另一人少一些，那么丑少一些的人分有了一种非支配性的形式，丑多一些的人也分有这种形式，但是在它更加软弱的时候分有它。如果人们愿意用这种方法比较，也可以用缺乏来比较，这种缺乏就如同它们的一种形式。感知是一种来自相关双方的形式，知识也是出于双方的一种形式；习惯状态相对于被它拥有的事物来说是一种活动，在某种程度上维持着这种状态的存在，就像一种创造；度量是度量者的一种活动，度量者是被度量者的理性原理。所以，如果人们在一般意义上认为关系状态是一种形式，它就是一个类和实体性实在，因为所有情形中都有一个理性形成原理；如果理性原理是相反的东西，又存在我们所说的那些区别，那可能

---

① 这个句子的结论句遗失了。

就不是一个单一的类，而是所有相关方都归于某种相似性和一个单一范畴。即使有可能把我们所提到的所有相对者归于一，也不可能将聚合在同一范畴下的所有事物归于一个单一的类。他们把相对项的否定以及从它们获得名称的事物归于一类，比如倍和两倍高的人，在他们看来是同一类。你们怎么能把一物本身与对它的否定，比如两倍与非两倍，相关和不相关，归到一类呢？这就好比有人以"生命物"为一个类，然后把非生命物放入生命物的类。两倍与两倍高的人就像白色和白人一样，根本不是一回事。

10. 至于性质——被称为限定者[或者有特性者]的事物从它而来——我们必须首先明白它的真正本性，就是能使它产生有特性者的东西是什么？它是否既作为各类性质共同的东西而保持完全同一，又通过可辨别的特性产生自己的种类（species）？或者如果性质在许多不同的意义上理解，是否就不会有性质的类？那么在状态、意向、被动性质、形象和形状中的共同元素是什么呢？① 关于稀薄、坚固和干瘦又怎样呢？如果我们要说共同性质是能力，这虽然符合状态、意向和自然能力，拥有能力的事物从它获得各自的能力，但就不再适合那无能力者。更何况个别的形象和形状它们怎么可能是能力呢？再说，是作为是，若没有特性与它结合，就不会有任何能力。实体的活动，就是最严格意义上的活动，独立地刺激属于特性的东西，它们的所是属于它们自己的能力。但是这是否意味着性质与本质自身所固有的能力相对应？比如拳击的能力不属于作为人的人，但理性属于作为人的人，所以理性在这个意义上不是一种性质，但是从美德获得的理性却是一种性质。所以"理性"具有多义性。也就是说，性质应该是添加给实体的一种能力，它后于实体自身的是，是获得了性质的是。但是使实体彼此区分的特定差别只是在类比的意义上被称为性质，更可能是活动和理性形成原理，或者形成原理的部

---

① 这一节讨论的亚里士多德的段落是《范畴篇》8.8b25 以下。

分，即使它们看起来似乎只是表示实体具有一种特定的性质，其实却阐明了事物的本质。严格而专门意义上的性质，也就是使存在者得到限定的性质，我们说是能力。事实上就它们的一般特性来看，是一种形成原理，并且一定意义上，也是形状和美丑，包括灵魂里和身体上的。它们怎么可能都是能力呢？我们不妨承认，美和健康，包括灵魂的和身体的，是能力，但丑陋、疾病、软弱以及一般的无能怎么能说是能力呢？因为存在者是根据它们而被限定的？但是谁能说"被限定"这个词不可以在多义上使用，而不只是遵照一种定义？事实上它不仅在四种不同意义上使用，而且每一种都可以至少在两种意义上使用。首先，性质可以按主动和被动来区分，由此能实施行为的是一个意义上的性质，接受行为的是另一意义上的性质，不是吗？再者，由意向和状态决定的健康是一种特性，同样疾病也是，力量和软弱也是。若果真如此，能力就不再是所有性质共有的，我们必须寻找其他事物来作共同的元素。另外，所有性质也并非就是理性形成原理。试想，慢性疾病——疾病的一种永久状态，怎么可能是一种形成原理呢？那么性质是否只在于形式和能力，而其他情形都是性质的缺乏？若果真如此，那就没有一个单一的类。它们只能归入一个范畴的一，就如知识是一种形式和能力，而无知是一种缺乏和无能。然而无能是一种形状，疾病也是，所以疾病和邪恶都是有能力的，并且能做很多事，只是都是坏事。如果性质是记号的丧失，它怎会是能力呢？它做自己的事，不考虑是否有正确的结果，因为它不能做的事，它就不会做。不美有某种能力。那么三角形呢？一般来说，我们甚至不应考虑能力，而应考虑性质所倾向的事物。所以性质是人们可以称为形状和特性的东西，形状就是共同元素，形式附在实体上，后于实体。但问题同样存在：为什么会有能力呢？天生的拳击手通过某种方式的处理获得这种能力，没有某方面能力的人也是这样。一般地，性质就是一种非实体性的特性，是某种看起来似乎同等地作用于实体和非实体的东西，比如热、白以及一般的颜色。属于实体的东西是一回事，是实体的一种活动，那处于次级地位、从另一者而来的东西则是另一回事，是前者的形像，与前者相像。如果性质对应于结构、特性和理性形成原理，那无能和丑陋的情形怎么解释呢？它们必须被认为是不完全的形成原理，如在丑人那里。那么形成原理怎么会在疾病里？这里我们也必须谈论被干扰的形成原理，即健康的形成原理。① 或许并非所有这些都包含在理性形成原理中，但足以充当性质的共同元素的东西在实体之外。它不仅以特定的方式构成，而且就是在实体之后产生构成基质的性质的东西。三角形是这种形状所在的事物的性质，不只是单纯的三角形，而且是在这个物中的三角形，它把这物造为三角形的形状。那么人性是否也构造了人？毋宁说，它给予了实体。

11. 既然所有情形都是这样，那为何性质有好几种？既然持久与短暂之间并没有特定的性质上的分别，那为何有状态和意向之间的区别？任何一种意向都足以使某物成为一种特性，持久是一种外在的添加。当然，有人可能会说，意向只是不完全的形状，而状态是完全的形状。如果它们是不完全的，那它们还不是性质；如果它们已经是性质，持久就是一种添加。那么天生的能力为何是另一种性质？如果它们因为是能力，所以是性质，那么我们已经说过，能力特性并不符合全部性质。如果我们说天生的拳击手因受到这样安排而具有特定性质，那么加上"能力"对性质并没有什么作用，因为状态中也有能力。那么因天赋能力而成的拳击手与靠学习训练而成的拳击手为何不同呢？如果他们都具有作为拳

---

① 普罗提诺这里似乎有意拒绝求助于"否定形式"，它们无疑出现在柏拉图笔下，但对柏拉图主义者来说普遍令人尴尬。他在 V. 9, 10 明确否定它们的存在。关于柏拉图的否定形式，见 W. D. Ross *Plato's Theory of Ideas* (Oxford 1951) 167-9。普罗提诺的"相论"正如 Ross 在第 169 页所指出的那样："一种相论完全有可能分配恶的相以及它的种类的相，把感知世界里的一切恶解释为这样的原因：现象与相的关系永远不是完全的示例，而始终是一种达不到原型的模仿。"然而，普罗提诺的密友同同事阿美利乌斯却持不同的观点，或者更接近于柏拉图本人的观点。他假设了恶的形式（Asclepius *In Nic. Arithm.* 44. 3-5 p. 32 Taran; Proclus *Platonic Theology* I. 21 p. 98 Saffrey-Westerink）。

击手的性质,尽管一个是靠训练成为拳击手,另一个是靠天性,这些分别也不是性质上的特定分别,而是外在分别。但相对于拳击这种形式他们会怎样相互区分呢?如果有些性质的产生是因为受了影响,有些则不是,那么区分仍然是外在的。因为性质的来源不产生特定的分别,我所谈论的是通过性质的多样性和具体差异而导致的不同。这里也可能会提出这样的问题,如果这些特定的性质是因为受到影响才产生的,有些以这种方式,有些以那种方式,有些甚至不属于同样的事物,那么各种性质是怎么成为同一种类的成员呢?如果有些性质是因为受到影响而形成,有些性质因为产生影响而形成,那就是在多义上称它们为性质。① 关于每个个体事物的形状又怎样呢?如果它意味着每个事物都是形式,那么在此意义上它不是特性;如果它在一物获得基质的形式之后使它成为美的或丑的,那倒有几分道理。② 粗糙和光滑、稀薄和浓密难道不可以称为特性吗?因为肯定不是由于各部分相互之间的距离远近,才使某物稀薄或浓密,粗糙或光滑,各部分排列的规则或不规则也并不必然导致这样的结果,即使它们是由这些原因产生的,它们也仍然可以是特性。我们了解了轻和重的含义之后,就该知道该对它们如何分类。但是我们如果不是在重量的意义上来理解"轻"(light),那这个词可能会产生歧义,因为它除了表示轻之外,还包含"瘦"和"细"的意思,而这是四个种类之外的另一个种类。③

12. 如果有人认为这样划分性质并不恰当,那么我们还能用什么方式来划分呢?我们应当思考,我们是否必须得说,有些性质属于身体,有些性质属于灵魂,然后根据感官对属于身体的性质分类,把有些分给视觉,有些分给听觉,有些分给嗅觉或触觉。那么我们该怎样对灵魂的

---

① 这段评论涉及亚里士多德《范畴篇》8. 9a35-b11 关于"被动"性质的讨论。
② 这段评论涉及亚里士多德《范畴篇》8. 9a35-b11 关于"被动"性质的讨论。
③ 这里似乎是指 Andronicus,他根据 Simplicius *In Categ.* 8, 263. 19-22 提出了一个特别的类,包含 λέπτον, παχύ 等。

性质分类？分为属于欲望部分的、属于情绪部分的和属于理性部分的。或者根据与这些部分相对应的不同活动来划分，因为这些性质就是要产生这些活动。或者按有益还是有害来分。另外，也必须对有益者与有害者进行划分。对属于身体的性质也可以用同样的分法，根据不同的行为或者根据有益还是有害。这些都是性质的特有分别。人们或者认为有益或者有害源于性质和特性，或者必须采取另一种考察方式。但我们也必须思考被性质限定的事物为何与性质在同一个范畴里，因为两者肯定不是同一个类。如果拳击手属于性质的范畴，那么行为者和创造者为何不是呢？如果这些也在这个范畴里，那么行为和创造的能力也属于这个范畴，这样就没有必要把行为归于关系范畴。同样，如果受影响的一方是因行为而获得性质的，那因行为而受影响这种能力也不属于关系。如果行为者之所以得此名称与能力有关，而能力就是性质，那么把行为者归于性质范畴或许更为恰当。如果能力或者任何能力都与实体相关，那它就不是一种关系，而且不是一种特性。因为行为的能力与多不同，多就它是多而言，必须相对于少才有自己的实在，而行为的能力是因为它已有的所是。或许可以说，因为它是自己特定的所是，所以是一种特性，但就它有能力指向另外的事物而言，也可以说它是作为一种关系而得以被称为行为的能力。那么为何拳击手以及拳击本身不是相对的呢？拳击完全指向另外的人，这种技艺没有哪一部分是不指向他者的。或许我们也应该这样来思考并谈论其他技艺，或者大部分技艺：就它们都与灵魂有关来说，它们是性质；就它们能成就或创造事物来说，它们属于做或造的范畴，因此是指向他者的和相对的。另外，还可以称它们为状态，就此而言也是相对的。既然行为者只有作为一种特性才是独特的，那么从它的行为能力来看，它是否有另一种实在？或许就生命物，尤其是那些有选择能力的生命物来说，我们完全可以认为，（除了性质的实在外）还有一种行为能力的实在，因为他们做这事那事的意向。但对于无生命的能力，也就是我们所说的性质，为何要引进行为和作为呢？每当一物遇到另一物，此物总要从彼物得到一些东西，从彼物的所有中分有一份。但如果此物既作用于彼物又受到彼物的影响，那怎么还会有行为和作为呢？三肘尺在自身中是多，但当它遇到另外的事物之后，就可能是多也可能是少。有些人会说，大的东西和小的东西是因为分有了大小才成的，①所以这种作用和受影响也必然是由于分有主动性和被动性。但是我们这里也要追问，下界的性质和可理知世界的性质是否属于同一类？这个问题专门针对那些断定可理知世界也有性质的人。或者即使有人不承认可理知世界有形式，但他又谈到悟性，其实是一样的；②如果他是在谈论状态，那他肯定会表明可理知世界和可感知世界的状态有某种共有的东西，也认为那里有智慧存在。如果"智慧"这个词不同于下界的智慧，是一种比喻意义上的使用，那么那里的智慧显然不属于这个世界的事物；如果它是在单义上使用，那么这种特性可能就是两个世界所共有的，除非有人说可理知世界的所有事物都属于实体范畴。如果是这样，那理智活动也必然是那里的实体。这也是关于其他范畴的一般性问题，即是否有两个类，一个是这里的，一个是那里的，或者两者可以合归于一。

13. 关于"何时"我们必须这样探讨：如果"昨天"、"明天"、"去年"以及诸如此类的时间是时间的部分，那么为何它们不归于时间所在的那个类呢？因为非常肯定，"曾是"、"正是"、"将是"这些时间的部分与时间属于同一个类。而时间被认为属于量，③那么何必再另设一个范畴呢？如果他们说，不仅"曾是"、"将是"是时间，"昨天"、"去年"

---

① 这是普及的柏拉图教原则，参《菲多篇》100E5-6。但普罗提诺担忧，如下面所表明的，这话不应当理解为是主张有性质的形式，否则与他自己的理论矛盾，他认为可理知世界没有性质，下界里我们所说的性质其实是上界实体的活动。见 II. 6 以及 VI. 2. 14。

② 一个逍遥学派哲学家可能会否定形式，但承认超然、无形的 Noίσ 和 σoψα（普罗提诺一如既往地对这个概念有自己的解释）。

③ 普罗提诺在第 5 节清楚地指出，时间不是数量，尽管一个确定的时间是量；亦参 VI. 3. 11。他在这篇论文中的时间观不像"论永恒与时间"（按坡菲利的著作顺序表，应在"论是的种类"之后，III. 745）那样是经过仔细思考一步步推演出来的。或许因为普罗提诺觉得他在"论是的种类"里对时间的讨论不够充分，因而再写下"论永恒与时间"一文。

也是时间——必然要把这两者归于"曾是"——这些不仅是时间（正如刚刚说的），而且是一段时间，那么首先，如果是"一段时间"，那就是时间。如果"昨天"是过去的时间，它就是复合的东西，因为过去是一物，时间是另一物，这里有两个范畴，而不是单一的事物。如果他们要坚持认为，所谓何时就是在时间里的东西，但不是时间；如果这个"在时间里"的意思是指事件的状态，比如苏格拉底去年还在，那么这"苏格拉底"就是从外部引入的，他们不是在谈论一个事物（而是这个事物）。但是苏格拉底或事件在这个特定时间里指什么意思呢？不就是指时间的一个部分吗？如果因为他们说"时间的一部分"，又因为说它是一部分就表明他们不是在说一个单纯的时间，而是在说时间的一个过去部分，那么他们在这个句子里提出了好几个概念，在部分上添加了作为部分的性质，也就是一种关系。这部分对他们来说是包括在"曾是"里的东西，还是等同于"曾是"，也就是时间的一部分？如果他们作出这样的区分："曾是"是不确定的，而"昨天"、"去年"是确定的，那么首先我们要把"曾是"归于哪里？因为"昨天"是"确定的曾是"，所以"昨天"将是一个确定的时间，而这是一个有一定量的时间。所以，如果时间是一个量，这些时间每一个就是一个确定的量。然而，如果任何时候他们说"昨天"，我们都理解为这特定的事发生在过去一个确定的时间内，那他们是在涉及越来越多的概念。如果我们必须引入另外的范畴，因为要把一物放入另一物内，就如时间的例子这样，那么我们就会发现，把一物放在另一物内会引出许多另外的事物。这一点将在下面讨论"哪里"时解释得更清楚。

14. "在哪里"，在吕克昂（Lyceum），在阿卡得摩（Academy）。无论如何，这里的吕克昂和阿卡得摩都是指处所，是处所的部分，正如"上面"、"这里"是处所的种类或部分一样，区别只在于阿卡得摩和吕克昂有更明确的界定。既然"上面"、"下面"、"中间"是处所，比如德尔菲

（Delphi）就是中间①，还有"中间的一边"，比如雅典、吕克昂以及其他地方是处所，那么我们为何必须寻找处所之外的范畴呢？更何况，当我们提到它们中的每一个时，我们都是指一个处所。如果我们是在谈论另一事物里面的一物，那我们就不是在谈论一物，也不是谈论单一的事物。再者，当我们说这个人在这里，我们是在引出一种关系状态，在这个地方的这个人，接受者与它所接受之物的关系。如果某物产生于一物与另一物的相关性，那我们为何不把它归于一种关系？那么为何"这里"不同于"在雅典"？他们会说，"这里"表示处所；那么"在雅典"也应该表示处所，所以"在雅典"属于处所。如果"在雅典"意指"是在雅典"，"是"是加在那个处所上的范畴，但它不应该加上去，正如人们不会说"性质是"，只是说"性质"。总而言之，如果在时间内的东西是除时间之外的另外事物，在处所内的东西是处所之外的另外事物，那么罐里的东西岂不产生另一范畴，质料里的东西岂不是另外事物，基质里的东西岂不也是另外事物，整体里的部分以及部分里的整体，种类中的类以及类中的种类，岂不都是另外的事物？若果真如此，我们就会有更多的范畴。

15. 就被称为"活动"[或作为和制造]的事物来说，② 我们应当探讨如下几点。有人说，由于实体之后有实体的伴随物量和数，所以数量（quantum）是另一个类；因为性质伴随实体产生，所以特性是另一个类。同样，既然（实体之后）有活动，那行为就是另一个类。那么这个类就是行为或者产生行为的活动吗，就像性质是产生特性的一个类？或者在这里，活动、行为和行为者，或者行为和活动被包括在同一个类里？但是行为更加清楚地表明还有行为者，而活动并不表明这一点；行为在某种活动中，也就是某种活跃现实性中。这样说来，是不是活跃现实性更

---

① 在希腊传统中，德尔菲的脐石（ὀμψαλός）是地球的中心。
② ποιεῖν 和 ἐνέργεια 是两个相当难译的词。"作为和制造"、"活跃的现实"对表达出这两个词的完整含义有点帮助，但太烦琐，不能连续使用，也没必要。后面我们会发现各种折中译法，但都不太令人满意。

可能是范畴——有人认为它显现为实体的一种伴随物（属性），就像另一例子中的性质那样？[这里是否有这样一个问题：]活跃现实性是否实体的伴随物，就像运动那样？真存在者的运动是一个类。① 因为性质是实体的一个独特伴随物，因而性质是一个类，关系因事物彼此之间的相关状态也是一个类。既然运动也是实体的一个伴随物，那它为何不能是一个单独的类呢？

16. 如果有人说运动是不完全的活跃现实性②，那我们完全可以赋予活跃现实性以优先地位，使运动从属于它，以它为种类，因为运动是不完全的，使活跃现实性成为它的范畴，但加上"不完全"的限定词。说它"不完全"，不是因为它不是活跃现实性，它完全是活跃现实性，但它必须"一次又一次"地重复。它这样重复，不是为了实现活跃现实性——它已经是现实的，而是为了成就某个目标。这个目标在它自身之外，是另外的事物，并且在它自身之后。所以，当它成就了这个目的之后，得完全的不是它自己，而是它的目的。比如，行走就是从起点一直走。如果人们必须走完一段路程，但还没有走完，那所缺乏的不是行走，也就是缺乏的东西不在运动中，而在于行走的距离还不够长。但不论走多短的距离，它已经在行走，因而已经在运动中。毫无疑问，处在运动中的人肯定已经运动了，正在剪切的人就已经剪切了。正如被称为活跃现实性的东西不需要时间，同样，运动也不需要时间，只是指跨越一定空间的运动。如果活跃现实性是无时间的，那运动也是，因为活跃的现实是一般意义上的运动。如果（有人说）它无论如何都必然在时间中，因为它获得了持续性的特性，那么视线没有受到妨碍的视力也在连续性中，岂不也在时间中了？有一种愚蠢的说法试图证明这一点，这种说法认为，

---

① 这里是指关于可理知世界 κίνησις 的"柏拉图范畴"（柏拉图《智者篇》254D）。见 VI. 2. 7-8。

② 这是亚里士多德的观点。见《物理学》Γ 2. 201b31-32；《形而上学》K 9. 1066a 20-21。

不论什么样的运动,总可以无限分割。也就是它没有一个时间上的开端,一个把它包含在里面、使它从此处开始运动的起点,也没有运动本身的开端,它总是可以不断分割,无限倒退。于是就得出这样的结论:刚刚开始的运动就已经处在无限的(时间上的无限)运动之中,所以,运动就其开端来说是无限的。得出这样的结论是因为将活跃的现实性与运动分离,认为活跃现实性发生在无时间之中,又说运动不只是包含一定长度的运动,还需要时间。但他们不得不说它的本性是属于量的,甚至承认如果它是一天的长度,或者你愿意的任何一个时间长度,量是偶然存在于它里面的。因此,正如活跃现实性是永恒的,同样,运动的产生也必然没有时间,而时间的产生在于运动成为有一定长度的运动。由于变化也被认为发生在永恒里,有话说"似乎没有一种变化是突然发生的",[①] 既然变化如此,为什么运动不也同样如此呢?但是这里所说的变化不是指完成了的变化(变化的结果),因为完成了的变化不需要变化的过程。

17. 如果有人说,无论是活跃现实还是运动,就其自身来说都不需要类,但必须把它们归于相对关系,因为活跃现实属于那潜能地活跃而现实的事物,运动属于潜能地推动或被推动的事物,那么我们必须回答说,正是相关状态产生出相对物,仅仅说一物与另一物相关这样的话不可能产生相对物。如果有某种实体性实在,即使它属于别的事物,或者与别物相关,也必然在这种相关性之前就拥有自己的本性。这种活跃的现实性、运动和状态,虽然属于另一者,却没有丧失它们先于一切关系的特性,所以要从它们自身去思考它们,否则按这样的说法,一切事物都是相对的,因为任何事物肯定都有与某物的关系,比如灵魂的例子。为什么不能把活动和行动归于关系?运动和活跃现实性可能完全属于关系。但是如果他们将活动归于关系,提出行为是一个类,那他们为何不将运动归于关系,而指出处于运动中是一个类,将作为一个类的"处在

---

① 亚里士多德《物理学》A 3. 186a15-16。

运动中"分为二,分为行动的种类和被动的种类,而不是像他们现在这样,说行动是一个类,被动是另一个类?

18. 我们必须考察他们是否会断言,在行动中,有些活动是活跃的现实,有些是运动,说那些突然发生的是活跃的现实,其他的是运动,比如剪切——因为剪切在时间中进行——或者它们是否都是运动,或者伴随着运动;是否所有活动都与被动相关,或者也有一些是独立的,比如行走和谈话;是否所有与被动相关的活动都是运动,而独立的活动是活跃现实;或者是否每一类中都有一些是活跃现实,一些是运动?行走无论如何是独立的,他们会说它是运动;而思考,尽管也没有任何被动性,我想是一种活跃的现实。否则,我们就必须断言,思考和行走根本不属于行动。而如果它们不在行动中,那就必须说明它们在哪里。或许思考的行为与思想的对象相关,就如一般的思想那样。可以肯定,感知觉与感觉对象相关;既然感知觉与感觉对象相关,为何现实的、特定的感知行为却不与感觉对象相关呢?事实上,感知觉即使与另外事物相关,确实有一种与某物的关系性,但也有超越于关系性的东西,或者是一种活跃的现实,或者是一种漠然的体验。如果漠然的体验超然物外,不属于某物,不由某个动因引起,而是另外不同的事物,那活跃的现实也同样如此。行走本身虽然也具有属于某物的特点,事实上它属于脚,也是由一个动因引起的,但可以肯定仍然具有运动的本性。同样,思想也超越于它的关系,或者拥有运动的本性,或者拥有活跃现实的本性。

19. 我们必须考察,是否有些活跃现实因为没有加上时间因素就会显现为未完成的,因此它们将与运动归于同一类,比如生命和生存。每个人的生命都有一个完整的时间,他的幸福也不是瞬间的事,这与他们所主张的运动是一样的。所以,两者都被称为运动,而运动是一物,一个单一的类,如我们所看到的,实体里除了有数量、有特性之外,还有与实体相关的运动。如果你愿意,(我们可以说)有些运动是形体的,有些是灵魂的；或者有些是自发的，有些是由其他动力在运动的事物中产生的；或者有些源于自己，有些源于他物——源于自己的运动是活动，不论它们指向他物还是独立自存，那些源于他物的运动是被动。然而指向其他事物的运动与源于其他事物的运动是一样的。比如剪切，源于剪切者的剪切，与发生在被剪切事物中的剪切是同一的，但剪切与被剪切是不同的。或许即使源于剪切者的剪切与发生在剪切行为中的剪切也不是同一的，所谓剪切是一个过程。在这个过程中，一种特定的行为和运动在被剪切的事物产生另一种连续的运动。或者区别不在于现实的被剪切，而在另外事物中，在随后的运动中，比如感到痛苦，因为这里肯定有被动性。那么，如果没有任何痛苦，情形又怎样呢？除了存在于这一特定事物中的行动者的活跃现实性，还会有其他什么呢？这种描述也适用于行动。就此而言，行动是双重的，一种出现在另一物中，一种不出现在另一物中。所以区别不再是行动与被动的区别，是发生在另一物中的这类行动提出这样一种推测：有两个行为，主动与被动。比如书写，虽然要作用于另外事物，但不需要被动的概念，因为它不在写字本——那是在书写者的现实活动之外的东西——上产生比如痛苦感这样的别的事物。如果有人说，本子被写上字了，那他不是在指被动的感受。就行走来说，虽然有人行走的地面，但行走并不包括地面被动承受这个概念。当人踩在生命物的身上时，他确实会想到被踩者的被动承受，因为他会推测随之发生的痛苦，但他不会想到行走里面的人被动承受，[①] 否则，在前一例子里他也应该想到被动承受。这样，就一切有关行动的情形来说，提到一个类，就必然与被动承受，也就是行动的对立面连结在一起。但被称为被动承受的东西是随后发生的，并非像被烧与燃烧那样对立。燃烧的结果与被燃烧是同一的，或者是出现在被烧对象身上的痛苦，或者是产生其他东西比如枯萎。如果有人为了引起痛苦而采取某种行为，那

---

① （里面的人）的话系中译者所加。

么这里难道不是有两者，一者行动，另一者承受吗？即使两者都源于同一个现实活动。这里，实际活动中可能不再包含想要伤害的意志，它产生了不同于活动本身的东西，就是引起痛苦的中介。当这个中介出现在将要受到伤害的事物中，就产生另一个结果，就是受伤害的感觉。那么那个引起痛苦的中介，当它还没有引起痛苦之前，或者它根本没有在对象中引起痛苦，如果是这样，那它岂不就是（它所进入的）那个对象的被动感受，就像听力那样？但是听力其实并不是一种被动感受，一般的感知觉都不是。而感受伤害是进入一种被动状态，这与行动不对立。

20. 但是就算它不是对立面，仍然是与行动不同的，不像行为与作为那样属于同一类。如果两者都是运动，那就在同一类里，比如"性质上的变化是性质的运动"①。那是不是说无论什么时候行为者发出性质方面的运动，即产生性质上的变化，如果行为者未受影响，它就是一种行为，一种现实的活动呢？如果行为者未受影响，它属于行为的范畴，但如果行为者作用于另外某人，比如打他，并且自己也受到反作用，那么行为者就不再只是在行动里，因为这里行为者不可能不受影响。如果影响只与同一事物（被动）有关，那么比如摩擦，为何要把它归于行动，而不是归于受影响的？正因为摩擦是相互的，所以行动者也受影响。那我们是否要说，这里有两种运动，因为它相互推动？怎么可能有两种呢？必然只有一种。那么为何同一种运动既是主动行动又是被动影响？它是主动行动，因为它是一物发出的，它又受到被动影响，因为它作用于另一物，但运动始终是同一种运动。那我们是否可以说被动影响是不同于主动行动的另一物？这种产生性质变化的运动是如何在行为者保持不变（不受变化影响）的情形下处理以另一种方式受到影响的事物的？因为显然，行为者不可能因它在另一物中所做的事而受影响。那么运动是否真的在于另外事物产生被动影响，而行动者本身没有受到影响？如果一

---

① 亚里士多德：《物理学》E 3. 226a26。

方面天鹅的理性形式产生天鹅的白色，另一方面，天鹅的白色是天生的，那么我们是否可以说这天鹅在发展为实体时受了影响？如果相反，它是在形成之后才变为白色的，那又怎样呢？如果一物能使另一物变大，另一物能被变大，那么是否那能被变大的事物就是受动者，或者被动影响只能限定在性质上？如果一物使另一物变美，另一物被变美，那被变美的一物是否就是受动者？如果使另一物变美的这一物变丑了，甚至消失了，比如锡，而另一物比如铜，变得更好了，那我们是否就说铜是被动影响的，锡是主动行动的？就学习者来说，当行动者的活动传递给他时，他会怎样受影响？活动既然肯定是一，它怎么可能成为被动呢？那么是否可以说：这活动不是被动，但拥有这活动的学习者可能会被动受影响，因为受影响的意思就是某人受影响，而学习者受影响的意思不是说它不拥有主动活动，因为学习这种活动不同于受击打，它是一个领会、知道的过程。看也是如此。

21. 那么我们通过什么标志来识别被动呢？可以肯定，如果活动的接受者接管活动，并使它成为他自己的活动，但影响他的活动是从另一物发出的，那么这种情形下不可能有被动。那是不是要寻找没有任何活动、只有被动影响的情形？假如行为者更美了，但活动拥有它较丑的一面，那会怎样呢？或者有人受邪恶支配，肆无忌惮地攻击别人，那又怎样呢？可见，活动完全可能是坏的，而被动影响可能是好的。那么我们通过什么来区分它们呢？或许可以通过这样的事实来区分：主动活动源于行动者，指向他者，而被动影响存在于他者中，但出于另一个源头。如果它出于自己，但不指向他者，比如思考或发表意见，那又怎样呢？如果因为自己的思想而变热或者由于某种意见而热血沸腾，但没有任何东西从外部进入他里面，那又怎样呢？行为，不论是在自身中的，还是指向他物的，是一种自因的运动吗？如果欲望的运动源于欲求对象，那么色欲以及其他各种欲望是什么呢？当然有人可能并不承认这样的假设，认为欲望的运动不是出于对象，只是在对象出现之后才被唤醒。那么欲望怎样不同于被击打，或者被推搡和被击倒呢？或许我们应当把欲望分为两类，凡跟从理智的欲望都是行为，而那些完全表现为冲动和阻碍人的欲望是被动影响，被动影响不是源于他物或源于自己的问题——因为一物也可能在自身中腐烂——。问题在于，如果一物没有自己的任何贡献，只是经历一种变化，这种变化没有使它走向实体性，而使它变得更坏，或者不是变得更好，那么这样一种变化是否具有被动的特性，是否就是被动影响？但是如果被加热就是获得热，而且对一物的实体性有作用，对另一物的实体性没有作用，那么受影响和不受影响是一回事。可以肯定，受热具有双重性，受热如果对实体性有帮助，也会通过另外事物受影响而促进实体性。比如铜受热，因而它是受影响者，但实体是铜像，它本身没有受热，只是因为被包括在受热的铜里，故偶然受热。如果铜因为受热或者按照受热程度而更美了，就完全可以说它是因被动影响而变美的，因为被动影响也是双重的，一种是变坏或变好，另一种是既没变坏也没变好。

22. 所以被动影响的产生是由于自身内部有一种朝向变化的运动，而行动或者在自身中拥有一种独立的自发运动，或者始于自身终于他物。也就是说，行动是行为者发出的运动。两种情形都存在运动，但将行动与被动影响区分的差异使行动——因为它是行动——不受影响，使被动影响变得与它原先不一样。受影响之物的实体没有得到任何对它的实体性有益的东西，但一种实体形成了，受影响之物就不同了。所以，在一种关系中是行动，在另一关系中可能就是被动影响。其实它是同一种运动，只是从一方面看，它是行动，从另一方面看，它是被动影响，因为这样处理两者就可以使它们完全归入关系范畴。所以看起来，凡是行动与被动感受相关的例子，两者可能都是关联的双方。对同一个关系，如果从这边看，它就是行动，从另一边看，它就是感受。每一个都不是从它自身的角度看的，一者总是与行动者联系在一起，另一者总是与受动者一起。这个推动，那个被动，每一个都涉及两个范畴。这个把运动给予那个，那个就接受运动，于是就有了给与取，这就是关系。如果如俗话说的，接受者"拥有颜色"，那它为何不也"拥有运动"？独立的运动比如行走，有走，也有思。另外，我们必须思考，预见是不是行动？成为预见的对象是否就是受影响？——因为预见指向另外事物，是关于另外事物的思考。但是我们说，预见不是行动，即使是关于另外事物的思想，它的对象也不受影响。思想也不是行动，——它并没有在思想对象本身中起作用，只是关涉对象而已，它不是任何一种行为或制造。我们不能把一切活动都称为行为和制造，或者说它们做某事；做是偶然发生的。比如，如果有人行走时留下了脚印，我们是否可以说他制造了脚印？他确实制造了，因为他原是另外的事物。或者我们可以说制造是偶然的，制造脚印的活动是偶然的，因为他并没有把这一点作为目的考虑，其实我们是在谈论无生命物的行为比如火发热，或者"药物产生效果"。这个问题就谈到这里。

23. 关于拥有，如果"拥有"在许多不同的意义上使用，他们[①]为何不把所有这些意义上的有都归入这个范畴？比如量因为有大小，特性因为有颜色，父亲因为有儿子，儿子因为有父亲，如此等等。总而言之，凡有所有物的，都该归于这一范畴。然而如果其他事物归入那些数量、性质和关系的范畴里，而武器、鞋子以及与身体相关的事物归入这个范畴，那么首先，我们可以问为什么，为什么"拥有"这些东西的人产生另一个范畴？而如果他烧了这些东西，或者砍掉它们，或者埋了它们，或者扔了它们，却没有形成另一个或另一些范畴？如果这是因为它们依附在身体上面，那么如果把斗蓬放在床上，是否就会有一个范畴？如果有人把它再穿在身上，就有另一个范畴？如果这符合所有和拥有的状态，那么显然，所有其他所论到的与拥有相关的事物也都可以归于拥有状态，不论把它们放在哪里，因为从被拥有者来看，置于何处没有任何分别。如果人不能说拥有是一种性质，因为我们已经说过性质是一个范畴，不能说他有数量，因为数量这个范畴已经有了，不能说他有部分，因为部分属于实体。实体范畴也已经

---

① 指漫步学派。

讲过，那么他为何能说他有武器？武器也属于实体范畴，鞋子和武器都是实体。再进一步说，"此人拥有武器"，一个简单的陈述为何属于一个单一的范畴？因为这话表示被武装起来。那么这话是否只能说活人？或者如果它是个雕像，是否也可以说它拥有武器？这两个"有"武器是在不同意义上说的，或许"有"是多义的。同样，"站立"在两个例子中（即在生命物和无生命物中）也是不一样的。所以，只出现在某些情形中的事物怎么可能拥有另一个普遍的范畴呢？

24. 关于位置——同样只出现在少数情形中——躺着和坐着，虽然这些词并不完全表示位置，我们总是说"他们被置于某个位置"，或者"他被摆成如此这般的姿势"。姿势是这个类之外的事物，但位置所表示的不就是"在某个处所"。既然已经提到两个范畴即处所和姿势，那为什么非要把两个范畴合为一个呢？再者，如果"坐"表示一种活动，它必然归于活动，如果是一种被动感受，就必然归入已经受影响或受影响的类别。至于"他躺在"的意思，或者是说他"躺在上面"，或者"躺在下面"，或者"躺在中间"，此外还会有别的意思吗？既然"躺在"属于关系范畴，那么为何躺在某物上的人不也属于这个范畴呢？既然躺在右边是关系范畴，躺在右边的人和躺在左边的人也是。这个问题就谈到这里。

25. 至于有人提出四个类，用四分法把事物分为主体、特性、处于某种状态的事物以及处于某种相关状态的事物，又认为在它们之上有一个共同之物，①把所有事物囊括在一个类里。关于这些人，人们可以提出很多证据驳斥他们，因为他们假设了一个共同物，万物之上的一个类。说真的，他们提出的这个共同物是多么不可思议和多么不合理性，无论是有形之物还是无形之物，都完全不适用。②他们没有赋予这个共同物任

---

① 还是斯多亚学派的 τι，见第 2 节注。

② 关于斯多亚学派的范畴，关于对它们的误解——这种误解可能是因为我们的大部分原始资料，这几节就是其中很重要的部分，都带着敌对性——的详尽阐述，见 J. M. Rist *Stoic Philosophy* (Cambridge 1969) ch. 9, "Categories and their Uses", 152-72.

何特性，所以他们自己也不可能将它区别出来。这共同物或者是存在的，或者是非存在的；如果它是存在的，它就成了它的种类之一；如果它是非存在的，那么就是把存在者归于非存在者。这样的反驳数不胜数。现在我们要撇开这些，思考他们的分类本身。他们把主体放在第一位，在这点上也就是把质料放在其他类别之前。这样，他们就把自己视为第一原理的东西与在他们的第一原理后面产生的事物放在一起。首先，他们把先在事物与后来事物放进同一个类，但是在先者与在后者不可能成为同一类，在后者从在先者获得自己的是，而在同一类里的事物从这个类接受的是同等份额的本质，因为类就是在谈论种类的本性时所预示的东西。——我想，他们不可能不承认存在是从质料进入其他事物的。其次，当他们把主体算为一个类时，他们没有列举存在的事物，却在寻找存在之物的原理。你是谈论原理，还是谈论事物本身，这里有很大的差别。如果他们要说的是只有质料存在，其他事物都是质料的感受，那么他们不应在这个存在者和其他事物之前确立一个单一的类。相反，如果他们分出一物作为实体，把其余的看作感受，然后再将这些感受进行分类，这样倒更合理一些。但是，把某些事物称为主体，把其他事物放在这些范畴里，这是不合理的，因为主体是一，除了被分为部分，没有任何差异，就像一个团块——然而它甚至不能分，因为他们说它的实体是连续的。——所以，不如用单数形式说"主体"可能更好。

26. 一般而言，质料是某种潜能，把它放在一切事物之前，而不是把现实放在潜能之前，无论如何都太过荒谬了。如果潜能占据存在者原理的位置，那它甚至不可能成为现实，因为它肯定不会自己使自己成为现实，现实者必然在它之前，所以这个潜能就不可能是原理。或者如果他们说，潜能和现实同时发生，那他们就把原理放在偶然领域。如果它们同时发生，那他们为何不给现实第一的位置？为何是这一个，即质料拥有更多存在，而不是那一个即现实呢？如果现实是后来的，那它是怎样生成的？可以肯定，质料不会生出形式，没有任何性质的东西不可能生出有性质的事物。现实也不可能出于潜能。如果现实出于潜能，现实就会存在于潜能中，那潜能就不再是单一的。神在他们看来是后于质料的，因为他是一个形体，是质料和形式的复合。那么他从哪里获得自己的形式？如果他拥有形式却没有质料，那就有原理的本性，是一种理性形成能力，神就是无形的，是具有创造力的无形者。如果神即使没有质料，其本性仍是复合的，因为他是一个形体，那他们就要引入另一个质料，即神的质料。如果质料是形体，它怎么可能是原理？因为形体不可能不成为多，每个形体都由质料和性质复合。如果这个形体是不同意义上的形体，那他们是在模棱两可地称质料为形体。① 如果三维性是形体的共性，那他们是在谈论数学上的形体；如果除了三维之外还有阻力，那他们是在谈论某种并非一的事物，因为阻力或者是一种特性，或者源于性质。阻力是从哪里来的？三维延伸从哪里来，谁伸展它？质料不包含在三维性的定义中，三维性也不包含在质料的定义中。如果质料分有大小，它就不再是单一的。那么它的合一源于何处？它当然不是绝对真理的合一，而是通过分有统一才有的一。他们应该已经明白，把体积放在万物的第一位置是不可能的，占据第一位置的是那没有体积的东西，是一，始于一而终于多，始于无大小，终于大小，因为若没有一，就不可能有多，若没有无大小者，就没有大小。也就是说，尺寸之所以是一，不是因为它自身是一，而是因为它分有一，是生成的一。因此在集合而存在的事物之前，必然有原初地、完全地存在的事物，不然，集合者怎么可能产生呢？人们必然研究什么是集合的方式。如果斯多亚学派真的是这样做的，那他们很可能已经发现这个不是偶然为一的一。所谓"偶

---

① 这里，甚至普罗提诺也有点意识到，斯多亚学派的形体主义并非如柏拉图主义和逍遥学派中的反对者所设想的那样粗俗可笑。斯多亚学派的"形体"概念比普罗提诺这里以及其他地方所描述的要精致、深奥得多，也有趣得多。见 S. Sambursky *The Physics of the Stoics* (London 1959), 29-44（与现代物理学的有趣类比）；A. A. Long *Hellenistic Philosophy* (London 1974), 152-8。

然为一",我的意思是指不是一本身,而是从他者分有的一。

27. 他们还应当用其他方式使万物之原理保持尊贵的地位,而不是提出无形状者是原理,或者没有一点生命、缺乏智能、模糊不清、不确定的东西为原理,然后把实体归于这个东西。他们引入神只是为了表面迹象,这个神从质料获得自己的是,是复合和派生的,或者毋宁说是处于某种状态的质料。如果质料是实体[或主体],就必然有另外的事物作用于它。这种事物在它之外,使它服从于由它派入质料里的事物。如果神本身在质料里是从属的,他本身是与它一同生成的,那他就不会使质料成为主体,也不会随质料一起成为主体[或基质]。既然没有任何事物使它们成为基质,因为一切都已经在所谓的基质里被消耗了,那它们将成为什么东西的基质?基质之所以是基质是相对于某物而言的,不是就它自身而言,而是就作用于它和使它受影响的事物而言的。基质是相对于不是基质的事物而言的,也就是相对于外在的事物而言,所以必然有外在的事物,这应该就是刚刚省去没说的。如果他们不需要任何外在的东西,基质本身就能通过扮演角色生成一切,就像跳舞者在舞蹈中使自己成为一切①,那它就不再是基质,它自身就是一切。就如舞蹈者不是各个角色的基质——所有其他角色都是他的活动现实——同样,如果其他一切都出于他们称为质料的东西,那它不可能是一切事物的主体。或者毋宁说,如果处于某种状态的质料就是所有其余的东西,就如处于某种状态的舞蹈者就是扮演的角色,那所有其余的东西甚至不能存在。如果所有其余的东西都不存在,这质料无论如何也不可能是基质,不是存在之物的质料,因为它是纯粹、单一的质料,因此不可能是质料,质料是相对物。相对物就是与其他事物相对而言,并且是与同类事物相对,比如倍相对于半,不是实体相对于倍。是与非是怎么会是相对物呢?只可

---

① 简洁地提到普罗提诺最喜欢的比喻之一,就是宇宙舞蹈者的比喻。参 III. 2. 16. 24-27; 17. 8-11; IV. 4. 33. 6-25。

能偶然如此。而是本身与质料的关系就如同是与非是的对立。如果它是潜能，也就是将是，而潜能不是实体，那么它本身就不是实体。这就是斯多亚学派所做的：他们指责那些从非实体中造出实体的人，但他们自己却从实体中造出非实体，因为他们的宇宙就其是宇宙而言，不是实体。然而荒谬可笑的是，质料，也就是基质，是实体，而形体却不是。宇宙和形体一样，都没有实体性。在他们看来，宇宙只是因为是基质的一部分才是实体。生命物不是从灵魂，而是从质料获得它的实体性，灵魂是质料的一种情感，在质料之后生成。那么质料从哪里得赋灵魂，以及一般而言，真实是从哪里获得灵魂？为何质料有时候变成形体，而它的另一部分变成灵魂？即使形式是从别的地方来的，当性质进入质料时，灵魂也绝不可能生成，有的只是无灵魂的形体。但是如果某物塑造质料，创造灵魂，那创造的灵魂必然先于被造的灵魂。

28. 虽然有许多事实都可以驳斥这种理论，但我们必须就此打住。不然，对如此显而易见的谬论还费力去对付，表明他们把非是放在第一位，视为首要之是，从而本末倒置，岂不显得可笑？他们之所以这样是因为感知觉成了他们的向导，他们依赖感觉来放置原理和其他事物。因为他们认为形体是真存在者，而且由于他们害怕它们相互之间的变化，就认为在它们之下持续不变的东西就是实在，好比有人认为处所而不是处所里的形体是真是，以为处所是不灭的。处所确实为他们而持续，但他们不应认为以任何方式持续存在的东西就是真是，而要首先搞清楚真是的事物必须有什么特性，持续不变依赖这种特性才能永远存在。如果在一个存在者变化过程中有个影子始终伴随它存在，那它不会比存在者存在更长时间。感觉世界，包括持续存留的基质和许多其他事物，是丰富多彩。它作为整体应该比它里面的任何一个事物更真实，但是如果整体就不是真实的，那基质怎么可能成为它的根基呢？最不可思议的是，虽然他们依据感知觉来保证每个存在的事物以及一切存在的事物，他们却提出感觉不可能感知的东西为真是，——比如他们把阻力归于质料，这是不对的，因为阻力是一种性质。如果他们说他们是根据理智把握真是，那这是一种奇怪的理智。它把质料列于自己之前，认为真是属于质料，而不属于它自己。既然他们的理智在他们看来不是真实的，那当它谈论比它自身更权威、与它没有任何联系的事物时，怎么能相信它呢？关于这种本性以及基质我们已经在别的地方谈论得很多。

29. 在他们而言，特性必然不同于主体—基质，这就是他们的意思。否则，他们就不会把它们列于第二。如果它们是不同的范畴，那它们必然也是单一的；如果是单一的，那就不是复合的；如果不是复合的，它们就必然没有质料，因为它们是特性。若果真如此，它们必然是无形体的，是活跃的，因为质料是被动的，受制于它们。而如果特性是复合的，那么首先，以下这种分法是荒谬的：使单一的特性与复合的特性彼此对立，然后置于同一个类下，再后把其中之一（单一者）放在另一者（复合者）里，就好比有人划分知识，说一种是人文知识，另一种是人文知识再加上别的知识。如果他们说特性是受到限定的质料，那么首先他们的理性形成原理将内在于质料。当它们在质料里生成时，它们不会造出复合的东西。在它们造出复合物之前，它们将由质料和形式构成，所以它们自己不可能是形式或形成原理。如果他们说，形成原理不是别的，就是某种状态的质料，那么他们的意思显然是说，特性是某种状态的事物，所以应当将它们归于第三类。如果这是一种不同的状态，那么不同是什么呢？显然，在这里，处于某种状态具有更多的存在。但是如果它离开质料就不是一种存在，那他们为何把它算为一个类或种类？可以肯定，是的东西与不是的东西不可能属于同一个类。处于某种状态的这个是有什么东西加在质料上？它或者是存在的，或者是非存在的；如果是存在的，它就是完全无形的；如果是非存在的，它就空有虚名，其实只有质料，特性是虚无。某种状态的事物不是任何事物，它仍然是非存在。甚至所提到的第四类仍然是非存在的。所以，唯有质料存在。那么是谁作出这个谓述？不可能是质料。（那么是谁呢？）或许质料确实这样说了，因为处于某种状态的质料就是理智,尽管"处于某种状态"是一个没有意义的修饰。就是说,质料说出这样的谓述,并理解这个谓述。如果它说了有意义的话,那倒是奇怪了,因为它既没有理智,也没有灵魂,它是怎样思考,怎样成就灵魂的工作的?如果它说话语无伦次,使自己成为非是和不可能是的东西,那么我们该把这种无意义归于谁呢?如果它确实说话,那就归于它自身。但事实上,质料不会说话,如果有人说质料能说话,那说明他完全属于质料,即使有一点灵魂,也对自己一无所知,对关于这样的事能够说出真理的能力一无所知。

30. 就处于某种状态的事物来说,把处于某种状态的事物放在第三类,或者不论把它们放在哪一类,或许都是荒谬的,因为凡是处于某种状态的事物都与质料相关。但是他们会说,处于某种状态的事物拥有自己的特性,处于这种或那种特定状态的质料是一回事,而处于某种状态的事物是另一回事。此外,特性是相对于质料处于某种状态,而专门处于某种状态的事物是相对于特性而如此。如果特性本身不是别的,就是处于某种状态的质料,那么同样,处于某种状态的事物在斯多亚学派看来就回到质料,并相对于质料而如此。但是既然处于某种状态的事物之间有很多差异,那它们能属于同一个类别?"三肘尺"与"白色"怎么能归入同一类别?它们一个属于数量,一个属于性质。何时与何地怎么能是同一类别?总而言之,"昨天"、"去年"、"在吕克昂"、"在阿卡得摩"怎样处于某种状态?一般而言,时间如何处于某种状态?时间不是状态,时间本身中的事物也不是,在空间中的事物不是状态,空间本身也不是。行为怎样处于某种状态?因为行为者不是存在于某种状态,而是以某种方式作为,或者也不是以某种方式作为,他只是作为。被动影响的一方不是存在于某种状态,毋宁说以某种方式受影响,或者纯粹地受影响。或许"处于某种状态"只适用于位置和拥有,但就拥有来说,人不是"拥有某种状态",而是绝对的"拥有"。关于相对者,如果他们没有把它与其他[处于某种状态的事物]归于一类,那应该提出另一番讨论,探讨

583

他们是否承认这样的相对状态是实在,因为他们往往不这样认为。另外,把在已经存在之物后面的事物与它前面早已存在的事物归于同一类,显然是荒谬的,比如必然先有一和二,然后才有半和倍。

关于存在者或者存在者的原理,还有其他许多人也提出了其他种种理论,不论他们说它们是无限的或有限的,无形的或有形的,或者两者兼而有之,人们都可以随己意进行一一探讨,同时把古人对这些观点的反驳意见也一并考虑进去。

2. 二论是的种类

1. 我们已经讨论了所谓的十类,也谈论了那些将一切事物归于一类并提出这个类下辖四个种的人①,接下来应该说说我们自己对这些事的看法,并力图把我们自己的思想引回柏拉图的思想中。如果必须承认"是"只有一个,那就没有必要考察是否有一个类统辖万物,或者类是否不能归于一,或者原理是否可能归于一,或者人们是否应当承认原理等同于类,类等同于原理,或者是否所有原理也就是类,但类并不都是原理,或者反之(所有类都是原理,并非所有原理都是类),或者在两组中,有些原理也是类,有些类也是原理,或者在一组中,所有成员都是另一方,而在另一组中,只是某些是另一方。② 但是,我们坚持认为"是"不

---

① VI.1 前 24 节是对亚里士多德十大范畴的评论,后 6 节是对斯多亚学派范畴的评论。请注意普罗提诺对斯多亚学派的最高类 τι 所赋予的重要性(参 VI.1.25 以及下面 21-5 行),他没有完全明白这个词,所以对它特别感到苦恼,或许是因为中期柏拉图主义者塞维鲁斯(Severus)——在普罗提诺的学派中要读他的作品(《生平》第 14 节)——很重视它,并在注释《蒂迈欧篇》中用到它,见下面注 4。

② 关于原理与类之间的区别见第 2 节 15-19。它对普罗提诺注释《智者篇》极其重要。

是只有一个——柏拉图和其他人已经解释了原因[①]——所以就有义务探讨这些问题。首先集中讨论我们所指的"是"有多少种类,在什么意义上是这些数。既然我们是在讨论"是",就必须在讨论中首先确定我们所称的"是"。——目前我们关于它的考察应该是正确的——与其他人认定的"是"是有分别的,他们所谓的"是",在我们看来是生成(becoming)的东西,永远不可能是真正的"是"。在思考这两种完全不同的"是"时,我们不能这样思考它们:似乎有一个类,它是"某物",它分成了这两种"是",或者认为柏拉图作出了这种区分。因为把"是"与"非是"放在同一类显然是荒谬的,这就如同把苏格拉底与他的肖像放在一类。这里[②]的"作出区分"意思是分开来,指出看起来是"是"的东西并非就是"是"。由此柏拉图向他们指出,真正"是"的东西是另外的东西。他在"是"前面加上"永远",表明"是"永远不会掩饰"是"的本性。所以我们要谈论这样的"是",我们基于"是"不是一的理论而讨论的就是这样的"是"。然后,[③] 如果合适,我们也要谈一谈生成、生成的事物以及感官感知的宇宙。

2. 我们主张"是"不是一,那我们是不是说它是一个数或者是无限?我们所说的"不是一"真正意思是什么?我们说,它既是一又是多,它是一个包含丰富多样性的一,将多聚集在一中。因此这一必然或者是普遍的一,存在者是它的种类,由此它是多和一;或者它必然是多于一的类,但所有类都聚集在一下;或者应该有多个类,但它们谁也不从属于谁,每一个包括自己下面的东西(不论它们自身是低一级的类,或者是由个体集合的种类),全都作用于一个本性,而可理知的宇宙,也就是我们所

[①] 柏拉图:《智者篇》244B-245C 和《巴门尼德篇》141C9-10。"其他人"指亚里士多德和斯多亚学派;参 VI. 1. 1. 5-9。

[②] 《蒂迈欧篇》27D5。这里显然是抨击对这段话的斯多亚学派式的柏拉图主义注释,很可能是指塞维鲁斯(Proclus In Tim. vol. I, p. 227, 13-18 Diehl)。

[③] VI. 3。

说的"是"，就从所有这些东西中构建而成。若果真如此，这些东西必然不只是类，同时也是"是"的原理。一方面，它们是类，因为它们下面有低一级的类即随后的种和个体；另一方面，如果"是"是这样由多构成，整体由这些东西产生，那么它们也是原理。这样说来，如果有多个原创元素，它们聚集为整体，创造出大全，同时没有别的东西从属于它们，那么它们应该就是原理，但不是类。就如同有人从四元素，火等造出感觉世界，这些元素应该是原理，但不是类，除非"类"是在多义上使用。但是，如果我们说它们是类，而且这些类也是原理，我们是否就是将所有类——每一个类都带着自己下属的事物——彼此混合，使一切事物都混合起来，然后得到一个"是"的整体？如果是这样，那每个事物都将是潜在的，而不是现实的，每一个都将是纯粹状态中的自己。那我们是否可以不顾类而把个体混合？如果这样，那独立的类自身是什么？它们必然是独立的和纯粹的，它们的混合部分不能使它们自身消失。这如何可能呢？我们要在后面讨论。① 现在我们已经同意有类，也进一步承认它们是实体的原理，另一方面又是复合物。首先我们要说明有多少个类，我们该怎样区分它们，为何它们不归于一？否则，如果认为它们归于一，似乎就意味着它们是偶然合在一起而形成某物；相反，如果认为它们不归于一，倒要合理得多。如果所有的类全都可能是"是"的种，所有个体，毫无例外，全都直接从属于这些种，那这种统一倒挺符合逻辑的。但是这样的安排将废除实体——种将不是种，多也不完全归于一，而一切为一，这一之外没有任何他者；除非一自身之外还有他者，不然它怎么成为多，从而生出种？它不可能靠它自身成为多，除非有人将它切成多，就像切一个有大小的物体一样。即使如此，这个切割者也是他者。如果它切割自己，或者一般意义上的分离自己，那它在切分之前必然是可分离的。考虑到这样以及其他许多理由，尤

---

① 第19节12-17。

其是因为不可能把任何个体以及每个个体都称为存在者或实体,所以我们必须放弃"单一的类"。如果人们确实把个体称为实体,那也是把实体作为偶然属性,就如同有人说实体是白色的,因为他不是在谈论白色的本质所是。

3. 因此,我们肯定地说,存在多个类,并且这多个类不是偶然生成的,它们从一而来。如果它们确实源于一,而这一不包括在关于它们所是的界定之中,那么由于它们特定的形式彼此不同,所以每一个本身都必然就是一个独立的类。类从这个一形成,但这个一在类之外,那么这个一是否是它们的原因,但不包含在它们每一个的界定之内?是的,它在它们之外,因为太一是超越的,不能与类同列。类借着它存在,就它们是类而言,是彼此平等相处的。那么它为何不与它们同列呢?我们正在寻找的是存在者,而不是超越存在的事物,所以关于这个太一就谈到这里。那能与其他事物同列的一又怎样呢?①人们可以提出这样的问题,它如何与那些由它引起的事物同列?如果它与由它引起的其他事物属于一个类,那是荒谬的。但是如果(这样理解)它与以它为原因的事物同列,就如同它是绝对的类,其他事物是后成的——后成者与它不同,它作为它们的类不包含在它们里面,也不包含任何关涉它们的东西——那么它们也必然是类,只要它们有归属于自己的事物。比如,你发动行走,但行走不会把你作为它的类而归于你之下。如果没有其他东西在它之前作它的类,但有事物在它之后,那行走就会成为真存在者领域的一个类。一般而言,甚至不能断言这一是其他事物的原因。它们更像是它的部分,像它的元素,整个一被我们的概念分为部分,而这一本身通过一种神奇的力量成为形成一切的一。既显为一切,又成为一切,就好比说,当它运动时,它通过自己本性中完备的理智,使一不再是一。而我们把它的

---

① 这是一——是,第二本体,与绝对的太一,即第一本体截然不同。关于一——是,它与存在者的关系,以及"一"为何不像"是"那样是一个类,这些话题在第9节再次开始讨论。

部分当作它本身来展现，指出这些部分每一个都是一，称之为类，却没有意识到我们并不能同时知道整体大全，只能一部分一部分地显示，然后把它们联结起来，但是不能阻止它们急速地奔向它们自身。因此我们让它们进入整体，让它们成为一，或者毋宁说就是一。当我们明白接下来要讨论的问题，也就是知道了有多少个类之后，这一切或许会更加清晰。但在我们的讨论中我们不能只是陈述，还要形成某种观点，对所陈述的内容有所理解，所以我们必须作出以下的思考。

4. 如果我们想要明白形体的本性，问自己这样的问题，这个可感知世界里的形体本身是什么，比如如果我们要完全知道某种形体——比如一块石头——由什么构成，就要知道作为它的基质的东西是什么，知道它的数量，比如它的大小和性质，比如它的颜色，那我们是否应该说，其他任何一个形体都有可以称为实体的东西，有数量和质量，它们全都合在一起，但我们的推论把它们分为三者，所以形体就是这三合一？如果它还有运动作为它结构的自然部分，我们也要将这部分算进去，那就是四合一。一个形体就由它们一起成就，构成它的统一和它自己的本性。同样，可以肯定，如果我们讨论的是可理知的实体、上界的类和原理，我们必须除去形体领域的生成、通过感知觉的领会以及大小量度。——正是因为形体拥有这样的大小，才有分离，它们才会彼此分立——我们思考的是一种可理知的存在，那真实而本真是的东西，它拥有超越一切可感知者的一。这里同样值得注意的是，那是一的东西为何既是多又是一。就形体而言，我们已经承认，同一个形体既是一又是多，因为同一个形体无限可分，它的颜色不同于它的形状，它们其实相互分立。但是如果我们拿灵魂来说，它没有空间上相互独立的部分，没有大小，完全单一，就如思想最初使用它时的样子，我们怎么能指望发现它也是多呢？如果我们已经把生命物分为灵魂和躯体，发现躯体是多样的，复合的，多方面的，但确信自己已经发现灵魂是单一的，那应该可以就此打住，中止自己的旅途，暂作休息，因为他已经到达原理。既然这灵魂已经从"可理知之地"①来到我们身边，就如在前面的讨论中，躯体从可感知之地出来一样，那我们就要理解这个一为何是多，这多又怎样是一，不是由多组成的一，而是包含多的单一本性。当我们阐明并理解了这个问题，我们认为，关于真是领域的类的真理就会清晰可见。

5. 首先我们要思考这一点：形体比如动物和植物的躯体，从颜色、形状、大小到各部分的特定形式，并且一部分在这个位置，另一部分在另一个位置。从这些来看，每一个都是多。但所有一切都出于一，它们或者出于各方面完全是一的一，或者出于一个比源于这个一的事物更趋向一的一。所以它比那生成的事物更具真实性——因为在多大程度上离开是，就在多大程度上离开统一——由于它们出于一个一，但这个一不是完全的一或绝对的一——因为这样的一不可能造出不连续的多——所以它们必然出于一个是一的多。造它们的是灵魂，所以灵魂就是这个是一的多。那又怎样呢？这多是生成物的理性形成原理吗？或者它自身是一回事，形成原理是不同于它的另一回事？相反，它是一种形成原理本身，是形成原理的总和。原理是它按自己的实体展开的活动，而实体是原理的潜在性。从它对其他事物所做的已经证明，这个一其实是多。如果它不做任何事，而是思考它不作为，上升到那不作为的事物，那又怎样呢？这里难道看不到多种能力吗？每个人都会承认灵魂是存在的，但这种存在真的与石头存在是一样的吗？当然不一样。就石头来说，存在仍然不只是"是"，而是"是"一块石头。同样，灵魂存在除了有是，还有是灵魂。那么"是"是一物，其他有助于灵魂之实体成全的东西是另外事物，这样的是加上一种本质特性造就灵魂，是这样吗？不，灵魂是一种特定的是，但不同于一人是白人，只是单纯地类似于一种特定的实体。这就等同于说，它不拥有它从自己的实体之外获得的东西。

---

① 这个短语出现在柏拉图《理想国》508C1 和 517B5。普罗提诺这里对这个术语的使用，以及把灵魂描述为"从可理知之地"来的我们最容易取用的存在者，这清楚地表明 ψυχή 与 νους 之间的区分在他并不总是十分清晰的（当然，柏拉图并没有作出这样的区分）。

6. 它真的没有从自己的实体之外获得某种东西,使它在一方面存在,另一方面以特定方式存在吗?如果它以特定方式存在,而特定性源于外部,那它作为一个整体,就它是灵魂来说,就不可能是实体,只能在特定方面是实体。它的一个部分是实体,而不是它的整体是实体。那么它会有怎样的存在,没有所有其他东西,不同于石头的存在?① 显然,灵魂的这个"是"必然是内在的,就像一个"源泉和原理"②,或者必然是它所是的一切,所以它必然是生命,"是"与生命这两者必然是一。那么它是类似于单一形成原理的一吗?不,潜在的实在是一,但这一还是二,甚至更多,包括灵魂原初所是的一切。因此它是实体和生命,或者它拥有生命。如果它拥有生命,而拥有生命的在自身之中,不是在生命里,生命不在实体里;如果一者不拥有另一者,人们就必然说两者是一。或者毋宁说一和多,像显现在一中那样多,一是就它自身而言的,多是相对于他者而言的;它是一是,同时通过我们可以称之为它的运动的东西使自己成为多;它是一整体,但是——人们可以说——当它开始沉思自己时,它就是多。就好比说当它能够成为它所是的一切事物时,它不能忍受它的是只是一。它的沉思导致它显现为多,这样它才可能思考,如果它显现为一,它就没有思,只是那个太一。

7. 那么灵魂里所显现的构成部分是什么,有多少这样的部分?我们在灵魂里发现实体和生命同时显现。实体是所有灵魂共有的,生命也是灵魂共有的,但生命还存在于理智。如果我们也引入理智和它的生命,就将提出一个单一的类即运动作为所有生命的共性。我们将指出实体和运动——运动是原初的生命——是两个类。即使它们是一,观察者也在思想中将它们分开,发现这一并非一,否则它不可能将它们(实体和运动)分开。在其他事物里也请注意,运动和生命怎样清楚地与"是"相分离,

---

① "石头"表示无生命物,多次出现在普罗提诺笔下,参 VI. 5 (23). 11. 5-14, III. 2 (47). 17. 67 可能也是。更多的例子见 *Lexicon Plotinianum* s. v. λιθος。

② 柏拉图:《斐德若篇》245C9。

即使在真是中不可能分离，在影子和与是同名的事物中也可能分离。就如人的画像抽掉了人的很多内容，尤其是决定性的重要之物如生命。同样,在感官感知的事物中,"是"只是真是的一个影子,与最完备的是分离,而那完备的是正是原型的生命。这使我们有理由将生命与是分离，将是与生命分离。要知道，有许多是的种类，还有一个是的类，但运动既不归于是，也不超越于是，它与是并列。它出现在是中并非如同存在于主体中，因为它是活动和现实，两者不可分，唯有我们的概念才把它们分开。其实两个本性是同一本性，因为"是"是现实的，不是潜在的。如果你仍然单独地提出其中一个，那么运动将出现在是中，是出现在运动中，就好比在"一——是"中，单独提出的一个拥有另一个，但推论性思想仍然说，它们是分离的，每个形式都是具有双重性的一。由于运动出现在是的领域，不是改变是的本性，而是在是里，似乎使它完全。所以，如果我们不同时引入静止，就会比不承认有运动的人显得更不合常理，因为在我们的思想和概念里，静止与其与运动相关，还不如说静止与是相关，因为"以同一状态、同一方式存在"，①有单一的定义，这些特性都属于是的领域。所以应当把静止看作不同于运动的一个类，因为它似乎与运动相反。至于它不同于是，可以从许多方面阐明，尤其是出于这样的原因：如果它等同于是，那么运动也应该等同于是。试想，既然运动就是它的生命，是它的实体的活跃现实，是它的是本身，为何静止与是同一，运动却与是不同一呢？但是正如我们把运动从是分离出来，认为它与是既同又不同，把它们既看作二又看作一；同样，我们也要将静止从是分离出来又不从是分离出来，在思想里将它分离出来，提出它是真存在者中的另一类。否则，如果我们将静止与是归于一，说它们之间没有任何方式的区别，然后以同样的方式将是与运动合一，那么我们就通过是的中介将静止与运动完全等同起来，运动与静止在我们就成为一。

---

① 柏拉图：《智者篇》248A12。

8. 如果理智分别思考这三者（是、运动和静止），那我们必须断定它们是三者。如果理智思考它们，那就必然知道它们，并同时断定了它们；如果它们已经被思，那就必然存在。如果事物的是关涉质料，这是就不在理智里；如果没有质料的事物被思，这就是它们的是。请看理智，纯粹的理智，要凝神看它，而不是用我们的肉眼看，你就看到实体的家，有不眠的光照耀在它上面；你看到这个家怎样依靠着它，它怎样把合在一起的事物分开，它的生命如何永久不息，它的思想活动如何不是指向将要生成的事物，而是指向已经存在的事物，或者"已经存在并且永远存在"的事物，这是一种在自身里思考而不到自身之外的思想。在它的思中，有活动和运动，在它的思本身中，有实体和是。就存在来说，它认为自身是存在的，就是而言，可以说，它建立在是上。它指向自我的活动不是实体，而是既是这活动指向的目标，也是产生这活动的源泉，因为被看的是不是看，但看也拥有是，因为它源于是，并指向是。由于它在行动中，不在潜能中，所以它将两者聚集，不把它们分开，使自己成为是，是就是它自身。由于是是万物最坚固的支撑，其他事物都围绕它设置，所以它使静止存在拥有静止，但不是从外部引入的，而是从它自身生出的，静止就在它自身里面。思想在它里面停止，虽然思想是没有任何开端的一种静止；又从它开始，虽然思想是永远不开始的一种静止，因为运动不会始于或者终于运动。再者，静止的形式是理智的界限，理智是形式的运动。

所以万物都是是、静止和运动，这些就是普遍的类。每个产生之物都是一个特定的是，一个特定的静止，一个特定的运动。有人看见这三者，与是的本性进行直觉接触，他就从自身里面的是看见是，从自己里面的运动和静止看见运动和静止，使他自己的是、运动、静止与理智里的三者一致。它们以一种混合状态一并进入他里面，他就把它们合在一起，没有任何区分。然后可以说，将它们分开一点点，把它们从他拿开，以便分辨它们，他就看到了是、运动和静止，三者以及每一者都是一。那么当他断定这三者每一者都是一时，他必然会说它们各不相同，并用异将它们区分，还在是里也看见异，难道不是这样吗？另外，当他带它们回到统一，在统一体里看见它们，三者为一，他必然把它们集合于同。当他看它们时，就看到同已经形成并且存在，难道不是这样吗？所以除了前面三者之外，我们必须再加上同和异这两者，这样一切事物就有五个类，后两个还将使产生之物获得同和异的特性。每个个体事物就是一个特定的"同"和特定的"异"，而没有任何"特性"的"同"和"异"只用于类。这些就是最初的种类，因为你不能把任何构成它们本质定义的一部分的属性加给它们。你当然会断言它们的是，因为它们存在，但不是作为它们的类，因为它们不是特定的存在者。你也不能断言是是运动和静止的类，因为它们不是"是"的特定形式，有些事物作为"是"的种类存在，有些事物存在是因为分有"是"。同样，是分有其他几者也不是因为它们是它的类，因为它们没有超越是，不是先于是。

9. 以上论证可以确定这些类是原初的，或许其他论证也可以表明这一点。但是人们怎么能相信只有这些原初的类，除了它们就没有别的了呢？为何一不是？为何特性、量、相对关系以及其他，其他哲学家已经算在里面的那些①，都不是呢？就一来说，如果它是没有任何添加的绝对的一，没有灵魂，没有理智，没有任何其他东西，那这个一不可能包含任何东西，所以它不是一个类。如果它是加到是上的一，也就是我们所谈论的一是，那它不是原初的一。同样，如果它在自身中是无差别的，它怎能生出特定的形式？如果它不能这样做，它就不是一个类，因为它不可能有区分。你在区分中就会产生多，所以如果它想要成为一个类，一本身就会是多，就会毁灭它自身。然后，你要给它加上某物，将它分为特定的形式，因为一中不可能像实体那样有任何差别。思想承认

---

① 指亚里士多德的范畴。

"是"有差别，但怎么可能有一的差别呢？所以每当你区分时，你提出二和差别，就毁灭了一，因为任何地方加上一个单位就使原先的量消失。如果有人说是中的一、运动中的一等是同一个术语，将是与一完全等同，那么就如在论证中指出是不是其他事物的类，因为它们是存在者不同于是之是，存在者是另一意义上的。同样，一也不是它们的共同术语，它是原初意义上的一，其他是在另一种意义上的一。如果他说他并没有使一成为所有类的类，而是使它自身成为一个类，就如其他类一样，那么如果是与一在他是等同的，由于是已经列为类，所以他只是引入一个虚名。如果它们彼此各不相同，那么他说的一是一个本性，如果他加上某个，就指某个特定的一，如果他什么也不加，那么同样，他指的一不包含任何东西。如果他说的一与是同行，那我们说过，他指的不是原初的一。如果那绝对的一不予考虑，那这一为何不能是原初的一？因为我们确实把在它之后出现的是称为是，认为它是原初的是。我们这样做是因为在它之前的事物不是是，或者如果它之前的事物是是，它就不可能是原初的是；但在这里，它之前的事物是一。所以，当它在思想里与是分离，它并不拥有差别。而在是中，如果它是是的一种结果，那它就是全体的结果，并且后于全体；而类是在先的。如果它是同时的，它就与全体同时发生，但类不是同时的。如果它是在先的，它就是原理，而原理只是是的原理；如果它是是的原理，它就不是它的类；如果它不是它的类，它也就不是其他事物的类；否则，是也必须是所有其他类的类。一般的，它看起来可能是这样的，由于是中的一靠近一，在一定意义上与是一致，"是"就其靠近那绝对的一而言是一，但就它后于太一而言，是"是"，由此它也能够成为多，这"是"中的一保持自身为一和是，不愿意被分为部分，也不想成为一个类。

10. 那么，在什么意义上说每个个体是一？显然，由于它是一个特定的一，所以它不是一。——它既是特定的一，就已经是多。——每个种的形式只是多义上的一，因为一个种的形式就是一个多，所以这里的

"一"就如同说一支军队或一个合唱团的一。① 这样说来，在是中的一不在这些事物里，因此这一不是通用术语，在是中看到的一与在特定存在者里面的一不是同一个一。所以一不是类。所谓类是这样的事物，只要它被真正断言为类，它的对立面就不可能再被真正断言为类。但是一和它的对立面都真正地包含在每个存在者中，所以不能说一是它们的类。于是，它不可能被真正论断为最初的类，因为一是与多一样，不再是一，其他任何一个类作为一也不是不会成为多的一，这一也不可能真正断言后来产生的其他事物，这些后来者无论如何都是多。一般来说，没有哪个类是一，所以如果一是类，它就会毁灭自己的统一性。因为"这一不是一个数"。② 但如果它变成了一个类，那它就会成为一个数。再者，这一不是数上的一，如果它是作为类的一，那它就不可能是严格意义上完全的一。再者，正如在数中，一不是作为一个包含它们的类而存在，而是存在于它们之中，但不被看作它们的类。同样，即使一在存在者中，它也不会是"是"的类，不会是其他类的类，或者它们所有的类。再者，正如单一者可能是非单一者的原理，但不可能也是它的类。——否则，非单一者也会变成单一的——同样，如果一是原理，它也不会是后于它的事物的类。所以，它不可能是"是"的类，或者其他类的类。如果它将成为一个类，那它该是众多特定"一"的类，就好比有人认为可以将一与实体分离。所以，它（不是一切事物的类，而）是特定事物的类。正如是不是一切事物的类，而是以特定形式"是"的事物的类，同样，一必然是"是一"这种特定形式的类。是与是之间有分别，那么一与一之间有什么分别呢？它们不都是一吗？如果一随着是与实体一起划

---

① 普罗提诺这里使用统一程度的斯多亚学派标准，这标准在第 11 节 8-9 和 VI. 9. 4-8 显得更清楚。关于斯多亚学派的标准，见 SVF II 366-8, 1013; Philo *On The Eternity of the World* 79; Sextus Empiricus *Adv. Math.* VIII 102 (= *Against the Logicians* I 102 in Bury's Loeb edition).

② 亚里士多德：《形而上学》N 1. 1088a6。

分，因而是可分的，并且像一个类一样显现在许多事物中，那么一为何不能是一个类？它岂不是像实体一样显现为许多事物，也被分为同样数目的部分？首先，如果某物存在于许多事物中，这某物并不必然就是类，或者是它所在事物的类，或者是其他事物的类。一般地，即使某物是共同的，它也并不必然就是一个类。无论如何，存在于线中的点不是类，不是线的类，也不是一般的类，如以上所说，数上的一不是数的类，也不是其他事物的类。众多事物中共同而统一的事物必然使用属于它自身的特性，产生种的形式，并且使它们在它的本质之是中。但是一的特性是什么，或者它产生的种的形式是什么？如果它产生的种的形式与"是"的领域里产生的一样，那它就等同于"是"。那这一就徒有虚名，只要"是"就足够了。

11. 我们必须考察一以什么方式在是中。我们所谈论的划分，以及一般而言关于类的划分是怎样产生的，类的划分与是的划分相同，还是彼此不同？首先，一般的，每个事物在什么意义上被称为一？其次，当我们谈论每个事物时说到的"一"，是否与一是中的一意思相同，是超越的一？要知道，在一切事物之上的一与在事物中的一是不同的，我们在可感知事物中说的"一"与在可理知事物中说的"一"不是指同一个意思，——"是"是一当然不同于其他东西是一——就是在可感知事物中的一也彼此不同，比如一个合唱团、一支军队、一条船、一幢房子里的一是不同的，这些具体事物中的一与连续事物中的一也不同。然而全都努力表现同一个[一]，只是有的只表现出非常模糊的形像，有的与原型更接近一点，有的已经在理智里较为真实地得到了它。灵魂是一，理智和是更是一。所以我们在每个事物中说它的是时也说它的"一"，那它与它的"一"同在是否就如同它与它的是同在呢？这是偶然发生的，一物并非按它的是而是一，它可能拥有完整的存在，但是不完全的一。比如一支军队或一个合唱团拥有的是并不比一幢房子少，但它仍然是不完全的一。所以，看起来一在各个事物中更多地朝向善。各物在何种程度上获得善，就在何种程度上是一，是多一点的一还是少一点一，就在于此，因为各物并不只是追求是，而且是追求与善同在的是。出于这个原因，不是一的事物尽其所能想要成为一，自然之物凭借它们的本性集聚在一起，希望联合起来，与它们自身一致。所有个体事物都不会努力彼此相离，而是彼此相向，并向着它们自身。所有灵魂都愿意合而为一，跟从它们自己的本性。太一在它们的两端，因为它们来自太一，也要去向太一。所有事物都源于太一，并努力走向太一，就此而言，它们也同样奋力走向至善。因为如果不奋力朝向太一，真存在者中的任何事物，不论是什么，都不可能存在，或者在存在中持续。这是就出于自然本性的事物而言的。至于技艺产生的事物，每种技艺尽其所能将自己的每个产品引向这个目的。是最先获得这个一，因为它离一最近。正因如此，我们在谈论其他事物时只能称呼它们的名字比如人，即使我们确实有时候会说"一个人"，我们这样说也是相对于两个人而言的。如果我们确实在另外的背景下使用一，我们也是从它自身开始，然后进行添加。但就是而言，我们称这个整体为"一——是"，指出它是一，也就表明了它与至善的密切关联。所以它里面的一也是原理和目的，这样的一不同于在自身里包含先后顺序的一，而是另外方式的一。那么它里面的一是什么呢？它在所有部分中显现的难道不是一样的，不是共同的吗？首先，点在线里是共同的，但不是线的类。在数里有共同的东西，非常像这个一，但它不是类，因为在在自身中的一（一本身）不同于作为单位的一，不同于在二里以及其他数中的一。在是中也完全可能有些事物成为在先的，有些成为在后的，有些单一的，有些复合的。如果一在一切属于是的事物中都一样，因为它里面没有任何差异，那么它不会产生具体形式，而如果没有任何具体形式，它自身就不可能是一个类。

    12. 这个问题就谈到这里。另外一个问题：数是没有灵魂的东西，为何它们的善在于它们每一个是一？这个问题对其他无生命的事物也同样适用。如果有人说，数根本不存在，那我们得说我们谈论的是存在的事物，就它们每一个是一而言的事物。也许他们会提出质疑，点如何分有善，（就此而言，我们说）如果他们断言点独立存在，又认为点无生命，那他们的问题对其他同类事物也同样适用；如果认为点存在于其他事物中，比如在圆中，那么这是点的善，它的渴望就指向圆，它尽其所能奋力通过这个圆走向超越者。但是类怎么可能是这样的东西呢？难道它们真的会把整体切成部分，从而成为个体？不，类的一在它所属的众多事物中就像是一个整体。它是否只存在于分有它的事物里？不，它既独立存在，又存在于分有它的事物里。这一点后面或许会更加清楚。

13. 现在要问的是，量为何不是原初的类，还有特性为何也不是？量之所以不像其他几个那样是原初的类，是因为那些原初的类总与"是"同时显现。运动与是同在，作为是的活动，因为它就是是的生命。静止也进入实体自身里；另外同与异也与这三者相联，于是也可看到同异与它们在一起。但数（量的基础）是后于这些类的，也后于数本身，因为在数里，后面的数产生于前面的数，数按顺序一个一个生出，后来者存在于先在者里面，所以数不能算为最初的类。至于它究竟是不是一个类，还有待探讨。至于量值（magnitude，量的延展），那更是后来的和复合的，因为它是在这个特定事物中的数，比如一条线是某种类型的二，一个平面是某种形式的三。如果连续的量值从数获得自己的量，而数不是一个类，那么这个量值怎么可能拥有类的地位呢？而且，在量值里也有先后顺序之分。如果量是由数和量值的共同元素构成的，那么我们必须明白构成量的这个元素是什么。当我们把它找出来之后，就可以认定它是一个后来的类，不属于原初的类。既然它不是原初的类，就必然要回归某个原初的类，或者归于某个追溯到原初之类的类。所以，有一点或许很显然，量的本性表示一个确定的数量，它度量每个事物有多少，它自身有这样一个分量。但如果确定的数量是数和量值所共有的，那么或者数是原初的，量值源于它，或者数完全由运动和静止的混合构成，而量值是一种运动，或者源于运动。运动向前进入不确定者，而静止抑制向前的事物产生单位。但是关于数和量值的生成问题，或者毋宁说关于它们的真实存在或概念中存在的问题，我们必须放到后面去思考。或许数属于最初的类，而量值是后来进入复合体的；数包含静止的事物，而量值处在运动之中。但如我们所说，这些问题我们要稍后讨论。

14. 至于特性，为何它不属于原初的类呢？这是因为它也是后来的，在实体之后产生。在复合的实体中，也就是由许多元素构成的实体中，在数和数量产生各自特点的实体中，也可能有性质，并且这些性质中可以看出某种共同的元素。但是在原初的类中，不是必须在单一者与复合者之间作出区分，而是在单一者与那些构成实体（不是某个特定的实体）本质的事物之间作出区分。我们确实曾在别处说过，构成实体本质的元素只是名称上的性质，而那些源于外部、随实体之后产生的性质是专门意义上的性质；那些在实体里面的性质其实是实体的活动，而那些在它们之后产生的则是被动影响。但现在我们要说，特定实体的各元素对实体本身的成全没有任何贡献，比如人之为人对人的实体并没有任何实质性的添加，他是更高层次上的实体，在产生差别之前，就如生命物成为"有理性的"之前。

15. 既然这四个类并没有使实体成为某一种实体，它们怎么对实体的成全有贡献呢？它们没有使它成为一种特定的实体。我们已经说过，"是"是原初的，并且显然，运动不可能是别的，也是原初的。静止、同和异也是。或许还有一点也很明显，这运动不产生性质，但如果我们对此作些阐述，或许会更加清楚。如果运动是实体的活动，"是"以及原初的类都是活跃的现实，那运动不可能是偶然的东西，我们也不可能再把活跃而现实之物的活动称为成全实体的事物，它就是实体本身。所以它没有进入某种随后产生的类中，甚至不是性质，而属于同时产生之物。因为"是"并非先是"是"，然后在运动中，它也不是先是，然后静止。静止也不是它的一种被动感受；同与异不是在它之后产生，因为它并没有在后来变成多，而就是它原来所是的东西，是——多。如果它是多，它也是异，如果它是一——多，它也是同。这些原初的类对它的实体来说足够了。但当它向低级领域进展时，就有其他的类，它们构成的不再是实体本身，而是有了质和量的规定性实体。我们不妨假定这些类是非原初的类。

16．"关系"就像是一个旁枝，一种衍生物，怎么能将它列于最初的类呢？关系的状态是一物相对于另一物而言，而不是一物相对自身来说的。"在哪里"、"在何时"离是就更远了。"在哪里"指一物在另一物中，所以有两物，而类必然是一，不是复合物。在可理知世界里没有任何处所，而我们现正在谈论的是那里真正存在的事物。我们也必须思考那里有没有时间，很可能那里没有时间。① 如果它是一个"尺度"，并且不只是尺度，而且是"运动的尺度"，那就有两个部分，整体就成了复合的，并且后于运动，所以它与我们所划分的运动不是处在同一个层次上。"行动"和"被动"都处在运动之中——如果被动真的存在于可理知世界，那么"行动"包含二，同样，"被动"也包含二，所以它们都不是单一的。"拥有"意味着二，"位置"意指一物在另一物中，所以就有三。

17．为什么美、善、德性、知识和理智都不属于原初的类？关于善，如果它是最初的，我们就不能对它有有所谓述。之所以称之为善，只是因为我们不可能用任何其他方式显示它，所以它不可能是任何事物的类。因为它不谓述其他事物的性质，否则，它所谓述的其他每个事物可以作为善来谈论。那善是在实体之前，不是在实体里面。如果它是作为一个

---

① 确实有一个非常奇怪而自相矛盾的可理知"处所"出现在 V. 8. 4. 15-19（参 VI. 7.31-33），但那里的可理智 χωρα 与这里亚里士多德的 τοπος 完全不同。普罗提诺对处所的问题匆匆略过，但他不愿意对可理知世界里的时间问题也这样一笔带过，这是值得注意的。也许他已经在计划"论永恒与时间"（III. 7 [45]）这篇作品，按坡菲利的著作顺序表，这篇作品紧跟在 VI, 1-3 之后。这里的一些段落以及九章集其他几处地方预示并开拓了杨布利奇及其后继者所提出的可理知层次上的更高时间观。见 IV. 4 (28). 16. 13-16; VI. 7 (38). 1. 54-58; III. 7 (45). 7. 7-10。关于频繁讨论的 III. 7 第 11 节预示后来的理论，见 Peter Manchester "Time and the Soul in Plotinus III 7 [45] 11"，*Dionysius* II, 1978；关于后来的理论本身，见 S. Sambursky and S. Pines *The Concept of Time in Late Neoplatonism*（收集了相关段落，并附导读和注释），Jerusalem 1971。

特性而是善，那么有性质规定性的事物一般不属于原初的类。这样说来，是的本性不是善吗？首先，它是另外意义上的善，不是最初者所是的那种善。它的善不是作为它的特性，而是在它自身之中。我们说过，其他类也在自身之中，那是因为每个类是某种共同的东西，显现在许多事物中，所以是一个类。如果善可见于实体或是的每个部分，或者在它们的大部分中，那它为何不是类，为何不属于原初的类？要知道，它在所有部分中并非同一，有时是原初地显现，有时是次级，有时是后来的，或者是因为一善源于另一善，在后者出于在先的，或者因为所有善源于一个超越的至善，不同的善按照自己的本性以不同的方式分有至善。如果有人确实想要认定善也是一个类，那它只能是后来的类，一物的"是善"后于它的"是"和它的"是某物"，即使它始终伴随着它们。而那些原初的类属于作为是的是，进入实体。这就是我们断定存在"超越是"者的原因，①因为是与实体不可能不是多。这多必然包含我们所列举的这些类，从而成为——多。如果善是内在于是中的——我们不必畏缩，大胆地说它指向太一的本性活动就是它的善，它因此而可能在善的形式中——是的善就是它指向至善的活动。而这就是它的生命。这就是运动，运动已经是一个类。

18. 关于美，如果原初的美是那超越的第一原理，那么以上关于至善所说的同样适用于或者基本适用于美。如果它是——人们可以说——照射在理念上的事物，[我们可以说它]在所有形式中并不同一，照射在它们上面也是后来的事。如果美不是别的，就是实体本身，那它已经被包括在关于实体所谈论的事物中了②。如果它是相对于我们看见它的

---

① 普罗提诺表明他怎样理解柏拉图《理想国》509B8 ἐπέκεινα τῆς οὐσία，这是最清楚的说明之一。参 V. 5. 6. 5-13。

② 美可能是第一或者第二本体，参 I, 6.9. 40-43。在大作 III, 8 (31)-V. 8 (31)-V. 5 (32)-II. 9 (33) 里，美在 οὐσία 的层次上等同于第二本体。V. 5. 12 尤其清晰地显示这一本体与第一本体之间的区别。关于美"照射"在相上，见 VI. 7.21-22，参英译者的"Beauty and the Discovery of Divinity in the Thought of Plotinus"（Plotinian and Christian Studies XIX）。

人——以这种方式影响我们——而言的美,这种活跃现实是运动。如果这活动指向超越者,它仍然是运动。知识是自我运动,因为它是"是"的一种视力,一种活跃的现实,不是状态。所以它也归于运动之下——当然,如果你愿意,归于静止或者两者之下。如果归于两者,它就是混合的;既然是混合的,就必然是后来的。还有理智,它是智性的是,所有类的复合单独体,所以不是一个类。真正的理智是带着它的所有内容和全部存在者的是,而单独的是,被作为一个类的是,是它的一个元素。至于正义、自制和一般的美德,全是理智的特定活动,所以它们不属于原初的类,美德的类和种都是后来的。

19. 假定这四者是类,并且是原初的类,那它们每一个是否独立产生种?比如,"是"是否可以不借助其他类而独立划分?不,因为它必须从类之外获得自己的差异。它们是"是"作为"是"的差异,而差异并不是"是"本身。那么它从哪里得到这些差异呢?当然不是从非存在。如果它是从存在得到差异,而剩下的存在是其余三个类,那么显然,差异产生于它们并与它们同在,适用于是,与它结合,与它同时发生。既然差异与它同时发生,它们就产生了由全体构成的事物。那么其他事物怎样与由全体构成的这个事物一起存在?如果它们全是类,它们怎样产生种?运动怎样产生运动的种,静止怎样产生静止的种,其他类怎样产生其他的种?我们必须小心,谨防每个类在自己的种中消失。类不仅显现在它们里面,而且既在种里,也在自身里,必须同时既是混合的,又是纯粹未混合的,不能让它毁灭了自己,从而对实体毫无益处。这些问题我们还有待进一步思考。我们曾经说过,由所有存在者组成的事物是各个个别的理智,又确定先于全体存在者并以它们为种类和部分的是和实体就是理智本身。所以我们要说,(未展开的)理智其实是后来的。也许这个难题有助于我们的探讨,那就让我们以它为例,一步步解释明白我们要说的内容。

20. 因此我们应该知道(理智有两种),一种理智与部分性事物没有任何关联，也不作用于任何具体的事物，所以它不可能变为某个特定的理智。就如同知识先于种类和部分形式的知识，作为种类的知识又先于组成它的各部分。每种知识虽然不是它的任何部分内容，却是所有内容的潜能，而每个部分在现实性上是那个部分，在潜能性上则是所有部分。普遍知识也是这样。种类的知识体，也就是那些掌握特定内容的知识，在（知识）整体中潜能地存在，潜能地是整体。整体谓述它们的属性，但它们不是整体的一个部分，同时整体必然是纯粹而独立的。同样，我们可以肯定地说，普遍理智以一种方式存在——它先于那些在现实性上成为特定理智的理智——而特定理智以另一种方式存在，它们是部分性的，从万物得以成全。普遍理智超越所有理智，引导特定理智，是它们的潜能，在它的普遍性中包含它们。另一方面，特定理智在自己的部分性自我中包含普遍理智，就如特定的知识体包含（总体）知识。[我们可以说]大理智独立存在，特定理智也独立存在。另外，部分性理智包含在整体理智中，整体也包含在部分中；特定理智既是独立的，同时又在另一理智（在大理智）中。大理智既是独立的，同时也在那些特定理智中。所有理智都潜能地在那个独立的大理智中，同时，大理智现实地是一切理智，但潜能地是每个特定理智。特定理智现实地是它们所是的东西，潜能地是理智整体。就它们是所断定的事物来说，它们现实地是自己的个体所是。但因为它们在类上属于那个整体，所以它们潜能地是那个整体。另外，因为整体是类，所以它是它所辖的一切种的潜能性，它们没有一个是现实性，全体都安静地栖息在它里面。又因为它在种之前现实地是它所是的东西，所以它属于非特定者。当然，如果特定形式中的理智要存在，那么从普遍理智发出的活动必然是原因。

21. 既然理智本身在其本质结构中保持同一，那它怎么产生出部分性的存在者呢？换言之，从那四个原初的类中怎么产生出我们称为后来者的事物？那就来看看这个伟大且不可抗拒的理智，它不是充满空谈，而是充满纯粹的理智活动。这样的理智就是一切事物，一个整体，不是部分的或者特定的理智，从这样理智产生的一切事物是如何存在于它里面的。可以肯定，它拥有它所看之事物的数，因此它是一和多。多是它的能力，奇妙的能力，不是软弱的，因为它们是纯粹的，所以是最伟大的能力。我们可以说，强劲而充满生命的是真正的能力。它们的行为没有任何限制，因此它们是无限的，伟大而无限。当你看见这种伟大以理智特有的方式存在于它里面，看见它实体的美，以及围绕它的荣耀和光环，此时你也看见性质已经在它上面开花。随着它活动的连续展开，你看见静静安息的量值出现在你眼前。然后理智里出现一、二、三，量值以及一切包含三维的东西显现出来。当你看见它里面的数量和性质，两者都趋向一，并以某种方式成为一，然后就看到图形也出现了。随后就有异加入，将数量和性质分开，于是有了形象和其他性质的区别。同也在那里，使相等存在，而异使不等包括量的、数的、规模的不等存在，从这些产生圆、正方形和不等边的图形，相似和不相似的数，奇数和偶数。由于理智的生命就是理智活动，所以它的活动没有任何不完全，凡是我们现在发现属于理智活动产生的事物，它一个没有落下，把它们全部作为实在拥有，并且以理智特有的方式拥有。理智在思想中拥有它们，但不是推论性的思想。凡是有可理知的形成原理的事物，理智没有省略一个，它就像一个伟大而完全的可理知原理，把它们全都拥在怀里。它从自己的最初原理出发，一个个经历它们，或者毋宁说它总是已经经历了它们，所以永远不能说它正在经历它们。一般地，无论何地，无论人们通过推论可能把什么东西理解为本性中的是，他都会发现这是在推论之前就已经存在于理智中，从而认为理智在推论之前就产生了推论之后的是。——这就如同创造生命物的理性形成原理，虽然它们在推论之前，却能像最精确的推论那样使一切事物成为最好的。那么在那个先于自然、超越自然原理的更高原理中，我们能想象存在什么呢？在那些实体不是别的，就是理智的事物里，是和理智都不是从外部引入的，不需要费心每个事物会不会有好结果。只要它们按理智行事，成为理智希望的和理智所是的，就必然会有满意的结果。因此它是真实而原初的。否则，如果它出于另一者，那另一者就会是理智。现在，所有形状都已经出现在是中，所有性质——不是某种特定的性质——也在是中；既然有异的本性存在，它就不可能是一，而是一和多。除了异，还有同也在那里，所以它是一和多，从一开始就像这样，这一和多在它的所有特定形式中。量值是各种各样的，形状是各种各样的，性质是各种各样的，把任何事物漏掉都是不可能的，或者不合法的，因为可理知的大全是完全的。否则它就不会是大全——由于生命运行在它上面，或者毋宁说处处伴随着它，所有事物必然成为有生命的存在者。那里还有形体，因为有质料和性质。由于一切事物永远地形成，永远地停留，永恒地包含在是中，它们每一个都是其所是，所有合起来又在一中，一中的一切复合的结构就是理智。既然它在自身里拥有一切真存在者，它就是一个"完全的"生命物，是"绝对的生命物"；① 同时它把自己给予从它而来的事物，使它们能看，使自己成为可理知的，从而让超越的理智名副其实。

22. 柏拉图用谜一样的语言谈到"理智怎样在完全的生命物中看见理念，看到它们是什么样式，有多少种类。"灵魂在理智之后产生，虽然就它是灵魂而言，也在自身中拥有形式，但在那先于它的事物中更好地看见它们。我们的理智虽然也拥有它们，却在先于它的事物中更清晰地看见它们。因为在自身中它只是看，而在先于它的事物中，它还看见它在看。我们的这个理智，就是我们认为具有看的能力的理智，与先于它的理智并不分离。它源于那个理智，因为它是出于一的多，拥有伴随它的另一理智的本性，所以它是一—多。而一理智也是多，通过这样一种必然性生产出多的理智。但是一般而言，它不可能包含数上的一和个体，因为在它那里，不论你看到什么，都是特定的形式，它没有质料。所以

---

① 柏拉图：《蒂迈欧篇》31B1 和 39E7-9。

柏拉图还提出这样神秘的说法,"实体被无限分割"。① 比如,只要把类分割为另一形式(种),分割还不是无限。因为它被已经产生的形式所限制,而最后的形式,因为不可能再分为其他形式,倒更像是无限的。这就是"在此让它们进入无限,向它们说再见"②这话的意思。如果它们是独立自存的,可以说它们是无限的。但一旦被囊括在一中,它们就被纳入数中。所以,理智拥有在它之后出现的灵魂,使灵魂在数中,并且一直到灵魂的末部分,而它的最末部分完全无限。这样的一个理智虽然包含一切事物,却是一个部分,而整个理智……灵魂是部分的部分,就像从理智发出的一个活动。当它在自身中活跃时,它活动的产品就是其他理智;当它在自身之外活动时,产品就是灵魂。由于灵魂作为类或种的形式行动,所以其他灵魂作为种的形式行动。这些灵魂的活动是双重的:指向上面的活动是理智,指向下面的是其他各种相应和有序的能力,最后一种能力是领会并塑造质料。灵魂的下面部分不影响其余部分在上面,或者毋宁说我们所说的下面部分其实是它的一个形像,但没有分离出去,就如同镜子里的形像,只要原型在镜外,这形像就始终存在。但是我们必须明白"外部"是什么意思。那在形像之前的事物伸展到整个可理知世界,从所有可理知者得完全,就像下面的这个世界,是上面世界的一个形像,只要生命物的形像有可能保存生命物本身,如同一幅图画或者水里的倒影是出现在水上和画前的事物的虚幻影子。但画里和水中的影像不是复合物,而是由另一者(灵魂)构成的一者(质料)的影子。同样,可理知领域的影子不是它的创造者的影子,而是包含在创造者里面的事物的影子,包括人和其他每一种生命物。被造者是一种生命物,创造它的也是一种生命物。两者在不同意义上是生命物,但两者都在可理知世界。

---

① 柏拉图:《巴门尼德篇》144B4-C1。
② 柏拉图:《斐利布篇》16E1-2。

3. 三论是的种类

1. 我们已经解释了我们是怎样思考实体的，以及这种思考是如何与柏拉图的思想一致。我们也必须探讨另一原理（形成原理），我们已经在可理知领域确立了那些类，在可感知领域是否也应该确立同样的类，或者确立更多的类？除了可理知领域的那些之外，再加上另外一些类，或者确立完全不同的类，或者有些与上面那些一样，有些是其他的类？我们当然必须明白，所谓"一样的"类是在类比和多义上说的。当我们知道这些类之后，这一点就会显而易见。我们的出发点如下：由于我们讨论的是感觉对象，而每个感觉对象都被包括在我们的这个宇宙中，所以要思考宇宙，分析它的本性，区别它的元素，按类对它们作出安排。就好比我们要分析发声，把没有限制的声音分为有限制的各部分，① 回到在多中的同一个一，然后回到另一个一，再到另一个一，直到把它们的每个一纳入一个确定的数，把纳个体于其下的一称为一个种，把纳种于其下的一称为类。就发出的声音而言，已经发现的每个种以及所有种都可以归于一，我们可以称为全体的"字母"或"声音"；但就我们要考察的事物而言，这是不可能的，如我们已经表明的。② 因此我们必须在这个大全中寻找更多的类，与可理知领域的那些类不同的其他类，因为这个大全不同于那个大全，尽管也称为大全，但不是在同一个意义上，而是在不同意义上称呼的，这个大全只是那个大全的一个形像。但由于这个大全也是由两大元素结合而成的复合体，一个是躯体，另一个是灵魂——因为大全是个生命物——而灵魂的本性属于那个可理知的大全，不适合

---

① 这段话论到声音集散，基本对应柏拉图《斐利布篇》17B-18C。
② Ⅵ. 1. 6, 25。

纳入下界被称为实体的类别，所以即使非常困难，我们也必须把目前伴随我们灵魂排除在考察之外。正如有人想要对一城市的居民分类，比如按他们的财产总价或者技能分类，把外来居住者排除在外。至于出现在灵魂里的感受——或者因与躯体相伴，或者因为躯体存在——我们必须放在后面。我们讨论下界事物时再来思考该怎样把它们分类。

2. 首先，我们应当思考（可感知领域）所谓的实体是什么，同时必须承认，形体领域的本性只能在类比意义上称为实体，或者称为实体完全不适当，应该称为生成（coming into being），因为它是关于流变事物的观念。就属于生成的事物来说，有些是这样的，有些是那样的；还有形体包括单一的和复合的，我们把这些归入一个类别；然后有偶然而生的和相应而生的，我们也加以分别。或者有一物是质料，另一物是加在它上面的形式，就这两者来说，或者每一个都单独是类，或者两者归于一类，每一个都是含混意义上的实体或者是生成。那么质料和形式的共同因素是什么呢？质料怎么能是一个类，它是什么事物的类？有什么样的本质差异属于质料？两者的产物归于哪个类——质料还是形式？如果两者的产物本身是形体性的实体，而它们两者都不是形体，那它们怎么与自己的产物归于一，怎么与这个复合者属于同一类？一物的各元素①怎么能与这个物本身同列？如果我们从形体开始（研究这个宇宙），就好比我们从音节开始（研究发声）。② 但我们为何不按类比说——即使分类不是在同一个水平线上——可理知领域有是，可感知领域有质料，可理知世界有运动，可感知世界有形式，这是一种生命，是质料的完全，而质料没有离开自己，这可以对应静止，那里有同和异，可感知世界也有大量的异，或者毋宁说不同。但是首先，质料没有拥有或者抓住形式作为它的生命或它的活动，相反，形式从别处进入质料，所以形式不是质

---

① 或"各字母"，参第 1 节 18。
② Stephen MacKenna and B. S. Page 译本此句译为"如果我们从形体开始，那我们的最初原理就是合成物"。——中译者注

料所拥有的东西。在可理知领域，形式是活动和运动，而在下界，运动是另外的东西，是一种偶性。形式相对于质料来说，更像是它的静止（而不是运动），一种安静，因为质料是无限制的，形式就限制质料。在可理知领域，同和异属于同一物，这一物既同又异。而在下界，一物因分有异才是异，且相对于另外事物而言才是异，同和异是某种特定的同和异，不像在可理知领域那样，而是在后来产生的事物中的某物，是特定的同和特定的异。但是，既然质料被纳入各种尺寸，从外面获得形状，即使有这些形式自身也不足以产生其他事物，那怎么会有质料的静止呢？因此我们必须拒绝这种分类。

3. 我们要想解释该怎样分类，首先应该作出这样的区分：质料是一者，形式是另一者，两者的复合是第三者，辅助性的特性是第四者。在这些特性中，有些完全被断定，有些还是偶然的。在这些偶性中，有些被包含在 [质料、形式和两者的复合物] 这三者里，有些包含这三者。这些偶性还可以分为：有些是它们的活动，有些是它们的被动感受，有些是它们的结果。质料是共同的，在所有实体中，但肯定不是一个类，因为它没有任何本质差异，除非人们认为差异在于它的一部分有火的形状，一部分有气的形状。如果人们认为有共同的东西就可以构成类，而质料在一切存在的事物中，或者它如同相对于各部分的一个整体，那么在这个意义上它也可以是一个类；而且它可以是一个元素，而一个元素也可以是一个类。再者，如果在形式上加上"质料的"或"质料中的"修辞，它就独立于其他形式，但不包括所有实体性的形式。如果我们说的形式是指产生实体的事物，靠理性形成原理产生那符合形式的实体性事物，那我们就还没有讨论该怎样理解实体。至于两者 [质料和形式] 的复合体，如果唯有它是实体，质料和形式就不是实体。但如果它们也是实体，那我们必须考察它们的共同之处。完全断定的特性应该归于关系，比如是一个原因或者是一个元素。被包含在三者中的偶然特性应该是量上的或性质上的，而包含三者的偶然特性就类似于空间和时间；它们的活动和被动如同运动,它们的结果就像地点和时间:像地点,因为是物合物的结果;像时间,因为是运动的时间。但是如果我们能找到某种共同的东西,下界的含混实体,这三者就可以归于一,其他各者按顺序排列就是:关系、数量、性质、在处所中、在时间中、运动、地点和时间。或者如果人们省略处所和时间,又认为"在处所中"、"在时间中"是多余的,那就有五个——假设前三者合而为一;但如果前三者不能合而为一,那就有质料、形式、两者的复合物、关系、数量、性质和运动。或者后三者也可以归入关系之中,因为关系具有比较广泛的包容性。

4. 那么这三者中相同的东西是什么,使它们成为实体——下界事物中的实体——的是什么?它是其他一切事物的一种根基吗?质料被认为是形式的一种基础和"基质",[①] 所以形式不可能属于实体。复合物是其他事物的基础和基质,所以附于质料的形式必是复合物的基础,或者至少是一切在复合物之后形成事物的基础,比如数量、性质和运动。那么,在三者里被称为"不属于另一者"的东西是一样的吗?白和黑属于另外的东西即那成为白或黑的东西,倍属于另外的东西——我不是指半,而是指一块加倍长的木头——父亲就他是父亲而言是另外某人的父亲;知识属于另一者,它在这另一者里面;处所是另一者的界限,时间是另一者的度量。但是火不属于另外事物,一块木头就其是一块木头而言,不属于另一者,人、苏格拉底以及一般的"复合实体"都是这样。实体性的形式也不属于其他东西,因为它不是其他事物的一种影响。形式不属于质料,它是复合物的一部分。人的形式等同于人自身;质料是某个整体的部分,说它属于另一者,意思就是它属于整体,而不是说它所在的事物是另外的事物。但是白色与此不同,它在本质上属于另外事物。因此凡属于另一者并且谓述另一者的不是实体,也就是说,实体就是本质上属于它自己的事物,或者如果它是一个部分,那就是促使

---

① 柏拉图:《蒂迈欧篇》52B1。

它自己类别的一个复合物在本质上得以成全的事物。因为这复合物的每个部分都是它自身的部分，但相对于复合物，每一部分都在另一意义上属于它；或者如果它是一部分，那它是相对于另外事物被称为实体，但作为它自身，它的本性存在就在于是其所是，不在于属于另一者。基质也是质料、形式和复合物所共同的，但质料作为形式的基质是一回事，形式和复合物作为被动影响的基质是另一回事。或者另一种可能是，质料不是形式的基质——就质料是质料，并且是潜能的来说，形式是质料的完全——同样，形式也不在质料里面。因为当一物与另一物结合构成一个复合物时，两者谁也不在另一者中。质料和形式都是这复合物的基质——人（形式）和一个特定的人（复合物）都是影响的基质，先于活动和结果——而实体就是产生其他一切事物、其他一切事物借着它存在的东西，是被动影响的主体，是行为和创造的源头。

5. 这可以理解为对下界可感知领域的所谓实体的讨论。如果它在某种程度上也适用于可理知实体，那或许是因为使用了类比方法，以及术语含义上的含混性。我们称它为第一原理，不过是相对于在它之后产生的事物而言的。因为它不是绝对意义上的第一者，可感知领域的实体相对于可理知领域的实体来说是末后的，只是相对于它们自己之后的事物来说才是最先的。同样，"基质"这个词也是在另一种不同的意义上使用（不同于可理知领域），但是，在可理知领域是否有被动感受，这是可争议的问题。如果有，那里的被动性必与这里的不同。如果在基质中的东西必然"不是作为它所在之物的一个部分而存在"，① 也不是以促成某物成全的方式存在，因为它在基质里不可能如同在某个一起促成复合实体的事物中，那么"不在某个基质中适用于所有实体"② 这话是对的。所以形式在质料中不是如同在基质中，人性在苏格拉底中也不是如同在基

---

① 亚里士多德：《范畴篇》2.1a24-25。
② 同上书，5.3a7-8。

质中，因为人性是苏格拉底的一个部分。这样说来，不在基质中的东西就是实体。但是如果我们说它"既不在基质中，也不谓述基质"，①那么我们必须加上"不同于谓述其他事物"，人也谓述一个特定的人，加上"不谓述其他事物"，就可以被包括在内。当我谓述苏格拉底是人时，我的意思不同于说木头是白色的，而是类似于说白色的东西是白色的。说苏格拉底是人，我就是说一个特定的人是人，谓述苏格拉底身上人的人性。这等同于把苏格拉底称为苏格拉底，也等同于谓述这个特定的"生命物"是理性的生命物。但如果有人说②不在基质里并不是实体的特性，因为本质性的差异本身不属于某个基质里的事物，那么可以说，他正是因为把差异理解为"两足的"（比如），他才说出这样的论断：它不在基质里。如果他不是理解为"两足的"——这是一种特定的实体——而是理解为"两足"，这不是一种实体，而是一种性质，那么这个"两足"必然就在基质里。（我们还听说）时间也不在基质里，空间也不在。但是如果"运动的尺度"（即时间）是指适用于被度量的事物，那么尺度存在于运动中就如同存在于基质中，如同运动存在于被推动的事物中。如果把它理解为是指度量者，那么尺度就在度量者中。空间作为"周围事物的边界"，在那些周围事物中。关于我们正在讨论的这个实体，该说什么呢？现在的问题是，根据这些说法中的一个或几个或所有说法，这个实体可以从完全相反的方式理解，因为这些说法既符合质料和形式，也符合两者的复合物。

6. 如果有人说，就算以上关于实体的言论一点没错，但它没有谈到实体的本质，他仍然要求用他的肉眼看见这个本质，那么我们得说，这个"本质"和这个"是"是不可能以这种方式（肉眼）看见的。比如，火不是实体吗？水不是实体吗？那么它们是实体难道是因为两者都可以

---

① 同上书，5.2a12-15。
② 同上书，5.3a21-28。

看见吗？不。那么是因为拥有质料吗？不是。是因为拥有形式吗？也不是。也不是因为它们是复合物。那么究竟是因为什么呢？因为"是"。但量是"是"，特性也是"是"。那我们要坚持认为，这只是因为"是"这个术语有多个层次的含义。那么适用于火、土以及诸如此类的这个"是"是什么呢？这个"是"与用于其他事物的"是"有什么区别呢？区别在于，一个纯粹指是，单一地存在，另一个指是白色的。那么加上"白色的"这个"是"与没有任何添加的"是"是否一样呢？不一样，一个是原初的是，另一个是分有的是，是次级的是。"是"再加上"白色"，就成了是白色，"白色"加上"是"就成了白色是，所以在两种情形中 [都有某种偶然的东西]，"白色"是"是"的偶性，"是"是白色的偶性。我们这里的意思不同于人们所说的苏格拉底是白色的以及白色之物是苏格拉底，因为在后两种情形中，苏格拉底仍然是同一个人，但白色可能有不同的含义。在"白色之物是苏格拉底"这句话里，苏格拉底被包括在"白色"里，而在"苏格拉底是白色的"这话里，白色只是苏格拉底的一种偶性。这里 [在我们所讨论的例子里]，"是白色"的"白色"是偶性，而在"白色是"里，"白色"将"是"包括在内。一般的，白色拥有是，因为它是关于是并在是里面的，它的存在源于是；但是的是源于自身，白色的是源于白色，不是因为它在白色里面，而是因为白色在它里面。但由于这个"是"自身在感觉世界里并不存在，所以必须说它的是从真是中获得，它的是白色从真白色中获得；那拥有白色的，因分有可理知世界的是而有自己的是。

7. 如果有人说这里以质料为基础的事物是从质料获得自己的是，那我们要问质料是从那里获得是和存在的。我们在别处已经解释了质料不是原初的[①]。如果人们说其他事物若不基于质料就不可能生成，就感觉对象而言，我们表示同意。但即使质料先于感觉对象，它仍然后于许多

---

① Ⅵ.1.25（对斯多亚学派的形体主义的批判）。

事物，后于可理知领域的所有事物，因为它所拥有的"是"模糊不清，比基于它的事物更少，因为这些事物是理性原理，从存在获得更多的是，而质料完全是非理性的，是理性形式的一个影子，是从理性形式的坠落。如果有人说这个质料给予以它为基础的事物"是"，就如苏格拉底给予在他里面的白色"是"一样，那我们必须说，具有更多存在的事物可能把"是"给予拥有较少存在的事物，但存在少的事物不可能把"是"给予存在多的事物。如果形式比质料具有更多存在，那存在不是它们两者共同的东西，实体也不是包含质料、形式和两者的复合物的类。它们拥有很多共同的东西，就是我们正在谈论的东西，但它们的是各不相同。当更富有存在的某物在存在较少的事物附近出现，后者在顺序上位居第一，但在实体上后于前者。所以，如果质料、形式和复合物的是不等同，实体就不可能作为一个类成为它们的共同之物。当然，它会以另外的方式倾向在它后面出现的那些事物，因为它与它们有共同的东西，这就是它们也有是，因为实体有或模糊或清晰的生命，一幅画还只是轮廓，另一幅画已经接近完图。如果人们要用模糊的是来衡量是，而忽视显现在其他事物中更清晰的是，那是还将成为共同的基础。但是我们似乎不应这样推论。因为[质料、形式和复合物三者]每一个都是独特的整体，而模糊的是不是它们共同的东西，正如就生命而言，营养的生命、可感知的生命与可理知的生命之间没有任何共同之处。这里也一样，质料与形式的是不一样，两者一起出于一，这一以各种不同的方式流出。既然第二者出于第一者，第三者出于第二者，那么必然有一个拥有更多存在，另一个拥有较少或低级存在，即使两者出于同一个源泉，也有差异，比如一个东西分有更多的火就成了罐子，另一个分有较少的火就成不了罐子。或许质料和形式甚至并非出于同一个源头，因为在可理知世界也照样有不同的事物。

8. 那么我们是否应当放弃把实体分为元素这种分法？尤其是当我们讨论可感知实体时，我们必须通过感觉而不是理性来把握这样的实体，不必考虑构成它们的部分——因为那些部分不是实体,至少不是可感知的实体——将石、土、水以及从这些元素中生长出来的植物所共同的东西包括在一个类里,再把动物也包括在内,因为它们都是感觉对象。如果我们这样做,就不会漏掉质料和形式,因为可感知实体拥有这些东西。比如火和土以及两者之间的元素就是质料和形式,而复合物其实就是许多实体合而为一。这三者所共有的东西就是使它们与其他事物相区别的东西,因为它们是其他事物的基质,但它们自己不在任何基质里,也不属于另一事物。前面关于实体说过的其他一切特点都适用于此。如果可感知实体没有大小或性质就不能存在,那我们怎么还能分出什么是偶性呢?当我们把大小、形状、颜色和干湿这些东西都剥离掉,我们还能确定实体本身是什么呢?因为这些可感知的实体是得到了限定的实体。那么是否有某种东西能使单一的实体变为有限定的实体?火作为一个整体不是实体,而属于它的某物比如它的一个部分倒是实体?那这"部分"可能是什么呢?只能是质料。那么可感知实体真的是各种性质和质料的混合吗?所有这些东西基于一个质料实体组合在一起,而如果每一个都单独来看,那有的是特性有的是量,是这样吗?或者它们全都是特性?[①]我们是不是可以说,凡是不能缺乏、缺乏了实体就不可能形成完整的存在——凡是这样的东西就是这个实体的一部分,而当实体形成之后,那作为一种添加进入它里面的东西,拥有自己独立的位置,并不隐藏在构成所谓的实体的混合物里?我这样说的意思不是说,当它与其他事物在一起时就是实体,成就一个具有特定大小和性质的物体,而另外地方当它没有产生成全作用时,它就是一种性质,而是说,即使在前一情形中,每个特定的一物都不是实体,由它们全部构成的整体才是实体。如果我们认为可感知实体是由非实体构成的,那根本不必反驳,因为即使是整体,也不是真正的实体,只是模仿真正的实体。真正的实体拥有自己的

[①] 参第15节24-38和II.7.3。

是，不需要跟随它的其他事物，其他事物从它形成，因为它是真正的是。而在可感知领域，作为基础的东西是贫乏的，不适合成为是，因为其他事物不是从它而出。它只是一个影子，而这个影子又形成一个影子，一幅图画，一种表象。

9. 关于所谓的可感知实体和这个类就谈到这里。那么我们应确定它的种是什么，该怎样划分它们。这个类作为整体必然是形体。在形体中，有些是质料性的，有些是有机的。质料性的有火、土、水、气；有机的有植物和动物的躯体，不同的形状各有自己的特性。然后我们应提出土的种和其他元素的种。就有机体来说，可以根据它们的形状分为植物体和动物体；或者根据有些在地上，有些在地下来划分——同样，对其他元素我们也应当这样划分每种形体（比如有些在水上，有些在水里）；或者根据有些轻，有些重，有些处于两者之间；有些位于（宇宙的）中间，有些环绕在它们上面，有些位于两者之间进行划分。在每种情形中，形体都有各自独特的形状，可以相互区别，从而（可以看出）有些是天上生命物的形体①，有些适合其他元素。或者我们应当根据它们的种分出四个，然后以另外的方式将它们组合在一起，将它们的位置、形状和结构的特性混成一体，根据混合体中最大的且占统治地位的元素进行命名，将它们分为属火的或属地的。至于称它们"第一实体"和"第二实体"，②——比如"火"和"某种火"——这些是另一意义上的区别，因为一个是个体的，另一个是普遍的，但不是实体上的差别。就性质而言，也有"白色的某物"和"白色"，"一种特定的文科技能"和"文科技能"之分。相比于"一种特定的文科技能"，"文科技能"缺乏什么呢？一般的，"知识体"与"一种特定的知识体"相比缺乏什么呢？文科技能并非后于特定的文科技能，相反，正是因为文科技能存在，你的文科技能才能存在。

---

① 天上生命物的形体当然是球形的。
② 亚里士多德：《范畴篇》5.2a11-19。

由于你的技能存在于你身上，所以是特定的，但在它自身中它等同于普遍技能。并不是苏格拉底在他自己的人格中把是人给予非人，而是人性把是人给予苏格拉底，特定的人因分有人性而是人。苏格拉底能是什么？不就是"一个特定的人"吗？"特定的"能对"是"做什么？不就是某个实体的一种特定形式吗？如果这是因为"人性只是一种形式"，而苏格拉底是"质料中的形式"，就此而言，他是不完全的人，因为理性形式在质料里比较低级。如果人性自身不在形式中而是在质料中，它会比质料里的特定人少拥有什么呢？它本身就是在某种质料里的事物的理性形式。再者，普遍的东西本性上在先，比如种先于个体；而在先者本性上也是单纯在先，那么它怎么可能是较少的呢？个体相对于我们是在先的，因为它更容易认知，但在实际事例中这并不产生什么差别。若果真如此，就不会有实体的统一定义，因为关于原初之物的定义与关于次级之物的定义并不一样，它们也不可能归于同一个类。

10. 另一种可能的分法是，根据热而干、干而冷、湿而冷或者他①愿意的任何一种搭配来分，然后得到这些性质的组合和混合。我们可以到此为止，只分到复合物，不再往下分，或者再继续分，看事物是在土中还是在土上，或者根据形状，或者根据生命物的差别，不是划分生命物，而是划分它们的形体，它们的形体就如同它们的生命工具。根据形状和样式划分并非不适宜，同样，根据它们的性质划分比如冷、热以及诸如此类也不是不恰当。但如果有人说"形体是按性质行动的"，那我们要回答说，它们也根据混合体、颜色和形状行动。由于我们的讨论是关于可感知的实体，所以根据实体向感知觉呈现出来的特点来划分并非不合时宜。这个可感知的实体不是单一的是，而是感官感知的是，就是我们所说的这个宇宙世界，因为我们说过，它显现出来的存在是可感知事物的集合，它们的存在依赖于我们的感知觉。但是如果复合体没有界限，我

---

① 亚里士多德。

们就应根据生命物的种—形式来划分，比如人的身体（属于人这个种的形体）。因为这样一个种—形式是形体的一种性质，并且按性质划分不会不适宜。如果我们说有些形体是单一的，有些是复合的，将复合体与单一体分为对立面，那我们是在谈论质料体和有机体，还没有认真考虑复合体。但这不是按复合体与单一体这种对立来划分，事实上，在划分的第一阶段必须先确定单一体，然后基于另一个次级原理将它们结合，按各自的位置或者形状来区分它们比如分出有些是属天的，有些是属地的。关于感觉可感知事物中的实体或毋宁说生成（coming-to-be）就谈到这里。

11. 关于量和数量，常常有人说应怎样把它们定位于数和大小，因为凡是属于质料和基质范围内的个体事物，都具有一定的大小。——当然，我们这里讨论的不是独立的数量，而是关于使木头成为三肘尺长、马有五匹这样的量。——我们通常认为，唯有数、大小这些东西可以称为量，时空不应归入数量之下，时间因为是"运动的尺度"，按它自己的本性应属于关系范畴，空间是环绕形体的东西，所以也应把它放在关系中，属于关系范畴。再说，运动是持续的，所以不把它放在数量类别里。那么大和小为何不属于数量？因为大者是因为某种数量而是大的，尺寸不是某种相对的东西，但较大和较小属于相对者，它们显然是相对于另一者才有较大和较小，就像倍一样。那么为何说"这山很小，而粟粒很大"？① 首先，这里只说小，没有说"较小"。如果承认说它小是相对于同类事而言，并与同类事相比较得出的，那就承认它是小，而不是"较小"。大粟粒不是纯粹的"大"，而是"大的粟粒"，这也同样是"同类事物的"，说它比同类事物更大是合乎自然的。其次，为何不说相对者之一是"美的"？我们说某物自身是美的，它拥有美的性质，而"更美"是相对术语之一。所以，被称为美的东西相对于另外的东西很可能显得丑陋，比

---

① 亚里士多德：《范畴篇》6. 5b18-19。

如美的人相比于神是丑的。他①说:"最美的猴子相比于另一种类也是丑的。"但就它自身来说是美的,尽管相对于另外事物来说可能更美或者更丑。就尺寸来说,一物就自身来说是大的,它拥有尺寸,但相对于另外事物来说就不是如此。否则,人们可能因为另外事物更美就否定"美"。所以这里我们不能因为有比它更大的东西就否定它的"大",因为如果它不是大的,它就不可能更大,正如一物如果不是美的,就不可能更美。

12. 因此我们必须允许量里面存在对立,其实当我们说"大"和"小"时,我们的观念已经承认对立面,使我们产生对立的心理图像,正如我们说"多"和"少"一样。关于"多"和"少"我们应当持同样的观点。比如我们说"房子里有很多人",而不说有"更多人",后者是相对于另外的事物说的。我们说"剧院里有少量人",不说有"更少的人"。②一般地,我们说到"多"时,指的是数上的多——这个多怎么可能是相对关系的一方呢?——这就等同于说"数的一种扩展",其对立面是数的"缩小"。连续性也一样,因为我们关于连续的观念将连续者拉长到一定距离。所以当单位向前运动,就有一个量,当点向前运动,也是如此。不论哪个,如果在运动中迅速停止,一者就是少,另一者是小;如果前面的过程不是一下子中止,一者就成为多,另一者就成为大。那么确定的界限是什么? 美的界限是什么? 或者热的界限是什么? 这里也有可能变得更热。但"更热"是相对于某物而言的,而"热"是单纯的一个特性。一般的,必然有一个大的理性形式,正如有美的理性形式,当它被一物分有,就使它成为大的,就如美的形式使分有的事物成为美的。在这些方面,有量上的对立存在。空间上没有更大者,因为空间不属于量。即使空间属于量,"上"也不会是与什么东西相对的,因为在大全里没有"下"。但是当我们谈论部分的"上"和"下"时,它们不可能是别的意思,只

---

① 赫拉克利特残篇 B 82 DK,如柏拉图 *Hippias Major* 289A3-4 所引用的。
② 亚里士多德:《范畴篇》6. 5b24-25。

能是"更高的上"和"更低的下",就像"左右"一样,这些属于相对者。但"音节"和"字词"有一种量的特性,属于量,因为它们是一定长度的声音,①但声音本身是一种运动,所以必须一般地归于运动,就如行动是运动一样。

13. 有人已经合理地指出过,② 连续与不连续的分别在于,一个有共性,另一个有特定的界限。同样,数可以通过奇数和偶奇数来区分。另外,如果区分的双方各有自己的特性,应当把它们留给那些与数打交道的事物,或者我们应当指出,这些特点是绝对[理想]数的特性,但不再是显现在感觉对象中的特性。如果在逻辑上可以将感觉对象里的数与对象分离,那我们也完全可以在思想中得出同样的区分。如果一个是线,一个是面,一个是体,那我们如何区分这里的连续性呢?如果我们只是计算,那倒可以将它们分为一维的、二维的和三维的,但我们正在将连续性分为它的种,所以这样的区分似乎并不适合。因为如果数也这样按照前后顺序排列,它们就不可能纳入共同的类,也不会有任何东西是第一维、第二维和第三维所共同的。或许在某种意义上它们可以说是一和同,即它们都是数量的尺度,即使有的范畴大一点,有的范围小一点,也没有量上的多少之别。因此,数作为数,就应该拥有所有数共同的东西。或许并非一这个数生出二这个数,二这个数又生出三这个数,而是同一个数生出所有其他数。就算数序列并非从某个数形成,它只是存在,我们也依然会认为它是生成的,并且认为小的数在前面,大的数在后面。即便如此,就它们是数而言,它们也可以归于同一个源头。现在我们必须把适用于数的内容转用于量值。我们要根据线、面和体(亚里士多德称为形体)各不相同的量值区分它们。但我们必须考察我们是否应对它们每一个进行划分,将线分为直线、曲线和螺旋线,将平面分为直角形

---

① 关于声音是量参 VI. 1. 5。
② 亚里士多德:《范畴篇》6.4b。

的和圆形的，立体分为立方体、球体和各边由直线包围的体，这些又分为三角的和四角的，这些再分为其他，就如几何学家所做的那样。

14. 那么我们该怎样谓述直线呢？它不是一个量值吗？人们可以说，直是具有某种性质的量值。那么我们为什么不能说这是线作为线的特定区别（种差）？——因为直不属于别的东西，只属于线——我们也从性质获得实体的种差。如果一条线是直的，它就是具有特定性质的一个量，直线并不因为这个原因而是直与线的复合物，如果它是复合物，它有自己的种差。（既然线是一个量，）那由三条线构成的图形——三角形——为何不属于量？因为三角形并不只是三条线，而且是处于这种特定排列中的三条线，四边形的四边也是处于这种特定位置中的四条线。事实上，直线也不只是量，它还以特定方式排列。既然我们说直线不只是量，那我们为何不能说有限的直线不只是量？而线的界限是点，它不在其他事物中。同样，有限的面是一个量，因为线构成它的界限，而线比面更有理由属于量。如果有限的面属于量，这面或者是四边的，或者是六边的，或者是多边的，那么所有图形都属于量。但是如果因为我们说三角形是一种特性，四边形也是，所以我们准备把它们都归在性质下面，那不会有人反对把同样的事物归于几个范畴：就它是一个量值，且具有一定大小而言，它属于数量范畴；就它显现为具有一定性质的形状而言，它可归于性质范畴。既然三角形就其自身而言是具有某种性质的形状，那我们为何不能把球形也称为一种特性呢？按照这样的思路，我们必然会得出这样的结论：几何不是研究量值，而是研究性质。但事实似乎并不是这样，这种活动研究的就是量值。量值的种差并不取消它们作为量值的存在，正如实体的区别不会使它们成为非实体。再者，每个面是有限的，任何面都不可能无限延伸。另外，正如当我理解一个实体的某种性质时，我称它为实体性的性质。同样，更甚的是，当我理解图形时，我看到它们具有量上的种差。如果我们不将这些看作量值的种差，那我们要将它们归到哪个类呢？如果承认它们是量值的种差，那就必须把产生于差别的不同量值安排在量值的种里。

15. 为何"相等与不等完全属于量"？人们谈到三角形时，一般说它们相似（而不是相等）。但是谈到量值时也往往是说"相似"，所以谈论相似的概念并不影响相似与不相似属于量这一事实。或许这里，量值上的"相似"是在不同意义上使用的，不同于性质上的"相似"。所以即使他①说"相等与不相等完全属于量"，他也并没有否认谓述某些量值相似的可能性。但如果他说"相似与不相似属于量"，那正如我们所说的，量上的相似必须在另外的意义上理解。如果可以在同样的意义上理解量值上的"相似"与性质上的"相似"，那我们必须考察数量和性质这两个类共有的其他特性。我们必须说，"相似"这个词之所以也可以用于数量，是因为它里面拥有种的差异。一般的，人们应当把有助于完全本性的差异归于差异的所属者，尤其是当种差作为种差只属于那所有者时。如果在一物中它有助于成全本质，在另一物中则不是，那必须把它归于它有作用的地方，在它没有促进作用的地方，必须把它看作完全独立的。我的意思是说，它不是单纯地促进本质的完成，而是促进这样一种本质的成全，因为"这样一种"允许一种非实体性的添加。我们也必须注意这一点，我们谓述三角形"相等"，四边形"相等"，并把这个术语用于所有图形包括平面的和立体的，由此我们可以确定"相等"和"不等"恰当地属于数量。但我们必须考察"相像"与"不相像"是否属于性质。

关于性质，我们曾经说过，它与其他东西如质料和数量混合，就可以形成可感知的实体，这个所谓的实体就是这个世界的多样性混合体，它不是一个"某物"，而是一个"相似的某物"。比如，火的理性形式更多地表明"某物"，而它产生的形状更多的是一种特性。人的理性形式是一个"某物"，而它在身体本性中的产物是形式的一个形像，毋宁说是一种"相似

---

① 亚里士多德。这里讨论的关于相等与不等、相似与不相似的话出于《范畴篇》6. 6a26 和 8. 11a18-19。

的某物"。这就好比说，可见的苏格拉底是一个人，而他的画像虽由各种颜色和画家的材料构成，却也被称为苏格拉底。同样，既然有一种理性形式使苏格拉底成为苏格拉底本人，就不应把我们所看见的苏格拉底说成苏格拉底本人，他身上的颜色和形状只是表现了形式中的颜色和形状。同样，他的理性形式也是对人的真正形式的表现。这个问题就谈到这里。

16. 如果把与所谓的实体结合的每个范畴都剥离出来单独理解，那我们必须说，性质属于感觉对象里，不是表示"某物"或"多少"或"运动"的术语，而是指明独特特性、"这样"和"何种"的术语，比如用来形容身体的美和丑。因为这里的美与可理知领域里的美只是在名称上一样，就如这里的性质与那里的性质之间的关系一样，比如这里的黑白虽然也叫黑白，却与那里的黑白不同。那么种子里的性质，也就是特定理性原理中的性质与显现出来的性质是相同还是只在名称上一致？我们是应把它分配给那里的可理知者，还是分配给这里的感觉对象？灵魂里的丑是怎么回事？因为灵魂里的美是某种不同于身体上的美的东西，这一点已经很清楚。如果[灵魂里的丑或恶]属于可感知领域的这个性质，那就会产生这样的问题：美德是否属于这里的性质？或许有些美德在这里的性质中，有些在那里的性质中。人们可能会感到有点困惑。技艺，也就是理性形式，是否属于可感知的性质？① 因为即使它们是质料里的理性形式，它们的质料也是灵魂。但是当它们也与身体质料同在时，它们是怎样存在于低级领域的？就拿弹琴来说吧，弹琴必须拨动琴弦，而曲调也就是听得到的声音，在某种意义上是技艺的部分，当然有人会说这些东西是活动而非部分，但即便如此，它们仍是感觉感知的活动。同样，形体的美也是无形的，但是由于它是由感觉感知的，所以我们把它归于不得不与形体结合且属于形体的事物。但我们认为几何和算术具有双重特性，应把它们的一种特性归于可感知的性质，而把灵魂本身指向可理知领域的工作归于那里。事实上，柏拉图对

---

① 关于技艺在可理知世界和可感知世界里的地位，亦见 V. 9. 11-12。

音乐和天文学说过同样的话。因此，与形体有关并使用可感知工具和感知觉的技艺，即使它们是灵魂的倾向——因为它们是灵魂向下的倾向——也必须归于可感知领域的这个性质。其实，我们完全可以把实践美德归于下界——它们的行为具有公民性，指向社会目的，所有这样的美德不是让灵魂与身体分离，引导它走向上界之事，而是促成下界的美好生活，认为这种美好更可取，但并非必不可少。① 因此种子里的美，还有黑白，属于下界可感知的性质。那么，我们是否应将这特定的灵魂——它包含这些理性形式——与下界可感知的实体同列？我们没有说这些理性形式是形体，但由于它们关涉形体和形体的作为，所以我们将它们纳入下界可感知的性质中。但当我们认为可感知实体是由我们所提到的那些东西组成时，我们当然不会将一个无形体的实体纳入它们中间。虽然我们说过，所有性质都是无形的，但我们把它们划入可感知领域，因为它们是倾向于这个世界的感受，属于某个特定灵魂的形式。这感受被分为两种，一种与灵魂有关，另一种是灵魂所在的，我们将那种不是形体但属于形体领域的感受归于性质。但我们不会进一步将灵魂归于下界可感知的实体，因为我们已经将灵魂指向形体的情感分配给性质。但是，如果我们认为灵魂没有情感，独立于 [我们一直在讨论的] 理性形式，那我们就已经将它归入产生它的那个领域，没有在这下界留下任何无论如何都可理知的实体。

17. 如果我们承认以上所说，那就得将性质分为灵魂—性质和（属于形体的）形体—性质。但是如果人们希望所有灵魂都在可理知领域，那仍然可以基于感官划下界可感知的性质，有些通过眼睛看见，有些通过耳朵听见，有些通过触觉，有些通过味觉，有些通过嗅觉得到。如果这些类别自身里面还有什么差别，那么 [它们必然是相互区分的]，不同的视觉得到不同的颜色，声音因听觉的差异而各不相同，其他性

---

① 这里的术语是斯多亚学派的。参 SVF III 280。

质也因其他感官的差异而有别；各种声音，就它们得到界定而言，可以是甜美的、尖锐的和柔和的。由于我们通过性质、活动和行为来区分不同的实体，将它们分为美的和丑的，总之，是某一类的——因为数量极少或者根本不会进入种差——而对于量，我们又是根据它特有的性质来界定，于是人们可能会觉得有点困惑，该怎样通过种划分性质，应使用哪一种区分，该从哪一个类获取它们。显然，通过与它同一的自身来划分它是荒谬的，好比人们说实体的区别还是实体。那么人们怎样区分白和黑？一般地通过什么东西区分颜色？根据味觉和可感触的性质吗？如果这些区别是由感觉器官不同而产生，那意味着特性（差别）不在感觉对象本身之中。但人又怎么区分同一感官感知到的特性？如果这是因为有的（颜色）使视力集中，有的（颜色）使视力分散，有的（味道）使味觉集中，有的使味觉分散，那么首先，这是关于经验本身的争论，看它们是分散的还是集中的；其次，亚里士多德并没有说经验本身通过什么进行区分。① 如果有人说"通过它们的能力"② 区分——"通过它们的能力"并非不合理——那他可能会这样回答：不可见之物必然是通过它们的能力得以区分的，比如知识的分支。但是对这些可感知的事物，为何要通过它们的行为来区分？就知识的分支来说，如果我们按它们的能力区分它们，一般地基于灵魂的能力按它们的作为来区分，那么我们就能理性地把握它们的区别，因为我们不仅看见它们所关涉的事物，还看见它们的理性形式。我们也能够按技艺的理性形式和它们的理论来划分它们，但是我们怎样划分形体里的性质？显然，即使在技艺的例子中，我们仍然可以探讨，不同的理性形式本身之间是如何区分的。白当然不同于黑，但究竟根据什么来区分，

---

① 这样解释感觉感知到的性质的不同似乎可以追溯到原子论者，参德谟克利特 A 120 DK。柏拉图《蒂迈欧篇》和亚里士多德《形而上学》I 7. 1057b8-9, Topica H 3. 153a38-b1）都采纳这种方法，后者是普罗提诺这里批判的对象。

② 亚里士多德：《范畴篇》9. 9a14-16。

我们仍然在追问这个问题。

18. 但所有这些难点都表明，虽然我们确实应当寻找其他事物的区别，通过这些区别我们才能将事物彼此区分，但寻找区分本身的区分，既是不可能的，也是非理性的，因为不可能找到实体的实体、性质的性质、数量的数量、区分的区分。如果条件允许，必须通过它们的能力或者类似的东西区分它们，但如果这些也不存在，比如区分韭菜绿和黄绿（他们[①]说，这些颜色都源于白和黑），那该怎么说呢？事实上，指出它们不同的或者是感知觉或者是理智，而且它们不会给出理由。就感知觉来说，不给出理由是因为解释理由不属于它的职责，它只是表明不同的信息。就理智来说，任何地方它都只使用自己单纯的注意活动，从不需要理由，所以它对每个事物只说"这是这样的，那是那样的"。它的运动中有一种差异能将一物与另一物彼此区分，但它自身不需要差异。[②]那么所有性质是否都构成差别？诚然，白色以及一般的颜色、触觉性质和味觉性质即使是（性质的）种，也可能是其他事物的差别，但是文法和音乐怎么可能成为其他事物的差别呢？确实，有的灵魂具有文法性质，有的灵魂具有音乐性质，如果这些性质是灵魂的本性，那就更可以这么说，就此而言，这些性质确实成为种差。这样说来，如果性质原是一种差别，那么它应该或者出于（被区分之物所属的）这个类，或者出于另一个类。如果出于同一类，它就是出于同类事物的一种区分，比如是性质的性质。美德和邪恶是状态，一个是这种状态，一个是那种状态，由于状态是性质，所以区分是性质；除非有人说没有区分的状态不是性质，那就是区分产生性质。如果有人说甜美是有益的，苦涩是有害的，那他是用关系而不是性质来区分它们。假设有人说，甜美是稠密，酸楚是稀薄，

---

① 逍遥学派，参亚里士多德 De Sensu 4. 442a24-25；《范畴篇》10. 12a18。

② 这个句子极其清楚地表明，在普罗提诺看来，"αιοθησις"与"νοησις"是十分相似的，参 VI. 7. 7. 29-31；他这里似乎发展了亚里士多德的思想，参《尼各马科伦理学》VI 11. 1143a35-b5。

那会怎样呢？他可能不是说甜所是的东西是稠密的，而是说甜所在的东西是稠密的；关于酸也同样如此。所以我们必须考察，性质是否永远不可能是那非性质之物的一种区分？比如实体不是实体的区分，数量不是数量的区分。我们是否可以说，五与三的区分是二？不，我们说，五比三多二，我们不使用"区分"这个词。试想，它怎么可能通过在"三"里的"二"进行区分呢？运动不是通过运动与运动相区分，我们也不可能在其他类中发现这种情形。对于邪恶和美德，我们必须整体与整体比较，这样我们就将通过整体自身来区分整体。至于源于同类即性质而不是源于另一类的区分，如果我们区分一种 [美德或邪恶] 是基于这样的原理：一个与节制有关，一个与享乐有关，一个收获成果，（一个挥霍无度，）并且承认这是一种好的分法，那么显然，非性质也有可能造成区分。

19. 看起来，我们应当将特性与性质同列，因为这些特性中有性质，为避免出现两个范畴，我们不考虑它们本身，而从它们转向使它们得称为特性的事物。比如就"非白"来说，如果它是指另一种颜色，那它就是一种性质；如果它只是一种否定，那它只是使用它的事物的一个声音，或一个名称，或一个界定。如果它是声音，它就是一种运动；如果它是一个名称或定义，它就是相对的，因为名称或定义都是有意义的。如果不仅事物按各自的类列举出来，还必须列出词语和意义，说出它们每一个代表什么类，那我们要说肯定的术语通过单纯的指示规定事物，而否定术语取消事物。不过，如果因为肯定术语是复合的，我们不把它们算在内，那无论如何，我们最好也不要把否定算在内。那缺乏又怎样呢？如果所缺乏的东西是性质，那么它们本身就是性质，比如"无牙的"或"盲目的"都是性质。但"赤裸的"或"穿衣的"都不是性质，毋宁说是某种特定的状态，因而，是相对于另外事物的一种关系。关于被动性，如果它持续被影响，就不是性质，而是一种运动；如果被动性意指已经受到影响，并仍然保持这种影响，那它就是一种性质，但如果某物不是仍然拥有这种影响,而是已经受了影响,那意味着已经被感动,这等同于"在运动中"。但我们必须只思考运动,把时间排除在外,因为就是引入"现在"也是不适宜的。"做得不错"以及诸如此类的修饰语应归于一个单一的类概念。我们还必须探讨红皮肤是否应当归于性质,尽管 [一时] 红了脸的人不属于这个类。脸色变红不属于性质是对的,因为这里有被动性,或者说一般的运动。但如果有人的脸色不是变红,而是原本就是红的,那它为何不是性质呢?得到性质不依赖于时间——什么样的时间间隔能给性质下定义?——唯有实体显现出来的特性。当我们说一个人是"红脸的",那我们就是说他有某种"性质"。换言之,我们只能把 [固定的] 状态称为性质,而不再包括一时的倾向。所以一个温暖的人不是指一个正在变得温暖的人,一个病人不是指正在趋向疾病的人。

20. 我们必须审察是否并非每种性质都有相反的性质。就美德和邪恶来说,即使是居中者也与两端对立,但在颜色的例子中,[他①说] 居间者就不是这样。或许是因为居间的颜色是两端的混合,所以我们不应按对立者来划分它们,而只按白和黑划分,认为其他颜色都是白和黑混合而成。或者,我们就按对立面划分它们,因为属于居间者的某种特定颜色不同于其他颜色,即使它们都可以看作复合产生的。或者因为对立者不只是不同,而且是最大可能地不同。不过,只有已经确立了这些居间者,才能理解什么是"最大可能地不同"。否则,如果人们取消居间者的这种安排,他还靠什么来定义"最大可能"?比如,我们的视力告诉我们,灰色比黑色更靠近白色。同样,我们的味觉和触觉判断是苦是甜,是冷是热,以及两者之间没有居中者。很清楚,这是我们理解事物的惯常方式。但有人或许考虑到以下情形,不同意我们的观点:白色与黄色完全不同,任何一种颜色与其他颜色相比都是这样,因为

---

① 亚里士多德。普罗提诺是在比照《尼各马科伦理学》II 5. 1106b24-28(论美德和邪恶作为居中者和两端)与比如《范畴篇》8. 10b12-18(论颜色)。

它们彼此不同，所以是对立的特性。它们的对立不是由于有居间者，而是因为不同。无论如何，健康与疾病之间没有居间者，它们截然相反，或许因为两者的结果具有最大可能的差异。如果没有居间者身上较小可能的差异，怎么可能说"最大可能"呢？所以对健康和疾病就不能说"最大可能"。所以相对者是由其他事物决定的，不是由"最大可能"决定的。如果它由"大"决定，如果我们用"大"，而不用相对于较小而言的较多，那么同样，没有居间者的对立物仍会脱身而去。如果它意指单纯的"大"，那么当我们承认每个事物之间有很大距离时，我们不能用相对的"较大"来测量距离。然而，我们仍然必须考察何为相对。我们是否可以说，拥有某种相似性的事物——我说的相似不是类上的相似，也完全不是由于混合了某种类似于它们的其他形式的东西而产生的相似——只是在程度上有分别，或大或小，不是相对者，那些在种的形式上没有任何相似之处的事物才是相对者，是这样吗？我们还必须加上一条：它们都属于性质这个类，因为没有居间者的对立者。那些没有任何相似性的事物，是截然相对的。可以说，没有任何其他事物面向两个方面，拥有与两者的相似之处——但其中有些相对者，只有某些居间者没有相似性。如果真是这样，那些在颜色中拥有某种共性的颜色就不能是相对者。但是我们仍然可以说，并非每种颜色都与其他每种颜色相对，而是一种与另一种相对。同样的话也适用于味道。这个问题就讨论到这里。至于（性质的程度）"更多和更大"，它似乎存在于分有性质的事物中，但是它是否进入性质本身比如健康和正义，则有待讨论。可以肯定，如果这两者都有自己的幅度，那必须承认持久的状态本身拥有它。但事实上，它们都属于可理知领域，那里的每个事物都是整体，并不拥有"更多和更大"。

21. 关于运动，我们是否应当认定它是一个类？对此我们可以这样来分析。首先，将它归于另一个类是否恰当？其次，没有任何事物比它更高是否可以断定为它的本质？再次，它是否通过接受许多差别产种？人们可以将它归于什么类呢？它既不是拥有它的事物的实体，也不是其性质。人们当然不会将它归于主动的行为和创造活动——因为肯定有许多被动的运动——也不会归于被动性，因为许多运动是主动的行为和创造。相反，人们倒应将活动和被动归于运动这个类。另外，将它归于关系也不恰当，因为运动是某物的运动但不独立存在。否则，性质也可以归于关系范畴，因为性质也是某物的性质，在某物里面。同样的推论也适用于数量。如果我们承认，这是因为这些（性质和数量）是特定的事物——即使就它们的存在来说，它们属于其他事物——所以把一个称为性质，另一个称为数量。那么同样，即使运动是某物的运动，它在属于某物之前总是某物，所以我们应当明白它自己是什么。一般的，人们不应把首先是然后属于其他事物的事物定为相对的，而应把由关系产生的事物定为相对的。它那里除了使它得名的关系之外，没有任何其他东西比如倍，它之所以被称为倍，是因为它的产生和存在是相对于单一长度而言的。若心里没有这单一长度，就没有双倍长度，所以它是相对于别的事物才被称为倍，才是倍。那么，被称为运动的东西，虽然是某物的运动，却拥有独立的实在，能使它成为某物的运动，就像性质、数量和实体那样。这样的东西究竟是什么呢？首先，我们必须明白，没有任何事物先于它并作为它的类谓述它。但是如果有人说①，变化先于运动，那么首先他或者是在谈论同样的东西，或者如果他是把变化称为一个类，那除了前面所说的那些类之外，他将提出另一个类。其次显然，他会把运动置于 [变化] 的种里，设置另一种 [变化] 与运动相对，比如生成，说它也是一种变化，但不是一种运动。那么生成为何不是一种运动呢？如果这是因为生成的东西原本并不存在，而运动与非存在无关，那么生成显然也不可能是变化。如果这是因为生成不是别的，就是性质的变化和数量的增长，因为当某物发生变化并增长时生成就发生了，那么他是

---

① 亚里士多德：《物理学》E 1. 225a34-b3；关于亚里士多德的讨论贯穿本节其余部分。

在思考先于生成的事物。但我们必须认为在下界这些事物中的生成是不同种类的生成。因为已经生成和正在生成不在于被动的变化，就像受热或变白那样——有可能当这些变化产生时，绝对意义上的生成还没有发生，发生的只是生成某物，也就是说，就是我们正在讨论的这种变化——而是如同一个动物或植物获得一种特定形式。有人可能会说，把变化设为一个种，这比将它归于运动更适合，因为变化意在表明一物取代另一物，而运动的含义还包括不破坏事物自身特有本性的变动，比如移动。如果这不是他要说的意思，那运动必然是学习和弹琴，或者一般而言，是产生于某种状态的运动。这样，变化就很可能成为运动的一个种，是使事物改变自身的一种运动。

22. 我们不妨假设变化的观念等同于运动的观念，因为运动本身源于"不同"。那么我们该怎样定义运动呢？我们不妨承认，概括地说，运动就是从潜能性到潜能性之实现的过程。一物是潜能的，因为它能够到达某种特定的形式，比如潜能地是一个雕像。另一物是潜能的，是因为它能够成为一种活动，比如行走的活动。当一物进展到雕像，它的进展就是运动。当另一物开始行走，行走本身就是运动。有人是潜能的舞蹈者，就他而言，不论他什么时候跳舞，他的舞蹈就是运动。在一种运动中，即变成雕像的运动，运动使其获得一种新的形式；在另一种运动中，即跳舞的运动中，因为是潜能性的单一形式，运动停止之后，并没有任何东西产生。所以，如果有人说运动是一种醒着的形式，与其他静止的形式相对，因为那些形式停留，而它不停留，并且当某物在它之后生成时，它是其他形式的原因，这样说并非不恰当。然而，如果有人说，我们正在讨论的这种运动是形体的生命，那他必然也把它称为理智和灵魂的运动。不过，人们可以相信，运动仍然是一个类，因为很难甚至不可能将它纳入定义之中。但是如果运动是趋向败坏的，或者一般地是被动的，那它怎么可能是一种形式呢？我们可以认为，运动就比如热量，从太阳发出的热量可以使某些事物生长，也可以使另一些事物枯萎，热量是同样的，所不同的显然是受热的主体。生病与康复是一样的吗？是的，就它们都是运动而言，是一样的。那么区别在哪里呢？是在主体里还是在其他地方？我们将在后面思考变化时再来讨论这个问题。现在我们必须考察在所有运动中相同的东西是什么，因为唯有基于这样的东西它才可能是一个类。或者它可以在多种意义上使用，而在"是"的意义上是一个类。[我们还必须]考察这样的难题，或许所有趋向本性之物的运动，或者在符合本性之物里活跃的运动，必然类似于种一形式。这一点已经说过，而那些趋向逆性之物的运动必然以同样的方式认为是它们所趋向的事物。性质、数量的变化、生成及其对立面，以及位置的变化，就它们都是运动而言，它们的共同元素是什么呢？共同的元素在于每一物都不同于它先前的所是，不可能处于静止之中或者完全不动，只要运动存在，它总是被引向另外的事物，它的是就不停留在同一性中，因为没有他者，就没有运动，因此异不是已经生成并停留在另一[状态]，而是永远的异。所以时间永远是不同的，因为运动产生时间，时间度量永不停止的运动，它与运动一起奔跑，就好比骑在运动身上跟它一起走。而一切运动共同的东西就是进展，从潜能性和可能性引向活跃现实性，因为任何被推动的事物，不论被哪种运动推动，都有先在的潜能性使它进入运动（或者主动或者被动）。

23. 感觉对象中的运动源于另外的事物，震撼、驱动、唤醒和推动分有运动的事物，使它们不再沉睡，不处在同一中，而因为这种不安，这种动荡——它是生命的一个形像①——而合在一起。但我们不能认为被推动的事物就是运动，比如行走不是指脚，而是脚的活动，来自脚的潜能。由于潜能不可见，所以必然只看到活动的脚。这脚不是单纯的脚——

---

① 尽管感觉世界与可理知世界之间截然对立，但这里描述下界 κινησις 的功能所用的措辞非常类似于 VI. 7. 13.11-16 描述可理智世界的 ετεροτης 和 κινησις 的功能时所用的措辞。在普罗提诺，运动和时间在下面这个可感知世界的功能是积极的。下界事物的实体性存在和一致性依赖于它们在运动中，也依赖于（III. 7. 4. 19-29）它们在时间中。

静止不动的脚才是单纯的脚——而是已经包含另外东西的脚。这东西不可见,但正是因为脚包含这另外的东西,所以我们可以看到脚一刻不停地占据一个地方,然后又占据另一地方,由此我们就间接地看到这另外的东西。另外,我们可以从被改变的事物看见变化,因为它的性质不再保持同一。那么当一物推动另外事物,也就是说当它从一种内在的潜能性走向现实性时,运动在哪里?它在推动者里面吗?若是这样,那被推动并受影响的事物怎样分有它?它在被推动者里面吗?若是这样,那它形成之后为何不一直待在里面呢?看起来,运动必然既不能与它的产生者分离,也不在产生者里面,是出于产生者而到达被推动者,不是从产生者割离,而是源于它而到达另一者,就如一阵微风吹到另一者。因此,当运动的潜能是一种行走能力时,可以说它推动并产生一种连续的位置变化。如果它是一种加热的潜能,它就加热;如果潜能接受质料,并把它构建为一种本性,它就是生长;如果另一种潜能把这本性消解,那就是衰退,因为具有消解潜能的事物减少了;当生产本性活跃,就有生成,当这种本性软弱无能,那能使事物消失的潜能占统治地位时,显现出来的就是消亡,不是已经生成的事物中出现消亡,而是妨碍生成的事物中出现消亡。健康的产生也同样如此,当拥有产生健康的潜能活跃时,健康就产生(相反的潜能产生相反的结果)。所以,运动是有条件的,不仅取决于出现运动的事物,也取决于运动的源头和过程,运动是有性质的,运动的独特标志就是,它总是在这样那样的事物中的这样那样的一种运动。

24. 关于位移,如果向上移动与向下移动相反,圆周运动与直线运动不同,那么我们该怎样区分这种不同?比如区分将某物抛过头顶与扔在脚下,因为推动的潜能是同一个。当然,有人或许会说,向上推是一回事,向下推是另一回事,向上推与向下推的运动方式不一样,如果这种运动是本性使然,也就是说,一个轻,一个重,那就更是如此。但是这两种不同的运动有一种共同倾向,就是向自己的位置移动,所以这里的区别很可能是由外部产生的。至于圆周运动和直线运动,如果绕着圆周奔跑与沿着直线奔跑是同一类奔跑,那两者有什么不同呢?唯有一点不同,就是运动路线的形状不同,除非有人说圆周运动是混合的和不纯粹的,因为它不是完全的运动,没有彻底离开自己的位置。但是一般的,位移似乎是根据外物进行区分的一种运动。

25.我们必须考察它怎样复合又怎样分解。我们前面已经提到生成和消亡、生长和衰退、位置的变化,那么性质的改变,复合和分解是不同于这些运动呢,还是它们都属于构成和分解?或者这些运动中有些应视为复合成和分解的范型?如果复合是指一物向另一物接近和靠近,另一方面,分解是指离开回去,那我们可以说它们是位移,可以说两物向一移动或者两物彼此离开。但它们如果想要表示一个复合体和混合物,从一个统一体形成另一个统一体——发生在现实的复合过程中,而不是指复合之后得到的结果——那我们应该将这些运动归于以上提到的那些运动中的哪一种?当然,最先出现的肯定是位移,但位移之后发生的将是另外的事。就如在生长中,我们最先看到的是位移,但随之而来的是数量运动。同样,这里位移也是领路的,但是复合和分解并不必然随之而来,唯有当相遇的各部分相互交织,才会有复合,而当它们彼此分离,才会有分解。相反,位移倒常常跟在分解后面,或者与分解同时发生,但是我们以另外的方式思考分解之物所受到的影响,而不把它看作位移。同样,在复合中想到的是另一种被动感受,即另一种合一,另外的事物,跟随在位移之后。那么我们是否应该独立思考这两种运动,并且认为性质上的变化属于它们?如果一物变稠,那它就是变了,但这种变等同于说"它被复合[或被压实]了"。同样,当它变稀薄,它也变了,而这等同于说"它被分解[或它的组织松散]了"。当酒和水混合,另一种不同于原先两者的东西产生了,这就是复合,复合导致变化的产生。这里我们也必须断定,在某些变化中先有复合和分解,但这些变化本身不同于复合和分解;其他变化也并不就是这种类型的,稀薄和稠密不是复合和分解,无论如何都不是由它们产生的,否则,如果是它们产生的,那我们甚至得承认虚空的存在。① 那么关于黑白又怎样呢？（是否也要用复合和分解来解释？）但是如果有人对这些（性质的独立存在）提出疑问，那么他首先就取消了颜色，然后也取消了性质，或者至少是大部分性质——但毋宁说取消了全部性质，因为如果他说，所有变化，也就是我们所说的"性质上的改变"都是复合和分解，那么结果绝不是性质，而是部分，或者靠紧，或者远离。最后，学习和受教怎么可能是复合呢？

26. 我们当然得思考这些问题，现在我们要再次探讨被描述为运动的特定种类的事物比如位移，看看每个种类是否并非根据向上、向下、曲线、直线来区分。关于这个难题我们已经有过论述，② 或者是否根据生命物的运动和非生命物的运动来区分——这两种运动显然是不同的；另外，是否还可以将这些 [生命物的运动] 区分为走、游和飞？或者人们还可以看它们是出于本性的还是非本性的，来区分每个种类中的运动。但这可能意味着运动的差别并非源于外面，是运动本身产生这些区别，没有它们就没有运动，而本性显然就是它们的原理。或者 [人们可以把运动分为] 有些是自然的，有些是人工的，有些是有意的。自然的，比如生长和衰减；人工的，如建房和造船；有目的的，如检查、学习和从政，以及一般的谈论和行动。关于生长、变化和生成，[人们可以分为] 自然的和非自然的，或者根据运动主体来分。

27. 那么，关于与运动相对的类，即静止（rest）或者寂静（stillness），我们该说什么呢？应当确立它自身是一个类，还是应将它归于已经提到的那些类中的一个？或许最好把静止归于可理知世界，然后寻找下界的寂静。我们必须先探讨寂静是什么。如果它显得与静止等同，那在下界找它就是不对的，因为这里没有事物静止不动，那看起来不动的东西其实处在较为缓慢的运动中。假设我们认为寂静不同于静止，因为它适用

---

① 这是一种归谬法（reductio ad absurdum）。对所有古代哲学家——原子论者和伊壁鸠鲁之外——来说，虚空的存在在物理学上根本就是个谬论。

② 第 24 节 1-11。

于绝对不动的东西,而静止用于已经停顿,但即使不动时本性上仍处在运动之中的事物,那么如果我们说寂静就是变为寂静,[我们就是说]它是还没有停止,只是暂停的运动;如果[我们的意思是]它是一种不适用于运动的寂静,那我们必须首先探讨下界是否有什么事物不处于运动之中。但是要经历所有运动是不可能的,必须有某些方面是没有运动的,这样我们才可能说运动的事物是这种特定之物,如果是这样,那关于那不在位移中,相对于这种运动是寂静的事物,除了说它不运动之外,还能说什么呢?所以寂静应该是运动的一种否定。而这意味着它不是一个单独的类。一物只是相对于这种运动比如位移而言才是寂静,因此寂静只意味着取消这种运动。如果有人说"我们为什么不能说运动是对静止的一种否定?"我们要回答说,运动产生时带来某物,而且是新的和现实的东西,在一定程度上推动服从于它的事物,给予它数不胜数的东西,然后又毁灭它;而各物的寂静除了是事物本身之外,什么也不是,只表明它不拥有运动而已。那么我们为何不说静止也是可理知领域的运动的否定呢?这是因为事实上不可能认为静止是对运动的取消,因为运动一旦停止,静止也就不存在,唯有运动存在,静止才存在。可理知领域的静止不在于这样的事实,即本性适合运动的某物没有运动;就静止支配它而言,它寂静不动,但就它拥有运动而言,它始终是运动的。因此,它因静止而不动,因运动而活动。但是在下界,它虽因运动而动,但如果运动不在了,它就不动,因为它被剥夺了应当拥有的运动。另外,我们应当通过以下方式看看下界的这种静止是什么。当人从疾病走向健康,他是在变健康,那么我们要提出怎样的寂静形式与这种变健康的过程相对?如果它是这个过程开始的东西,那就是疾病,而不是静止;如果它是被引导的东西,那就是健康,而健康不同于静止。如果有人说健康或疾病是某种特定的静止,那他就得断言健康和疾病是静止的种类,这显然是荒谬的。如果静止对健康来说是偶然的,那么静止之前的健康就不是健康了吗?每个人都可以按自己喜欢的方式思考这些问题。

28．我们已经说过，主动的做和造、被动的经历都应称为运动。我们可以说有些运动是绝对的，有些运动是行为，有些是经历。关于其他所谓的类我们也已经说过，它们必然属于这些类。关于关系性，它是一物相对于另一物的一种趋势，相关双方一起进入关系中同时出现；当一个实体的某种气质产生关系性，就有了关系；实体作为实体不可能是相对的，除非因为它是某物的一个部分——比如手或头——或者是原因、原理、元素。也可以对关系分类，就像古人所分的那样，① 有些关系是生产原理，有些是尺度，有些是过分与缺乏，有些一般地根据相似与差异来划分事物。关于这些类就谈到这里。

4. 论是、一与同无论何处皆显为整体

1．灵魂是否无论何处都向大全显现？因为大全的身体具有一定大小，那么灵魂在形体领域是否必然可分？② 或者它是否无论何处都独立自存，并非身体把它带到哪里就出现在哪里？或者相反，由于身体发现在它自身之前灵魂无处不在，所以不论被置于何处，它都发现灵魂在它自身被置于大全的某一部分之前就已经在那里，大全的整个身体被置于已经存在的灵魂之中？如果它在具有相应大小的身体出现之前就伸展到如此遥远，以至充满整个空间，那它怎么可能没有大小呢？或者大全生成之前，也就是大全还不存在时，它可能以什么方式存在于大全里呢？灵魂被认为是没有部分也没有大小的东西，既然它没有大小，人们怎么可能接受它的无处不在呢？如果有人说它虽然不是形体，但与形体一同伸展，那他是偶然地给了它大小，然而他仍然不可能避开这个难题。这里

---

① 普罗提诺似乎想到了亚里士多德《形而上学》Δ 15. 1020b26-31。
② 这个问题所基于的柏拉图文本是《蒂迈欧篇》35A1-6（创造主得穆革对世界灵魂的创造），这是新柏拉图主义灵魂论的根本文本之一。

我们完全可以提出同样的问题，它是怎样偶然地获得大小的？因为灵魂在整个身体里的方式肯定不同于性质，比如甜蜜和颜色。这些是身体的特性，所以受影响的整个事物具有这种特性，它没有自身的独立存在，而是属于身体的东西，并且当身体受到影响时为人所知。因此它必然具有一定的范围，这一部分的白色不会与另一部分的白色同受影响。就白色而言，一个部分中的白色与另一部分中的白色形式相同，但数目不同。就灵魂而言，脚上的灵魂与手上的灵魂在数目上相同，如感知觉所表明的。一般地，就性质而言，可以看到同一种性质被分为部分，而在灵魂中，我们看到同一灵魂并没有被分为部分。所谓分，只是说它无处不在。因此我们要从头谈论这个问题，看看关于灵魂这无形体又无大小的事物如何能够伸展到最大范围，不论是在身体之前还是在身体里面，关于这个问题是否能找到清晰而有说服力的观点。不过，如果表明它在身体之前就能做到这一点（无处不在），那就会更容易接受同样的事发生在身体里。

2. 毫无疑问，真正的大全和大全的表象即这个可见的宇宙大全，它们同时存在。真正存在的大全不在任何事物里，因为没有任何事物在它之前。而在它之后出现的事物，如果真要存在，就必然存在于这个大全里，并且尽可能地依赖于它。没有它，就既不能不动，也不能运动。即使有人认为这种在（真大全）里面不同于在处所里，认为处所是环绕形体的边界或范围，或者是以前属于虚空现在仍是虚空的某种空间，① 而在真大全里面的意思是说一定意义上基于真大全并信靠它，因为那大全无处不在，支撑可见宇宙的存在——即便他这么认为，也请他抛弃字面意义，抓住我们所说的真实含义。这含义我们在另外地方已经说过（它将突出我们的真实观点），因为那大全，作为最初者和存在者，它不会去寻找处所，也根本不在任何东西里面。大全作为大全，当然不可能缺

---

① 普罗提诺这里结合了亚里士多德关于处所的论述，参《物理学》Δ 4.212a5-11。

乏它自身。它充满自身地存在，等同于自身。①大全在哪里，它自身就在哪里，因为它自身就是大全。如果不是那大全的某物确立在大全里，那它必然完全地分有大全，与大全一致，从大全汲取力量，不是将大全分为部分，而是在自身里发现大全。大全渗透到它里面，但丝毫没有到自身之外。因为是不可能在非是之中，如果存在，也是非是在是之中。因此，它是作为整体遇到是，它不可能脱离它自身。说它无处不在清楚地表明它在是之中，所以就在它自身之中。"无处不在"意指"在是之中"和"在自身之中"，这一点也不奇怪，因为"无处不在"已经意指"在一中"。但由于我们把"是"放在可感知领域，所以我们也把"无处不在"放在可感知领域；又因为我们以为可感知领域很大，于是我们感到困惑，另一本性是怎样在这样巨大的范围中扩展自己的？但是我们称为大的东西其实是小的，而那被认为小的东西，却是大的。它就如我们所设想的，作为一个整体到达这个可感知大全的每个部分。或者毋宁说，我们这个宇宙带着自己的各个部分从各处到达那个真正的大全，发现那个大全无论何处都是整体大全，比它自身（我们这个宇宙）要更大。因为它不可能通过扩展获得更多的东西——否则它就会到大全之外——它想要围绕大全奔跑，但由于它无法拥抱它，或者再次到它里面，所以能拥有一个位置，找到一个能保证自己安全、与那大全接壤的地方，它就心满意足了。那大全存在但不显现，因为它独立自存，即使有某物想要出现在它面前。我们宇宙的身体无论在何处与它相遇都发现它就是大全，所以我们的宇宙不必再前进，只要在原地旋转，因为对它来说，这[可感知的]大全就是大全，它的各个部分都拥有另一大全的整体。如果另一大全自身在某个处所里，这个大全就必须接近那里，直线前进，以它的一个部分与那个大全的一个部分接触，这样就会有远近之别。但是如果没有远近，它必然整体出现，如果它总要出

---

① 普罗提诺这里可能想到巴门尼德残篇 B 8 23-24 DK。

现的话。凡是有能力接受它的，它都完整地向它们每一个显现，在它们看来，它没有远近之别。

3. 那么我们是否要坚持认为它自我出现，还是应该认为它独立自存，只是它的权能向万物显现，之所以说它无处不在正是这个原因？他们就根据这种权能论说，灵魂就像光线，它坚守在自身之中，发出的灵魂光线时而到达这个生命物，时而到达那个生命物。① 在有些生命物中，只有一种权能，因为它们没有保存存在于那真大全自身里的整个本性。在它们里面，真大全向哪个显现，它的一种权能就向哪个显现。但是即使如此，也不意味着这不是完全显现，因为它把权能给予接受者，并不是与它的权能分离。只是尽管它完全显现，接受者却只能接受这么多。如果拥有它的所有权能，那它自身必然清楚地显现，但它仍然是独立的。如果它成为这一特定事物的形式，它就可能不再是大全，不再无论何处都在自身之中，同时偶然地属于另一者。然而它不属于任何事物，只有其他事物想要属于它，它如果希望靠近什么事物，就尽其所能靠近它，这种靠近不是成为属于那个事物的东西，也不属于任何其他事物，而是出于那物对它的渴望。因此，它的是以这种方式在万物之中。这一点毫不奇怪，因为它在它们之中也不是以属于它们任何一个的方式存在。鉴于这个原因，或许可以恰当地说，灵魂也这样偶然地与身体相遇，但是必须认为它独立自存，不属于质料或身体，相反，在它自身的整体之外的整个身体在一定意义上被它照亮。如果真大全本身——它不在处所里——向在处所里的每个事物显现，我们也不必感到奇怪。相反的情形才令人奇怪——何止奇怪，简直就是不可能的——如果它有自己独特的位置，却向另一个在位置中的事物显现，或者拥有位置还能显现，甚至像我们所说的以整体的方式显现。但是现在我们的论证表明，因为它没有分有处

---

① 凭藉权能出现这种观念在我们这个世代的初期广为流传，参托名亚里士多德 *On The Cosmos* 6. 397b-398a。关于灵魂是光线，参普罗塔克 *On the Face which Appears in the Orb of the Moon* 28, 943D; *Hermetica* XII 1。

所，所以它必然作为一个整体向它所显现的事物显现，以整体向大全显现，也以整体向每个个体显现。否则，它的一部分在这里，另一部分在另外地方，这样它就可分为部分，就成为形体。你怎么能真的将它分为部分呢？你要分离它的生命吗？如果整体是生命，部分就不是生命。[你是要分离]它的理智，从而使一理智在一物中，一理智在另一物中吗？若是这样，它们就全都不是理智。那[你要分离]它的是吗？但如果整体是是，那部分就不是是。如果有人说形体被分为部分，它的每个部分都是形体，那又怎样呢？我们得说，这里分的不只是一个形体，而是具有一定大小的形体，每个部分之所以被认为形体，是因为它分有形体的形式，但这形式没有特定的量，无论如何不属于量。

4. 如果是无论何处皆为一，不只是特定统一体意义上的一，理智无论何处皆为一，灵魂也是一，那么除了是之外，[柏拉图为何谈到]众多是、众多理智和众多灵魂？[他确实说]大全的灵魂不同于其他灵魂。这似乎与我们的观点相反，而我们所说的，即使包含某种逻辑上的必然性，也不令人信服，因为在灵魂看来，一无论何处皆以这种方式显现（皆显现为一）的观点不足以令人信服。或许将整体这样划分更好一点：有部分生出，但生出部分的整体绝不减少，或者更确切地说，整体有一种生产，从而使一物[即大全的灵魂]从它产生，而已经类似部分一样生成的事物即诸灵魂创造出整个世界万物。如果那真是始终独立自存——假如承认一个整体同时显现在各处似乎是自相矛盾的——那么同样的观点也适用于灵魂。也就是说，它们在身体里并非如人们所说的是作为整体在整体里，相反，它们必然或者是分离的，或者如果保持整体性，就只能在身体的某些部位，把自己的能力赋予这些部位。对它们以及它们的权能，也将产生同一个难题：整体怎能无处不在？再者，身体的某个部分有灵魂，另一部分只有灵魂的能力。既然如此，那怎么会有许多灵魂和许多理智？既有是，又怎能有许多是呢？此外，既然它们是作为数而不是作为量值从先于它们的事物产生，那它们同样会产生如下难题：

它们是怎样充满大全的？因此我们发现，这样引发出来的多根本不可能帮助我们解决难题，因为我们得承认，是的多样性不是基于空间位置，而是基于差异。是尽管在这个意义上是许多事物，但它本身仍是完全的一。"是与是接壤"，"一切合一"①，理智也因其差异而是多，并非因位置是多，且合在一起。那么灵魂也是这样吗？是的，灵魂也如此，因为"在形体领域被分的事物"②意味着它本性上是不可分的，只是由于形体有量值，这灵魂的本性就向它们显现（或者毋宁说形体来到它里面），只是因为形体被分为部分，我们设想灵魂显现在每个部分里，于是就认为它在形体领域是可分的。其实灵魂不随部分而分，无论何处皆以整体存在，所以它表明了这一本性的统一性和真正不可分性。灵魂是一，但这并不否定许多灵魂的存在，就如同是并不消除许多是的存在一样，真大全里的多并不与一冲突，一也不需要通过多使形体充满生命，我们不应认为产生灵魂的多是因为形体上的多，其实灵魂在形体之前就既是多，又是一。多已经在整体里，而不在潜能里，每一个灵魂都是活跃的现实。一和整体不会阻碍多在它里面，多也不妨碍一。它们彼此独立，但并非遥不可及。它们向彼此显现，但保持自身不变，它们之间没有隔开的界限，许多知识体在一灵魂里，一灵魂在自身中拥有它们全部。正是在这个意义上，这样的本性不受限制。

5. 对它的大，我们不可理解为是指体积而言的，因为体积微不足道，我们可以使它一点点减少，直至于无。但在真大全中，我们不可能拿走什么，即使真的拿走什么，它也不会变少。既然它不会减少，我们又何必担心它会离弃什么呢？既然它不衰减，它怎么会离弃呢？它是永远生长但不流动的本性。如果它流动，它会流到哪里就流到哪里，但它不流动——它不可能流动，也没有什么地方可流，因为它拥有整个大全，或

---

① 巴门尼德残篇 B 8 25 和 5 DK。
② 还是《蒂迈欧篇》35A2-3。

者毋宁说它本身就是大全。——它巨大无比，身体的本性无法与之比拟，所以可以合理地认为，它只把自身的一点点给予[可感知的]大全。这个大全能够接受多少，就把它自身给它多少。但是现在我们不能说这（大全所接受的）是小的，即使因为我们认为它在体积上小，也不能失去信心，不相信小的能伸展到比它自身更大的东西。我们不能断定它"小"，也不能将体积与无体积的事物放在一起度量——这就如同说医生的技艺小于医生的身体——另一方面，我们也不能认为[真大全]的大是在数量度量上的大，这种度量方式不适用于灵魂，只适用于身体的大小。以下一点可以证明灵魂的大，当体积变得更大，原本在小体积中的灵魂照样渗透到大体积的整体。如果人们把体积也加到灵魂上，那许多方面都会显得荒唐可笑。

6. 那么同一个灵魂为何不同时进入另一个身体？这是因为身体如果有可能接受灵魂，就必须先靠近灵魂，而已经靠近并接受灵魂的身体就拥有它。那么当另一身体自身拥有它所有的灵魂之后，它是否（与第一个身体）那样拥有同一个灵魂？（如果不是，）区别在于什么呢？只在于（一些生活经验上的）增加（不在于灵魂本身）。为何在脚上和手上的是同一灵魂，而在宇宙这一部分里的灵魂却不同于宇宙那一部分的灵魂？如果是因为感知觉各不相同，那么正在发生的经历必然也可以说是不同的。但是，不同的是被判断的东西而不是判断者。对各种各样不同的经历作出判断的是同一个判断者（灵魂），但这些并不是他的经历，而是某个特定身体的经历，这就好比他能同时判断我们手指头上的快乐和我们头脑里的痛苦。那么同一个灵魂为何不分有另一灵魂判断之事物的感知觉呢？这是因为它是一种判断，不是一种经验。再者，作出判断的灵魂本身不会说"我作了判断"，它只是判断。即使在我们身上，我们的视力不会这样向我们的听力报告，尽管两者都作出了判断，作出报告的是在两者之上的理性。理性常常看见另一理性作出的判断，领会他者的经验。这个问题我们已经在别处谈过了。①

7. 我们要再次探讨同一个事物为何能渗透到一切事物。这就如同问：众多可感知的事物，尽管每一个都在各不相同的地方，却并非没有分有同一事物，其原因何在？从以上所说来看，将那个同一分为多是不对的，倒应把被分的多归回到一，那一并不曾进入这些多，而是这些多——因为它们四处分散——给我们这样的印象，那一也已经被分开，似乎一要将支配者分开，组成与被支配者数量相等的部分。然而手完全可能支配整个身体，控制一块很长的木头或者别的东西，控制者伸展到整体，但并没有被分为等同于手所控制之物的部分。显然，手的能力一直伸展到它所能控制的暨定范围，但它的长度仍然是它自己的量，不是由它来提升和控制的物体的量。如果你要给物体增加长度，手能控制、能承受的长度，那它的能力仍然能控制它，而不像物体那样分为许多部分。那么，如果有人设想取消手的形体性，而保留原先由手掌控的能力，那又会怎样呢？这同一种能力，虽然没有部分，是否同样地显现在可控制对象的整体里和它的每个部分里？假设你把一个小而发亮的物体放在一个大的透明球体里面作为球体的中心，于是这中心的光就照射到球体的整体，并且没有任何来自别处的光线照到这个球体上，那么我们是否可以断定，里面的物体自身没有受到影响，但在保持自身所是的同时，它的光充满外面这个物体的整体，也就是说，小物体发出的光已经照亮外面的大物体？由于光不是来自那个小物体——不是因为它是物体才有光，而是因为它是一个发光体，是因为另一种不是物体的权能②——设想有人取走这物体的形迹但保留光的权能，你是否仍然说光在某个地方，或者它会不会同等地照射外面的整个球体？你不会再将你的思想停留在它原先所在的地方，你再也不会说它从何处来或者它要到何处去，当你凝视球

---

① 可能是指 IV. 9. 2-3（论个体灵魂的统一性）；IV. 7. 6-7 讨论灵魂在丰富多样的感觉经验中的统一性。

② 关于光的无形性，参 II. 1. 7. 26-8; IV. 5. 6-7。

体，时而看着这里，时而看着那里，你本人看到光，你会感到困惑和吃惊。就太阳来说，你也可以看着太阳的球体说，光从那里照射到整个空气，但是你依然看到同样的光无处不在，这光也没有分为各个部分。光的折射清楚地表明这一点，光折射之后就会偏离，离开入射的一边，就是光来的地方，但这样也没有将光分开。毫无疑问，如果太阳只是一种能力，没有形体，发出光，那光就不会从 [太阳所在的地方] 开始，你也不可能说它从那里来，相反，它无论何处皆显现为一和同，它不会有什么开端，也不会从任何地方开始。

8. 由于光属于某个形体，你能够说它从哪里来，因为你可以说形体在哪里。但如果有某个非质料的事物，不需要任何形体，因为它必然先于形体，它本身确立在自身之中，或者毋宁说它根本不需要这种确立，既然它具有这样的本性，没有任何开始的点，不出于任何处所，也不属于任何形体，那你怎么能说它的一部分在这里，另一部分在那里呢？如果 [你这样说，] 那就表明它之前已经存在一个处所，它从那个地方开始，并且有一个它所属的形体。那么我们只能说，对于这样的本性，如果有什么东西分有它，那是靠整体的能力分有，它自身则完全不受影响，既不以其他任何方式受影响，也不能被分为部分。有形体的东西可以受影响，即使只是偶然地，因而可以说受制于影响，可分为部分，因为它类似于形体的一种感受或者一种形式；但不属于任何形体、相反形体想要属于它的东西，必然完全不受任何形体的影响，不可能被分为部分——可分为部分是形体的特性，并且是它原初的本性，属于形体，就是形体。既然可分者可分是因为它是形体，那么不可分者不可分是因为它不是形体。那没有量值的东西，你怎么能把它分开呢？如果有量值的东西以任何方式分有那没有量值的东西，那么前者分有后者，后者没有被分，否则后者也会有量值。所以，无论何时你说它在许多事物中，你的意思都不是说它变成了多，而是说在多里同时看到它的全部之后，使出现在多里的东西与那一相吻合。但是我们必须正确理解"在多里"，它并没有因为在多里就成为属于它们每一个，或者属于总体的东西，它只属于它自身，就是它自身；因为它是它自身，所以不会离开它自身。它也没有类似可感知大小那样的大小，或者它的任何部分那样的大小，因为它完全不是量上的事物，它怎么可能有尺寸呢？人们总是把"这样大小的"归于形体，对于非形体，本性完全不同的东西，无论如何不能加上"这样大小的"；我们甚至不能加上"这样的"，同样也不能加上"何处"，更没有"这里和那里"，否则就是更明确的"何处"了。既然分割取决于位置和处所，一部分在这里，另一部分在那里，那么没有"这里"的东西怎么可能分割呢？所以它必然是不可分的，它自身与它自身同在，不论多如何追求它或者到达它。如果多追求它，那么显然，它们把它作为整体追求，所以如果它们也能分有它，它们就尽其所能分有它的整体。分有它的事物与它的关系就如同它们并没有分有它，因为它没有成为它们的私有财产，因为它仍然独立地保持整个自身，整体地显现于可见事物中。如果它不是整体，它就不是自身，分有也不会在人们追求的事物中，而在人们不追求的其他事物中。

9. 其实，如果进入每个分有者的部分都是整体，每个个体事物都像最初者——每个个体事物处在不断分割的状态——那么最初者就是多，每个个体都是一个最初者。那么是什么使这许多最初者保持独立不至于合而为一呢？肯定不可能是它们的形体，因为如果这些最初者与它们所源于的那个最初者保持一致，它们就不可能是形体的形式。如果在许多事物中被称为部分的事物是那个整体的权能，那么首先，每个权能不再是整体；其次，既然它们已经被切断，离开了那个最初者，它们怎么来到了这里？如果它们真的离开了它，显然它们在离开它之后会去某个地方。那么已经来到这里进入可感知世界的权能是否仍然在那个最初者里？如果它们不在那里，它就会减少，会因丧失这些它原本拥有的权能而变得软弱无力，而这样的结论是荒谬的。这些权能怎么可能独立存在，或者脱离它们的实体呢？如果它们既在那个最初者那里，又在另外地方，那么它们或者作为整体在这里，或者它们的某些部分在这里。如果在这里的是某些部分，那么其他部分就在那里 [在真大全里]。如果它们整体在这里，那么或者它们怎样在那里，也怎样在这里，是不可分的，从而无论何处皆为同一，不存在所谓的部分；或者每个权能都是一个已经变成多的整体，并且彼此相似，这样每个实体都有自己的权能与它同在；或者只有一个权能与实体相伴，其他权能只是权能（不与实体相伴）。然而正如不可能有实体而没有权能，同样，也不可能有权能而没有实体。那里 [真大全] 的权能是真正的存在和实体，或者比实体更大。如果出于那最初者的权能不同于那个最初者本身，因为它们比最初者小而软弱，就像从亮光发出的幽暗之光，与这些权能相伴的实体也同样如此，没有哪个权能是没有实体的，那么首先，即使是与这样的权能同在，也是必不可少的，因为它们完全像彼此的形式，或者承认无论何处皆有一个权能，且是同一个权能，或者如果并非无论何处，至少在每个方向同时显现为整体，没有分离，就如在一个且同一个形体里（如果在形体里是这样，那在整个宇宙中为何不是这样？）。若果真如此，每个权能将无限可分，即使对它自身来说也不再是整体，分割将使它失去能力。如果一权能在一部分里，一权能在另一部分里，意识就没有了立足之地，就像微弱的光，如果脱离光源，就再也不能存在。一般的，如果某物的存在源于另外事物，是另外事物的形像，那我们就根本不可能使它脱离源头，使它 [独立] 存在。这些权能也是这样，它们出于那个最初者，不可能与它分离而独立存在。若果真如此，它们的源头必然与它们同时显现。它们在哪里，它也显现在哪里。所以同样，它必然无论何处皆同时显现为它自身，显现为没有分离的整体。

10. 如果有人说，形像并不必然完全依赖于原物——因为即使原物不在成像的地方，形像也有可能依然存在，比如火虽然消失了，但热仍然可能存在于受热的东西里面。——那么首先，关于原物和形像，如果他谈论的是由画家所画的形像，那我们得说产生这形像的不是原物，而

647

是画家，即使有画家画了一幅自画像，它也不是他自己的形像，因为创造绘画的不是画家的身体或者呈现出来的身体形式，它不是画家，而应当说，是颜色的这种特定排列产生了这种特定的形像。这不是严格而专门意义上的成像和影子，如在池塘和镜子里成像或者影子成像那样——这里的形像是在严格而专门的意义上从先在的原物获得存在，从原物形成，已经形成而存在的东西不可能与它分离。他们会承认软弱的权能就是在这个意义上从先在权能产生。至于关于火所说的，不能说热是火的形像。如果可以这样说，那[热所包含的形式]不需要火就能产生热。所以，当火消失之后，受热体即使不是一下子不热，也确实停止变热，而且渐渐变冷。如果这些人要让这些权能都终止，那么首先他们就会断定唯有太一是不可毁灭的，并且认为灵魂和理智都是可灭的。这样他们就会使产生于不会流逝之实体的事物随时间而流逝。然而，如果太阳在任何特定的地方都保持固定不变，它就会向同样的区域发出同样的光。如果有人说，太阳发出的不是同样的光，那他就会由此断定太阳的形体是可灭的。但是源于那最初者的事物是不灭的，灵魂和每一个理智是不朽的。这一点已经在别处作了更为详尽的论述。

11. 既然这可理知者无论何处皆为整体，那为何不是所有事物都分有它的整体呢？为何有第一者、第二者，以及随后的其他种种？我们必须设想，所显现的事物是向接受者的能力显现的，是无论何处皆在是中，不会缺乏它自身，而向它显现的是能够显现的，并按自己的能力向它显现，但不是空间意义上的显现。比如透明的物体向光显现，而混浊物体对光的分有完全是另外一回事。毫无疑问，事物之所以在等级上有第一、第二和第三之分，是出于它们能力和差异，不是出于它们的位置。因为不同的事物完全可以合在一起，就像灵魂和理智可以合在一起，所有的知识，主要的和次要的都可以合在一起。面对同样一个物体,眼睛看颜色,嗅觉闻气味，其他感官感受各自不同的经验，但它们都共同存在，而不是独立存在。这样说来，那最初者是丰富而多样的吗？是的，但这多样者也是单一的，这多也是一。因为它是理性形式，所以是一和多，而整个是是一。它的异在它自身里，它的异属于它自身，因为它肯定不可能属于非是。是属于一，这一不与它分离，无论是在哪里，它的一都向它显现，而一本身就是是，因为它可以在保持独立的同时向世界显现。感觉世界里的存在者向可理知者显现是一种显现（能显现的可感知者向能接受它们显现的可理知者显现），可理知者向自己显现是另一种显现。同样，灵魂向身体显现是一种方式，知识向灵魂显现是另一种方式，一种知识向另一种知识显现（如果两者在同一个心灵里）又是不同的方式；此外，身体向身体显现的方式也与所有这些都不一样。

12. 正如空气中常有一种声音，声音中传达一句话，有一只耳朵刚好听到，并理解了这句话的含义；如果你把另一只耳朵放在两者之间的空间，话语和声音照样能到达它，或者毋宁说耳朵听到话语；① 许多眼睛都朝向这同一个事物，并且全都看见了这一对象（虽然视觉对象可能是独立的，因为一者是眼睛，另一者是耳朵）；同样，有能力拥有灵魂的东西总会拥有它，有的从同样的源泉拥有，有的从另外的源泉拥有。就声音来说，它在空气中无处不在，不是作为可分为部分的一个声音，而是无论何处皆作为一个整体的声音。就视觉来说，如果空气显现出受到影响的样子，视觉就拥有这个样子的整体，并没有把它分为部分，无论把视觉置于何处，它都拥有那里的样子。当然，并非每一种 [关于视觉] 的理论都接受这一点，② 对此我们不妨搁置一边，（至少它能说明）分有是对同一事物的分有。关于声音，可以更清楚地看到，整个形式在整个空气中，因为如果所说的话不是作为整体在每一个地方，每只耳朵不是同样的接收整体，每个人就不可能听到同样的信息。即使在这里，如果不是整个声音传遍空气的每个角落，如果它的这一部分与空气的这一部分

---

① 关于这声音比喻的更加深刻的阐述参 III. 8. 9. 26-29。

② 普罗提诺本人就不接受，见 IV. 5. 6。

连接，那一部分与空气的那一部分，每一部分都随空气的各部分而分割，（我们就不可能听到同样的声音，）那么我们岂不是更应相信，灵魂不是展开与身体同分，而是显现于各处，无论显现在大全的何处，都没有被分。当它进入身体之后，不论以什么方式进入，都类似于已经发出在空气中的声音，但在进入身体之前，它必然类似于制造或者将要制造声音的事物。然而，即使当它进入身体之后，它也没有离开是，就像制造声音者那样，两者都既是拥有者，又是给予者。尽管声音的例子并不能完全说明我们要阐述的问题，但是两者之间肯定有一定的类比性。灵魂是属于另一本性的，关于它我们必须这样理解，不是它的一部分在身体里，另一部分独立自存，而是它作为整体在自身之中，同时又作为整体在多之中。另外，如果有一个新的身体前来接受灵魂，它也同样从不可见者那里接受，它所接受的灵魂同时也在其他身体里面。因为灵魂并非预先以这样的方式造好：这一部分放在这里，注定要进入这个特定的事物；我们说它进入身体，其实它原先无论何处都在自身之中，现在也在自身之中，只是我们认为它来到了这里。试想它怎么可能来到这里呢？既然它不曾来，只是看起来在这里，但不是为了等候某物到来并分有它而显现，那么显然，它既独立自存，又向这里显现。既然它在独立自存时向这里的事物显现，那只能表明是这里的事物来到它面前。这事物原本在这样的是（真是）外面，它以这种方式来到存在的事物里，最后确立在和谐统一的生命之美中，这和谐的生命之美独立自存，并且真正地独立，不会分割到组成它的诸多事物中——因为它先于一切多——那么来到它面前的东西也没有进入多，因此对它的分有不是分有它的某一部分；如果另一物也进入这种和谐有序的美中，它将分有美的整体。同样，如果承认显现在这两物中的美是整体显现，那它必然以整体显现在每一个事物之中。所以它必然无处不在，在数上是一，没有分为部分，作为整体无处不在。

13. 那么它为何能够伸展到整个天和所有生命物呢？其实它是不伸

展的。当我们不相信现在所说的话时，我们注意到，是感知觉说"这是这里"，"这是那里"，但理性会说"这里和那里"的产生并不是它伸展的结果。相反，它自身是不伸展的，是伸展之物的整体分有了它。如果某物要分有另一物，显然它不会分有自己，否则它就成了一个分有者，而不完全是它自身。身体如果分有什么，就不可能分有身体，因为它已经是身体了。量值也不会分有量值，因为它已经是量值了。即使它得到一定增加，原先在那里的量值也不会分有量值，比如不是二肘尺的长度变成三肘尺长，而是原本拥有一个量的基质又有了另一个量，否则二本身会成为三。如果那可分并伸展到一定距离的东西要分有另一物，或者一般地在另外事物中，那它所分有的事物必然不能被分或伸展或具有任何一种量。所以那将要向它显现的东西必然无论何处都作为没有部分的整体向它显现。那没有部分之物并非小的。如果是小，那它仍然是可分的，就不能适应分有者，不会在分有者变大之后仍然一如既往地与它同在。它没有部分也不是说它像一个点，（分有者的）体积不是一个点，而是有无穷多的点。同样，如果它将成为一个点，它也是无穷多的点，非连续的，所以这样的类比也不适合它。这样说来，既然整个（分有者的）形体拥有它的整体，那宇宙必也拥有它自身的整体。

14. 如果在任何地方的是同一个灵魂，那它怎么又是每个个体的特定灵魂？为何一个灵魂是恶的，另一个灵魂是好的？因为同一个灵魂满足每个个体，又包含所有灵魂和所有理智。它是一，又是无限的，将所有事物结合起来，又使每一个各不相同，但不是分离中的不同。它之所以可以称为无限的，只能理解为它一并拥有所有事物，包括每个生命、每个灵魂以及每个理智，此外还能理解为什么意思呢？它们每一个都没有边界的划分，因此它又是一。它并不是只能拥有一个生命，而是拥有一个无限的生命，所以又是一，所谓一生命的一是指所有生命都在一起，不是一个一个堆积在一起，而是从一开始，并且停留在它们开始的地方；或者毋宁说它们甚至没有开始，而是始终就是这个样子，因为那里没有任何事物形成，它没有被分为部分，只是在接受者看来被分为了部分。那里的事物是原始的，是出于开端的东西，而形成的事物靠近它，想要与它结合，依赖于它。那么我们——我们是谁？我们是靠近它并在时间中形成的事物吗？不，甚至在这种形成产生之前，我们已经在那里，是与现在不同的人，有些甚至还是神，纯洁的灵魂和理智，与整个实体合而为一；我们原是可理知世界的部分，没有被划出去或者分离出来，始终属于整体；即使是现在，我们也没有被分离，仍然有另一个人渴望存在，向那个人靠近；当他（我们里面的另一个人）发现我们之后——因为我们原本就不是在宇宙大全外面——就将我们团团围住，依附于那个人，也就是我们每个人当初所是的那个人（好比有一个声音、一句话语，四面八方都有人侧耳倾听，听到了，领会了，然后产生一个现实的听觉，将作用于它的东西显现出来），我们已经成了他们俩，不再是以前所是的那个单一的人——有时候，如果先在的那个沉寂不动，以另一种方式不显现，那我们就只是另一个，就是我们后来加上的那个。

15. 那么那靠近者是怎样靠近的？由于它里面有一种倾向性，它就抓住它所倾向的东西。但是有些形成者不能接受整个灵魂，尽管灵魂整个显现，但不是向它们整个显现，比如其他动物和所有植物，它们能接受多少就接受多少。就好比有一个声音说出一句话，有的能将发出的声音和句子一起接受，有的只能听到声音和声音的碰撞。所以当一个生命物形成，它拥有从真正存在的事物向它显现的灵魂，通过那灵魂与整个实在相连；它也有一个身体，这身体不是空洞的，或者完全不分有灵魂，即使以前它也不是处于毫无灵魂状态，它有自己的倾向性。我们可以说，它因这种倾向性而（离灵魂）更近了，现在它不再只是一个身体，而是一个生命体。它与灵魂相邻（可以这么说），由此获得了灵魂的痕迹，不是灵魂的一部分，而是类似于灵魂所产生的热量或光亮，然后欲望和苦乐在它里面形成并发展；但已经生成的生命体并非与它格格不入。我们知道，来自神界的灵魂是安静的，按自己的性格遗世独立，而身体因为软弱处于骚动之中,偏离自己,受外界打击,它先是向生命物的共同体高喊,再将自己的骚动传给整体。就如同在一次聚会中,年长者安静地坐着沉思,① 而一群目无法纪的人叫喊着索要食物,抱怨其他种种苦难,使整个聚会陷入一种不堪入目的混乱之中。如果这样的人能保持安静,或者有明智的人站出来讲话,控制他们的骚乱,众人就能安静下来,高雅的秩序就能恢复,卑劣者就不会掌控局面;如果相反,卑劣者成了主人,高贵者保持安静,那么骚乱的众人就无法接受上面的话,这就是城邦和议会的恶。这也是人的恶,他在自身里也有这个暴民——享乐、淫欲和恐惧,当人屈从于这样的暴民,这些东西就成为主宰。但无论是谁,只要束缚这个暴民,回到他曾是的那个人,就能根据那个人的方式生活,并且又成为那个人,而将身体看作他自身之外的事物,把自己的东西给予身体。但也有人时而这样生活,时而那样生活,成为一个由善的自己和恶的异己混合成的人。

16. 如果那个本性不会变为恶,而灵魂就是这样进入身体并向它显现的,那么在固定阶段下降又上升的是什么,审判并进入其他动物的身体又是什么?关于这些问题,我们已经接受对灵魂作了精深研究的古代哲学家的教义,现在我们要努力表明,我们目前的讨论与他们的观点是一致的,至少没有不一致的地方。② 我们已经知道,(这里的事物)分有那一本性并不导致它来到这个世界并抛弃自身,其实是我们的本性进入那个本性并分有它,因此显然,那些古代哲学家所谈论的"靠近"必然是指身体的本性靠近那里,分有生命和灵魂,一般不是空间意义上的接近,而是指明这种交融的方式是什么。所以"下降"指进入身体,如我们说灵魂进入身体里,把自身的某种东西给予这个身体,不是属于身体;

---

① 普罗提诺这里可能想到了罗马元老院,他圈子里的许多人都是元老院成员(坡菲利《生平》第 7 节),但是究竟是指罗马历史中的哪一个具体事件或者拉丁文学中的哪一段,不是很清楚(Henry and Schwyzer 认为是维吉尔 *Aeneid* 1. 148-53)。

② 这话表明了普罗提诺非常坚定的传统主义。古代哲学家当然是指柏拉图以及毕达哥拉斯主义。

而"离开"指它与身体不再有任何关系。这种交融对我们这个大全的各部分来说有一定的顺序，而灵魂可以说处在可理知领域的边缘，它的权能使它靠近身体，根据它这类本性的法则，与身体的距离也更短，所以它常常把自己的某些东西给予身体。但这种交融 [对灵魂来说] 是一种恶（不幸），而离开身体则是一种好（幸）。为什么呢？因为即使它并非属于这个身体，它也是以这样或那样的方式离开它的大全，成了部分性的东西；它的活动不再指向整体，尽管它属于整体。这就好比一个人的整体知识在那里 [在他心里]，但他积极从事的只是某个特定主题的研究。事实上，对认知者本人的好处不在于他知识的某个特定点，而在于他所拥有的整个知识体。同样，这个灵魂，原本属于整个可理知的宇宙，将它的部分藏在整体里，但是我们可以说，它离开整体，跳到一个部分，作为这个部分里面的一个部分实现自己，如同能够燃烧一切的火，尽管它拥有巨大的能量，却不得不去燃烧某个微小之物。当灵魂完全独立的时候，它是独特的，但不是单独的；当它从整体分离——不是空间上的分离，而是在它的活动中成为每个特定的事物——它就是一个部分，不是整体，尽管在另一意义上它还是整体；而当它不经管任何事物的时候，就完全是整体，然后我们可以说，在潜能上它也是一个部分。至于走向冥府，如果这是指进入看不见的世界①，那是指灵魂离开身体；如果是指走向某个更低级的地方，那又有什么可奇怪的？即使现在，也有人说灵魂进入了我们身体所在的那个地方。但是如果身体不再存在了，那会怎样？如果（灵魂的）形像还没有脱离灵魂，灵魂怎么可能不在形像所在的地方呢？② 如果哲学已经让它完全自由了，形像也就独自去更低的地方，而灵魂本身完整地进入可理知领域，没有丧失自己的任何东西。这就是灵魂在这样的过程中产生的映像。但是当灵魂本身——可以说——把它的光

---

① 这里的双关语在希腊文里很明显，但英语无法翻译。
② 关于灵魂与像或影子的关系，通过讨论《奥德赛》11. 601-3 里赫拉克勒斯与他的影子的关系予以说明，参 I. 1. 12; IV. 3. 32-4. 1。

照在它自己身上,它就倾向于更高领域,融入整体之中,它既不现实地存在,也不灭亡。关于这些问题就谈到这里。现在我们要开始讨论我们的主题。

5. 再论是、一和同是否无论何处皆显为整体

1. 一般的观点认为,数上的一和同无论何处皆显为整体,因为所有人都自然且自发地谈论神,他在我们每个人心里都是一和同。① 如果没有人追问他们这是为什么,也没有人想要用理性去考察他们的观点,那他们就会把这看作确定无疑的信念。这种信念在他们思想中产生作用,他们就会宁静安详,立足在一和同的事物里,并且不希望从这个一分离出去。这是最坚固的万物之原理,是我们的灵魂大声宣告的原理。可以说,它不是从个别例子中概括出来的,相反,它在所有个体之前,甚至先于那个规定并论断一切事物都是渴望善的原理。如果所有事物都奋力走向一,成为一,那么万物都是渴望一的话是正确的。现在这个一已经发出,进入他物中,能走多远就走多远,能以什么方式就以什么方式,所以它显现为多,甚至在一定意义上就是多。但是原初的本性和对善的渴望,也就是对它自身的渴望,引回到那真正是一的东西,每个本性都奋力走向这样的东西,走向自身。凡是拥有一的本性,它的善就是属于自身,成为自身,也就是成为一。正是在这个意义上才可以恰当地说善就是我们自己,因此我们不能从外面去寻找它。如果它落到了是的外面,那它会在哪里,或者说我们怎么可能在非是中发现它?显然它就在是中,因为它不是非是。如果那善就是是,并且在是中,那它无疑会在自身之

---

① 普罗提诺很少诉诸人类的共同经验作为哲学研究的可靠出发点,这里是其中的一个例子(可以比较 III. 7. 1,但是那里的"我们"很可能是指"哲学家",而不是"一般的人类")。他表述这种普遍赞同的方式可以提醒我们,几个世纪的基督教和反基督教已经在多大程度上改变了对我们自己的世界的共同思考。他这里所说的情形在印度很可能仍然是真的。

中向每个个体显现。所以，我们没有离开是，我们就在是里面，它也没有离开我们，所以万物为一。

2. 理性试图考察我们正在谈论的话题，但由于它不是一，而是可分的某物，在探讨中总是带着身体的本性，它的原理也是从身体得来的，所以它认为实体是形体性的东西，对它进行分割，并且不相信它的统一性，因为理性不是从适用于实体的原理出发探讨实体。而我们在讨论一和完全存在时，必须以一独特的原理为我们推论的出发点，也就是可理知者的可理知原理以及那些属于真实体的原理，这些原理必然是令人信服的。有的[本性]随波逐流，接受每一种变化，不断地分配到每个地方，这样的本性应当适当地称为生成，而不是实体；而另一[本性]是是，总是处在完全相同的状态，既不生成，也不毁灭，没有任何空间、处所或基础，不从哪里来，也不进入任何事物，始终保守在自身之中。当我们谈论[低级世界的]那些事物时，我们可能从它们自己的本性，从关于这本性的所谓真理合乎逻辑地推论，也就是通过可能的原理进行可能的推论，从而构成只揭示可能性的三段论（得出可能的结论）。另一方面，当我们思考可理知事物时，正确的方式应当是抓住所讨论之实体的本性，从而确立推论的原理，完全不会转向另一本性，似乎把它遗忘了，专心于可理知本性，通过它自身思考它。因为无论何处出发点都是"事物的所是"，据说那些定义下得好的人知道大多数偶然的伴随物，但就一切都包含在"所是"中的事物来说，我们更应紧紧抓住这个所是，朝向它，把一切都归于它①。

3. 如果这是真是，始终保持同一，不离开自身，没有任何生成，而且如以前所说的，它不在处所，那么它必然处于这种状态，即始终与自身同在，不偏离自己；它不可能一部分在这里，另一部分在那里，也

---

① 普罗提诺这里是以柏拉图的方式发展亚里士多德的一个思想，参亚里士多德论苏格拉底，《形而上学》M 4, 1078b24-25。

不可能有任何东西从它出来；[否则]它就已经处在不同的位置，并且一般地，就在另外事物中，不再独立自存，或者不受任何影响。如果它在另外事物中，它就会受影响；如果它处于完全不受影响的状态，它就不会在另外事物中。因此，如果它没有离开自身，没有被分为部分，自身也没有经历任何变化，既存在于许多事物中，同时作为一个整体与它自身同在，那么它无论何处都是同一的，也必将存在于许多事物中，也就是说，它既独立自存，又不独立自存。这样，唯一可能的解释就是，它自身不在任何事物中，而其他事物分有它，所有那些能够向它显现并尽其所能向它显现的事物都分有它。所以，我们必须或者取消这些假设和原理，认为不存在这样的本性；或者——如果这是不可能的，必然有这样一种本性和实体——必须承认我们从开始就一直在谈论的观点，即在数上是一而同的事物，是不可分的，作为整体存在，没有离开任何存在于它旁边的事物，不需要任何形式的扩散，既没有某些部分从它产生，也没有另一种情形产生，即它自身保持整体，同时另外的东西从它产生，离开它，以许多方式进入其他事物。如果是这样，它就会在一个地方，而离开它的东西在另一地方，它就有一个独立于它所产生之物的处所。另外，就它所产生的事物来说，每一个是一个部分还是一个整体——如果是部分，它就无法保存整体的本性，如我们已经说过的；如果是整体，我们或者将每一个分为等同于它所在之物的部分，或者承认同一者无论何处皆可以显现为整体。这当然是从事物本身以及它的实体推导出来的观点，没有引入任何外在的东西或者源于另一本性的东西。

4. 然后也请思考这样的观点：我们不能认为神在一个地方就不在另一地方。因为凡是对神有一定认识的人都承认，不仅关于至高神，而且所有神都无处不在，通过论证可以知道必须接受这个观点。如果神无处不在，那他就不可能是分离的；否则他就不可能无处不在。相反，他的各部分有的在这里，有的在那里，他不可能仍然是一，就如同人们把一个量值分为许多部分，这个量值会消失，而所有部分将不再是那个整体。此外，他还会是一个形体。如果所有这些都不可能，那么人们不相信的结论再次得到证实。相信每个人都信神与相信同一事物作为整体无处不在，这两者一脉相承。另外，如果我们说那[神圣]本性是无限的——它当然不是有限的——这不就是说他不可能有所缺乏吗？既然它不会有所缺乏，这是不是说他向每个事物以及所有事物显现呢？是的，如果他不能够显现，他就有缺乏，就必然有某处他是不在的。即使我们可以谈论一本身之后的另外事物，这也同样与一本身同在，它之后的事物要围绕那个一，走向那个一，就像从它产生的东西与它紧密接触，所以凡分有从它产生之物的，也分有那个一。由于可理知领域里有许多事物，第一级的、第二级的、第三级的，它们就像一个球体环绕一个中心，不因距离而分离，全都与它们自身一起存在，不论第三级出现在哪里，第二级和第一级也出现在那里。

5. 为了使我们的讨论清晰明白，我们常常使用这样一个例子：从一个圆心引出许多条线，借此使人们对已经形成的多产生一定认识。但是当我们谈到多时，我们必须在心里铭记，所说的变成多的事物同时是合在一起的，正如在圆这个例子里，不能认为线（半径）是独立的，因为它们全在同一个平面上。在一个平面上甚至没有任何分隔，只有毫无间隙的权能和实体，就这样的事物而言，全都可以合理地看作它们的中心，因为它们全都统一在那个中心。如果我们不谈它们的线，只看到它们的端点位于中心，于是很自然地看到，一切为一。如果你恢复所有线，那每条线都连接着自己的中心，那是它们离开之处，每个中心不会与那第一个中心分离，它们全都合在一起，同时每一个中心又是个体，线有多少条，中心就有多少个，它们就是所有这些线条的端点。所以，它们显得与它们所连接的线一样多，但所有中心全都是合而为一的。如果我们可以把所有可理知者比作许多中心，所有中心都回归并结合在同一个中心，但又因为它们各自的线而显现为多——这些线不是产生它们，而是表现它们——那么这个线的比喻可能帮助我们阐述目前的主题，说明可理知本性怎样显现为多，以及为何显现在许多地方。①

6. 可理知者既是多，又是一。虽是一，又因为它们不受限制的本性而是多；虽是多，却是一里的多，一在多上，全部合而为一，它们以整体与整体发生作用，对部分也以整体发生作用。但部分接受第一活动是将它作为某一部分的活动接受，整体是随后的，就好比人[的形式]进入某个特定的人，成为一个特定的人，尽管另一方面是人[的形式]。质料中的人根据理念从一人中造出许多人，同样，同一事物在许多事物中为一，就如一个印烙在许多事物中。但事物本身，人以及每个事物本身，可理知的大全作为整体并不因此在多里，而多在事物本身中，或者毋宁说在它周围。白色无处不在与每个个体的灵魂在同一身体的每一部分，这两者是有区别的，后者是"是"无处不在的方式。

7. 我们以及我们的所是回到真是，上升到真是，上升到源于真是的最初者。我们思考可理知者，我们（有关于它们的直接知识，而）没有关于它们的形像或印记。既然我们不是拥有可理知者的形像，我们就是可理知者。如果我们有一部分在真知识里，我们就是那些可理知者。我们不是从远处理解它们，把它们纳入我们自身之中，相反，我们就在它们里面。由于不仅我们自己，还有其他事物也是那些可理知者，所以我们全都是那些可理知者。我们是它们，同时我们又与所有事物在一起，所以我们既是全又是一。② 因此，当我们看我们所依赖之物的外部，我们不知道我们是一，就像脸从外部看是多面的，但里面只有一个头。如果人能够转过身来，或者靠他自己，或者有幸有雅典娜亲自把他的头发拉起来，③ 他就会看见神，看见他自己以及大全。刚开始时，他还不能把

---

① 普罗提诺笔下非常重要的圆和圆半径的比喻也可见比如 I. 7. 1; V. 1. 11; VI. 9. 8。

② 普罗提诺说："我们每个人就是一个可理知的世界"（III. 4. 3. 22; 参 IV. 7.10. 34-36），这话使晚期柏拉图主义者非常苦恼。这里是对他这话的最清晰解释，也表明了该如何从字面上理解。

③ 就像《伊利亚德》I. 197-8 里的阿基里斯那样。

大全看作整体，但后来，当他没有地方确立自己、限制自己、判断自己走了多远，此时他就不再试图使自己与整个是分离，就会进入整个大全里，不走向任何地方，而停留在确立大全之是的地方。

8. 但就我来说，我认为如果人们思考质料对形式的分有，就会更倾向于相信以上所说的话，不会再认为它不可能，或者对它仍然困惑不解。因为我想，事实很可能并且必然不会是这样的：理念单独置于一边，质料远远地放在另一边，然后光照从上面某处进入质料，我认为这很可能只是空洞无意义的说法。请问，"远远地"和"单独地"在这里是什么意思？另外，也不能说分有是难以表达极其复杂的事，用例子来解释就可以非常清楚，明白易懂。但是要注意，即使我们确实有时谈到光照（理念照在质料上），我们也不是指我们所谈论的感觉领域里感觉对象的光照；由于质料中的事物是形像，而形式属于原型，光照就是使受光照之物分离，我们就是在这个意义上使用这个词。现在我们必须解释得更准确一些。我们不是认为形式的独立是空间意义上的，反映在质料中的理念就如同映在水中的影子，而是认为质料从各个方面抓住（同时又没有抓住）理念，向在它整体之上的形式靠近——两者之间没有任何中介——从形式接受它所能接受的一切；理念本身并不渗透、进入整个质料，而在留在自身之中。比如，如果火的理念不是在质料里——我们在讨论中不妨拿作为元素之基础的质料作为例子——火本身没有进入质料，但它会把火的特性给予整个变得像火一样的质料。（不妨假设这最初的火在质料里显现为一个巨大的物体。）同样的论述适用于其他所谓的元素。如果那同一的火，也就是火的理念，显现在所有火里，它将自身的形像给予所有火，但这种给予不是空间意义上的给予，它不是空间上独立存在的事物，所以它不会像可见的光照那样把自己的形像给予可见的火。如果[那同一的火]本身是多和全，那无论这火（可感知的火）在感觉世界的何处，它就已经是全，因为理念本身虽然保持无处所状态，但如果同需要，它就从自身生出处所，变成多，离开自己，从而有了多，并常常分有同。理念本身虽然不会[像这样]分散,没有把自己的任何东西给予质料,虽然是单一的事物,却完全可以通过它的一形成不是一的东西,它向它的全体显现,不是它的这一片形成一部分,那一片形成另一部分,它对每一部分都以它的整体并且作为一个整体形成。不然,如果引入许多火的理念,以便使每个个体火都由不同的理念形成,那岂不荒谬?因为这样理念就会在数量上成为无限的。① 如果有一个持续不断的火,那你将怎样区分那些已经形成的火呢?如果我们提出更大的火,将它用于这个质料,那我们必须说,同样,在质料的这一部分里,同一个理念做着同样的事,因为它肯定不可能是另外的理念。

9. 再者,当所有元素都已经形成之后,如果有人在思想中将它们纳入一个球形图,他就不得不说,并非有许多个创造者一部分一部分地造出这个球,一个在这个地方切下一块作为它的一部分,另一个从另一地方切下另一块造出另一部分。相反,创造的原因是一,它以自身的整体创造,不是它的一部分创造一部分,另一部分创造另一部分,否则,如果你不把创造活动归结为一个没有部分的事物,或者说得更确切一点,若不是一个无部分的东西创造了球体,而创造者本身并不渗透球体,② 同时整个球体依赖于创造者——若不是这样,创造者又会是多。所以一个完全同一的生命包围着这个球体,球体本身就确立在这个生命里,所以球体中的所有事物都依赖于这一生命,所以灵魂都是一,同时这一也是一个无限制的灵魂。出于这样的原因,有人称它为"数",有人说它的本性是"一个自我增大的理性原理",③ 持这种观点的人或许是这样设想它

---

① 普罗提诺与几乎所有的古代柏拉图主义者(他的朋友兼同事阿美利乌斯除外)一样,坚定地主张相的数量是有限的。阿美利乌斯的观点认为相的数量是无限的,见 Syrianus *In Met.* 147. 2-6。关于这段话对普罗提诺颇有争议的关于个体的相问题的关系,首先见我的 "Form, Individual and Person in Plotinus" (*Dionysius* I, 1977, 49-68 = *Plotinian and Christian Studies* XX),那里还提供了其他参考文献。

② 暗示斯多亚学派的"完全渗透"论,普罗提诺在 II.7 里对此有详尽讨论。

③ 指塞诺克拉底(Xenocrates)(fr. 60 Heinze)和赫拉克利特(fr. B 115 DK)。

的：它不缺乏任何事物，在保持自身所是的同时，到达一切事物，即使宇宙再大，它的能力也照样能到达一切事物，毋宁说这个宇宙就在它的整体里面。所以我们不能从字面理解"增大"的含义，而要明白它的意思是说，它必然无论何处都为一。它的一是这样的一，不是尺度可以测量的那种一，可以测量的一是另一种本性，是假装的一，因分有而被想象为一。而拥有真理的一不是从多组合而成的一，否则，如果从它拿走什么东西，整个一就会毁灭；这一也不能用界限来分隔，否则，当其他事物纳入它里面时，它就会因为它们太大而显得太小，或者因为想要到达它们全体而被它们撕碎，并且不可能作为整体向全体显现，只能是它自身的部分向那些事物的部分显现。正如俗话所说的，它不知道它究竟在哪里，因为它无法进入一个完全的整体观念，因为它与自身分离。因此，如果这个一是真正的一，可以断定它是关于实体的一，那它必然以某种方式显现为在自己的能力中拥有自己的对立本性即多，但不是从外部拥有这种多，而是独立拥有，从它自身拥有，由此是真正的一，在它的一中拥有无限性和多样性。它既然是这样的一，必然无论何处都是整体，一个包围自己的单一理性原理，包围原理必然不会在任何地方与自身分离，无论何处都在自身之中。它当然不是在空间上分离的意义上属于另一物，因为它在空间上在一切事物之前，不需要任何事物，其他事物则需要它，有了它，它们才能确立。但它们的确立并没有使那个一离开它的位置，它的位置就在它自身之中。如果那个位置被移动了，它们就会随着它们的根基、那牢固确立它们的事物的消失而消失；另一方面，那个一不会愚蠢到将自己与自己分离，把自己撕成碎片，或者明知唯有留在自身之中才是安全的，却把自己送到靠不住的地方，一个需要由它来保证其安全的地方。

10. 它有足够的判断力留在自身之中，不会进入另外事物；那些另外事物则从它悬垂下来，似乎它们凭借自己对它的渴望，已经发现它的所在之处。这就是"爱扎营在门阶上",①甚至从外面进入美的殿堂,渴望美,如果这样能分有它的一部分,就心满意足了。因为下界的爱人也是这样拥有美的,不是把它纳入自己里面,而是等候在它的门前。而那[同一的美]始终保持独立自存,追求它的爱人是多,他们爱这个整体,当他们获得它之后,也把它作为整体拥有,因为他们爱的正是这个整体。那么它怎么会因为自己的永久不变而不能满足全体呢?正是因为它永久不变,所以它能满足一切。另外,它对全体来说也是美的,因为它是全体的整体。思想也是全体的整体,所以"思想是共同的",②不是一个思想在这里,另一个思想在那里,否则思想就需要空间了,那岂不可笑?思想不像白色,思想不属于身体。如果我们真的拥有思想的一部分,它必然是一且同,完全与它自身合一。所以我们是从一分有思想,而不是接受它的某些部分,也不是我接受一个整体,你接受另一整体,彼此各自为政。人们的聚会就是对它的仿效,所有的聚会都是为了趋向思想的统一。每个人在思想上都是软弱的,但只要每个人聚集在一起,真正心灵的聚会,合而为一,就能产生并发现[真正的]思想。谁能阻止我们的心灵从各自不同的地方会合在同一个中心?它们虽然合在一起,在我们看来却似乎是分开的,这就好比有人用很多手指触摸同一事物,以为他在触及一个又一个事物,或者好比人闭上眼睛用几个手指拨动同一根琴弦。此外,我们还应当谨记我们是怎样用我们的灵魂触及至善;我们触及至善并不是我触及一个善,你触及另一个善,我们所触及的是同一个善,这同不是一个支流从它出来到我这里,另一支流从它出来到你那里,否则,它就似乎位于上面某个地方,而从它出来的东西流到下面我们这里。给予者给予接受者,让他们真正地接受,不是给予它之外的接受者,而是给予它自己的接受者。可理知的给予不是一个个传递,甚至在彼此相距很

---

① 参柏拉图《会饮篇》203C6-D3。
② 赫拉克利特残篇 B 113 DK。

远的形体里，一者的给予也与另一者相关，给予与获得趋向同一。大全的形体部分发出行动，自身又受到影响，没有任何东西从外面进入它里面。形体的本性在某种意义上是逃离自己（与自己分离），既然就它而言，尚且没有东西从外面进来，那在一个没有分离的事物里，怎么可能有任何从外面进来的东西呢？所以，我们与至善的关系是一样的，我们与我们自己的可理知者一起看见它，触及它。那里的世界是更真实的一，否则，就会有可感知到的两个宇宙，以同样的方式分为彼此对应的部分；如果可理知领域的一是这个意义上的一，那与可感知领域的一没有什么不同，所以它必然不同于这个意义上的一。否则，由于可感知领域的这个一必然且理所当然有体积，而可理知领域的一虽然没有必要，却也自身伸展，走出自身之外，这岂不更加可笑？那么谁能阻挡它的统一呢？可以肯定，不会出现一个推开另一个，不给它空间的情形——难道我们没有看到，我们的灵魂容纳了每个学习科目、观察资料以及一般的知识体系，却毫无拥挤之状。有人会说，这对实体来说是不可能的。没错，如果真正的实体是物体，就不可能这样。

11. 毫无间隔的事物怎么可能伸展到整个形体，伸展到如此巨大的事物？它怎么可能不被分开，仍然是一和同？当论证急于解决推论理性的难题时，这个难题往往就产生了。是的，我们已经在许多方面表明事实确实如此，但我们还需要一些鼓励。事实上，相信那个本性确实如此的理由不是只有一点点，而是极其充足。它与石头不同，一块方形的大石头躺在它所在的地方，伸展到它所有的尺寸，但无法超越它的界限，因为它被局限于这种特定的尺寸，既受限于它的体积，也受限于与它相随的有限的石头能力。而那个本性是第一本性，不可度量，不受制于任何确定的尺寸——否则它又要被另一本性度量——它就是整个权能，任何地方都不具有这种特定的大小。因此它也不在时间里，而在整个时间之外。因为时间总是不断散开，渐行渐远，而永恒始终保持同一，拥有主宰权，凭它永久的能力胜过那看起来走得如此遥远的时间。时间就像一条线，似乎要毫无限制地延伸下去，但依赖于一个点，围绕着这个点奔跑，所以，无论这条线跑到哪里，这个点都是它的支点，尽管点不动，但线围绕它转圈。从这个比喻来看，时间与那在实体里保持不变的事物相关，而那一本性不只在持续时间上是无限的，在能力上也是永恒而无限的。如果是这样，那么我们也必须假定，除了这种无限的能力之外，还有一个与它相对的本性，从它悬垂下来，围绕着它旋转；这个本性以某种方式追随时间的节奏，奔向[比它]大、创造了它的永恒权能，不论它是什么，在一定程度上跟随永恒本性伸展，尽其所能分有这个本性。永恒本性始终如一地完全显现，但并非在每个事物中都能看见它的全部，因为潜在的接受者能力有限。它无论何处都显现为同一，不像质料中的三角形，因在多中而被多样化，而类似于非质料的三角形本身，那些质料中的三角形都是从它而来的。既然非质料的三角形无处不在，那么质料中的三角形为何不是无处不在呢？因为并非每个质料都分有它，每个质料都有不同的东西，并非每个质料都适合每种形式。即使原初的质料也并非全部适合每种形式，而是首先适合原初的[形体性形式]，然后再适合其他形式。形式当然以某种方式向一切事物显现。

12. 那么它（永恒权能）怎样显现呢？作为一生命显现。生命在个体生命物中并非只能到达一定范围，不能伸展到整体，相反，它无处不在。如果有人要问原因，那就请他回想它的能力。它没有一定的数量，即使它在自己的思想中把它无限划分，它也始终拥有同样的能力，在深度上没有底端的能力，因为它在可理知领域没有质料，所以不会随着体积变大而渐渐变小，不会显得缺乏。如果你始终抓住它里面涌现出来的无穷的、永不疲倦、永不困顿的本性，它里面绝不会有所缺乏，而是沸腾着它自身的生命。我们可以说，如果你把注意力集中于某处或者凝神某个特定的点，你将看不到它在那里，看到的倒是它的反面。因为完全可以肯定你不会离开它，转到没有它的地方，你也不会逗留在一个微小的点上，似乎它一点点变少，已经不再给予了。相反，你能够跟随它一起奔跑，或者毋宁说进入大全，不再寻找什么，否则你若抛弃它和离开它，接受其他事物，那你就会跌倒，因为你看不见显现在眼前的事物，却去寻找另外的事物。如果"你再也无所寻求"，那这样的结果是怎样发生的呢？因为你靠近了大全，不再滞留在它的一个部分里，你甚至不再说自己"我正是这么多"，你拒斥"这么多"，于是你变成了一个全——甚至在此之前，你原本就是一个全，只是因为另外东西在"全"之后临到你身上，你因增加而变少了，因为增加不是来自是——你不会在是上增加任何东西——而是来自非是。如果有人也从非是形成，除非他拒斥非是，否则他就不可能是全。你只有拒斥其他一切，才能使自己增加，在你拒斥的时候，大全就向你显现。既然当你与其他事物同在时它不显现，而当你拒斥其他事物时，它就显现，那么不是它来了然后向你显现，而是你离开了它，所以以为它不在。但是即使你离开了，你也没有切断你与它的关系——因为它始终显现在那里——你甚至没有离开，你就在它面前，只是你转到了它的反方向。其他神也是这样。当许多神显现时，他们往往只向一个人显现，因为唯有那一人能够看见他们。这些神"以多种形式环行在我们的城邦"[①]，但是我们的城邦都转向那位神，整个大地和天空都转向他。他无论何处都独立存在，在自身之中，从自身拥有自己的是，而真正是的事物，包括灵魂和生命，全都依赖他，凭借他的无限——因为他没有大小——走向一个无限的一。

6. 论数

1. 多是不是对太一的一种背离？无限是不是一种完全的背离？因为无限就是无穷的多，就此而言，无限是恶的。那么就我们是多而言，

---

① 荷马《奥德赛》17.486，柏拉图《理想国》II 381D4 引用了此话，表示不赞同。

我们是否也是恶的①？事物若是不能趋向自身，保持自我中心，而是向外流溢、发散并四分五裂，那就是多样的。因为事物在发散中完全丧失了一，就变成了多，没有什么东西能把它的各部分联合为一。如果它在流溢中变成了某种确定的事物，那它就成了一个量值（magnitude）。那么量有什么可怕的呢？如果事物感知到了量，就会变得非常可怕，因为它就会知道它已经脱离了自身，远远地离开了自己。万事万物所寻求的，不是别的，就是它自身。因此若不是出于迫不得已才向外寻求，那就是愚蠢的行为。事物的存在不在于它变多或变大，而在于它属于自身。只要它向内运动，持守自身，它就属于自己。至于渴望变大，那是根本不知道真正的大是什么的事物才有的属性。这种事物不是急切地趋向该去的地方，而是奔向异己的地方。但是，要拥有自身，只有一条道路，就是向内求己。我们可以看到这样的迹象，比如，一物获得了量的存在，如果它是由独立部分组成的，它就成了各部分的存在。它们各自都存在，但已经不是它原初的自己。它若想要成为自己，它的各个部分必须趋向一。也就是说，唯有当它在一定意义上是一，而不是大的时候，它才是它自身。因此，如果有了量，并且依赖于量，它就失去了自己。如果拥有一，它就拥有自身。然而，无论如何，宇宙是大的，也是美的。这是因为它并没有被抛入无限之中，而是始终包围在一中。因此它的美不在于它的大，而在于它的美本身。它需要美是因为它变成了大。如果这宇宙缺乏美，就会显得既大又丑，因此大其实是美的质料，因为需要秩序之美的是多。由此看来，宇宙扩展得越大，就越缺乏有序的美，就越发变得丑，而不是美。

2. 那么，所谓的"无限者的数"是什么呢？首先，既然它是无限的，又怎么能是一个数呢？感觉对象都不是无限的，因此用于它们的数目也不是无限的；数数者也不可能去数无限。就算他两倍、三倍很多很

---

① 普罗提诺开篇就提到新毕达哥拉斯主义（Neo-Pythagorean）的一种传统观点，即认为多和无限（或未限定性）是恶。他按自己通常的方式，对这一观点略作改造，更多地肯定下文要讨论的多和数的价值。参第 3 节 7-9。

多倍地数，最后仍然是有限的数目；就算他把过去或将来或同时把两者都考虑在内，最后还是有限的。这样说来，数目是否完全不可能是无限的，从而我们只能说总是有什么东西超出数之外？不。数的产生不是计数者所能掌控的，总数已经是限定的，并且肯定如此。在可理知领域，真实存在者是有限的，其数目也是有限的，与真实存在者一样多。但在我们自己领域，我们认为"人"是多，因为我们把人的各种特点，人的美和其他东西都算给他，因此我们造了各种存在的形像，同时设定了与之相对应的数目的形像。就如一个城镇事实上并非作为多而存在，是我们使它变成多，同样我们也使数目成为多①。如果我们要数算年代，我们就在自己的心里勾勒出数目，然后用到年代上，这些数目则仍然保留在我们心中。

3. 但是这种无限真的能作为无限存在吗？须知，凡是真正存在并且是的事物，都已经有数目限定了。不过在思考这个问题之前，我们还须思考，如果真存在者中确实有多，那么多怎么能是恶呢？显然，[那里的多不是恶]因为那种多是统一的，不会让它成为纯粹的多，而是一—多。它不如太一那么统一，因为它包含多。因此相对于太一来说，它是恶，不拥有太一的本性，已经偏离了太一，一的纯粹性已经减损。但是它仍然在自身中保持一的威严，并且从自身的多转向一，然后停留在一中。那么无限呢？如果无限存在于真存在者中，那它其实已经有了限定，否则，如果它还没有得到限定，就不可能在真存在者中，也许只能在将要存在，也就是在时间中存在的事物中②。但是，即使它得到了界定，其本身也仍然是无限的[或未界定的]。其实正因为它得到了界定，所以可知它原是未界定的。因为被界定的不可能是已经有界限的，而只能是未界定的和无限的。有限与无限之间肯定没有别的东西接受界限的本性。这

---

① 这里所说的多是从属的、想象出来的观点出自亚里士多德《物理学》Γ 8. 208a15-20。

② 参亚里士多德《物理学》Γ. 7. 207b14-15。

无限者因为无限，必定在自身中逃离界限的观念，但很可能被它从外面包围。当然无限者不是从一个地方逃到另一个地方，因为它根本没有任何处所。只是当它被有限包围时，处所才进入存在。因此我们不能以为所说的它的运动是空间上的运动，其他任何所谓的运动之形式也并不属于它本身，也就是说，它不可能处在运动之中。另一方面，它也不可能静止，因为任何处所都是后来形成的，它能静止在什么地方呢？因此无限本身的运动似乎是指它不是静止不动的。那么它是不是在同一个地方悬置不动，或者在来回摆动？当然不是，因为这两种状态，无论是悬在那儿没有摆动，还是来回摆动，都必须通过处所才能判断。那么我们究竟怎样才能认识无限呢？唯有在我们的观念中独立出它的形式。那样我们能认识到什么？我们会看到它是对立的，同时又不是对立的。因为我们可以认为它既是大的，又是小的①——它可以成为大的，也可以成为小的——既是静止的又是运动的——它确实也可以成为这两者。但很显然，在变成它们之前，它确实什么都不是，否则，你就对它作了界定，或下了定义。既然它是无限，是没有限定和毫无确定性的无限，就可以把它设想成两者中的任何一个。当你靠近它，但没有把界限像网一样撒在它头上，你就只能让它从你身边悄然滑过，看不到它是任何事物，因为你若看到了什么，就必然已经对它作了限定。如果你靠近它，以为它是一，它就必然显现为多。但是你若说它是多，你又发现自己说错了，因为它的每一部分若不是一，全部合起来就不可能是多。从你心里一个个的图像来看，它的本性是运动，但从已经获得它的图像来看，它又是静止。它不可能独自看见自己，因为它已经脱离理智，坠落了。但它又不可能逃走，而是被从外面紧紧包围，无法前进，这可能就是它的静止。因此我们也不能说它是完全运动的。

---

① 亚里士多德记载，柏拉图论到未限定的多之原理时称其为"大和小"的二合一（或译为不定型的二）。见《物理学》Γ 4.203a15-16；及《形而上学》A 6.987b26。

4. 我们必须探讨数目在可理知世界是如何存在的，是在其他形式之后形成还是始终伴随着形式？比如是否可以这样说：是本身是可理知世界的本原，因此我们把它理解为一；运动和静止从它而来，由此我们有了三，其他形式也各有一个数？或者情形并不是这样的。事实上，每个存在者产生时都同时产生一个一，如果有一定的顺序，那么最先存在的有一个一（monad），随后的有一个二（dyad），或者多，比如，如果十就有一个"十"（decad），如此等等。或者也不是这样，数目是自己认识自己的。若果真如此，那么它是先于其他形式，还是后于其他形式？柏拉图说人从昼夜交替中产生数的概念，也就是说，概念产生于对象的差异。也许他的意思是说，被数的事物在先，通过其差异性产生出数。灵魂从一物到另一物，在这个过程中产生数字，就是说当灵魂数数的时候，就形成了数①。这样当它检查事物时，就对自己说"这是一个，那是另一个"，比如只要它认为某物是同一的，不认为另一物跟在它后面，就说"一"。但是后来柏拉图又说到"在真正的数中"，也就是说到实体的数②，于是他就会反过来说数是从自身获得存在的，它的存在不在于数数的灵魂。相反，灵魂看到感觉事物的差异性，然后在自身中回想起关于数的理念。

5. 那么，数的本性是什么呢？它是不是每个实体的伴随物，是实体里可观察到的东西——比如人与一人③，是与一是④，也就是所有个别的可理知者与整个数目？若是这样，那怎么会有一个二，一个三，所有数

---

① 普罗提诺这里是在解释柏拉图《蒂迈欧篇》39B-C 和 47A 关于我们如何获得数和时间的知识的问题。

② 《蒂迈欧篇》中的段落很可能认为，数只存在于数数的灵魂中，后于被数的有形实体。因此，普罗提诺马上转向《理想国》VII 529C-D。在那里，苏格拉底坚持认为，真正的、哲学上的天文学不是研究有形的天体，而是研究唯有思想才能把握的"真正的"数和形（figure）。

③ 参亚里士多德《形而上学》Γ 2.1003b22-30。

④ 后面的"是"当指存在者，然而译为"是者"非常别扭。普罗提诺在这里还是把普遍性和个体性联系起来看待数的本性。——中译者注

怎么统一，某个具体的数字怎么合到一中？因为这样的话就会有多个一，除了单一的一之外，没有哪个数能归入统一。或许有人会说，二就是那有两种力量联合起来的事物，或者说就是那样的事物所体现出来的事物，是与一相关的复合物。又或者，数如毕达哥拉斯主义者所说的那样。他们似乎在比喻意义上论到数①，比如说四就是公正，其他数字代表其他事物。若是那样，数就成了加给事物之多的东西，它仍然是一，不过是多的一，比如十就是如此。然而，我们不认为十是这样的。我们一般把分离的事物统合起来，然后说"十"。我们确实是那样说十的，但如果多个事物形成了一个统一体，我们就说"十个一组"。按毕达哥拉斯主义的思维方式，也是这样说的。若果真如此，也就是说，数只能在事物中观察到。那么它是否还有真正的存在呢？也许有人会这样回答，白色也是唯有在事物中才能看到的。难道事物中的白色就不是真实存在了？运动也是在是中观察到的，但在是中的运动有其真实的存在。（那么我们得说）运动是某种事物，因此可以看到运动中有一种统一。但是数不同于运动，它若有这种真实存在,②就会失去实体性而成为一种偶性。甚至连偶性都不是，因为偶性在其成为偶性之前必须是某种事物，即使是与主体不可分的，其自身也仍然是某种事物，一种具体的事物，比如白色。也就是说，要成为一个谓项必须是能够成为谓项的事物。这样说来，如果"一"应用于每个事物，"一人"不同于"人"，是"人"之外的，是所有个体事物所共同的，那么"一"就应该是在"人"以及所有其他个体事物之前。这样，人以及其他各个事物才能成为一。这样说来，一也先于运动，因为运动也是一个事物；一也先于是，这样是本身才能成为一。当然我不是指那太一，太一我们说它是"超越是的"③，而是指另一个一，表示

---

① 关于早期毕达哥拉斯主义思想，普罗提诺显然认为没有比亚里士多德更可靠的资料。这里他引用的是《形而上学》A 5. 985b23-51。
② "它若有这种真实存在"指的是"数若有运动的真实存在"。——中译者注
③ 柏拉图：《理想国》509B9，这是关于太一超越是的理论的基础文本之一。

每个具体形式的一。因此，十（decad）也先于十所表示的事物，那它就必然是绝对的十，因为可以观察到十的事物肯定不是绝对的十。那么这另一个一是否成了存在并与真存在者同在？如果它与它们一起产生，它就是附属的，就像健康之于人——不过，健康自身还是某种事物。如果一如同复合物里的一个元素，那么事先必须有一个其自身是一的一，这样它才可能与另一者复合。如果它与另一者复合，它必使另一者成为假的一，因为它既进入，复合物就是二了。那么十又怎么样呢？一个通过总和可以成为十的事物还需要十吗？也许它对十的需要就如同质料对形式的需要。若是这样，事物因十的显现而成为十，那么这十必定事先就独立存在，并且不是任何别的什么，只是十。

6. 如果一本身和十本身在事物之外存在，那么可理知的事物以及它们之所是也都有各自的顺序，有的六个一组，有的二个一组，有的三个一组。那么这些数列化的实体有什么本性，它是如何形成的呢？不过，我们必须明白，我们只是在思想中使它们形成。首先，我们要知道，在一般意义上形式的实体性本性是什么。它显然不是因为思考者对形式——思考而存在的，不是借着思考获得其存在。比如正义（righteousness）之所以存在，不是因为思想者想出了正义是什么；运动之所以存在，也不是因为思想者想出了运动是什么。若按这样理解，这种思想就既是后于被思的事物本身——关于正义的思想后于正义本身——同时又是先于作为思想之结果而存在的事物。如果正义就是正义的思想，那么这无异于说正义不是别的，就是关于正义的定义，这岂不荒谬①？因为思考正义或运动不就是领会它们的本质属性吗？而按上面这种理解就等于是说在把握非存在事物的概念，这当然是不可能的。如果有人说"在非质料事物的领域，知识与事物是同一的"②，那么我们必须明白，这话的意思不是说

---

① 这话清楚地表明柏拉图的形式完全不同于亚里士多德的本体化的普遍性（共相）。
② 亚里士多德《论灵魂》Γ 5.430a2-3; 7.431a1-2。

知识就是事物，也不是说凝思事物的理性就是事物本身，而是说非质料的事物本身就是思想的对象和思想。这里的思想不是指关于事物的定义，或者对事物的一种直观，而是说可理知世界中的事物本身不是别的，就是理智和知识。这不是说知识是自我指向的，而是说在可理知领域的事物产生知识，这种知识不像非质料性事物的知识那样固定不变，也就是说它所产生的是真知识，换言之，不是事物的影子，而是事物本身。因此，不是运动的思想产生了绝对运动，而是绝对运动产生了运动的思想。因此它使自己同时也成为运动和思想，因为可理知世界的运动也是关于事物本身的思想。它自身就是运动，是最初的运动——在它之前没有别的运动——真实的运动，因为它不是另外事物的偶性，而是处在运动中的事物的现实活动。因此，它也是实体。但是[纯粹]的是的概念则不同。正义不是正义的思想，而是理智的一种状态，或者更确切一点说是理智的一种现实活动，"它的脸"非常完美，"晨星和暮星都没有这样的美"[①]，因此，根本不可能是任何感觉对象，倒像是一尊有理智的雕塑，似乎从自身中突现出来，又在自身中显明出来，或者更确切地说存在于自身之中。

7. 一般而言，对于可理知事物，我们必须认为它们属于同一本性，同一本性容纳它们，并在一定程度上包围它们，而不是像感觉事物那样各自分离，太阳在这里，别的事物在那里。在可理知的事物，一切都合而为一。这原是理智的本性。我们可以从灵魂以及我们所称的大自然得知这一点，因为灵魂在这方面模仿理智，而自然则是具体事物产生的根据和源泉。虽然各个事物彼此分立，自然自身却保持同一。虽然万物合而为一，但它们又是不同的。理智所看的就是在理智和是中的所有事物，它对它们一清二楚，了如指掌，根本不需要看它们，因为它原本就拥有它们，也不需要把每个事物分开，因为它们已经在它里面永远分立。有

---

① 欧里庇得斯（Euripides）*Melanippe* fr. 486 Nauck，亚里士多德引用在《尼各马科伦理学》E 3.1129B28-9。普罗提诺也是 I. 6. 4. 11-12 引用了这段话，在那里就如同在这里一样，他在心里可能把它与柏拉图《斐德若篇》250B 里的道德形式之美联系起来了。

些人对此感到吃惊，为向他们证实这一点，我们引用分有的事实。从灵魂对理智的爱可见理智的伟大和美，从其他事物对灵魂的爱也可看出这一点，因为灵魂所拥有的本性使它在某些方面类似于理智。如果绝对的生命存在不包含神奇而不可言传的美，那就不可能有任何美的生命物，否则就极其荒谬。"完全的生命物"当然由全部的生命物组成，或者更确切地说，把全部的生命物都包围在自身里面，成为巨大的一，大到就是一切①。正如这个大全是一，是一切可见的万物，它把一切可见之物都包含在内。

8. 由于它是最初的生命物，因而是绝对的生命物，是理智和实体，是真正的实体。因此我们认为它包含一切有生命之物和全部数目，是绝对正义，绝对美的，以及诸如此类的——我们以另一种方式谈论绝对的人、绝对的数、绝对的正义——我们必须探讨这些事物每一个是如何作为个体存在的，每一个是什么。要找到这样的知识还是有可能的。首先，我们必须搁置一切感知觉，用理智来凝思绝对理智。由此看到我们自身里面也有生命和理智，不是在广延中，而是在毫无广延的能力中。看到真正的实体剥离了这些事物，是一种立于自身之上的能力，不是软弱的影子之物，而是最富生命和理智的事物，没有比它更富有生命，更富理智，或者更具实体性的事物了。凡接触它的，都根据各自与它接触的深浅程度拥有这一切（生命、理智和实体）。越是靠近的，接触越深；越是离得远的，接触越浅。若说"是"是一个欲求的对象，那么最真实的是就更是欲求的对象；若说理智是欲求的对象，最丰富的理智就更是欲求对象了。生命也是如此。这样说来，我们应当把是放在首位，因为它最先存在，然后是理智，再后是生命物（我们已经确认它包含万物）——理智位居

---

① "完全的生命物"在柏拉图蒂迈欧篇30C里是质料宇宙的可理知范型。从第8节可以清楚地看出，普罗提诺像大多数柏拉图主义者一样，认为它就是整个可理知的宇宙。普罗提诺常常把生命看作先于理智的，但是可理知的生命物作为有形式、有结构的整体必须看作后于理智的，是理智永恒地形成、建构它的生命。

第二，因为它是实体的现实活动。这样说来，数不可能处在生命物的层次——因为在它之前已经有一和二存在，也不可能处在理智层次——因为实体在它之前，它已经是一和多。

9. 我们还要思考，是实体靠着自己的划分产生了数目，还是数目分割了实体。显然，或者是实体、运动、静止和同以及其他产生了数目，或者数目产生了它们①。我们考察的起点是：数目能否自己存在，或者二必须存在于两个事物中，三必须存在于三个事物中？还有，属于数的一是否也是这样？如果它可以独立存在，不需要依赖于可数的事物，那么它也可以存在于存在者之前。它若在存在者之前，那么是否也在存在之前？我们不妨把这个问题放在一边，先承认"是"先于数，数从"是"获得其存在。但是如果"是"是"一是"，二存在者是二存在者，那就该一先于是，数先于存在者。那么，这是否符合我们关于数的观念和直观，或者符合它的实际？我们还要继续这样考察：当某人想到一个人和一种美的时候，他很可能是后来才想到一；当他想到一匹马和一条狗的时候，非常显然也是后来才想到二。但假设他要生出人，生出马和狗，或者它们存在于他自身中，要把它们拿出来，并且不是无意识地生出它们或者拿出它们，那么他岂不会说"我们必须先到一个，然后再到另一个，这样就有了二，再让另一个与我一起"？可以肯定，我们不会在存在者生成之时计数它们。事实上，我们一开始就知道它们有多少数目。这样假设意在清楚地表明，全部数都先于存在者本身存在。如果数在存在者之先，那么数就不是存在者。事实上，数原本就在是中，不是作为是的数——是仍然是一——而是作为早已存在的数的能力，把是分开，并努力使它——可以说——生出多。数或者是实体，或者是是的现实活动。绝对的生命物就是数，理智就是数。那么是岂不是统一的数，存在者岂不是

---

① 这些东西是柏拉图《智者篇》254-255A 里"非常重要的种"，普罗提诺把它们理解为可理知世界的范畴。

被展开的数，理智就是在自身中运动的数，而生命物则是包含性的数吗？因为是从太一获得存在，而那太一原本就是一，因此在这意义上是必然也是数。这就是他们为何认为形式是"赫那德"（Henads）和数的原因。这是实体性的数。但另一个，就是称为"摩那底克"（Monadic）的，则是它的形像。实体性的数显现在形式中，分有形式的生育。因此从最初意义上说，数在是中，与是同在，而在存在者之前。存在者以它为基础，视它为它们的源泉、根基和原理。事实上，太一就是是的原理，是之是根基于此，若没有这原理，它就会分散。但太一不根基于是，否则是在还未获得太一时就成了一，就好比说称为十的事物还未获得十就成了十。

10. 因而，当是立足于多，显现为多，就成了数，而且是原本就是为存在者的一种预备和初级轮廓，就像统一体为将来要建立在它们上面的存在者提供一个处所。就是现在我们也会听到人说"我想要如此如此多的金子或房产。"金子是一，但是他不是想把数量带入金子，而是要使金子成为数量。因为他已经拥有数，因此他试图把这数用到金子上，这样的结果就会使金子变成他想要的那么多。但是如果存在者先于数存在，然后数数的本性变为与被数的事物一致的总量，数就在存在者中被观察到。如果是这样，那么存在者有这么多的数目是偶然的，不是因为有意的安排。如果相反，它们的总数并不是偶然所成，那么数就是一个原因。在它们成为这么多之前就存在，也就是说，数已经存在，然后生成物才分有"这么多"，并且每一个都分有"一"。这样，每一个才可能成为一。这是源于是的一个存在者，就如是是源于自身的存在者，一源于一。每一个都是一，但都是包含多的一，就如同三个一组是一一样。全体存在者是一，不是数字一的那种一，而是类似千、万这样的数字的一。假设有人说事物已经有一万之多，如果他说"一万"是数着说的，那么他就不是告诉我们事物本身称为"一万"，是从"一万"来的，好像在显示其颜色似的，而是在告诉我们它们之所以有这么多的原因。如果他没有这么说，就不可能知道有多少。那么他怎么能说有多少呢？因为他知道怎样数算。但他之所以知道数数，是因为他知道数。他要知道怎样数，前提是必须要有数存在。若说他对数的本性，对总数是多少一无所知，那是荒唐的，或者说是根本不可能的。数就如同善一样。如果有人说到善的事物，那么他的意思或者是说它们本身是善的，或者是说善是它们的偶性。如果他说的是第一善，他就是指第一实在。如果说的是偶性之善，那就必然存在善之原理，这样它才可能附加到事物之上，因为产生善的原因或者是至善本身，或者是在自己本性中产生善的事物。同样，当我们说到真实存在者中的数比如十时，或者意指十本身，或者是指附加给事物的十。如果他论到附加了十的事物，他就必须规定十本身是独立存在的，不是任何事物，就是十。因此，如果我们说真实存在者是十，那么或者它们自身就是十，或者必然有一个十先于它们存在。这个十不是别的，就是十本身。一般而言，我们必须承认，任何事物，不论是什么，若是由另外事物所论断的，要么是从他物来的，要么就是论断它的事物的现实活动。如果它并不是有时显现，有时不显现，而是一直与那事物同在，那么如果那事物是实体，它也是实体，它所论断的事物也就与它一样是实体。即使不承认它是实体，至少得承认它属于真实存在者，是存在的。如果没有它的现实活动，那物也可以被思考，那活动仍然可能与它同时发生，只是我们的思想把这活动显现为后来的。如果唯有当它与谓述它的事物同时存在时才能思考它，比如若没有"一"，就不可能想到"人"，那么它或者不后于谓述它的事物，与其同在，或者先于谓述它的事物，这样它才可能借着活动而存在。而我们认为一和数是在先的。

11. 也许有人会说，十不过就是这么多的赫那德 [或单位]。如果他承认单位存在，既然能承认一个单位存在，为何不能承认十也存在？其他单位为何就不能像一那样拥有存在？一单位必不会受制于某一存在，否则，其他每个单位就不可能是一。如果其他每个单位必然也是一，这一就是共同的。这意味着有一个原理包含多，而这个原理，我们说过，必然在体现为多之前就独立存在。这样说来，如果一个单位存在于此物，同时又体现在另一物,如果另一单位也真正存在,那么已经存在的就不可能只有一个单位,也就是说,必然存在多个单位。如果有人说,唯有那第一个单位存在,那么它必然要么与在最高程度上存在的事物相伴随,要么与在最高程度上完全为一的事物相伴随。如果是与最高程度的存在相伴,那么其他单位就只是与第一单位共有名称,不能与它处于同一层次,否则,数就成了由不同单位构成的集合,并且即使它们都是单位,单位与单位之间却有内在差别。另一方面,如果这第一单位是与最高程度的一相伴,那么这太一既是最高的一,为何还需要这个单位才能成为一?既然以上这些意见都不可能成立,那就是说必然有这样一个一,它不是任何事物,只是纯粹的一,其本质性就是独立存在,先于一切所能谈论和所能想象的每一个个体的一。这样说来,不包含事物的一也将存在于可理知世界,那么为何另一个一就不可以成为存在呢?每个个体单独看就成了许多单位,也就是说,成了许多的"一"。然而,如果自然是连续生产的,或者一次性生产,或者不是造了第一个就停止不造了,而是造出连续的一,那么它在创造运动中如画一条线那样迅速打住,就产生小的数,然后继续向前运动。当然不是在其他事物中运动,而是按自己的方式运动,于是就引入了大的数。这样,就可以使特殊的多以及每个特殊存在者与特殊的数一致。因为它知道,如果每个特殊事物不能与每个特殊数字一致,就根本不可能存在。它或者离开轨道,滑出数的领域,同时也成为非理性的事物。

12. 如果有人说,一和单位没有真实存在——因为任何一无不是"某个一物"——因此,一只是心灵思考每个真实存在者时受影响的一种方式,那么首先,我们为何不说,任何时候只要说到"是",就是在说灵魂受影响的一种方式,因而根本没有"是"这样的事物?但如果这是因为这"是"刺激和打击心灵,使它形成关于是的心理图像,那么我们也当明白,灵魂也受到一的刺激,并形成关于一的心理图像。那么我们认为灵魂的这种受影响方式和这种思考方式是一还是多呢?当我们说"不是一"时，我们并没有剥离事物本身的一——因为我们认为一不在事物中——但是我们确实有一，它在灵魂中，而没有"某个一物"。有反对者①指出，我们得到的一是从我们之外的事物获得的某种思想和印象，是一种源自事物的观念。这些人提出，关于数和一的观念就是他们的哲学所谓的观念中的一类，那么他们应当承认这类事物②的存在，如果真有这样的事物存在的话。关于他们的这种说法，我们可以用许多材料来反驳。如果他们说这种影响方式和思维方式是作为事物的一种副产品产生自我心灵，就像"这个"和"某个"，或者更明显的例子如"人群"、"节庆"、"军队"和"众多"，那就根本不可能有这样的真实存在。因为正如"众多"不独立于众多事物之外，节庆就是人们聚集起来按仪式欢庆，因此当我们说"一"时，我们不认为它完全独立于其他事物。还有许多其他情形也与此类似，比如"右"、"上"以及它们的反面。显然，"右"的真实存在不就是指一人站或坐这儿，另一人在那儿吗？"上"也一样，一物处在这样的位置，位于宇宙的那一部分，我们称之为"上"，另一位置就称之为"下"。"上"、"下"只是位置问题，没有任何别的意义。要回答这类观点，我们首先得说，在每个所提到的事物中都有某种真实存在，但它们的真实存在并不都是一样的。有的是彼此之间的相对关系，有的是相对于一的关系。因此我们必须分别讨论。

13．我们怎么能这样设想，关于一的思想源于一后面的事物，比如源于感觉世界的一个人、一个动物或者甚至一块石头？这是完全不合理的，因为显现出来的事物比如人，与一乃是两回事，不是同一的。否则，理智就不可能谓述一，只能谓述给定的事物比如人。同样，正如在"右"以及类似的例子中，理性不会毫无原因地活动，正是因为它看见了一个不同的位置，因此说"这里"。同样就一而言，正是因为它看见了什么，

---

① 指斯多亚学派。
② 指"数和一"。——中译者注

因此说"一"。显然，它的报告不只是空洞的影响方式，说"一"不是毫无所指。它肯定不是说事物是孤立的，没有任何别的事物。事实上，就是在"没有任何其他事物"中也显明了另一个"一"。而"异"和"不同"是后来出现的。如果理性不依赖于一，它就不会说"异"或"不同"。当它说"独"（alone）时，说的是"一独"（one alone），也就是说，"一"在"独"之前。此外，那说"一"的事物在它说其他事物的"一"之前，自己首先是"一"，而它所说的，在任何人还未说、还未想之前就存在的，就是一。它只能是一，若不是一，就是多。如果是多，在它之前必然存在一。当它说"多"时，它说的也是"多于一"。它认为一支军队是拿武器的许多人，然后把他们组成一个序列，不会让众多的事物仍然是分散的多。多中原没有一，理性就给它一，表明它不只是多，或者把它整合成序列，显出"一"，使多的事物变成一。这里，一支军队所包含的一一点也不假，其真实性并不逊色于由许多石块建成的一所房子。不过，房子的"一"要更统一一些。这样说来，是否连续事物中的一更多一些，不可见之物中的一再多一些。若是这样，那么这显然是因为一是拥有存在的特殊事物。非存在者中不可能有多少之分。正如我们说每个感觉对象是实体，我们也说可理知者是实体，我们认为说可理知者是实体更恰当。因此对真实存在者领域就加上"更"和"更恰当"，并认为实体范畴，即使是感觉之实体，也比另一类有更多的是。同样，我们知道，感觉对象的一与理智对象的一不同，在程度上有多有少，可理知者的一更适合称为一，但是无论如何，我们都得说，它们都指向原初的一。正如实体和实在，尽管感觉对象也分有它们，但它们仍然是可理知的，而不是可感知的。同样，就一而言，尽管感知物也分有一，因而在感觉对象中也可以看到，但是理智仍然认为它是可理知的，并通过理智活动把握它。因此，理性从一个呈现在它面前的事物思考另一个它并没有看见的事物，也就是说，它预先就有知识。既然它有先在知识，在具体事物之前就作为是，那么它就是是。当它说它是某物时，也就是说出了一。同样，它也因此说出了二和多①。这样说来，既然没有一、二，或者某个数，就不可能思考任何事物，那么那没有它就不可能思考和不可能言说的事物，怎么可能不存在呢？显然，绝不可能说这样的事物不存在。因为它若不存在，你就根本不可能思考或者谈论任何事物。任何思想和任何言论的存在所必不可少的事物必然在一切言论和思想之前存在，唯有这样，它才能有助于言论和思想的形成。既然它是一切并每个实体的存在所需要的——凡是的，没有一个不是———那么它也必然存在于实体之前，是实体的生产者。因此它也就是"一——是"，但不是先有是，再有一。若是那样，它既是"是"，又是一，那就是多了。在纯粹的一中，是没有在它之中显现，这里的意思只是说一有意向，要生出是。"这个"不是一个空洞的词，它往往是指一个真实存在者，只是指出来而没有说它的名字。它指明一种显现，一种实体，或者其他真实存在的事物。因此"这个"必是表示某种事物，绝不是空洞无物的，也不是理性对非存在事物的影响方式。它乃是思想背后的一物，正如事物本身的专有名称一样。

14. 对于关系这个话题所作的论述，我们可以合理地回复说，一不是那种影响另外事物自己就失去本性的事物，它根本不受任何影响。相反，另外事物想要脱离一，就必然被分成二或更多，也就是说必然失去一。如果同一个量一分为二，其量没有丝毫损失，那么显然，除了基础的量之外，还有一在它里面，假如分割破坏了这一，它就失去了这一。对于这样在同一个事物身上时而显现时而消失的东西，不论它在哪里，我们怎么能不把它列入真实存在者行列呢？我们还要说，它向这些事物显现是偶然的，但其自身的存在是独立的。它既向感觉事物显现，也向可理知事物显现，但它向后来的存在序列显现是偶然的。其自身处于在先的是的序列，因为它先是一，然后是是。如果有人说，一虽然不受任何影响，但是当另外某物进入它里面之后，它就不再是一，而成了二，这话说得

---

① 参柏拉图《智者篇》237D6-10。

不对。因为变成二的不是一，也不是加上去的事物，不是获得添加之物的事物，它们各自保持原来的一。"二"指的是它们两者，但是每一个仍然各自是"一"，保持如其所是。因而，二和二个一组并非必然相关。不过，如果二是聚合而成的，而聚合为二与构成二差不多，那么二和二个一组可能就是这样的一种关系。但事实上，我们看到，二是由完全对立的影响方式产生的，即把一物分开，就变成了二。因此二既非聚合而成，也不是分割所成，总而言之，不是一种关系。对任何一个数都可以这样论证。如果它是产生什么事物的一种关系，对立关系就不可能产生同样的事物，否则这事物同等于关系。那么数的真正原因是什么呢？一物之为一是由于一的显现，之为二是由于二的显现。正如因为白色显现在它身上因此它是白的，美显现出来因此是美的，公正显现出来因此是公正的①。否则，我们就不可能说这些事物存在，而必须让关系作为这两者的原因，似乎公正之所以是公正乃因为这些特殊事物的这种特殊关系②，美是因为我们有这种倾向，背后没有任何实在能左右我们，显为美的事物之外没有任何事物作用于它，使它产生出这样的现象。这样，无论何时你看到你称为一的东西，它必定同时也是大的和美的，还可以说它是其他任何事物。因而，大小、体积、甜、苦以及其他性质都显现在它里面。那一为何不能显现呢？显然我们不可认为，各种可能的性质都在真实存在物中，量却没有真实存在；或者认为连续的量存在，分离的量就不存在——尽管连续的量把分离的量作为一种尺度。至于事物如何分有 [数] 的难题，这是探讨任何形式的分有时都要涉及的。但我们必须注意，十显现在分离的事物上是这样的，显现在连续的事物上是那样的，

---

① 参柏拉图《斐多篇》96E8-97B1。普罗提诺这里紧跟《斐多篇》，比如，他认为数就是一种特定的形式，与其他形式一样有客观的实在（objective reality）和成因的能力（causative power）。

② 普罗提诺反对这样的观点，即认为公正是产生于一定条件下的特定态度，而坚持认为存在着绝对公正本身。这是典型的柏拉图主义的立场。——中译者注

显现在多种联合为一的力量中又是另一种样子。于是我们就上升到了可理知者，那里有真实的数，不再是显现在其他事物中，而是完全独立自存的数，是绝对的十，而不是某种可理知事物的十。

15. 我们一开始就已经说过，但这里我们还要再说一遍：整体的是，也就是真正的是，既是是也是理智，还是所有的生命物，是一切生命物的总和。下界这个普遍的生命物是对上界的一的模仿，以其自身的一模仿上界的一，因为感觉事物只能由感官感知，因此逃离了上界的一。它必然就是总体的数。如果它不是完全的，就会缺乏某个数。如果它并不包含所有生命物，就不可能是"完全的生命物"[①]。因而数先于每个生命物存在，也先于"完全的生命物"。人当然是在可理知世界，其他生命物也是，因为它们拥有真实存在，也因为可理知事物是"全部的生命物"。事实上，下界的人也属于可理知世界，因为大全是一个生命物，人是它的一部分。每个个体生命物也在可理知生命物中，因为它们都是生命物。在理智中，就其是理智而言，所有的理智存在者都作为部分独立存在，但它们也有一个数。这样说来，就是在理智领域，数也不是原初存在的，数在理智领域是作为理智的现实活动的总量存在。它既是理智的数，那么也是正义、自制以及其他德性和知识。总之，是理智作为真正的理智所拥有的一切事物的数。那么知识怎么不是在另外事物之中呢？这是因为知者、被知者和知识全是同一的。其他各物也莫不如此。因此之故，理智的每部分都原初存在，比如正义在它不是偶性。这不同于灵魂，灵魂作为灵魂，正义之于它是偶性。因为在灵魂，这些事物都是潜在的，唯有当它们指向理智并与理智同在时才是现实的。紧跟在理智之后的是"是"，数就在这个是中，并帮助是生出真实存在者。它的运动是按着数安排的，在生出存在者之前先确立它们的数目，就如同太一在它自己之前存在，使是本身与这最初的一结合（但数不再把其他存在者与太一结

---

① 柏拉图《蒂迈欧篇》31B1。

合，有是与太一结合它就心满意足了）。而是一旦成了数之后，就把存在者联结到自己身上。作为一，它毫无分割，永远是一。但它也是可分割之物。它按照自己的本性想分成多少就分成多少，然后看清自己生出了多少，总数是什么，因而这数原本就在它里面，它原本就是按照数的力量分割的，并按数的多少生产。因而，最初的真实之数就是真实存在者的存在原理和源泉①。下界事物也一样，凡是生成物，每一个都借助数形成。某物若是取了另一个数，就生出另外的事物，或者根本不能生成什么。这些就是最初的数，是可数的。另一层次的数则包含双重特点，就它们源自这些最初的数而言，它们是可数的数；就它们是最初的数的活动来说，它们度量其他事物，既计算数也计算可数的事物。比如它们说"十"，不就是根据自身中的数来说的吗？

16. 关于我们所说的这些最初的真实的数，有人可能会提出这样的质疑："你把它们放在哪里，把它们算为哪类存在物？每个人都认为它们是量，而你在你前面所说的话里，在宣称必须把分离之物与连续之物都列为存在者时并没有提到量②。但另外，你又说这些是最初的真实存在者的数，又说除了这些之外还有其他计算的数。那么请告诉我们你是怎样安排所有这一切的。显然，这里出现了很大的难题。可感知事物中的一，是属量的吗？或者许多个一才是属量的，而一本身不是量，是量的原理？既是原理，它是一类事物，还是包含在另外的属中？所有这些你都应该向我们解释清楚。"好，我们就以此为起点谈论所有这些问题。我们必须首先从可感知事物开始讨论。当你指着一件事物，又指着另一件事物，比如一条狗和一个人或者两个人，然后说"二"，或者指着更多的事物说"十"和"十个人"时，这个数不是实体，甚至不是可感知事物中的实体，而是纯粹的量。如果你把十分成一个个的一，再让它们离开这个十，那

---

① 在这一节，普罗提诺从单纯的柏拉图主义的《斐多篇》转向更趋近于学院派的后期立场（亚里士多德引出的观点），也就是形式（相）的数先于形式。

② 在第762页第14节。

么你就是使一成为量的原理，因为十中的某个一不是一本身。但你若说人自身就是一个具体的数，比如是一个二，既是动物又是理性存在，那么这里你既用了分析法又用了综合法，就你在计数和数算而言，你是把某种东西变成量，但由于基本的实在是二，每一个是一，如果每一个都是实体的本质部分，每一个里面都包含一，你就是在谈论一个不同的且是实体性的数。这样构成的二不是后来的，不只是表示事物之外的一个量，而且是把事物联合起来的实体性的量。可感知世界的数当然不是因你计数事物而来的，事物是独立自存的，不是在你的计数中复合起来的，你就是把人一个个加起来，对实体来说又有什么分别呢？仍然没有如同合唱队那样的一。这十人组成的十个一组唯有在你这个数数者心中才有其真实存在，但就你所数出来的十来说，因为没有按顺序排成一，因此我们甚至不能说它是一个十人组成的一①；你是通过计数，数出了这个十，因此这十是量。但在合唱队里，有某种事物在你之外，不是你所能排列的，军队也是如此。那么数以何种方式在你里面？那本质上独立于数算和在计数之前就潜在于你里面的数，有自己的存在方式，而那产生于某种外在现象且与你心里的数相对应的数，或者是这些内在数的活动，或者是与它们相一致的活动。在你计数同时产生数的这个过程中，量的真实存在就产生了，正如在行走中产生了某种运动的真实存在。那么，那以不同方式存在于我们心里的数又怎样呢？这是关于我们实体的数。如柏拉图所说，我们的实体分有数和旋律②，因此它既是数又是旋律。有人说，这数不是形体也不是量，因此灵魂若是一个实体，就是一个数③。身

---

① 普罗提诺的意思是说，因为没有一个统一的基础，它们相加也不可能是合一的十。——中译者注

② 柏拉图《蒂迈欧篇》36E6-37A1。在思考毕达哥拉斯和柏拉图关于数的思想时，最重要的一点是要始终记住，从毕达哥拉斯以降，数是音乐上的数，是关于旋律和节奏的数。

③ 毕达哥拉斯的一个理论，为柏拉图的学生色诺克拉底（Xenocrates）所接受。见亚里士多德《形而上学》A 5. 985b30 及色诺克拉底残篇 60 Heinze；在色诺克拉底看来，灵魂就是一个自我运动的数。

体的数当然是实体，但属于形体意义上的实体，而灵魂的数是在灵魂意义上的实体。事实上，一般而言，在可理知领域，如果生命物本身多于一，比如是三个一组，生命物中的这个三就是实体性的。但这三不属于生命物，是一般意义上的真是中的三，因此是实体的一个原理。如果你计数"生命物"和"美"，每个都是一，但这数是你自己生出来的，它原本潜藏在你心中，是你把量现实化，于是就有了这个二。然而，如果你说德性是形式——它是一种四个一组，各部分合而为一——四个一组里的一，就像隐匿的实在，那么你就是把你心里的四与它吻合。

17.那么所谓的无限的数是怎么回事呢①？因为我们以上的论述都认为数是有限的。没错，若要成为数，必是这样的，因为无限与数是相冲突的。那么我们为什么又说"数是无限的"？说数是无限的是不是等同于说一条线是无限的？我们说一条线无限不是因为还有其他这样的线，而是因为就最长的线比如宇宙之线来说，我们仍然可以设想比它更长的线②。数也是这样。只要我们知道一个数是多少，就可以在思想中把它加倍，同时不与原来的数有任何接触。因为只是在你心里的一种思想和心理图像，怎么能与现实存在的事物联系起来呢？或者我们想要指出，在可理知领域有一条无限的线？因为那里的线不可能是量，否则，线就必然包含一定的长度。它若不包含一定的长度，那就是无限的。但是它的无限不同于某种你无法到达终点的事物，而可能是另一种无限。那么它是怎样的无限呢？在绝对的线的定义中不包括界限的概念。那么可理知世界中的线是什么，在哪里呢？它肯定后于数，因为可以看到它包含一，它源于一点，经过一段距离；但它没有作为距离之尺度的量。那么这东西在哪里呢，是否只是在界定它的思想中？不，它也是一物，不过是属理智的事物。其实，可理知世界的一切存在者莫不如此，既是理智的，在

---

① 这里普罗提诺回到第 2 节提出但在第 3 节开头被搁置的问题。
② 这是亚里士多德对数学上的无限的解释。见《物理学》III 7. 207b28-34。

一定意义上也是真实之物。另外，关于平面、固体以及一切形状，我们都应当问问哪里和如何的问题，因为形状肯定不只是我们构想出来的事物。比如宇宙的形状原本就在我们之前存在，这就是证明，所有其他自然物的形状也必是这样的，在形体之前作为未成形的形状存在于可理知世界，也就是原初的形状。它们不是某物中的形状，而是属于其自身的事物，不需要延展，需要延展的形状属于他物。因此，在真是中，形状始终是一，只是在生命物中或者在生命物之前它才有了分别。我说"有分别"的意思不是指它获得了大小，而是因为它被分割，每一部分与每一个是相一致，然后分配给可理知世界中的形体，比如给予那里的火和那里的锥体①。因此下界的火想要模仿它，但由于质料的缘故又无法模仿。其他元素也与此类似。那么形状因其是生命物所以就在生命物里面吗？不，它先在理智中，但肯定也在生命物中。如果生命物包括理智，就可以说它最初就在生命物中。但如果理智是先在的，那么形状最初就在理智中。如果在完全生命物中也有灵魂，理智就是在先的。但柏拉图说，"就如理智在生命物中看到的那么多"②。如果它看，那它就是后来的。不过，"看"的意思也可能是指生命物的真实存在性在看之中产生。理智不是别的，两者是同一的。理智活动拥有的是纯粹的空间，但生命物拥有的是包含生命整体的空间。

18. 无论如何，可理知世界的数是有限的，只是我们可以想象比我们所看到的数更大的数，我们所谓的无限就是指这个意义上的无限，即在于我们的数数。但是不可能设想比所想到的东西更多，数已经在那里，没有哪个数是匮乏的，或者将会匮乏，因此不需要给它添加其他数。不过，那里的数也可能是无限的，因为是不可度量的，什么事物能作它的尺度呢？它完全是它之所是，是一，完全聚集，当然也是整体，不受制于任

---

① 在《蒂迈欧篇》的数学物理学里，锥体是火的"单位和种子"，见56B4-5。普罗提诺关于可理知世界的整个思考方式需要那里有形体，当然那些形体不可能有空间上的延展。

② 《蒂迈欧篇》39E7-9。

何界限，靠自己的动力成为其所是。一般而言，凡真实存在者，没有一个是有界限的。凡是有界限和可尺度的，都需要尺度，免得落入未限定性之中。但那些真正的存在者全都是尺度，因而全都是美的。因为每个真实存在者都是一个生命物，因此是美的，拥有最高的生命，那是毫无匮乏的生命、不沾染死亡气息的生命，因为没有什么东西是必死的或垂死的。生命物本身的生命也不可能是软弱无力的，它是最初的和最清澈的生命，拥有生命的纯粹本质，就像第一束光。灵魂从那里汲取生命的光，即使坠落到下界的那些灵魂也要带着它。它知道自己缘何而活，生活的目标是什么，它生命的源头就是它生活的归宿。关于[它里面所有存在者]和普遍理智的思想紧挨着它，伴随着它，与它紧密相联，给它添加更大的善，把思想结合到它里面，使它的美更显雍容华贵。就是在下界，富有思想的生命也是高贵的，真正美的，只是显得比较暗淡。而上界的生命却极其清晰，因为思想给予看者视力，使他更有活力，在更真实的生命中看且成为所看的对象。在下界，我们的注意力大多集中在无生命事物上，就是当它指向有生命事物时，也着眼于它们里面的无生命部分，使内在生命成了混合的。而在上界，一切都是有生命的存在物，每一个都是完整的和纯粹的。如果你选取其中一个脱离它的生命来看它，它自己就立即显现出自己的生命来。一旦你能凝视渗透于它们的实体，认识到它们的生命永不变化，看到它们里面的思想、智慧和知识，你就会对那些低级事物的伪实体性嗤之以鼻。借着这种实体，生命永存，理智长在，真实存在者常驻在永恒中，什么也不能使它脱离自己，或者改变自己，使它分离。它旁边没有任何事物能抓住它，若有什么事物，那也是因为它才存在的。如果有什么与它对立，它也不会受这对立物的影响。它既然是自己存在的，就不可能导致这样的对立物存在。在它之前必有一个共同的原因，那才是真正的存在者。因此，巴门尼德（Parmenides）①说得对，

---

① 一般指柏拉图《巴门尼德篇》从142B开始论述的第二实体。

是是一。它不因他物的不在而受影响,因为它真实地存在。唯有真是才能自主存在且独立存在。既然如此,我们怎么能取消它的是,否认任何凭借是的活动而存在并且出于是本身的事物呢?只要它存在,它所贮存的东西就有是;而它永远存在,因此它们永远拥有是。由于它的能力和美极其巨大,因此它有巨大的吸引力。一切事物都依赖于它,只要能拥有它的痕迹就兴高采烈,并且对与它同在的至善孜孜以求,因为从我们的观点来看,是就站在至善的前面。这整个宇宙都渴望生命和思想,以便获得存在,每个灵魂和每个理智都想成为自己之所是,而是是自足的。

7. 论形式的多样性如何形成,兼论至善

1. 当至高神或诸神之一要派遣灵魂进入(身体)的时候,就把"能发光的眼睛"安放在脸上,再为它们设置各样感官,对应各种感觉,预见到这样就能保证安全,因为只要预先能看见、听见和触及,人就能避开不需要的,去追求所需要的①。但说真的,人的这种预见是从哪里来的呢?是因为先前有其他存在形式生成过,但由于没有感官,不久就毁灭了,于是创造主最后决定赐给人类和其他生命物这些器官,使他们免遭毁灭吗②?肯定不是这个原因。有人很可能会说,神原本就知道生命物③要

---

① 这里,普罗提诺是在就《蒂迈欧篇》里关于神创造质料性宇宙,派遣灵魂进入宇宙,又为灵魂预备身体的整个叙述进行注释。他之所以写"至高神或诸神之一"是因为在《蒂迈欧篇》里(44E5 以下),造出人体及其器官("能发光的眼睛" 45B3)的不是大工匠,而是他的孩子们,年轻的诸神。柏拉图在描述大工匠和年轻诸神的活动时都使用了推理(比如 34A8-B1)和计划的方式。在普罗提诺看来,解释的难题是要表明这个故事不能从字面上去理解。

② 普罗提诺这里可能想到了恩培多克勒(Empedocles)的奇异的"自然选择",亚里士多德在《物理学》B 8. 198b29-33 有记载,亚里士多德那里的上下文(讨论自然过程中出现目的性)与普罗提诺这里的论证非常切近。

③ 指宇宙。——中译者注

承受冷、热以及其他属于身体的感受①。正因为他知道这一点，所以为生命物的身体提供感知觉以及相应的感觉器官，免得它们轻易毁灭。神或者把感觉器官赋予原本已经拥有能力的灵魂，或者赋予感官和赋予灵魂是同时的。如果他赋予灵魂感知能力，那么灵魂原先虽然是灵魂，却并不拥有感知觉；如果它们在成为灵魂、形成存在，以便降生时就有感知觉，那么坠入生成界就与它们的本性相合。也就是说，灵魂若是在生成过程之外，在可理知领域，那倒是与它们的本性相背的。因为那样的话，它们的生成就是为了属于他物，即落入邪恶。预见的目的就变成使它们能够安守在邪恶里，而这成了神的计划，并且是全部的计划。讲到神的计划，这计划的原理是什么呢？即使它们是源于其他计划的，在计划前也必然有一个目的或者一些目的。那么计划的原理是什么呢？它们或者是感知觉，或者是理智。但此时还没有感知觉，因此必然是理智。如果前提是理智，结论就是知识，当然不是关于任何感觉对象的知识。因为其开端出自可理知世界、终端也归回到可理知世界的事物，怎么可能具有这种属性，怎么可能成为某个感觉对象的知识呢？因而，无论是对生命物的预见，还是对这个宇宙的预见，都不是源于某个计划。事实上，根本就没有任何计划，只是称之为计划，以表示现存的万事万物会在后来的阶段指向某个明智的目标，称之为预见是因为这就如同一个有智慧的人一样能预见到将来。就那些在计划之前还未形成的事物来说，计划是有益的，因为它们缺乏力量，计划可以提供更高的力量。先见是必要的，因为预见的人还没有力量，他若有了这种力量，就不需要任何先见了。先见的作用是为了避免这个，趋向那个，它包含一种恐惧，担心事情并非如此。假若事情唯有如此，那就没有先见了。计划就是这样，"选择这个，舍弃那个"。但是如果唯有一个，那还会有计划吗？因此很显然，那唯一

---

① 这恰恰是柏拉图所说的（《蒂迈欧篇》33A），但他所谈论的不是个体人的身体，而是讲宇宙身体必然把四种元素全部包括在内。

的、独一的和单一的事物不可能包含"应该是这个而不是那个","若不是这个，就必然是那个","这个显然有用，这个一形成就有保存能力"。于是，它事先看见，事先计划，并且事实上——如本文一开头所说的——还给予感觉能力，不论这种给予是多么令人迷茫。但话说回来，如果每种神圣活动都不可能是不完全的，那我们就不能认为，凡属至高神的，有哪个不是整体，不是大全，相反，一切都必然存在于属神的任何事物里。因此，永远存在也必然是属神的。同样，将来也必然已经在他那里存在。因为可以肯定，在神的世界中，没有任何事物是后来形成的。所谓后来是指已经存在于那里的，后来进入另一个世界。既然将来是已经存在的，那么它必然是为了以后到来之物事先就已经思想出来了。而这意味着那时不需要任何事物，又意味着那时没有任何匮乏。一切事物都已经存在，并且永远存在，其存在方式使我们在后来可以说"这个继那个"。因为当它延伸并在一定意义上展开时，它可以一个接一个地展示，但当它复合起来时就是完整的整体，也就是说，它在自身中拥有自己的原因。①

2. 因此，即使从这里开始我们也仍然可以了解理智的本性，我们甚至可以比其他事物看得更清楚，但即便如此，我们还是不知道理智究竟有多大。因为我们只知道它存在，只知其然，不知其所以然。就算我们看到了它的所以然，也会把它的"原因"看作与它分离的。我们看到一个人，或者刚好看到一双眼睛，但这只是一个影像，或者影像的一个部分。而在可理知世界的实在中，既有人，又有人存在的原因。如果是人，那里的人本身必然是理智性的实在；如果是眼睛，它也必是它之所以是眼睛的原因。它们若不是自己的原因，就根本不可能在那里。而在下界，正如每个部分都是分离的，它们的原因也是如此。在上界，一切是一，因此事物与事物的原因也是同一的。不过，就是在下界，事物及

---

① 这一段落和 IV. 4. 16 预先阐述了扬布里柯以及其他晚期新柏拉图主义主张的时间预先存在于高级世界的观点。关于这一观点，见 S. Sambursky and S. Pines *The Concept of Time in Late Neoplatonism*, Jerusalem 1971。

其原因也往往同一，比如"何为日食"就是一例①。那么就其他事物来说，为什么不能每个事物都是自己的原因。这个原因就是它自己的实体呢？更确切一点说，事实必然是如此的。当我们试图这样把握一个事物的本质属性时，就能获得事物的本质。事实上，事物的所是就是它之所以所是的原因。我的意思并非指形式是万物存在的原因——这样说当然是对的——我的意思是说，如果你再揭开每个具体形式本身，就会发现原因正在它里面。一个事物若是惰性和无生命的，就不可能包含自身的原因。但它若是形式，属理智的，除了它自己，还能从哪里去获得自身的原因？如果有人说"从理智"，那么我们得说两者是不可分的，形式本身就是理智。这样说来，既然理智必然包含形式，毫不匮乏，它们也必完全地包含其原因。也就是说，理智本身就包含了其自身所包含的每个事物的所有原因。而它所包含的所有事物每一个都是它本身，都是理智，因此没有哪个会缺乏自己的原因，每一个都带着自己存在的原因成为存在的。由于在它的形成中没有任何偶然的事物，因此它不可能把自己的哪方面原因留在外面。它既拥有关于自己的一切，因而也包含使它成为美的原因。因此它也使一切分有它的事物拥有它们各自的原因。事实上，就是这个可见的大全，是许多事物组成的大全，一切事物都是彼此相连的，每一个原因都包含在它们各自的存在中——正如在每个个体中都可看到部分与整体相连——各个事物不是独立形成的，不是这个先形成，然后那个再出现，而是共同构成原因，并且互为因果。在可理知领域就更是如此，万事万物无一不是既与整体相关，又彼此相连。因而，应该有一个共同的存在，它把万物连在一起，使任何事物的存在都不是随机和孤立的。凡引起的事物都在自身中包含其形成的原因，而且每一个都是毫无原因地拥有自己的原因。如果说可理知事物之所以是没有原因，

---

① 普罗提诺在下面的阐述中为了契合自己的目标，富有特色地提出了一个亚里士多德主义的区别。参亚里士多德《形而上学》H 4. 1044b9-15 以及 *Posterior Analytics* B 2. 90a15。

是自足的，独立于原因的，那么它们应该是在自身中拥有原因，也就是与原因同一。再说，如果没有任何事物是无目的的，每个事物中都包含许多部分，你就可以说，每个个体所包含的所有事物就是每个个体的原因。同样，在可理知领域，原因一开始就存在，为事物所固有，因此它不是一个"为什么"的原因，而是一个"那样"的事实。或者更确切地说，它们是一。可理知者作为原因怎么能超越和高过理智本身呢？它就是理智的一个思想，不可能是别的，就是一个完全的产品。它既是完全的，就不可能说它在什么方面有所缺乏，也不可能说原因不存在于它里面。这样说来，如果只要某物显现，你就可以说出它显现的原因，那么它的原因必然包含在它的存在之中，也就是说，包含在理智的每个思想以及它的现实活动中。比如，就人而言，整个人是显现的，他自身与他的思想同在，并且由于他所拥有的一切都是一开始就一起拥有的，他在形式中就已是一个整体。如果他在那里不是完全的，而是有所缺乏，需要添加的，那说明他是某种生成的东西。但事实上他永远存在，因此他是完全的。而已经形成的人则是受生的。

3. 那么，为什么先前没有对人作出思考演绎呢？因为他是那可理知之人的形像，因此不能拿走一点什么，也不能增添一点什么。但这里的思考与推论依赖于柏拉图的理论，他认为事物是生成的，因此就有筹划和推论。但他既说"始终形成"，也就取消了有关于神推论的观念①。凡在永恒中的事物是不可能推论的，唯有遗忘了原先状态的事物才需要推论。再说，如果事物变得越来越好，那它们原先就不可能是美的；如果它们原本是美的，就会保持不变。它们之所以是美的，就是因为它们与自己的原因同一。即使在这个领域，一事物之所以是美的，也是因为它包含一切——形式就是如此，包含一切——因为它支配质料。而它要

---

① 指柏拉图对真是领域与生成领域的区分（《蒂迈欧篇》27D5-28A4）。得出神是不推论这个结论的不是柏拉图，而是普罗提诺自己。

支配质料，就不能让它的任何部分没有形状。如果缺乏什么形状，比如缺少眼睛或者其他什么，那就不可能支配质料。因此你一旦说出了原因，就是说出了一切。那么为什么要有眼睛呢？为了完全；为什么要有眼睫毛呢？也是为了完全。即使你说"为了保护"，你也是在说它自己的实体中包含的保护能力。这就是说，你所说的意思是指它有助于自己的本质属性。因此，实体存在于这种保护功能之前，而原因原本就是实体的一部分。也就是说，这种保护是另外的事物，但它的所是属于实体。因而，万物是彼此相关的。整体完美而完全，它的美与原因同在。在原因里面，实体、本质属性以及所以然的原因是同一的。因而，感知觉必然包含在形式中。关于理智的知觉，如果是完全的，就在自身里拥有原因。这样我们后来就可以看到，这就是事物将来要成为的样子——因为在可理知世界，原因与实体同一，并且是实体的本质实现——如果那里的人不只是一个理智，当他进入生成领域时，还赋予了感知觉，那么怎么能说理智不倾向于下界的感觉世界呢？感知觉能是什么，不就是对感觉对象的把握吗？但是若说可理知世界有从永恒而来的感知觉，是为了感知感觉对象，为了在灵魂堕落之后原本属理知领域的能力去从事下界的活动，这岂不荒唐？

4. 为解决这个难题，我们必须回头提出这样的问题：在可理知世界中的那个人是谁？不过，也许我们首先应该搞清楚下界的这个人是谁？——免得我们在寻找上界的人时反倒把这里的人给弄丢了。其实就是这个人，我们也并不非常清楚。也许在一些人看来，这个人与那个人似乎是一样的。我们讨论的起点如下：这个人是不是属于灵魂的理性形成原理，而不是造出这个人并为他提供生命和理性的灵魂，或者这样的灵魂就是人，或者使用如此这般的身体的灵魂才是人？[①] 如果人是一种有

[①] 这里，普罗提诺所涉及的柏拉图文本是在《阿尔基比亚德篇 I》129E-130A 得出的结论，人是使用身体的灵魂，这个结论在晚期希腊思想中获得了并不相配的重要地位。它不仅是晚期柏拉图主义也是斯多亚学派以及诺斯替主义鲜明的身体—灵魂二元论的一个重要源泉。关于这一思想在希腊哲学中的历史见 J. Pepin *Idees Grecques sur l Homme et sur Dieu* (Paris 1971), Part I *La Tradition du Ier Alcibiade*。

理性的生命物，而生命物由灵魂和身体构成，那么这理性形式就不能等同于灵魂。但如果理性灵魂和身体构成的事物就是人的理性形式，它怎么可能是永恒存在的事物？因为这人的这种理性形式是在身体和灵魂结合之后形成的。这种理性形式将成为人要成为什么的阐释者，他不可能是我们所说的绝对的人，倒更像是一种定义，并且是一种没有解释本质属性的定义。因为它甚至不是关于质料中的形式的定义，只是解释已经存在的复合物。若果真如此，我们还是没有找到所要找的人，就是与理性形式对等的人。如果有人说："这样的存在者，其理性形式必是某种复合物，各个成分彼此包含"，那么他就还没有思考各个形式依据什么而存在。尽管我们也必须强调质料中的形式的理性形成原理是包含质料的，但我们首先要把握创造事物——比如产生人——的形成原理本身，对那些认为每个事物的定义若要严格而准确就必须包括其本质属性的人①来说，就尤其如此。那么人的本质究竟是什么呢？也就是说，那创造了下界的这个人并且存在于他里面、与他不可分的是什么？理性形成原理本身是否有理性的生命物？或者生命物是复合物，原理本身才是理性生命的创造者？那么它本身又是什么？或者"生命物"就表示在形式中的"理性生命"？若是这样，人就是理性生命。那么他是没有灵魂的生命吗？或者灵魂能提供理性生命，人就是灵魂的一种活动，而不是实体？或者灵魂就是人？如果理性灵魂就是人，那么为何它一旦进入另一生命形式就不可能是人？

5. 因而，人必然是一种理性形成原理，而不是灵魂。但是，人为什么不是一种复合物，一个包含在特定形成原理中的灵魂？——为什么原理是某种具体活动，而活动不可能独立于活动者而存在？事实上，种子里的形成原理就是这样的，它们既不是没有灵魂的，也不是只有灵魂。

---

① 这里，普罗提诺是在评论亚里士多德《形而上学》Z 4-5. 1029b1-1030a14 关于本质和定义的论述。

形成事物的理性形成原理并非没有灵魂,这样的实体就是理性形成原理,这毫不为奇。那么产生人的活动的形成原理属于哪一种灵魂?生长灵魂吗?应该是产生生命存在的灵魂,一种更清晰因而也更有活力的灵魂。这种灵魂进入这种质料,恰恰因为这就是它的所是,即使没有身体也有这样的属性,这就是人。它按自己的样式塑造身体的形状,又按人的身体造出人的另一个形像,正如画家按照这个形像又画出另一个形像,一个更加低级的人。它也有形状、形成原理或者性格特点的痕迹,有倾向,有力量,但都略逊一筹,因为这人不是第一人。它也有其他感觉,看起来似乎是清晰的,但与那些先在的原型相比,就暗淡多了。但这人之上的更高的人属于已经比较神圣的灵魂,那是更好的人,有更清晰的感官。这可能就是柏拉图所定义的人①,他又加上"使用身体",意在区分直接使用身体的灵魂与间接使用身体的灵魂,后者更为神圣②。当已经形成的人有了感知觉,这灵魂就跟随而至,赋予它更美的生命;或者它并没有跟随,而是以一定方式保持联系,因为它不会离开可理知世界,于是就让低级灵魂从它悬挂下来,使自己与低级灵魂混合,但这种混合是形成原理与形成原理的自然联合。这样,这个暗淡的人就得到这种光照,变得清晰可见。

6. 那么更高级的灵魂中怎么会有感知觉能力呢?那应该是感知高级领域的感觉对象的一种能力,与那里的感觉对象相一致。其实,高级灵魂就是这样感知感觉的旋律。感觉世界的人也通过感知觉接受这种旋律,并在最低层次上与可理知世界的旋律和谐一致,火与那里的火一致,因为高级灵魂对那里的火有一种认知,这种认知与那里的火的本性相一致。如果那里有形体,灵魂就有关于它们的认知和领会。那里的人,也就是这种高级灵魂,能够领会这些形体,因此后来的人,即人的形像,

---

① 柏拉图认为"人就是灵魂"。——中译者注
② 还是《阿尔基比亚德篇 I》129E-130A。

也模仿了它们的形成原理，只是理智中的人在所有的人存在之前就领会了人。那里的人把光照耀在第二人身上，第二人又照在第三人身上，而最末的人，可以说，拥有所有的人，不是说真的变成了其他那些人，而是说与他们同列。我们的一部分是按着这最末最低的人活动的，但另一部分包含他之前的人，还有一部分的现实活动甚至源于第三人。虽然我们每个人都拥有所有这些人，但每个人又根据自己的活动成为与其相对应的人，因此又可以说并不拥有所有的人。当第三生命和第三人与身体分离，如果第三生命跟从第二生命，并与上界的事物紧密相联，那么这个生命就可以说成了上界的生命。但当灵魂取了兽的形体，我们就会疑惑，它既是人的形成原理，又怎么会取了这样的形体？事实上，这形成原理原就是一切，只是在不同的对象身上活跃的时期各不相同。如果灵魂是纯洁的，没有沾染污秽，它就选择人，成为人，因为人是比较高级的，它就选择成为高级的。不过，灵魂还生出先于人的灵，它们与造人的灵魂属于同类。比灵魂更先的人更是属灵的，更确切地说是一个神，灵就是神的一个摹本，依赖于神，就如同人依赖于灵——人所依赖的是不能称为神。这灵与神有区别，就像灵魂之间彼此有别，尽管它们属于同一层次。这就是柏拉图所说的灵。① 当与身体结合进入人的状态的灵魂选择了兽性，就把它内在的形成原理变成那种兽的原理。它若包含这种低级的原理，它的活动形式也是低级的。②

7. 但是，如果灵魂是因为堕落和沾染了恶才生出兽性，那么生出马或牛的原理、马的形成原理以及马本身不是一开始就违背本性的。低级的事物当然并不就是非自然的，那生出它们的灵魂原本就包含一定的

---

① 普罗提诺可能想到了柏拉图的两段话：《会饮篇》202D-E 和《蒂迈欧篇》90A。这两段话对诸灵的本性作了完全不同的阐述，在《蒂迈欧篇》中，守护灵已经去除了神话色彩，被认为是我们灵魂的最高部分，不朽的理性。普罗提诺在 III. 4. 5 又将两者统一起来。

② 这里以及下一节普罗提诺是在解释柏拉图在《蒂迈欧篇》42B-C 中所阐述的灵魂转世轮回理论。

马或狗的本性。如果灵魂有机会，就会造出高贵的事物；如果没有，就造出所能造出的事物，无论如何它注定总要造出什么。它就像工匠，工匠知道怎样制作各种艺术品，但真正制作出来的就是所预定的那一个，或者材料的特定性质所要求的那一个。我们完全可以这样设想，大全灵魂的能力作为普遍的形成原理，甚至在灵魂力量还没有从它产生之前就画了一个草图。这个草图就像从光源发出的光连续不断地进入质料，制作作品的灵魂跟随这类迹象，把这些迹象一部分一部分地表达清楚。每个灵魂都变成它自己所塑造的事物，就如舞蹈者成就指定给他的戏剧角色。通过一层一层的思考，我们已经得出了这样的观点。但是我们的讨论意在探讨感知觉的能力如何属于人，那些可理知的实在为何不指望降生？在我们看来，并且我们的讨论也表明，那些实在不向往下界的事物。相反，这里的事物指望那些实在并模仿它们。这里的人从那个可理知的人获得各种能力，并趋向那些实在。这里的感觉对象与这个人相联，那里的感觉对象与那里的人相联。因为那些感觉对象——我们这样称呼是因为它们是形体——要以不同的方式①加以领会。而下界的感知觉比可理知世界的领会能力迟钝——那种领会我们称之为感知觉是因为它是关于形体的——也比这里的感知觉更清晰。也就是说，这里的人有感知觉是因为他有低级事物的低级领会，这些低级事物是那些理智实在的形像，因此这里的这些感知觉是模糊的思想，而那里的思想则是清晰的感知觉。

8. 关于感知觉的能力就谈到这里。但仍然存在这样一个问题，"马"②以及任何一种动物为何不趋向下界的事物？是否可以这样假设，神发现了关于马的思想，这样就可以形成下界的马（或者另外某种动物）？但是为何对他来说想要造一匹马就可以有马的思想呢？有一点我们已经很

---

① 指以不同于理解下界的感觉对象的方式来领会。——中译者注
② 指马的原型，普遍性的马。——中译者注

清楚，如果他想造一匹马，那么马的思想是存在的，因此他不可能为了造马而产生马的思想，未形成的马必然先于后来要形成的马。既然它在生成之前已经存在，而不是关于它可能生成物的思想，那么拥有可理知世界之马的存在者不是为了趋向下界的事物才在自身中拥有它，也不是为了造出这里的事物才拥有它。事实上，那些可理知者原本就存在，而这里的这些事物必然跟从它们，因为事物的总体不可能停止于那里的可理知者。一种既能永久停留，又能一直向前的力量，谁能使它停止呢？但是这里的这些动物怎么会在可理知世界呢？它们为何会在神里面？因为它们是理性动物，没错。但是那么多的非理性动物呢？它们会有什么尊严？是不是正好相反？显然，我们宇宙的统一性必然包含多，因为它在太一之后存在。它若不是在太一之后存在，那它就该是太一。但既是后于太一，它就不可能超越于太一和拥有更完全的一，而是在一上有所欠缺。因为至善是一，它就必然不只是一，而是多。多就是有缺乏的。那么它为什么不能成为二呢？须知，二中的每个一不可能是绝对的一，但是这二又是最小的二。就此而言，它与每个一又是一样的。另外，在第一个二中既有运动又有静止，还有理智和生命在里面，并且是完全的理智和完全的生命①。这就意味着它不可能是一个理智，而是所有的理智，拥有一切特殊的理智，因而就是包含所有理智以及更多事物的多。它的生命不是一个灵魂的生命，而是所有灵魂，并且带着生出所有个体灵魂的能力，它就是"完全的生命物"②，不只是拥有人。否则，下界就只有人了。

9. 有人会说："是的，我承认高贵的生命物，但是另一方面，那里怎么能有低级的非理性存在呢？"如果它们的高贵在于理性，那么它们的卑贱就在于非理性；如果它们因其理智性质而高贵，那么它们的非理智性质则使它们卑贱。但是，既然一切存在的个体莫不是在理智中存在

---

① 参柏拉图《智者篇》249A-C。
② 柏拉图：《蒂迈欧篇》31B1。

或者从理智获得存在，那么怎么可能有什么是非理智的或非理性的呢？在开始讨论并反驳这一观点之前，我们要先搞清楚，这里的人不同于可理知世界的人，同样，这里的其他生命物也不同于那里的生命物。对于可理知世界的那些生命物，我们必然认为它更伟大和更高贵。而且，那里也没有理性。这里的人可以说是理性的，但在那个世界，人存在于推论之前。那么在下界，为何唯有人有理性，而其他生命物都没有？须知，在可理知世界，人的智性与其他生命物的智性是不同的。因此，在下界，人的理性与其他生命物也各不相同。也就是说，在其他生命物中也有许多由深思熟虑的思想产生的行为。那么它们为何不拥有同等的理性？人类的理性为何彼此之间也不完全等同？我们必须承认生命有许多类型，就像运动有各种各样，思想也是如此，不可能完全相同。因此必然是不同的生命和不同的思想，其明亮和洁净的程度各不相同。因为离第一原理有远有近，因此有第一、第二、第三之分。出于这样的原因，有的思想是诸神，有的属于第二层，其中包括我们所说的下界的理性，这些之后的就是所谓的非理性。但在可理知世界，我们所说的非理性其实也是一种理性原理，无意识的其实也是一种意识，因为思考马的就是意识，关于马的思想就是知识。但① 如果这只是一种思想，那么思想本身绝不可能生出任何事物作为关于某种无思想之物的思想。然而事实上，如果思想就是事物②，那么为何思想是思想，而事物无思想呢？若是这样，就是思想使自己成为无思想的。其实，这事物不是无思想的，而是理智的一种特殊形式，因为它是一种特殊的生命形式。正如任何特殊的生命并没有失去生命，同样，一种特殊形式的理智也不会不再是理智，因为理智适应于某种特殊的生命物，并不意味着它就不是包括人在内的一切存在

---

① 下面介绍的是一种反对的观点，然后普罗提诺跟进反驳。——中译者注
② 参见亚里士多德《形而上学》Λ 9.1075A1-5。亚里士多德和普罗提诺都认为所考虑的是神圣的思想，但他们从完全非质料的思与思之对象同一这一原理得出的结论却惊人地悬殊。

者的理智，因为它的每个部分，不论你选择哪一部分，都是整体，包含一切，只是以不同的方式如此。因为尽管它实际上只是一物，但有能力成为一切。我们对事物的认识是认识其实际所是，而它实际所是的，是最末最低级的，因此这特殊理智的最末最低级部分就是马，成了马它就不再进一步生出更低级的生命，但是在另外情形中也可能是更低的形式。理智能力在展示过程中，总要在背后丢失一点高级的事物。随着它们不断的展示，就不断丧失一些什么。在这个过程中，不同的理智力量丧失不同的事物。这种匮乏导致生命物产生需要，于是就找到和添加另外的事物。比如由于生命的安全不能得到充分保障，于是就出现了指甲，有了爪子、尖牙和角。这样说来，理智的下降是为了使自然结构重新达到完全的自足，找到弥补自身不足的方式。

10. 但是可理知世界怎么会匮乏呢？在那里为什么要有防御之用的角呢？这是为了使有生命的存在者自足，成就自己的完全。它必须成为完全的生命物、完全的理智和完全的生命。因此，如果它没有成为这个，就必须成为那个。它的独特之处在于可以时而成为这个，时而成为那个，这样，就可以从所有生命物中 [构造出] 最完美的生命物、最完美的理智和最完满的生命，每个个体也可以成为最完满的个体。当然，如果它是由多构成的，那么另一方面它必然是一。事实上，它不可能是由多构成的，所有的多都是一。如果是这样，它就成了自足的一。因此，构成它的事物在形式上必是不断变化和始终不同的，就像每个复合物一样。同时，每个个体必得保存，就如它们的形状和形成原理那样。形状，比如人的形状，也由许多各不相同的元素构成，但支配它们的是一。它们之间有好坏贵贱之分，有眼睛和手指之别，但它们全属于一。整体不会比部分低级，相反，因为它是整体，因此是更高级的。从理性上界定的形成原理既是生命物，也是别的不同于"生命物"的事物。既是普遍的，又是特殊的。这是一种德性，而且整体是美的，因为普遍性中没有差等。

11. 我们说，甚至天——它里面包含许多生命物——也不会认为一切生命物的本性是卑微的，因为这个宇宙大全也拥有一切。那么这个宇宙是从哪里获得这些事物的呢？是不是那里的世界拥有这里的世界所有的一切？是的，一切照着形成原理和形式造的事物都是如此。它若有了火，就必然也有水，并且非常肯定也有植物。那么那里怎么会有植物呢？火怎么存在，还有土？它在那里或者是活的，或者成为一具死尸，因此，那里的一切并不都是活的。那么一般而言，这里的这些事物如何能存在于可理知世界？就植物来说，我们完全可以承认，因为这里的植物就是确立在生命中的一种理性形成原理。如果质料中的形成原理，比如植物的形成原理，植物借以存在的原理，确实是一种特殊的生命，是一个灵魂，而形成原理是某种一，那么这原理或者是最初的植物，或者不是。如果不是，最初的植物就在它之前，这里的植物从它而出。那最初的植物当然是一，这里的这些植物则是多，并且必然是从一而来。若果真如此，那植物必有更多的原初生命力，并且就是真实的植物即植物本身，而这里的植物必在第二、第三层次上从它得生命，即源于它的形像。那么土是怎样存在于那里的呢？是什么成为了土？那里拥有生命的土是什么？或者我们首先应该问，这里的土是什么？也就是说，它拥有什么样的存在？就是这里的土，也必然是一种范型，一种形成原理。就植物的例子来说，它在这里的形成原理是活的。那么这里的土中的形成原理也是这样吗？如果我们拿土所形成的最属土的事物来说，我们就能发现这里的土的本性。我们完全可以认为，石头的形成和变大，山脉上升时的内在构造，这些现象的发生是由于有生命的形成原理在它们里面发挥作用，给它们这样的形式。这就是土的活动形式，就像所说的树木里的生命本性，我们所说的土就像树的木。削切石头，就如同从树上砍下树枝，只要没有造成任何伤害，石头仍然是土的一部分，就像树枝没有从树上砍下来。① 可以肯定，当我们发现了土中蕴含着创造力，就如形成原理中的

---

① 在 IV. 4. 27（普罗提诺也像这里一样谈到有生命的岩石的生长），普罗提诺强调指出，下界的土不只是有灵魂，还是一个神圣的灵魂。根据整个希腊传统，她就是一个女神。

生命，我们就能完全相信，可理知世界的土具有更原初的生命力，是形成原理中的土的生命，是绝对的土和原初的土，是下界的土的源头。如果火也是质料中的形成原理，诸如此类的事物也是，而火不是自发产生的——它能从哪里产生？不是如人们所认为的那样从磨擦产生，因为磨擦是在大全里已经有火之后才出现，不是包含在相互碰擦的物体中。同样，质料也不可能在自身的性质中拥有这种火——既然产生火的事物必须通过形成原理构建它，那么除了灵魂还有什么能生出火来呢？而灵魂就是生命和形成原理，两者是同一的。因此柏拉图说这些元素的每一个都有灵魂①，灵魂就是生出这可见之火的原因。因此，生出下界之火的原因也是一种火的生命，一种更真实的生命。超越的火，因为是更真实的火，因此必是更真实的生命；因而绝对的火是有生命的。同样的观点适用于其他元素，适用于水和气。那么水和气为何不像土那样有灵魂呢？我想，有一点很清楚，这些元素都在宇宙生命存在中。它们都是生命物的组成部分，但生命没有在它们那里显现出来。其实生命也没有在土那里显明，但是从它所生产的事物我们可以推断出生命的存在。火里也有生命物形成，水里就更明显；空气里也有生命组织。但是形成又熄灭的个别的火掠过大全中的灵魂，没有静止在一定的量上，否则它也有可能在自身里显现出灵魂。气与水也是如此。如果它们本性是固定的，就会显现出各自的灵魂，但它们天生就是流变的，因此没有显明所拥有的灵魂。它们的状态可能类似于我们里面的液体比如血液，肉体以及一切由血液变成肉体的东西似乎都有灵魂，但血液本身因为没有给我们感知觉，因此似乎没有灵魂——尽管灵魂必定也存在于它里面，因为血液中不会出现任何过度的现象，但是它很容易与存在于它里面的灵魂分开。关于三种元素我们也必须作这样的理解，因为一切由气的

---

① 普罗提诺这里显然是想到了《厄庇诺米篇》（Epinomis）981B-C 和 984B-C。

聚集形成的生命物①都没有影响它们的感知觉。正如空气经过光，光不会让路，空气也如其所是。同样，它环绕灵魂运动，但没有触及灵魂。其他元素也是如此。

12. 或者我们换一种说法。既然在我们看来，这个大全是根据（所谓的）型存在的，那么普遍的生命物必然首先存在于上界。如果它的存在必然是完全的②，那么所有的生命物也必然是完全的。那里的天必然是一个生命物，因此，天不可能空无星辰，就如我们在这里下界所说的那些星辰，这就是天的所是。显然那里也有土，不是贫瘠的，不是寸草不生的土，而是包含更完全的生命。所有的动物，一切行在地上的，属于可见之陆地的动物都在它里面，并且显然，根植于生命的植物也在它里面；那里也有海洋，所有的水域都永恒流动，都有永生，还有一切水里的生命物；那里的宇宙包括气本身，空中的生命物也在那里，正如我们所见的空中那样。一切生命物即便在下界也肯定是活的，在高级世界怎么可能不是有生命的呢？每个生命物怎么可能不必然存在于那里呢？因为宇宙的主要部分都在那里，因此它们所包含的生命物的本性也必然在那里。因而，天空在那里，并且以这样的方式存在；天空所包含的一切生命物也在那里，并且也以那样的方式在那里。它们不可能不这样，否则那些主要部分也不可能在那里了。因而，如果有人追问生命物从何而来，那就是追问那里的天空从何而来，而这就是追问普遍的生命物从何而来，这就等同于问生命从何而来，普遍的生命、普遍的灵魂和普遍的理智从何而来，答案就是，那里没有匮乏，不乏泉源，一切事物都充满生命，并且我们可以说，都沸腾着生命③。在一定意义上，它们都是流自

---

① 这些生命物是 δαίμονες，柏拉图主义者普遍相信它们拥有由气构成的形体。
② 暗示《蒂迈欧篇》31B1。
③ 这个有力的表达可能是普罗提诺从亚里士多德的《论灵魂》A 2. 405b26-29 引伸出来的，在那里，亚里士多德说，前苏格拉底的灵魂和生命观与它们的词源相关，有些把生命与沸腾联系起来，因此把灵魂看作某种热的事物。

一个单一的泉源，但不同于一口气息或一股热量①，而是如同一种性质，在自身中完整地拥有并保守一切性质——甜味带着香气，既是酒的性质，又是一切味道的特点，一切可见的颜色，一切可感的触觉，一切可听的听觉，一切曲调和旋律。

13. 理智不是单一的，由理智所生的灵魂也不是。相反，事物的单一性都包含着多样性，也就是说，它们的单一性是指它们不是复合的，它们是原理，它们是活动。最末最低级的活动才是单一的，因为它就此止步，而最初的活动则包含一切活动。理智按着同样的方式运动，并且循着同样的轨道运动，但是它的一和同一与部分事物的一不同，它的一乃是包含一切的一，而部分事物本身不是一，而是无限可分的。那么我们得说它是从何处开始，哪里是它运动的终点呢？开端与终点之间的一切是否像一条线，或者像另一类形体，是同一不变的形体？那形体里又会有什么样的威严②？如果它不包含任何变化，没有任何异唤醒它的生命，它甚至都不是现实活动，因为这样的状态无异于非现实的静止。即使它是这种简单的直线运动，它也不可能在任何方面都是生命，而只可能在一方面是。然而事实上，它必然使万物都有生命，使生命覆盖所有领域，没有任何事物不拥有生命。因而，它必然指向一切，或者毋宁说已经指向了一切。当然，如果它的运动是简单运动，它就唯有那种运动。它或者就是自己，没有指向他物；或者如果它指向了他物，它就是留在后面的另一个。这样就有了二。如果这个[二中之一]与那个同一，它就仍然是一，没有向前走；如果它是另一个，就带着异运动，由此就从同与异产生了第三个一。可以肯定，如果生成物是从同和异形成的，它的本

---

① 普罗提诺这里可能暗示，可理知世界的生命处于复杂的统一体中，不能用斯多亚学派的 πνεῦμα 来思考。

② 这里可能暗指柏拉图《智者篇》249A1。普罗提诺在这一节自然十分关注《智者篇》那一段开始的讨论，并且如他通常所做的那样，用那段讨论中出现的"非常重要"的术语（《智者篇》254D4），即是、运动、静止、同、异，来描述生动的理智世界。

性就既是同又是异。并且它不只是哪个异,而且是普遍的异,因为它的同也是普遍的同。由于它覆盖一切同,覆盖一切异,因此没有哪个异在它之外。因而它的本性就是在任何方面都成为异。那么,如果所有其他异的事物都在它之前存在,它就可能已经受到它们的影响。但如果它们不是在它之前存在,那就是这理智生产了它们全部,或者说就是它们全部。如果理智不是活跃地活动,真实存在者就不可能存在,理智永远四处漫游,生产出一个又一个事物,但又始终在自身中漫游,它的本性就是在实体中漫游,同时实体与它同步运动。但它无论运动到何处,都是它自己,因此它的漫游是一种永恒不变的漫游。它是在"真理的平原"①上漫游,从不偏离。它包围和拥有整个宇宙,为它的运动设置一个处所,这处所与它的所是同一。但这平原是变化的,这样理智才可以穿越它。如果它不是各方面都变化,不是永远变化,那么就它不是变化而言,它就会静止不动。但如果理智静止不动,就不会思想;如果它不思想,就根本不能存在。因此,它是思想,也就是说,充满整个实体的完全运动,整个实体就是包围整个生命,包围连续不断的生命的整个思想。它既包含同,也包含异,一个总是在分,另一个总是显现出来。它的整个运动就是穿越生命,所穿越的都是生命物,就如人穿越大地,所过之处莫不是地,尽管各地有不同特点。在可理知世界,就是理智运动所穿越的地方,生命是同一的,但这生命在不停地变动,始终是异的同。理智穿越不同事物的运动始终如一,因为它没有变化,总是不变地呈现在异的事物中。如果不变的同一性不存在于异的事物中,理智就完全不动,它的现实性和活动就无处可在。但它本身又是它所穿越的这些异的事物,因此它本身就是一切,就是大全。既然它本身就是大全,就是一切事物,没有哪个事物对事物之整体没有作用,那么它所包含的事物没有哪个不是异,因为借着这种异才可能有所作用。如果它不是异,而是与别的事物相同,

---

① 柏拉图:《斐德若篇》248B6。

它就不可能把自己独特的本性融汇到理智的完全性中，从而就会减损理智的实体。

14. 但我们也可以引用理智领域的例子来理解理智究竟是什么，明白它不可能像一个单位那样不成为异。你喜欢拿什么形成原理作例子，动物的抑或植物的？如果这原理是一个纯粹的一，而不是这个包含异的一，它就不可能成为这样的形成原理，它所形成的可能就是质料，因为原理没有成为一切，没有渗透到质料的每一点，不可能使它的各部分保持同一。事实上，比如脸不是混沌一团，而是有鼻孔，有眼睛；鼻子也并非浑然一体，而是由各部分组成，这样才可能成为鼻子，它若完全浑然一体，那就只是一个团块。理智领域的无限也是这样。它的一是指包含多的一，不是一个团块的一，而是如同在自身中包含多样性的理性形成原理，在理智统一的图像中内在地包含所有轮廓，就如同在一个轮廓里面内在地包含各种样式、能力和思想。它的分割不是在直线上进行的，而是永远向里面运动，因为生命物的本性都包括在并且属于普遍的生命物，从最大的生命物、最大的能力一直到最小的生命物、最弱的能力和不可再分的形式才停止。显然，在理智中的区分不是对虽然存在于某种统一性中但混乱一团的事物的区分，而是对有人所说的① 大全里的爱的区分，当然不是这个大全的爱，因为这个大全只是一个摹本，是对分离之事的爱。而真正的爱是统一而从不分离的大全。恩培多克勒说，凡是在我们这个天空里的事物都是分离的。

15. 那么，这样的生命，包含多样性和普遍性、原初的和统一的生命，谁见了会不乐意拥有它？他们会把其他所有生命弃之如敝屣，因为其他生命，就是低级生命，是黑暗的、渺小的、暗淡的和低级的，它们不但不纯粹，还玷污纯粹的生命。如果你看着它们，你就再也看不到纯粹的生命，或者不可能再拥有纯粹的生命。那些完全的生命不包含任何

---

① 据恩培多克勒说。参比如 frs. B 17.7; 26.5 DK。

没有生命以及不过纯粹生活的事物，这样的生命没有任何邪恶。邪恶是低级世界的事物，因为这里只有生命和理智的痕迹。而那里，柏拉图说，则是原型，"拥有善的形式"①，因为它拥有纯粹形式上的至善。也就是说，它就是至善，而理智是因为在凝思中拥有它的生命才是善的。它凝思自己的凝思对象，就如同拥有善的形式，这对象就是它凝思至善之本性时逐渐拥有的事物。但这些对象不是原本在理智之外，然后进入理智里面，而是理智本身就拥有它们。因为至善就是原理，理智的凝思对象正是从这个源泉出来，进入这个理智里面，并且正是这理智根据至善造出它们。凝视他却无所思这是不可能的，另一方面，思考原本就在他里面的事物也是不可能的。否则，理智本身就不可能生出它们。因而，理智从他获得力量生产，从而充满它自己的产品，因为至善给了理智它自己原本没有的事物。至善是太一，而这理智可以从他获得许多事物。理智无法拥有所接受的力量，于是就把它打散，使一种力量变成多，这样它就可以一部分一部分地拥有这种力量②。不论它生产什么，都是至善的力量，都有善的形式，而理智本身就是多中的善，这多也拥有善的形式，是一种丰富多样的善。因此，如果我们把它比作包含丰富多样生命的领域③，或者设想它是一种包含多面的事物，每个面都闪着生命之光，或者好比所有的纯粹灵魂涌入同一个地方，没有任何匮乏，拥有完全的自身，而普遍理智位于它们的顶端，这样，整个区域就被理智之光照亮——如果我们这样想象它，多少还是有点像从外面看另一物。真正的方式应该是成为那理智，并且使自身成为凝思。

16. 但我们不能老是停留在那种多样性的美中，而要继续迅速向上，

---

① 柏拉图：《理想国》509A3。

② 参 V. 3. 11。普罗提诺在下一节（第 16 节）认真地批判并推敲关于多样化的理智思考的这种描述。

③ 柏拉图在《斐多篇》的神话里描述了地的真实表面，这里对这个描述有一定回忆。接下来令人奇怪地回忆了印度的多面神像（虽然不能肯定，但普罗提诺有可能在亚历山大里亚或别的地方见过这种小小的印度神像）。

把多样性的美留在下界。我们不只是要超越这个可见的天空，还要超越那不可见的天空，去追寻是谁创造了它，又是怎样创造的问题。须知，那里的每一物都是形式，每一个都有其自己的独特性。但作为善的形式，它们全都与那管治它们的至善相一致。它们当然还有超越它们全体的是。每一个都有生命的是作为全体的共同生命，也许还有另外一些也是共同的。那么，它们据之并因之而是善的东西是什么呢？对于这类问题，最好的方法可能就是从人下手：当理智趋向至善时，它是否认为太一是多？因为理智本身是一是本身 (one being itself)。理智由于无法一下子把握整体，就在自身里把太一分割，把他思考为多。但当它趋向至善时，它还不是理智，而是非理智地趋向于太一。或者我们应当说，它根本没有看见至善，只是向它运动，依赖于它，转向它。它的运动最终达到了目的，因为它到达了那里，围绕至善，充满理智。它不只是运动，而且是得到满足和充实的运动。由此它就成了一切事物，并借着自己内在的自我意识知道这一点。于是它立即就成了理智，完全充实，从而在自身里拥有它将要看见的对象。但它若要看见，必须借着一定的光才能看见对象，因此它还从光源接受了这样的光。① 因此我们说至善不只是实体的原因，还是所见对象的原因。正如太阳是感觉对象的原因，既是它们被看见的原因，也是它们形成的原因，因此太阳在某种意义上也是视觉的原因——因而它既不是视觉，也不是生成的事物——在这意义上，至善的本质——根据我们的比喻——是那里被看见事物及看者的实体、理智和光的原因，既不是真实存在者，也不是理智，而是它们的原因，以其自己的光赋予思，成为真实存在者和理智的思想。于是，理智得到充满，成为理智。它一旦被充满，就是并且同时就是完全的，就能看见。它的原理是它被充满之前的所是，但另一原理，在一定意义上在它之外，就是充满它的那个。

---

① 这里，普罗提诺开始从柏拉图的太阳喻（《理想国》509B2-8）引出光从至善照射到理智的观点，这一观点在后面（21、22 节）显得非常重要。

理智从这原理接受被充满之后的特性。

17. 这些其实并不在那充满理智的原理中，也不在那被充满的理智中，那它们是如何在理智中，又如何就是理智的呢？须知，当它还没有充满时，它并不拥有它们。事实上，就每个人来说，他所给出的并不必然是自己所拥有的。就这种情形而言，我们必须承认给予者更伟大，而被给出的礼物总比给予者稍逊一筹；这就是生成之与真实存在者的关系。真实的事物必是本原，那些后来形成的事物原先必然是潜在的；本原的超越于形成的，给予者超越于礼物，因为给予者更强大。因此，如果有什么先于现实性，那就是超越现实的，它也必然超越生命。如果在这理智中有生命，那是给予者给予了生命，但给予者比生命更高贵，更有价值。因而理智原本就有生命，不需要一个充满多样性的给予者。理智的生命就是至善的形像，不是至善自身的生命。因此，当它的生命朝向至善，它就成了无限的，但当它终于看见了至善，它就被限定了，尽管那至善毫无限定。生命如果凝视是一的事物，就立即受一的限定，就在自身里有了限定、边界和形式。形式就在那被塑造的事物中，但塑造者无形。界限不是从外面而来，似乎它被某种广延所包围。相反，它是一切多样而无限的生命的一种有限界定，如同从这样的一种本性显现出来的生命。这不是这种或那种生命，否则它就会被限定为一种不可分的最小的生命。但是不管怎样，它是有限定的。因此，它必然被界定为包含一——多之物的生命——而且多中的每一项也是确定的——它被规定为多是因为它的生命包含多样性，但是另一方面它又被定义为一，因为它有明确的界限。那么"它被定义为一"是什么意思呢？就是说它是理智，被定义、有界限的生命就是理智。那"多"又是什么呢？就是许多理智。这样说来，所有的多都是理智，既是整体的理智，也是个体的理智。那么整体理智是否包含每个个体理智，是否把每个个体理智都视为与它同一？如果是，它就只能拥有一。但理智是多，因此它们必各不相同。那么每个个体理智如何成为各不相同的？它们在成为整体的一中获得各自独特的特点。任何理智都同一的整体就不是大全。理智的生命就是整体力量，源于至善的视觉就是成为万物的能力，形成的理智显然就是事物的总体。但至善坐在它们上界为王，不是说他有一个基座，而是说他以最初的"形式"为基座，自身毫无形式。在这个意义上，理智就是照射到灵魂中的光，就像至善是照射到理智中的光一样。当理智界定灵魂时，也给予灵魂自己所拥有的事物的痕迹，使它成为有理性的。因而，理智也是至善的一个形像。另外，由于理智是一种形式，存在于广延和多中，因而它的原型至善必是毫无形状和形式的，这样他才可能造出形式。假如至善是形式，理智就只可能是分有的理性原理。然而，本原必然不可能是多，否则，它的多就得依赖于在它之前的另一者。

18. 那么在理智中的事物是如何获得善的形式的呢？是因为它们每一个都是形式，每一个都是美，还是以别的方式？可以肯定，凡从至善来的都保留着他的一点痕迹和印记，就如从火来的是火的一个印记，由甜的物品生成的就留有甜的痕迹。如果生命也是从至善到达理智——因为至善的活动导致生命的存在——理智借着它而存在，形式之美源自那里，那么所有一切都可能拥有善的形式，拥有生命、理智和理念。那么什么是它们所共有的事物呢？源于至善这一点并不足以产生同一。所谓共有的应该在它们自身里面，这样各自不同的方面才可能从相同的事物中产生出来。或者也可能是这样，在同一中给予的东西在事物接受它的过程中变得各不相同。这也是因为与最初活动相关的是一事物，最初活动所给予的是另一事物，依赖于它们的又是一事物，它们各不相同。但无论如何，它们完全可以以各自的方式拥有善的形式。那么最普遍的方式是什么呢？首先，我们必须看看以下问题：生命是因为它是纯粹的没有任何其他事物的生命而是一种善吗？不是，而是因为它是源于至善的生命。而这"源于至善"的意思不就是说它是一种特殊的生命吗？那么，"一种特殊的生命"是什么呢？就是至善的生命。但它又不是至善自身的生命，而是源于至善的生命。如果在那高级生命中，必然有源于至善的本真的生命进入，而且就是真正的生命，那么凡从那里来的没有什么是无价值的。由此我们得说，它之为善也在于它是生命。我们还必须说，真正的、首要的理智之所以是善也是出于这样的原因。我们还清楚地看到，每个特殊的形式都是善，都有善的形式，因为都有某种善，或者是共同的，或者更可能是各不相同的，也可能一个是原初的，另一个是引申的和其次的。由于我们认为每个形式都在自己的实体中拥有某种善，并因而是善的——因为它的生命不只是作为生命而是善的，而是因为它被称为真正的生命，因为它出自至善。理智也是这样，它的生命在于它是真实的理智——它们中必然可以看到某种同一的事物。虽然它们各不相同，但我们可以断定它们有一定的共同性。这种共性内在于它们的实体，但仍然有可能从思想中独立出来，比如人和马共属的"生命物"，水和火的共性"热"。在第一个例子中，共性是对属的界定；在第二个例子中，共性是两者共同的性质。同样是共性，但对一者来说是原初性质，对另一者则是次要性质。若没有这种特殊性，每一个都可以同等地称为善。那么善是否内在于它们的实体呢？每一个都作为整体是善的；每一个的善不依赖于某一个构成部分。那么它们是作为部分的善吗？但善没有部分。毫无疑问，至善本身是一，只是在这里变成这种特殊的善，在那里又变成那种特殊的善。最初的活动是善的，根据它而界定的事物也是善的，这两者是一起的。一者是善是因为它从至善形成，另一者是善是因为它是从前者产生的有序世界，还有一者是善是因为它是两者的结合。它们都源自至善，彼此各不相同，就像同一个人的说话、走路以及其他种种形态，虽然都是依照同一个形式，却各自扮演不同的角色，各有适当的位置。显然，在这里，在可见世界，善是因为有秩序，有节奏。那么在那里，在可理知世界呢？我们可以说，在这里，产生善的往往是外在的，与秩序有关的事物与秩序本身是不一样的，而那里，事物本身就是善。那么它们为何就是善的？我们不能满足于"这是因为它们源自至善"这样的解释而放弃进一步追寻的努力。我们当然承认，正是因为它们源于至善，它们才有价值，但我们的讨论在于找到它们之所以善的原因。

19. 那么我们是否可以把决定权交给欲望，交给灵魂，相信这灵魂的经验，认为它所欲求的就是善的，而无须进一步追问它为何欲求？我们是否应该提出有关每个事物之所是的证据，对善却只归因于欲望？我们看到这里的荒谬之处甚多。首先，善似乎只是事物的一种属性；其次，因为所欲求的很多，不同的人会欲求不同的事物，我们凭什么相信欲求者所欲求的肯定比其他可欲求的对象更好？如果我们对善一无所知，那就可能根本不知道何谓更善。那么我们可以根据事物各自的卓越来规定善吗？① 若是这样，我们就得指向形式和理性原理。当然这是正确的做法。但我们到了那里之后，又得提出这些形式为何是善的问题。那我们又将如何回答呢？就低级事物来说，我们似乎有可能通过与更低级事物的比较认识事物的本性，尽管它并不处于纯粹状态，因为它不是原初状态的存在。但在根本没有恶的领域，唯有善的形式以及相对于形式来说至善的形式的领域，我们就会陷入困境。我们的理性在于寻找原因和为什么，但这些事物本身就是善的，这个"为什么"就是这个"事物本身"。我们的困难是不是就在这里？即使我们提出另外的原因即神，只要我们的讨论还没有到达那里，困难依然如旧。我们当然不能放弃探求，如果我们通过另一种方式前进，可能会出现曙光。

20. 目前我们并没有依赖于我们的冲动来确立事物的所是或可能是，因此我们可以转向判断和事物的对立，比如有序和无序，对称和不对称，健康和疾病，形式和混沌，实体和毁灭，一般意义上的结合和分解。有谁能说这些对立面的正面不是在善的形式中呢？既然如此，就必须把它们的创造者也放在善者一边。可以肯定，德性、智性、生命和灵魂，至少是有理性的灵魂，都在善的形式中，因此是有理性的生命所欲求的。有人会说，我们为何不止步于理智，把理智作为至善呢？因为灵魂和生命都是理智的

---

① 这是亚里士多德在《尼各马科伦理学》（A 7. 1098a16-17）中定义人的善的方法。

痕迹，灵魂所渴望的正是这个理智。因此，根据它的判断，它也渴求理智，认为正义比不正义好，选择每种德性的形式，抛弃相对应的邪恶的形式，指出它所选择的这些事物更有价值。但如果它只渴求理智，就可能还需要进一步推论，表明理智不是终极，并非一切事物都渴求理智，万物所渴求的乃是至善。事实上，并非凡是不拥有理智的事物都力求拥有理智，而且已经拥有理智的事物也不是就此止步，而会继续寻求至善。它们根据自己的理性寻求理智，但至善甚至在理性之前。如果它们也寻求生命，永恒的存在和活动，那么它们渴求理智不是因为它是理智，而是因为它是善，是出于至善，指向至善的。追求生命也是出于这个原因。[①]

21. 那么，存在于这些欲求对象中、使它们都成为善的究竟是什么呢？我们不妨大胆地说，理智及其生命都在善的形式中，之所以欲求它们也是因为它们在善的形式中。我所说的"在善的形式中"是指生命是至善的活动，或者更确切地说是源于至善的一种活动，而理智则是已经限定和规定的活动。它们两者都充满荣光，都是灵魂追求的对象，因为灵魂从它们中来并且指向它们。不过，灵魂指向它们是因为它与它们同类，而不是因为善，但它们在善的形式中，这也是它不拒斥它们的原因。因为即使是同类，如果对方不是善的，也会避而远之；如果是善的，即使是远在天边深至海底，也会吸引人去追求。但是对它们产生一种强烈的爱欲不是因为它们是其所是，而是因为它们生成之后，从那超越的地方接受了另外的事物。拿物体来说，尽管体内已经接纳了光，但仍然需要它们之外的另一种光，使它们自身的光即颜色显现出来。同样，可知世界的事物也是如此。尽管它们拥有了很多光，但仍然需要另一种更大的光，使它们被自己也被他者看见。

22. 因而，无论谁看见这光，都会真正感动，去追求形式，渴望照耀在它们上面的光，对这光欢欣雀跃，正如对下界的物体。我们所追求

[①] 普罗提诺的意思是说，"因为生命是善"。——中译者注

的不是作为基础的质料，而是印刻在它们身上的美。那些事物每个都是独立存在，一旦至善给它们加上颜色，就变成了欲求的对象，因为至善赐给它们一种恩典，赐给欲求者炽热之爱。灵魂接受了从那里涌出的泉流，为之感动，舞至迷狂，在渴望的刺激下变成了爱①。在此之前，它甚至没有指向理智，无视它的全部美。因为理智在没有抓住来自至善的光之前，它的美只是潜在的；而灵魂本身"仰面躺着"，完全漠不关心，即使是理智在它面前，它也对理智毫无热情。然而，一旦从至善发出一种温暖的光照射到它，它就获得力量，苏醒过来，真的长出了翅膀。虽然它满怀激情追求那近在它身边的事物，但它仍然向更高处攀登，追求它似乎记得的更伟大的事物。只要还有比显现在它面前的更高事物，它就必然一直向上，赐给它爱的那种动力把它往上提升②。它升到理智之上，但无法超越至善，因为没有任何事物在至善之上。如果它停留在理智中，就看见美好高贵的事物，但还没有完全获得它所寻求的。它就好像面对一张完美的脸却找不到眼睛，因为没有恩典将这张脸的美激发出来。就是这里的美也是照亮匀称比例的事物，而不是好的比例本身，而那才是召唤我们去爱的对象。试想，为何在一张活人的脸上闪现的美比较多，而死人脸上只有些许痕迹，即使它的肉体和比例还没有消失？我们岂不知越是栩栩如生的形像，就越是美的形像，再好的比例都无济于事？我们岂不说一个丑的活人比一个美的雕像更美？是的，因为生命更值得向

---

① 普罗提诺常常受柏拉图《斐德若篇》（246A 以下）里的神话启发，这一节也如此。这里他尤其参照了 251B 对灵魂的描述。下一句所提到的"仰面躺着"也是出自神话（254B8），但是上下文完全不同。在柏拉图，灵魂的驾驭者因看到情人的美而回想起了曾见过的美之形式，是出于敬畏仰面躺下来，并让马也与他一同躺下。而在普罗提诺，灵魂如果没有穿过形式看到从上界、从至善来的光，就跌落在无聊与冷漠之中。V. 5. 12 对形式世界的美也作了同样令人惊奇的论述，关于本节的重要性以及它与 V. 5. 12 的关系，见本人的"Beauty and the Discovery of Divinity in the Thought of Plotinus"（*Plotinian and Christian Studies* XIX）。

② 这话非常清楚地表明在普罗提诺的整个体系中所隐含的意思，我们渴望回到至善的这种欲望是至善给予的。

往,这是因为它有灵魂,这是因为它有更多的善的形式。这意味着它多少得到了至善之光的荣耀,因为得了这种荣耀,因此凡属它的都被唤醒并得到提升,使它尽其所能成为善的和保持清醒。

23. 因此,那灵魂所追寻的、把光给予理智、无论临到哪里都留下自己的痕迹的事物有那么大的力量,我们不必感到吃惊。它巨大的吸引力,把一切游荡在外的事物都召回到身边,栖息在它面前。因为若有什么是万物之源,那就没有其他的比它强大,一切事物都要比它逊色。最好的实在怎么可能不是至善?进一步说,如果至善的本性必然完全自足,对其他毫无所需,那么岂不就是这个?——在一切之前,在恶还不存在的时候就是其所是的——谁还能找到另外的呢?如果恶是后来出现的,存在于那些完全不分有至善并且处在最末最低级层次上的事物中,那么在恶这一边就没有比邪恶更远的。邪恶就是整个对立面,中间没有任何中间环节,与之对立的是至善。也就是说,或者根本没有至善,或者如果必然有,那就是这个,不可能是另外的。如果有人不承认善,那就把恶也一同否定掉了。若这样,事物的本性将与我们的选择无关,但事实上这是不可能的。所有其他称为善的都指向至善,而它自己则不指向任何事物。它既是这样的,那它产生了什么呢?它产生了理智,创造了生命,从理智生出了灵魂以及一切分有理性和理智或生命的事物。作为这些事物的"源泉和原理",① 我们能用什么样的语言来描述它的伟大和良善呢?那么它现在在干什么呢?保持事物在是之中,使思考的事物思考,使有生命的事物有生命,激发出思想,如果有事物无法生活和存在,就激发出生命。

24. 那么它对我们有什么作用呢?我们可以再谈到光,讨论把理智照亮、为灵魂所分有的光是什么,或者也可以把这个问题放到后面②,首

---

① 出自《斐德若篇》245C9。但柏拉图的意思是指灵魂运动的"源泉和原理"。
② 第 31 节以后。

先讨论以下的难题，这样可能更合理。至善之所以是善，之所以有这样的名称，是不是因为它之外的事物发现它是值得向往的对象？我们是不是可以这样说：某人认为值得渴求的事物对他来说就是善的，而所有人认为值得渴求的就是至善？毫无疑问，我们可以把这作为证明至善存在的证据，但渴求的对象本身必然具有这样的性质，能使它名副其实的性质。渴求者渴求它是因为他们获得了什么，还是因为他们喜欢它？如果他们获得了什么，那是什么呢？如果是因为喜欢，那么他们为什么喜欢这个，而不是其他呢？由此必然涉及另一个问题，即善是由于相似关系还是由于别的？事实上，进一步追问就是：善完全是相对于他者的善，还是对自己也是善？或者任何可能是善的都不是对自身也是善的，只能是相对于他者的善？善是对什么事物而言的善呢？是否有什么事物，对它来说没有任何东西是善的？我们千万不可漏掉某些好辩的人很可能会提出的异议：① "你们这些人真是的，为什么到处用这种浮夸的语言说生命是善的，理智是善的，超越它们的东西是善的？理智为什么就该是善的？凝思形式的人如果只能看见其中之一，他能得到什么益处？如果他对它们感到虚假的快乐，他可能就会说理智是善的，生命是善的，因为它们令人快乐。但如果他注定处于不快乐状态，凭什么说它们是善的呢？是因为他存在吗？那他能从存在中获得什么？我们若不把善建立在自爱的基础之上，存在与完全非存在有什么分别？若那样，那么这种天生的欺骗和对死亡的恐惧才是接受善之假设的原因。"

25．柏拉图把快乐与终极目的联系起来，不认为善只是单一的，或者只在于理智，如《斐利布篇》所写的。② 也许因为他意识到了这个困难，

---

① 对这种坠到地上、反形而上的人，普罗提诺大为同情。这里他让此人充分、有说服力地阐述自己的观点，然后在第 29 节严肃认真地答复，他指出，他与这个处境尴尬的人至少有一点是共同的，即认为理智的善本身是不够的。

② 普罗提诺在这一节所讨论的柏拉图《斐利布篇》(21D-22A 及 61B-D) 中的这段话，就他的理解而言，对他关于理智和至善的思想非常重要。

因此不想把善完全建立在快乐之上。——在这一点上他是对的——他也不认为应该把毫无喜乐的理智就看作善，因为他看到理智中没有什么能激发我们去追求它。不过，也许不是出于这样的原因，而是因为他认为善既然有这样的一种本性，就必然令人愉快，欲求的对象对正在欲求或者已经获得它的人来说必然包含令人喜乐的东西，因此，没有获得喜乐的人就没有获得善。这样，如果快乐属于欲求者，那就不属于第一原理，因此谁也不是善。这并非不合理性，因为柏拉图本人 [在这里] 寻求的不是第一善，而是我们的善，这是完全不同的。因此对他来说，除了这种善之外，还有另外一种至善。因为这种善是有匮乏的，也许还是复合的，因此他说这种善不是"孤立而独一的"善。① 后者是至善，是更高意义上的善。因而，至善必然是人所渴望的，但绝不是因为是人所渴望的才成为善。相反，因为是善的，才成为人所渴求的。那么对最末最低级的存在者来说，善是否就是在它之前的事物，然后一级级上升，使上界事物成为下界事物的善？前提是这个上升过程永远不会超越相对的比例，而是永远向更高的善上升。但最后上升到终极就要停止，我们不可能再寻找终极之后的更高事物，因而这终极就是第一原理，就是真正的善，最严格意义上的至善，也是其他一切善的原因。形式是质料的善——如果质料有意识，就会对形式表示欢迎②；灵魂是身体的善——没有灵魂，身体就不可能存在，或者得到保存；德性是灵魂的善。另外，更高层次上还有理智，理智之上是我们所说的第一原理。这些事物每一个都必然对以它们为善的事物产生一定影响，有的提供秩序和秩序之美，有的给予生命，有的是思想和福祉，至善也对理智有影响。我们之所以认为至

---

① 这一术语还是出自《斐利布篇》(63B7-8)，但必须经过非常严格的解释才能应用于至善。

② 普罗提诺在讨论质料的论文中谈到质料渴求形式或灵魂或善 (I. 8. 14.; III. 6. 11, 14)。但在 I. 8 和 III. 6 里他又不辞辛苦地表明，质料永远不可能真正获得形式，或者因形式改变它自己的恶性。

善也这样，既因为理智的现实活动源自它，也因为如今它给予称为光的事物。至于这光的本质是什么，我们后面就会明白。①

26. 可以肯定，自身有天生的感知能力的事物，当至善临到它时，它就有能力知道并且说自己拥有了至善。但是如果它受蒙骗，那会怎样呢？那就说明必然存在某种类似于至善的形像，这是造成它受骗的原因。但若真是这样，对它未必不是好事，因为当真正的至善到来时，它就把那蒙骗它的伪善弃之一边。每个事物都有渴望，都有与生俱来的欲求，这就证明对每个事物来说都有某种善。对没有灵魂的事物来说，善的礼物来自外部。对有灵魂的事物来说，正是欲望带动追求，正如身体变成了尸体之后，由生者照料并埋葬，但生者思考自己的善。如果某物变得更好，毫无遗憾，那就证明它获得了善，实现了完满状态，它就与至善同在，不再寻求其他事物。因此快乐不是自我满足，因为人不会满足于同样的事物。快乐一旦得到满足就又变成了另外的，也就是说，使人感到快乐的始终是不同的事物。当然，人所选择的善必然不是得到它时所感到的情感。正是出于这样的原因，人若以此为善，就永远空无一物，因为它只有情感，这种情感很可能是从善而来的，但不是善本身。因此，人就会认为若不占有某物，就不可能对它产生情感。比如你看到某个男孩时感到快乐，但他不在的时候，你就不会因为他的存在而快乐。我想，那些把身体满足看作善的人，唯有当他们吃的时候才会快乐，不吃的时候就不会感到快乐；当他们没有与所心仪的异性一起时就不可能享受爱的快乐，或者一般而言，当他们不活动的时候就不知道活动的快乐。

27. 那么那因它的到来使每个事物都能各取所需的事物是什么呢？我们得说那就是形式。形式是质料所需要的善，德性是灵魂的形式。那么对那因与这形式相似而拥有它的事物来说，这形式也是善吗？那事物

---

① 第32节以下。

的欲望是否也指向自己的同类?① 不，因为相似的事物就是与它同类的。如果它向往相似者，以其为乐，那就表明它还没有获得善。当我们说某物是善的，我们并不是说它有什么相似性。相反，我们认为，要判断善必须依据超越同类之物的更高的，比事物本身更善的事物，就是事物潜在地指向的对象。须知，事物潜在地指向其所是，因此那就是它所需要的。它所需要的就是比它更高的，那就是它的善。质料是一切事物中最为匮乏的，而最末的最低级的形式就在它旁边，因为按从上到下的顺序，它是在质料后面出现的。即使一物是自己的善，它的完全，它的形式以及比它高级的也必然是比它更高的善。这既因为它的本性如此，也因为这更高的事物使它成为善。那么为何有的事物是自己的善呢？是否因为它与自己最相近？不，而是因为它是善的一部分。因此那些纯粹、高贵的人更接近他们自身。这样说来，如果有人问为何善的事物对自己来说是善的，那就是荒谬的。似乎它不满足于自己是善，偏偏要离开它自身的本性去寻求善。如果某物是单一的，我们就必须思考这样的问题，在全然没有部分的事物中，是否有自我相似关系存在，是否它就是自身的一种善？如果至此我们所得出的结论都是正确的，那么可以说，向上运动所获得的存在于某种具体事物中的善，不是欲望产生善，相反，是因为有善所以才有欲望，拥有善的人总能获得一些什么包括快乐。此外，我们还必须探讨这种说法："即使没有快乐相随，善也是应当选择的。"②

28. 现在我们必须看一看这样的讨论能得到什么结论。如果凡生出善的就是形式，一个单一的形式就是质料的善，那么质料——假设它有希望的能力——只希望成为形式吗？不，它若真可以表达希望，就必然

---

① 这是 οἰκείωσις 理论，是斯多亚学派伦理学的根基。见 SVF I 197 及 III 178ff.。普罗提诺在批判它的过程中展现柏拉图《会饮篇》205D10-206A1 里狄奥提玛对阿里斯托芬所描述的爱的起源故事的驳斥。

② 对亚里士多德《尼各马科伦理学》K 3. 1174a6-8 的意译，普罗提诺在 29 节对此有所讨论。

希望毁灭，因为一切事物都追求对自己有益的事物。也许质料并不愿意只是质料，而愿意成为存在，并因拥有存在而去除它的恶。但是恶怎么可能有对善的欲望呢？当然，我们并不认为质料有欲望，只是我们的讨论需要假设质料有知觉——如果有可能给它知觉，并且仍然让它是质料。我们设想，当形式出现在它面前，就像一个美梦呈现出来，它马上就进入一种更好的秩序。如果质料是[绝对的]恶，那已经说得很多，就不需要再说了。① 如果它是另外的事物，比如是坏，如果它的本质之是有知觉，那么在上界与它相类的事物仍然会是善的吗？[按此假设，]它的坏不是选择的，而是生成的。但如果质料的是与恶是一和同，那它怎么可能选择善呢？如果恶有知觉，它会对自己满意吗？不是善的怎么可能感到满意呢？因为我们自然不会认为善就是相似关系。这个问题就谈到这里。如果形式无论何处都是善，升得越高，形式越高。——灵魂是比身体更高的形式，灵魂的不同部分一个比一个更高，而理智比灵魂高。——善就是一步步成为与质料相对立的，而且我们可以说，是尽其所能洁净质料，剔除质料。至善就是剔除了一切属质料之物的善。至善既脱离了一切属质料的，或者更确切一点说，根本没有靠近质料，那么它的本性必是无形式的，然后生出第一形式。关于这一点我们将在后面讨论。②

29. 但如果伴随至善而来的不是快乐，而是另外的事物，唯有通过这事物才能产生快乐，那么它为何不是受欢迎的呢？其实我们在说"受欢迎"的时候就已经是在说"快乐"了。设想这样的事物是存在的，但尽管它存在，仍有可能不受欢迎。若果真如此，那么当至善出现时，那拥有至善的事物尽管有知觉，却并不知道至善就在那里。它为何对自己真实的拥有毫无所知和毫无所动呢？这种情形很可能出现在一个比较自制的人身上。如果他毫无匮乏，那就更可能是这样了。因此第一原理没

---

① 这是普罗提诺自己的观点。这一段是一个补充说明，防止对25节（10-11行）的一般论述可能产生误解，见那一节的注释2。

② 在第32节和第33节。

有快乐，不仅因为它是单一的，更因为它获得快乐就意味着有所匮乏。这一点在我们澄清所有其他难点、反驳了对立观点之后就会显得非常清楚。所谓的对立观点是这样的人①提出的：当他听了我们的这些论述之后，一点也不感到心慌意乱，因为他不明白它们的含义，他或者只听到了字词，但没有理解含义，或者对所说的每件事有不同的理解，或者是在寻求感官可感知的事物，以为至善就是财富或者诸如此类的东西，所以他难以理解一个有理智的人能从善中得到什么。我们得回答说，即使他轻视这些事物，也仍然承认他确实为自己提供了某种善，但由于他很难明白至善为何是善，因此就按自己的方式来理解。如果你对"这个"毫无经验，也没有概念，就不可能说"不是这个"。也许他对高于理智的事物还有一种先知似的直观。另外，如果当他思考至善或者接近至善的时候，没有意识到它们，那他不妨从它们的对立面来认识它们。难道他甚至不认为非理智就是恶吗？无论如何，每个人都愿意成为有理智的，并且在使用自己的理智时引以为豪。我们的感知觉也想上升为知识，这就是证明。如果理智，尤其第一理智是可贵和美的，那么我们所能想象的这理智的生产者和父亲会是什么样子呢？如果我们的对手轻视存在和生命，那就是与自己作对，就是反驳他自己的一切经验。但如果有人不满意混合着死的生命，那么他所不满意的是这种生命，而不是真正的生命。

30. 快乐是否必然混合在善中，从而人在凝思神圣事物以及它们在上界的原理时，生命仍然是不完全的。在我们探讨至善时无论如何都不应该忽视这个问题。须知，认为善是以理智为基本实在、以源自思的活动的灵魂的经验为内容，这种看法并不表示把两者的复合物看作目的或者至善本身。它只可能推出理智是至善，我们因拥有至善而感到快乐。这是关于善的一种观点。还有一种与此相反的观点，它把快乐与理智结合起来作为

---

① 就是在第 24 节充分阐述了自己观点的那个反对者。

一物，并把这一物看作基本实在。这样，我们拥有或者甚至看见这种理智就等于拥有了至善，因为那"孤立而独一"①的不可能成为或者被定为至善。那么理智如何能与快乐混合成一种完全的复合物呢？我想，每个人都很清楚，没有人会认为肉身上的快乐可能与理智混合。同样，灵魂中的任何非理性的快乐也不可能与它相通。每一种活动、意向和生命都必然伴随某种超越的、外在的事物，甚至可以说在它的守护之下。这些事物在自然发展过程中往往会遇到障碍，会有对立的东西混合到里面，使生命无法独立自存。但有时候自然活动也可能保持"纯洁而不混合"②，它的生命处于清澈明晰状态，哲学家们认为理智的这种状态就是最愉悦、最宜人的状态，说它混合快乐是因为他们找不到适当的方式来表达这种状态。因此，我们喜欢用比喻的语言来描述，比如"琼浆喝醉了"③，"设宴庆贺"④，诗人们说："父笑了"，⑤诸如此类的说法有成千上万，都是比喻意义上的说法。在可理知者中才有真正的喜乐和最大的满足，最爱、最渴望的事物，不是处在生成过程中的事物，也不是处在运动中的事物，而是一切颜色、光线和荣耀所根基的原因。因此柏拉图把真理引入混合物，把衡量标准放在它的前面，说从那里好的比例与美结合生出美的事物。⑥我们也是这样分有美的。但另一方面，真正值得我们去渴求的是我们自己，也就是回到自身，引导自身达到自身里面最好的，这就是对称、美和形式。这不是复合物的一部分，而是清澈的、智慧的和美的生命。

31．由于一切美的事物都是由在它们之前并有光的事物创造的，因

---

① 《斐利布篇》63B7-8，这里的上下文比较适合。在这一节中，普罗提诺意在解释并证明柏拉图在《斐利布篇》中所论述的良善生活必然包含快乐和思想的理论是合理的，同时还阐述了亚里士多德在《尼可马科伦理学》（K 1-5.1172a-1176a）里讨论的快乐。

② 《斐利布篇》52D6-7。

③ 柏拉图《会饮篇》203B5。

④ 柏拉图《斐德若篇》247A8。

⑤ 出自荷马的一个标准术语（并不非常适合这里的上下文），《伊利亚特》5.426；15.47。

⑥ 在《斐利布篇》64B-65A。

而理智就包含它的智性活动的光，这光照亮它的本性。灵魂因有更高的生命进入，因此包含生命的力量。于是，理智被提升到那个高度，停留在那里，以围绕着至善为乐。灵魂也能转向至善，只要它有了知识和视觉，就能看见至善，一旦看见，就对所见景象欣喜不已，并且完全惊呆了。它看见，然后目瞪口呆；但由于它在自身中拥有至善的某种事物，因此马上又对它产生一种亲密感，于是就进入一种渴求状态，就像那些被情人的形像所感动的人渴望见到真人一样。正如在下界，那些坠入爱河的人总是仿效情人的样子，尽其所能使自己的身体更加俊美，灵魂更加相像，因为不愿意自己缺乏情人的正直和其他一切德性。——不然，他们就可能被拥有这些德性的情人所拒——唯有这样的人才可能与情人交流。①同样，灵魂也爱至善，在它的感召下对它一见钟情。有了爱之对象的灵魂不会等待来自下界的美的记号，因为它有了自己的爱，即使不知道自己的所有，也始终在追求，渴望从至善里源出，轻视下界的事物。即使看见这个世界的美，它也不相信它们，因为它看到它们存在于肉身里面，被这样的居所玷污了，被量分割了，并不是真美本身。真美作为真美，永远不会使自己陷入身体的泥淖，污秽自己，最终消失不见。当灵魂看见这里转瞬即逝的美，就已经完全知道，有光从别的地方照到它们上面。于是，它就急速赶往那里，完全知道怎样找到自己的所爱，孜孜以求，永不放弃，直至得到所爱，除非有人夺走它的爱。在那里，它肯定会看到一切都是美的，真的，并由此获得更大的力量，因为它充满了真实存在者的生命，成了真正存在者本身，有了真正的意识，感知到自己已经贴近一直渴求的对象。

32. 那么，造了如此伟大的美，如此伟大的生命，又造了实体的创造者在哪里呢？你知道美所依赖的就是形式，诸形式丰富多彩，各不相同。这是永恒的美。但当你身处美境的时候，必须看清这些形式从何处

---

① 普罗提诺想到了《斐德若篇》250-257里的哲学情人，但这里与柏拉图不同的是，被爱者本身就是追求者所仿效的神圣之像。这当然更加适合这里的上下文。

来，它们的美从何处来。这源泉本身必不是它们中的一个，否则，它若是美物中的一个，就成了一个部分。因而，它也不可能是任何一种形状，或者任何一种特殊能力，不是已经生成和存在于这高层领域的一切①，它必然超越一切能力，超越一切形式。这原理是无形式的，不是缺乏形式的事物，而是一切理智形式的源泉。就生成的事物来说，如果确实生成了，必然生成为某物，有其自己独特的形状。但那根本不是生成物，谁能给它形状？因而它必不是任何生成物，却是生成物的全部。说它不是任何生存物是因为真实的存在物都是后来存在的，说它是它们全部是因为它们都源自它。它既有能力创造一切，还能有什么大小呢？因此它应该是无限的。既是无限，就必然无大小。大小本身是后来出现的。即使它创立了大小的尺度，它本身也必然没有大小。实体的大不是量上的大；在它之后出现的事物也可能有大小。但它的大是指没有任何事物比它更强大，它无可比拟。因为一切都是它内含的部分，它的哪一部分能与它本身相提并论呢？它的永恒性和普遍性使它无与伦比，没有尺度——另一方面又不是无尺度本身。它若是无尺度本身，怎能衡量他物？它也没有形式。实在的，你若找不到所渴求事物的形式或形状，它可能就是最值得渴求和最可爱的，对它的爱无可度量。这里的爱没有限制，因为被爱的对象就是这样，因此这爱是无限的。它的美也是另一种美，是超越美的美。试想它若不是万物之一，它的美能是怎样的美呢？但它既是爱的对象，就该是美的创造者。因而创造万物的能力就是美顶端的花朵，一种创造美的美。它生出了美，并借从它而来的额外的美使之更美，因此它是美的原理和美的条件。既然它是美的原理，凡以它为原理的事物，它都使它们成为美的，但不是形状上的美。它使从它生成的美成为无形状的，但在另一意义上又是有形状的，因为被称为形状的事物本身是无

---

① 普罗提诺一般用"那里"指形式世界，用"这里"指质料世界。但在这一段话里他是作为一个已经站在形式世界力求超越它的人说话。

形状的，在另一意义上才是形状。因而，获得形状的是分有美的事物，不是美本身。

33. 因而，就是称之为美的时候，也必须并且更应该避免诸如此类的形状。不可把它放在眼前，否则就会偏离美，坠落到因模糊的分有而被称为美的事物中。无形状的形式是美的，因为它是形式，只要你让所有的形状远离它，它就是美的，比如推论的形状，借着推论我们说这个形式不同于那个形式，说正义和正直不同，尽管它们都是美的。理智一旦思考某个特殊的事物，就会减少，即使它把可理知领域的所有事物联合起来也是如此；如果它思考一个个体，它就有一个可理知的形状；如果它思考全体，就有一种包含多样性的形状。即便如此，我们仍然需要追问：它该如何凝思那在上界的、全美的，既包含多样性而其本身又不是多样性的对象。灵魂追求它，但没有说它为什么渴求这样的事物，我们的推理则说这是真实的事物，因为最美好、最可爱的事物其本性就是完全的无形式。因而，无论你把什么引入形式，显示给灵魂，它仍然寻求超越它自身并赋予它形状的另外事物。我们的推论坚持认为，有形状的事物、形状和形式，所有这些都是可度量和有界限的，也就是说，不是大全，不是自足的，不是本质之美，而是混合的。这样说来，这些美的事物必然是可度量的和有限的，不是真正美的，或者更确切一点说，不是超越美的。若果真如此，超越美之物必然不是有形状的，不是形式。因此，拥有原初之美的事物和第一原理毫无形式，美就是至善的本性。情人的经验可以证明这一点。只要他的注意力还停留在可见的形式中，他就还没有坠入爱河。唯有当他在自身里面，在他整个灵魂里面产生一种感官无法感知的印象，爱才涌现出来。而且他力求看见情人，这样，当他即将枯萎的时候可以得到浇灌[①]。当他逐渐明白他必须向那更加无形式的对象转化时，他就可能产生渴求。他一开始的经历就是循着暗淡的

---

① 暗指《斐德若篇》251B1-4。

光去追求一种伟大的光。无形状者的痕迹是形状，正是无形状者产生了形状，而不是形状产生无形状者。当质料来到它面前的时候，它就产生了形状。但质料必是离它最远的，因为质料在本质上不包含任何哪怕是最弱最低的形状。这样说来，所欲求的不是质料，而是因形式而成形的事物，进入质料的形式源于灵魂，因此灵魂较之更接近形式，也更可爱。理智较灵魂又进一步接近形式，也就更可爱，由此我们一步步地必然推论出第一原理的美是无形式的。

34. 如果说产生这些强烈渴望的事物本身是完全没有形状的，甚至可理知的形状也没有，我们不应再感到吃惊。因为灵魂也是这样，当它对这样的对象产生一种炽热的爱，就弃绝它所有的一切形状，甚至有可能弃绝在它里面的可理知形状。显然如果心里装着别的，致力于别的活动，就不可能看见任何真美，也不可能与之联合。所以，灵魂必须既没有恶，也没有别的善，而是完全倒空。唯有这样的灵魂才可能完全接受它。① 当灵魂有幸与它同在，它来到灵魂面前，或者毋宁说，出现在它面前——因为它原本就在那里——当灵魂抛弃一切已有的，尽其所能变得更美，与它相似（我想，那些要自我装备的人应当清楚地知道准备和装饰是指什么），突然在自身里面看见它显现出来（因为两者之间没有间隔，也不再有两者，两者已经合而为一。② 只要有它存在，你就不可能作出任何区分；下界的情人与他们所爱的人也像这样渴望合而为一），此时灵魂已经意识不到身体，不知道它在身体里面，也不说自己是任何别的事物，是人，是有生命的事物，是是，是全（因为对这些事物的凝思多少还是烦人的），它既没有时间也没有兴趣向往它们，它一直在追寻这个，

---

① 指至善或太一。——中译者注

② "两者之间没有间隔"在 IV. 4. 2. 27-28 里两者是指理智和灵魂说的，而在 V. 8. 7. 13 比较出人意料地指理智和质料宇宙。ἐν ἄμψῳ 往往被普罗提诺用来指完全的联合，其中联合双方保留各自独特的本性。见 Lexicon Plotinianum s. v. ἄμψω (b)。IV. 4. 2. 29 ἕν εστιν ἄμψω καὶ δύο 用于灵魂和理智，这种用法清楚地阐明了它的含义。

这个一出现就相遇了，灵魂看着它，而不看自己，其实灵魂甚至没有时间搞清楚看的灵魂是谁。说真的，拿世界的任何事物来交换，它也不愿意。即使有人把整个宇宙给它，它也不会接受，因为没有任何事物比这更美好，没有任何善比这更高。它不可能升得更高，所有其他事物都在它的上升中下降，即使它们也属于上界的领域。于是它就有判断正误的能力，能知道这就是它所渴求的，能够确信没有什么比这更好。因为那儿没有任何欺骗，还能有比真理更真的事物吗？因此，它所说的就是真理。这真理就是它自己的所是，但所有的话都是后来说的，并且是无声地说的。在这样的快乐中它确定无误地知道自己是快乐的；当身体刺激它时它没有说快乐，当它变成自己原来的所是，恢复早先的快乐时，它才说自己快乐。它对所有其他曾经喜好的一切，职位、权力、财富、美貌和学识，统统视为粪土。它若没有见到比这些更好的，就不会有这样的转变。它不再担心会有什么不测，因为它根本看不见不测。如果它的所有其他事物都毁灭了，它反倒会感到高兴，因为这样它就可以单独与至善同在，它所获得的是多么大的幸福。

35. 在这样的合一中灵魂甚至轻视智性，而在其他时候它是欢迎智性的，因为智性是一种活动，而灵魂不想运动。它说它所看见的至高者也是不动的。当初这灵魂变成理智，也就是被造为理智，存在于可理知处所①的时候，它是凝思的。当它进入理智，向它运动，就拥有可理知对象，并进行思考。但当它看见了神，就立即抛弃一切，任它们随风飘散。这就好比有人进入一个装饰豪华的美宅，因为还没有看见主人，因此在房子中想着每一部分装饰，对它们赞叹不已，但当他欣喜地看见了主人——这主人不是房子里的哪个形像，而是值得真正凝思的对象——他就撇开房子中的那些事物，此后就只看主人一个人。他看着他，目不转睛，由于这样连续的凝视，最后他已经不是看见对象，而是把视觉与

---

① 这里的短语"可理知的处所"引自柏拉图《理想国》（508C1 和 517B5）。

凝视的对象合而为一。由此，原本是看之对象的，现在变成了他内在的视觉。于是，他忘了其他一切凝思对象。如果在看房子的景观时所遇到的不是凡人，而是诸神之一，不是显现出来可以看见，而是包含在看者的灵魂中的，那么也许形像与实在本身是一致的①。因此，理智有两种能力，一种是思考的能力，通过这种能力看见自身里面的事物，另一种是直接意识和接受的能力，借此它能看见超越于它的事物。起先它只是看见，然后借着看见获得理智，成为一。② 第一种能力是理智在自己心智清醒时的凝思，第二种能力是理智"喝醉琼浆"③处于迷狂状态的爱；于是它就坠入爱河，在爱河中变得单纯而快乐。对它来说，这样的迷狂比保持清醒和尊严更好。那么理智所看见的只是部分，时而是这些，时而是那些吗？不，只是我们的理性讨论引导我们把它们分割开来。理智本身始终完整地拥有自己的思想，并且保持思想所不能企及的活动，就是以另外的方式凝思神。它一看见神，就怀胎生育，并且立即就知道它们在它里面的形成和存在；当它看见这些时，才能说它思，而它之所以看见，是由于第一种能力，也就是使它后来进行思维活动的能力。至于灵魂，可以说，是通过使它里面的理智变得模糊，甚至取消理智而达到看见的状态的——或者更确切一点说，它的理智首先看见，然后这种视觉也显现在它面前，然后两者合而为一。至善从上界照耀它们，接受两者的合一。它作用于它们，把它们联合起来，以它们为基础，然后赐给它们神圣的感知和视野，把它们提升到极高处，使它们既不在处所中，也不在每个事物生来就根植于他物之中的那个领域中，因为至善不在任何地方。也就是说，可理知世界在他里面，而他不在其他事物里面。

---

① 普罗提诺这里可能特别想到阿波罗或狄奥尼索斯（Dionysus）附体。
② 这是理智的"先理智"视野，是理智的永恒生产中的最初时刻，它特有的"理智"视野其实是第二阶段。
③ 还是指柏拉图《会饮篇》203B5里波罗斯（Poros）的迷狂，见第30节注释4。用它来指理智在看见太一并与太一联合的过程中永恒地自我超越，非常有力，似非而是。理智必永远因陶醉而脱离自己的心智，或者因爱成为神的心智（the Divine Mind）。

同样,灵魂也不运动,因为至善不运动。这样说来,它甚至已经不是灵魂,因为至善不在生命中,而是超越生命的。它也不是理智,因为至善也不思想,至善的形像必须是与它相像的。最后,它甚至不认为它是不思想的。

36. 这个问题已经很清楚,不需要继续讨论。但另一个问题虽然已经有所讨论,仍然需要基于那样的体验、通过理性论说再略为涉及。认识至善或者触及至善,这是最伟大的事。柏拉图说这是"最伟大的学习"①,不是把对它的凝视,而是把对它的预先了解称为学习。我们了解它和认识它是通过比较、分析、抽象、认识从它而来的事物,以及一步步通向它的方法途径。我们要走向它,就必须借着净化、德性和好的装饰,在可理知世界获得立足之地,扎根在那里,以那里的事物为食。人只要成了他凝思的对象,成了所有其他事物以及他的思想对象的凝思者,成了实体、理智和"完全的生命物"②,不再从外面来看它——当他进展到这种状态的时候,那就近了。至善就在他的上面,已经非常靠近他,照耀着整个可理知世界。正是在那儿,人抛弃了一切学习,因为终于上升到了一个高处,坚实地立足在美中。此时他仍然还能对自己的处境有所思想,但随后理智的巨浪汹涌而来,把他带出了思想,提升到更高处,他眼前突然间豁然开朗,看见了异象,但不知道是怎样看见的。异象的光充满他的眼睛,使他根本无法再看其他事物,他所能看见的唯有光本身。事实上,至善中没有什么可看见的,没有可看见的光,也没有理智和可理知的对象,唯有后来产生出这些事物的光,使它们在它旁边。而他自己就是只产生理智的光,这光自己不会在生产中毁灭,它是永在的,那理智的生成就是因为这至善的存在。如果没有至善存在,理智就不可能生成。

---

① 柏拉图:《理想国》505A2(关于至善的相)。
② 柏拉图:《蒂迈欧篇》31B1。

37. 那些通过推论认为至善思考的人并不认为至善思考的是从他源出的低级事物。① 确实有些人说，至善不知道其他事物是荒谬的。然而那些 [漫步学派] 因为找不到比他自己更有价值的，因此可能会认为他有关于自己的思想，以为他若思考就会变得更加伟大，以为思比他自身所是的更好，但不是他自己把伟大赋予思。请问，他的价值是靠什么而有的，是靠思还是靠他本身？如果是靠思，那么他本身就毫无价值，或者价值较小；如果靠他本身，那么他比思完全，不是因为思才完全。他们也许会说，他思是因为他是现实的活动，而不是潜能活动。如果这话的意思是说他是一个永远思着的实体，那么正因为如此，他们说他是现实的活动其实就是在说他是二元的，即是实体和思。这样，他就不再是单一的。他们给他加上了另外的事物，就像给眼睛加上看一样，即使眼睛始终处于看的状态也是如此。但如果相反，他们说他是现实的活动意指他是活跃的现实，也就是说是思，那么他是思想，其本身是不思的，就如同运动本身不处在运动之中。"但是，你不是自己说那些高级事物就是实体和现实活动吗？"是的，但我们承认这些是多，而多就意味着差异。首要者却是独一而单纯的，因此我们认为思是从他者产生出来的事物的属性，是一种对它的实体，它的自我，对创造它的源头的追寻。我们还说，它回过来在自己的凝思中认识自己。就此而言，它就正好是理智②。但那非形成的、之前没有任何事物的，永远是其所是的——它凭什么必须得有思呢？因此柏拉图说得对，它超越理智。就理智来说，如果它不思，就会变得无知，因为如果其本性包含思想的不思，那当然就没有了智力；但对于不做任何事的，为什么非要拿一样事给它做，然后因为它没有做就断言它缺乏这种能力？这就如同有人因他没有做医生就说他没有做医生的能力。他之所以无事可做，是因为他没有任

---

① 见亚里士多德《形而上学》A 1074b17-35。
② 见第 35 节注释 1。

何义务要去做什么。他是自足的，不需要去求什么，他本身就是超越一切的至高者，就是因为他是其所是，因此他拥有自己的所是以及其他一切。

38. 他甚至不是这个"是"，因为不论"是"什么，他都完全不需要。也就是说，用"他是善"这样的句子来描述他也是不恰当的，因为这个句子意含着"是"。当然，即使我们用这个"是"来谈论他，也不是表示说他是另外的事物，只是表示他就是他的所是。但我们用"至善"来谈论他，并不是说他是他自己，也不是说善属于他，而是说这两者是同一的。事实上，我们认为，说"是善的"不合适，在"善"前面加上冠词也不恰当，但这样我们就无法把自己的意思讲清楚，因此就用"至善"来表示这种同一性。这样说至少不需要用"是"，免得生出其他事物。但是谁能承认一个原理毫无自我意识，对自己一无所知呢？他若有知识，又知道什么呢？"我是"？但他并不是。那么他是否会说"我是至善"？同样，他若这样说，就是论断自己"是"另外事物。也许他只说"善"，没有任何添加？事实上，如果我们不论断它是别的什么，就可以思考"善"而不用"是"。但是他若认为自己是善，这种自我意识就不可避免地产生论断"我是至善"。否则，他虽然思考善，但"他就是这善"这种思想不会出现在他心里。那么这思想必然就是"我是善"的论断。① 如果思想本身是至善，它就不是关于他自己的思想，而是关于善的思想，那么他自己就不是至善，思想才是至善。但如果关于至善的思想不同于至善本身，那就意味着至善在自我思想之前就已经存在。如果至善在思想之前就是自足的，对自己的善心满意足，它就不会有思考自己的需要。也就是说，作为善，它没有自我之思。

39. 那么它究竟是怎样的呢？没有任何事物向它显现，它只可能有一种完全专注的自我直观。因为没有任何关于它自身的间距或差异，它

---

① 比照 V.3.10 非常相似的讨论。

的注意力中除了自己怎么可能还有别的呢？因而柏拉图非常正确地指出，只要有理智和实体，就有异和同①。理智若要思考，我们就要把它理解为异和同。否则，它就不可能通过异与自身的关系把自己与可理知者区分开来。如果没有异出现从而使万物存在，它就不可能凝思万物。须知，没有异，甚至连二也不可能有。因此，如果它要思，就不可能只思考它自己。它凭什么不去思考万物呢？是因为它不能吗？但一般来说，理智一旦思考自己，就不是单纯的。它关于自己的思想必然就是关于另一个事物的思想，也就是说它必然要把自己思考为某种事物。但我们说过，这至善没有任何思想，即使他想要把自己看作另一物，也不会产生思想。但如果他自己开始思考，就立即变成多，变成可理知者和思想，进入运动中，有了理智所有的一切其他事物。此外我们还应当注意另外地方讨论过的一个观点，②即每个思想，如果它要成为一个思想，必须是某种多样性的事物。但是那种运动是单纯的，始终如一的，虽然可能会成为类似触觉的事物，却是没有任何思想性的。这样说来，他有可能认识其他事物，或者认识自己吗？因为我们显然不能说，后来出现的事物拥有自己思想的实体，而这至善的思想却只是没有真实内容的幻象。然而，既然其他事物都在他之后，而他在它们一切之前，如其所是，那么如果他有关于它们的思想，那必然是从他自身之外获得的，并且不是始终如一的，所思的事物也不是静止不动的。即使他思考的是那些静止不动的事物，他还是成了多。其实对神来说，他存在，万物由他而出，这就足够了。但是，他既然不思考自身，那他与自身的关系是什么呢？他将永远威严地静立。柏拉图论到实体时确实说过实体是能思的，而不会静止在威严中不动，也就是说，实体思考，不思考的事物就肃默静立。他之所以说"静立"是因为他找不到任何其他

---

① 普罗提诺常常把柏拉图《智者篇》254-5 里"非常重要的种类"用于理智。
② 比如 VI. 9. 2。

方式来表达他想要说的意思，他认为那超越思想的事物更加威严，并且是真正威严的事物。①

40. 有过这种接触的人会知道，思不可能与至善有关。但是我们确实需要再加上一些话来加强这个观点，但愿这样的讨论多少能阐明这个问题，当然讨论本身必须有说服力，能完全令人信服。我们应当知道并明白，一切思都源于某物，并且是关于某物的思。但思也有不同类型。一类思想始终紧靠它的源头，以源头为它的基础，而它自己就成为一种超结构，因为它就是它作为基础的源头的现实活动，使源头实现其潜能，同时它自己没有产生任何事物，因为这只是它的所是的一种完全。还有一种思伴随着实体，使实体形成。这种思不可能停留在它的源头中，否则，它就不可能产生任何事物。由于它自身就是一种生产能力，因此就必然要生产。它的现实活动就是实体，并在实体中与它同在。因而，思与实体并非是不同的事物，即使在本性的自我之思中也没有分别。它们只是规定上的不同，一个是被思的，一个是思的。也就是说，它是多样的，如我们常常看到的那样。这是最初的现实活动，产生了一个存在，这个存在就成为实体。这实体虽只是一个形像，但这形像的原型实在太伟大，因此就是它的一个形像也成为了实体。如果它是原型内在的，而没有从原型发出，它就不可能成为任何事物，只能滞留在那里，不可能有自身的存在。当然，因为这是最初的现实活动和最初的思想，因此，在它之前不可能有活动，也不可能有思想。这样，如果我们从这个实体和思想继续向前，就不是到达实体或思想，而是超越实体和思想，到达某种奇异之物。没有实体，也没有思想，只是孤独的自身，不需要任何从它源出的事物。须知，它在生出活动之前是不活动的，也就是说活动在它生成之前就已经存在于那里。它在生出思想之前也是不思考的，也就是说

---

① 普罗提诺这里是在解释柏拉图《智者篇》248D6-249A2；他似乎意识到自己的解释会显得非常奇怪。

思想在形成之前就已经存在。一般而言，思想如果是至善的思想，就是比至善低级的，因此它不可能是至善的思想。我所说的"不是至善的"，意思不是说不可能思考至善——完全可以思考——而是说至善本身中不可能有任何思想，否则，至善与比它低级的事物，也就是关于至善的思想就合而为一了。既然思想比至善低级，思想与实体必是一起的。如果思想更高级，思想的对象就低级。思想肯定不在至善里面，而是比至善低级，其价值由至善赋予，存在于另外的地方，使那至善毫无思想，也毫无其他一切。它既完全没有思想，就是纯粹的自己所是，思想的出现不会妨碍它保持纯洁而同一的状态。如果有人使这至善同时成为思者和思想，实体和伴随实体的思想，想以此使它成为自我思想的，那么就需要找到另一原理，一种先至善而在的原理，因为现实活动和思想或者是使作为它的基础的某种原理完全的力量，或者与那样的原理同在，因而指向另一种先于它的原理，就是生出思想的原理。它显然有可思的某物，因为在它之前有另外的事物。当它思考自己时，就是在一定意义上领会它自己从另一视野中所获得的事物。然而，那没有任何事物在它之前，也没有任何事物从别处来与它相伴的事物，它能思考什么，能怎样思考自己？它寻求什么，渴望什么？它难道想要知道自己的能力有多大，因此就把自己当作思考的对象，似乎自己在自身之外？我说这话的意思是，难道它所得知的能力是一回事，它借以认知的能力是另一回事，两者各不相同吗？但如果它们是一，那它还有什么可寻求的？

41．看起来，思很可能是作为那些比较神圣但比较弱小的事物的助手而给予的，就像眼睛之于盲人。但眼睛本身并不需要看见真实存在者，因为它自身就是光。①唯有那需要看见真实存在者的才必须借着眼睛获得光，因为它自身是黑暗的。如果思是光，而光不需要寻求光，那么不寻求光的光也不会寻求思，不会把思加到自身中。思于它何用呢？难道理

---

① 参 IV. 5. 4 和 V. 5. 7。

智为了思考会给自己增加什么需要？因此，他没有自我感知——他根本不需要——他不是二，或者说不是多。若是多，就有他自己与他的思之分——因为他的思当然不是他自己——而思的对象就是第三者。但如果理智、思以及思的对象同一，如果它们完全合一，那就会使自己消失在自己里面。如果它们彼此有别，那它们必不是至善。至于至善，既不需要任何协助，我们就必须剔除一切。因为无论你加上什么，都是使原本毫无所需的事物降低身份。思对我们来说是好事，因为灵魂需要理智。对理智来说也是好事，因为它的是与思同一①，是思产生了它。因此，这理智需要与思考相伴相随，必须始终获得对自己的详尽了解，知道这个是这个，因为二者是一。但是如果它是单独的一，它就不需要获得任何知识。同样，"认识你自己"是对那些因为自身是多，因此有义务分析自己，从而知道自己是由哪些部分构成，它们的本性是什么的人说的，因为他们不知道自己的支配原理是什么，不知道他们自身之所是，因此对自己的构成部分的某一个或全部也一无所知。相反，如果至善是什么，那么它的存在之大不是靠知识、思考和自我感知所能了解的。它自身什么都不是，因为它没有把任何事物引入自身，它自身就是完满的。因此，它之善也不是对自身而言的，而是对他者的，因为他者需要善，而它不可能需要善。否则，它若需要善，就是缺乏自己，这岂不荒谬？它当然也不看见自己，否则就必然从看中拥有并获得什么。它把所有这些都留给从它而出的存在者，因此看起来凡是他者所有的，它一样也没有，甚至连实体也没有。同样，它也没有思，因为思乃是实体的所在，原初的、真实的思与是合一。因而，它"没有论说，没有感知，也没有知识"②，不可能描述它有任何呈现的事物。

42. 在这样的寻问中，你为这些事物采用了理性的进路，于是陷入

---

① 引自巴门尼德残篇 B 3 DK。
② 柏拉图：《巴门尼德篇》142A3-4。

了困境，不知道应该把它们放在何处。因此，把这些在你看来是第二层次的威严之物拿开，不能把次级的东西加给本原，也不能把三级的东西加给二级的事物，而应当把二级的置于第一原理周围，把三级的放在二级的周围。这样，你就让它们各得其所，使源出之物围绕着并依凭于那些独立自存的高级实在。因此柏拉图非常恰当地说："一切围绕万有之王，一切为了万有之王"①。柏拉图指的是一切真实存在者，并说它们都是为了那样的王，因为这王是一切真实存在者存在的原因，而它们，我们可以说，也在孜孜地追求他，因为他不是它们所拥有的一切，而是它们之外的事物，它们所拥有的，他一样也没有；否则，如果从他而出的事物有什么是他所有的，那它们就不可能是"所有一切"。如果理智是"万物"之一，那它就不属于他，不可能在他里面。当柏拉图称他为"众美之因"时，显然是把美放在形式世界，而至善本身超越所有这样的美。柏拉图把这些放在第二级，说第三级——也就是由二级事物所产生的事物——依赖于它们，而他放在三级事物周围的，显然就是那些由三级事物产生的事物，至于这里的宇宙，他认为依赖于灵魂。但由于灵魂依赖于理智，理智依赖于至善，因此，万物都经过种种中介依赖于至善，有的离他近一些，有的与靠近他的事物为邻，而感觉事物在离他最远的地方依赖于灵魂。

8. 论自由意志和太一的意志

1. 甚至对诸神我们是否也可以追问他们的能力中有什么的问题？或者这样的问题只适用于人软弱而不可靠的能力，但诸神是万能的，我们不能说他们的能力中只包含某些事物，而应该说它包含一切。或者全

---

① 引自《柏拉图书信》（*Platonic Letter*）II 312E1-2。这段晦涩的话不大可能是柏拉图本人的话，但在新柏拉图主义者看来却是绝对的权威。

能并在自己的能力中包含一切事实上就是太一的属性，而对其他诸神，我们得说有些是这样，有些是那样——果真如此，那么哪些是这样，哪些又是那样呢？我们当然必须追问此类问题，还有[人的自由]问题。我们还必须敢于追问第一存在者，以及高高凌驾于万物之上的那一位。即使我们承认他的全能，我们也要这样追问："在他的能力中"是指什么意思？我们还要考察这"有能力的"意指什么，以防我们在使用这个词时，有时指潜能，有时指现实的活动，有时则指属于将来的一种活动①。但是目前我们必须暂时搁置这些问题，先像平常一样问自己，是否有什么事物正好存在于我们的能力中②。这里我们首先要问，我们所问的某物"在我们的能力中"应该指什么意思，也就是说，什么是我们心中关于这类事物的观念。搞清楚这一点，我们就有可能知道这个问题是否适合转用于诸神，甚至转用于至高神，或者是否应该转用。或者，对转用没有疑问，我们该问的问题是："在他们的能力中"应如何被用于其他的诸神及最初的存在者？当我们说到"在我们的能力中"时，我们所指的是什么，我们又为什么要费力去搞清楚这一点？我本人认为，当我们时运不济，无可奈何，无法选择，当我们的心灵受到情欲的猛烈攻击时，我们就会承认所有这些事物都是我们的主宰，我们被它们奴役，随它们四处飘零。由此产生这样的问题，如果我们不受制于时运、义务或情欲，我们就并非一无所是，是否就有自主决定的能力？因为可以设想，在这样的情形下，不管我们做什么事情，都是我们希望做的，没有什么能反对我们的愿望，而这就是我们的能力所及。若果真如此，那么我们关于力

---

① 从这里可以看出，普罗提诺非常关注希腊哲学在使用 δύναψαι 和 δύναμις 时的内在含糊性，在理解他的时候往往要把这一点考虑在内。

② 关于人的自由的讨论一直延续到第 6 节，在这番讨论中，普罗提诺阐述了早期的，主要是逍遥学派的，尤其是亚里士多德对自愿（自主）的和非自愿（自主，无意）行为的论述（《尼各马可伦理学》Γ 1-5, 1109b30-1114b25.）但他并不意在驳斥或批评自己的先辈，而是为了建立自己独特的柏拉图主义的人类自由观，即只有当我们上升到最高层次生活在理智王国的时候，我们才是真正自由的。

所能及之事的观念就是受我们的意志支配的东西,将会达到或者不会达到我们想要它达到的程度。因为凡是我们的行动在没有受到压力的情况之下,并且我们知道[自己正在做什么],这样的行为就是自愿行为,而我们有能力去做的行为就是我们力所能及的行为。尽管两者的含义不尽相同,但它们通常都是一致的。当然也有不一致的时候,例如某人有能力杀人,但在他杀人时,如果他不知道被杀的人就是他的父亲,那么这个行为就不是自愿(故意)的行为。也许无知与力所能及的事是相冲突的,但可以肯定,一个自愿行为所需要的不仅是关于特定环境的知识,而且是关于一般情况的知识。试想(就上面所举的例子来说),为什么如果杀人者不知道对方是亲人,他的行为就不是自愿(故意)的,而如果他只是不知道不应该去做这样的事,他的行为就是自愿(有意)的?可能是因为他本来就应该有那样的知识?不知道他本来应该知道的东西,就不是自愿行为。他不能从中获得知识的行为也不是自愿的行为。

2. 我们必须追问这样的问题:对这个被认为是我们的自主能力的事物,我们应该将它归于什么呢?一种可能是将它归于冲动或某种欲望,比如激情或贪欲所产生的作为或不作为,或者与欲望相伴随的对利益的计算。如果自由是出于激情或贪欲,那么我们就得承认,孩子、野兽、疯子都有一定的自主能力,那些神志失常、为药物所控或产生自己不能控制的幻想的人也有自主能力。如果自由出于与欲望相伴的计算,那么一旦发生了计算错误,是否同样也是自由的呢?也许我们应该将它归于伴随着正确欲望的正确计算?但即使这样,人们仍然要问,是计算产生了欲望,还是欲望激发了计算。如果欲望是以自然为依据的,并且是生命物的欲望,即复合物的欲望,那么灵魂就会听从自然的需要;但如果欲望仅仅是灵魂的欲望,那么许多现在被认为是我们自主决定的事物将成为我们力所不能及的。因此,没有限定的计算可以先于我们的激情?或者当幻想支配我们,欲望把我们拖向四面八方,在这些情况下我们又如何能获得自主权呢?推而广之,如果我们是被强迫的,我们怎么可能拥有掌控权呢？因为有需要的事物必然追求需要的满足，它不可能控制它不得不走向的对象。一般而言，如果某物产生于另外事物，它的源头在别物身上，并且正是因为从那里出来才成为了存在，那么它怎么可能是自生的呢？它依据那个源头而生活，事实上也由那源头构成。如果这是自由，那么没有灵魂的事物也将能够有自主能力，比如火就按它形成时的样子活动着。但是或许这是因为生命物和灵魂知道自己的所作所为，如果它们是通过感知觉知道的，那么自由自主对事物有什么益处呢？感知觉只是看见，不能给予支配活动的能力。如果它们通过知识而知，如果这知识是关于已经发生之事的知识，那么它们也同样只是知道，引导行为的是另外的事物；但如果理性和知识发挥作用，打败并控制了欲望，那么我们就要探讨这种控制力应归于什么，一般又发生在何处？如果理性自身产生另一种欲望，那么我们就得弄明白它是如何产生的？如果理性能遏制欲望，保持平静，那么这就是我们的自主自由状态。所以，自由不可能处在活动之中，它是理智的宁静平和。因为在活动领域的一切事，即使理性占据支配地位，也是混合的，是无法保持纯粹状态的自由。

3. 因此，我们必须探讨这些问题。而在我们探讨这些问题时，也就已经靠近我们讨论的主题即诸神了。前面我们已经描述了我们意志的自主能力，然后是讨论的意志，再是正确讨论的意志——我们或许应该对"正确"作点补充，即"正确"属于理性知识，因为如果某人有正确的观点，并据之而行，却不知道他的观点为何正确，而是听凭运气或某种幻想引导他的职责，那么他在行动时，就不可能无可争辩地拥有自主的能力。既然我们说幻想不属于我们的自主能力，那么我们又怎么能把那些依据幻想而行的人归入自主者行列呢？我们这里所说的幻想，是严格意义上的幻想[①]，它由身体的感受产生，比如饥肠辘辘和口干舌燥使人

---

① 普罗提诺在他早期讨论灵魂的大作中谈到了幻想（想象）和记忆（IV.3-5 (27-29)），从中得出结论说，有两类 ψαντασίαι，一类属于高级灵魂，另一类属于低级灵魂（IV.3.31）。但这里他似乎把高级的 ψαντασίαι 排除在考虑之外了。

产生某些幻想，丰衣足食使人产生另一些幻想，一个精液充沛的人产生的又是完全不同的幻想，因此幻想也是因体液的各种不同特点而不同。我们不会将那些根据这种幻想而活动的人划入那些以自主为其行为原则的人的行列；我们也不会承认那些基本上按照幻想行事的坏人拥有某种自由或者自愿行为。相反，我们认为那些依据理智活动而行事的人以及不受躯体影响的人拥有自愿的行为。我们把我们的自主能力追溯到最高贵的原则即理智的活动，我们认为源自理智活动的行为真正的自由，同时还认为由思考引发的欲望也是自愿自主的。我们还要说以这种方式生活的诸神都是自主的。

4. 同样，人们可能会问，既然欲望总是引导人走向他自身之外，而且欲望就意味着匮乏，那么在欲望的冲动支配下所发生的事怎么可能是自主的呢？去欲求就是被吸引，即使欲求的对象是善。这里必然产生关于理智自身的一个难题，如果它的活动就是它的本性所是以及按它本性的所为，那么是否可以认为它有自由和自主能力——若没有这样的能力，它就不会活动？那么，对于那些没有从事任何实际行为的存在者来说，是否也可以说他们有严格意义上的自由？然而，那些从事实际活动的存在者也是从外面获得必须活动的动力的，这样他们的行为才不至于漫无目的。这样说来，既然连这些高级存在者都成了其本性的奴隶，那还能有什么样的自由呢？要知道，如果没有服从他者的强制要求，人们怎么可能谈论奴役呢？如果某物生性趋向至善，它怎么可能会处于强迫之中呢？如果它知道那是善的，并把它作为善者追求，那么它就是自愿地欲求至善。如果某物被引向对它而言不好的事物，那么这种引导离开善而趋向强迫的行为就是勉强；如果不能支配自己趋向至善的行为，那就是受到了奴役，因为有某物比它强大，控制着它，它就受之奴役，并被迫抛弃它自己的善。正是由于这个原因，奴役为世人所诟病。它不是发生在人没有能力选择恶的时候，而是发生在人没有能力选择自己的善，从而被强迫引向另一者的善的时候。而谈论受制于自己的本性就产生了两个事物，一者被奴役，另一者奴役。但是，就一种单纯的本性和单纯的活跃现实性来说，如果它并非一部分是潜能的，另一部分是现实的，那么它为何不是自由的？因为如果存在与活动同一，我们就不能说它根据自己的本性活动，似乎它的实体是一回事，它的活动是另一回事。如果活动既不源于另一事物，也不取决于另一事物，那么它怎么会是不自由的呢？即使"自主能力"并非恰当的用语，还有比这里的自主更高的事物存在？即使这样，它仍有自主能力，因为它既不受制于另一事物的能力，它的活动也没有另外的主人。如果它是自己实体的原理，那么它的实体事实上没有另外的主人。即使理智确实有另外的原理，这一原理也不在它的外面，而是在至善之中。如果理智是根据至善活动的，那么它就有更大的自主能力，因而是自由的，因为存在者追求自由，并为了至善的缘故而是自主的。所以，如果它根据至善活动，被引向至善，那么它必然有更多的自主能力，因为它已经包含了从自身趋向至善的事物，在自身中包含了对它有益的事物。

5. 那么，自主性和自决能力是否只存在于思考的理智，即纯粹理智之中？或者是否也存在于根据理智活动并按照美德从事实际活动的灵魂之中？如果我们认为它存在于从事实际活动的灵魂之中，那么首先我们就不能认为它与成就的结果有关，因为不是我们在控制事情的结果。如果认为它举止优雅，所做之事都出于自愿，这样说很可能是对的？但那是我们的自由吗？例如我们是否因战争而变得勇敢，我的意思是说，如果战争没有爆发，就不可能出现这种勇敢行为，那么这行为还是我们自主选择的吗？所有其他符合美德的行为都有这样的问题，因为美德总是被迫去做这做那，以应付各种偶发事物。可以肯定，如果美德任人自取：为了使它有用武之地，能表现出勇敢的美德，它是否愿意爆发战争？为了能界定什么是正义，使事物井然有序，它是否希望存在不义？为了展示自己的慷慨，它是否选择出现贫困，或者宁愿自己无所作为，但愿一切安好？——如果让它对此作出选择，它会否选择搁置自己的实践活动，因为没有事物需要它的治疗行为，就好比一个医生，例如希坡克拉底，希望没有人再需要他的技能一样？所以，如果当美德在实际事务中活跃时，它是被强迫提供帮助的，那么事物怎么可能完全自主呢？这样说来，我们是否必须断言行为是被迫的，而在这行为之前的意志和理性却不是被迫的？但如果是这样，如果只是将它们放在行为之前出现的事物之中，那我们就会将自主和美德自身的自由能力置于行为之外。作为状态和禀性的美德自身又怎样呢？我们是否得说，当灵魂处于困境时，它就出来将激情和欲望限制在适当范围内，从而使灵魂安然无恙？我们是在何种意义上说为善是我们自主决定的事，"美德（没有主人）任人自取"①？是的，如果我们愿意并选择了美德，我们就能这么说；或者当美德出现在我们里面时，它就构筑了自由，属于我们自己的能力，因而不允许我们再为以前奴役我们的事物作奴仆。如果美德是另一种理智，是在某种程度上使灵魂理智化的一种状态，那么我们的自主能力就不属于行为领域，而存在于那远离行为和静止不动的理智之中。

6. 既然我们说"我们希望它实现到什么程度，它就得实现到什么程度"，那么先前②我们为什么认为它属于意志呢？甚至有人说它也在那里，"否则就不可能实现"。如果我们现在所说的话是正确的，而我们先前所说的也与此相一致，那么我们就得主张说，美德和理智都有控制权，我们还应把我们的自主和自由归于它们。既然美德和理智没有主人，任人自取，理智就是独立自存的，美德也希望通过管理灵魂，使灵魂变善而成为独立自存，就此而言，它本身就是自由的，也使灵魂获得了自由。但是在它的管理下，强制性的激情和行为不可避免地要出来挡道。它不曾希望这些东西出现，但即使它们出现了，在它们中间它仍然坚持自己的独立性，只诉求于它自身，因为它不会迫于情势作出行为，比如拯救

---

① 厄洛斯神话引入生活选择时的声明中最受人喜爱的一句话，见柏拉图《理想国》X 617E3。

② 第1节第32-3行。

处境危险的人。相反，如果它认为合适，就会牺牲他，并且命令他献出自己的生命、财产、子女，甚至祖国。这都是着眼于它自己的卓越目标，而不是为了保存从属于它的事物。所以在实际行为中，自决和自主也不是指向实践和外在活动，而是指向美德自身的内在活动，即它的思想和沉思。但有人必然会说，这样的美德其实是一种理智，没有把受理性驾驭和限制的激情包括在内。关于这些激情，柏拉图说，"它们接近于身体的优点，是靠后天的习惯和实践"[①] 培养所成。所以我们可以更加清楚地看到无形体的就是自由的，而自由自主正是要归于这样的事物，拥有决定权和独立自存的意志也属于这样的事物，即使情势所需有时候它也要对付外在的事物。这样说来，凡是源于这样的意志，并按照这样的意志而行的，都是自主的，不论行为是由外力推动，还是自动的。意志希望成就什么，然后毫无阻碍地成就了什么，这就是自主的主要内容。在这个意义上，凝思的理智，也就是原初的理智，就是自主的，因为它的工作绝不依靠他者，而是完全诉求于自己。它的工作就是它自身，它凭靠的就是至善。它毫无缺乏，圆满自足。你可以说，它是按着自己的意志活的，而它的意志就是它的思想，之所以也被称为意志，是因为它指向自己的心灵。被称为意志的事物必然效法那指向自己心灵的事物[②]。因为意志总是想往至善，而思想完全在至善里面。因此，那理智拥有自己的意志所想往的东西。由此，只要意志达到了理智，它就成了思想。既然我们认为我们的自主来源于对至善的渴望，那么可以肯定，那已经牢固地根植于自己的意志所想往的东西里面的就必然拥有它。或者有人不愿意把自主提升得如此之高，若是那样，它必会被认为是某种更伟大的东西。

---

① 《理想国》518D10-E2。

② 这里普罗提诺是在继续演绎 κατά νοῦν 的通用意义，"照着自己的心灵"，"如自己所喜欢的"，以及这里的上下文所需要的意义，即"照着理智"。当然，神圣的理智是照着自己活的，因此也是如它自己所喜欢的样子活。整个段落清楚地表明，普罗提诺像其他希腊哲学家一样，并没有在思想与意愿之间作出明确的区分。

7. 当灵魂通过理智毫无阻碍地追求至善的时候，它就自由了，它在这种状态下所成就的一切都是它的自主行为。而理智是凭自己的本性成为自由的。至善的本性正是它们孜孜以求的目标，因为它是其他事物获得自主的源泉，对灵魂来说，意味着它能够毫无阻拦地到达至善；对理智来说，意味着能够拥有至善。这样说来，那生出一切高贵之物的主宰和主人，就是坐在首席的。万物都想往升到它的面前，都仰仗于它，从它获得自己的能力，以便得到一定的自主能力。这样的事物，人怎能把它降低到属于你我之能力的水平呢？就算是理智，被拖到这样的层次也是费了九牛二虎之力的，还是用暴力才拖下来的。除非有一种出于另一思考方式的草率论断，这种论断认为，因为[至善的本性]是恰好成为它实际的所是，所以它对自己的所是没有自主权，它的所是不是出于它本身，它不可能有自由，它或者做必须做的事，或者不做不可做的事，这完全不是它自己能决定的事。这种论述实在矛盾而荒谬，完全取消了自由意志和自我决定，以及我们关于属于自主能力的观点，似乎这些都是空谈，是在论说不存在的事。因为提出这种论调的人不仅必须承认任何人都没有任何自主能力，他还必须承认自己没有思考过或者不明白这样的术语。只要他承认自己知道这个术语，就很容易把他驳倒，因为我们关于自主权的观点正好适用于他对自主权的否定。因为自主观不关心一个事物的实质，也没有把它考虑在内——一事物自己造出自己，自己把自己领入存在，这是不可能的——我们的观点是想探讨，哪些存在者受制于别的事物，哪些是自决的，不顺从于他者，自己是自己活动的主人，比如永恒的存在者因为是永恒的，所以完全是这样的，还有那些毫无障碍地追求或者拥有良善之事的人也是自主的。当然，至善在这些之上，所以把至善当作在它之外的另一种善来追求，那是荒唐可笑的。同样，说至善偶然存在，也是不正确的，因为偶然只出现在后来并且众多的事物中间。我们不能说本原（第一者）是偶然的，不能说它不是自己形成之是的主人，其实它根本没有生成过。说它如其所是地作为，这话如果包含这样的意思，即当它作为时或者背性而行时是自由的，那么这样的话荒唐可笑。事实上，它拥有独特性这一点并不妨碍它的独立性，因为它拥有独特性不是因为受到别的什么东西阻碍，而是因为它就是这样的事物。并且，我们可以说，它自我满足，没有任何其他事物比它自己更好。否则，你就会取消在最高层次上达到至善的事物的自决。倘若这是荒谬的，那么剥夺至善本身的自决性就更荒唐可笑，因为它就是善，因为它固守着自己，它不必转向别的事物，相反，别的事物倒要转向它，它无所缺乏。所以可以说，如果它的存在就是它的活动——既然这两者在理智里必然不是两回事，那么在至善里必然一致，因为既不是它的活动决定它的存在，也不是它的存在决定它的活动——那么，它不可能根据它本性上的所是而活动，从某种意义上也可以说，它的活动并它的生命——我们可以这样称谓它——不可能归于它的实体。实际上，它里面某种类似于实体的东西伴随着它的活动，并且可以说，与它的活动一同产生，而它自身从这两者（类似实体之物与活动）中造出自己。它既是自因的，又是无因的。

8. 所以，我们通过剔除其他事物中与自决相对的因素，看到自决不是至善的偶然品性，而是它自身独立自有的。因为我们实在无法找到恰当的词汇来论说它，只能尽我们所能从低级事物中引出不那么恰当的术语来描述它的这种自决。但我们仍然不知道怎样论说才适合它，甚至根本无法谈论它，因为一切高贵而伟大的事物都从它而来。他自己就是这些事物的源头。然而另一方面，他又不是它们的源头（与它们完全无关）。对那些抛弃一切的事物来说，"自主"和"自决"必然作为后来的东西被舍弃——因为它们已经涉及向他者的活动——以及"畅通无阻的活动"、"当他者存在，他指向它们的活动毫无阻挡"都要被抛弃。我们必须说，他与任何事物都完全无关，因为他是一切事物之前的所是。我们把"是"拿掉，也就把任何一种与真存在者的关系取消了。毫无疑问，我们也不会接受"如他本性所是"的描述，因为这也是后来的。即便可以谈论那些真实存在者,那也是谈论那些从另一物产生的事物。首先就是实体,因为它本性上是从他生成的。但是如果本性是属于时间中的事物,那么它不能适用于实体。另外,我们也确实不能说这本性"不是从实体本身来的",因为如果我们这里把"是"取消了,那它就要靠别的事物生成。若果真那样,倒可以说它"不从实体本身来"。这样说来,本原是恰好成为这样的吗?不,我们不能引入"恰好成为"这样的话。在他,没有什么是恰好成为的,也没有与其他任何事物的任何关系。因为"恰好成为"适用于有许多事物的场合,有些事物已经在那里,然后另一事物在它们之外又生成了。这样说来,本原怎么可能是恰好成为的呢?其实它不曾有过产生,所以你不能追问"它是怎样产生的?什么机会使它生成,或者使它确立在是之中?"因为机会还不曾存在,偶然也还没有。偶然来自别的事物,只存在于已经生成的事物中间。

9. 如果有人认为可以用"恰好成为"来描述至善,那么我们不能只停留在字面上,而要搞清楚说这话的人心里想的是什么。那么,他究竟是什么意思呢?他的意思是这样的,正是因为它有这样的本性和权能,所以它就是原理。倘若它有的是另外的本性和权能,那么它就可能已经成为另外的所是;倘若它是坏的,它就可能按照自己坏的实体活动。对此,我们必须这样回答,既然它是万物的原理,那么在它,不可能成为偶然所是的事物,也不可能成为坏的,甚至也不会成为某种良善,比如某种不那么完全的良善,它是另外意义上的善。万物的原理必是比一切从它而出的万物都更好,所以它必是某种确定的事物。我说确定的,意思是说它由自己的独特性确定,而不是出于必然。因为在它,没有任何必然的东西,必然只存在于原理之后的事物之中,甚至这 [随后] 的必然也没有能力强迫它们。而这独特性源于原理本身。所以,它就是原理,不是别的东西,就是它的应是。这样说来,它并不是恰好成为这样的,而是必须是这样的。这"必须是"是一切必须是的事物的原理。所以它不可能是在恰好的意义上成为这样,因为它并不是偶然所是的东西,而是应是的东西。更确切地说，也不是应是的，只是其他事物必须等候，看看它们的王会怎样显现在它们面前，以便确证他就是他自身所是的东西，而不是显现为恰好所是的东西。他是真正的王，真正的原理，也是真正的至善，不是照着至善的活动——因为这样他就会显得是在跟从别人——他是太一，是自己的所是，所以他不是遵照至善活动，他就是至善。既然"恰好是"甚至不能应用在真实的存在者身上——如果有什么事要发生，那可以说恰好是，但"是"本身不是发生的，是是这个样子也不是偶然发生的事件，它是这个样子也不是源于别的事物。它是其所是，成为真是，这才是它的真正本性——你怎么能想象那超越是①的事物恰好成为这样？正是它生出了是，它绝不是恰好成为这样，而是就是这样，就如它的实体那样，就是实体的所是，就是理智的所是。否则，你岂不也可以说理智"恰好这样成了理智"？似乎理智原本是要成为别的东西，而不是要成为理智的本性所是的东西。对于没有离开自身，不偏不离就是它自己的事物，你可以非常确切地说，它就是它所是的东西。那么当人上升、仰视在这样的事物上面的事物时，他会说什么呢？他所看见的是不是就是它恰好所是的东西？不，它既没有恰好成为这样的东西，也没有恰好成为那样的东西，它根本就不曾恰好成为什么。那么我们能否说"这样"，或者"不是别的，就是这样"？不，你不可说"这样"，因为你这样说，就是在界定它，它就成了某个特定的事物。看见它的人不能说"这样"，也不能说"这是这样"②，否则你就是在说，它是可以用"这样"来限制的众多存在物中的一个。这样，它就成了与一切适用于"这样"的万物同等的某物。然而，你知道，它是没有任何界定的。你自然可以谈论从它而出的万事万物，但你必须确证它不是它们中间的一个。倘若

---

① 柏拉图：《理想国》VI 509B9。
② 雅典学派的新柏拉图主义者普洛克罗（Proclus）、达马修斯（Damascius）以及托名狄奥尼修斯（Pseudo-Dionysius）都非常强调这样一种观点，即必须否定人的否定性，这是否定之路上的最后一步。

要说它是什么，那么它就是万能，是自己的真正主人，是它所愿意成为的所是，或者更确切一点说，它把"它所意愿的所是"丢给存在者，把意愿置于身后，自己成为比一切意愿更大的。这样说来，它不曾意愿"这样"，免得要顺从这个样子，也没有他者使它这样。

10. 对于那主张"恰好是"的人，我们还必须向他提出这些问题：就算有某种[恰好是]，那在什么情形下他会断言"恰好是"是错误的？他会怎样除去"恰好是"？如果有一种本性，那么他会说"恰好是"不适用它吗？他要是把取消其他事物的"恰好是"的本性归于偶然性，那不是由偶然性形成的事物又在哪里生成呢？既然这原理把形式、界限和形状给予其他事物，从而取消了它们"偶然发生"的可能性，我们也不能把这样按理性方式生成的任何事物归于偶然性，而必须坚持它们的原因是理性的。偶然性只是一种巧合，存在于那些不是由时间上在先并有内在关联性的事物产生的事物中间。至于一切理性、秩序以及界限的原理，我们怎能把它的这种存在归于偶然性呢？显然，偶然性是许多事物的主人，却不是理智、理性以及秩序的主人，它不会生出这些事物。既然偶然性看上去就是理性的对立面，它怎么可能是理性的生育者呢？既然偶然性没有生育理智，那么它当然也不可能是先于理智并且是比理智优秀的东西。因为它不可能有任何资源来生育理智，它也根本不是存在于永恒存在者中间的事物。既然没有任何东西在他之先，他就是第一者，那么我们这里必须打住，不再对他论说什么，而只追问他之后的事物是怎样生成的，但不要追问他是怎样生成的，因为他实际上并不是生成的。那么不妨假设他并不是生成的，他只是如其所是，而不是出于他自己的实体。那会怎样呢？如果他不是自身的实体的主人，而是他的所是——因为他并没有使自己成为存在，只是如其所是地管理自己——那么他就是他必须是的，而不可能是其他的。所以，他如其所是不是因为他不能成为其他的，而是因为他自己的所是是最好的。并非任何事物都有能力使自己成为更好的，但要成为更坏的却易如反掌，没有什么东西会阻拦。

当然，它没有成为坏的，原因在于它自己。它没有变坏并非因为它受到了阻拦，而是因为它本身就是不会变坏的事物。不能变坏并不表明它的无能，它没有成为坏的完全出于它自身和因为它自身。不成为其他任何事物，这本身就具有极大的权能。[不变的事物]并没有被必然性紧紧抓住，它本身就是必然性，就是别的事物的法则。那么必然性是否使它自己成为存在了呢？没有，它并没有进入存在，从它而来的别的事物则藉着它进入存在。这样说来，那先于存在的事物怎么可能或者依靠他者的动力，或者出于自己的原因成为存在呢？

11. 那么这不曾进入存在的事物究竟是什么呢？我们必须默然走开，不再追问，必须在心里知道不会有任何出路。因为一切追问都通向一条原理，都终止在它里面。我们既然不可能有任何进展，那么为什么还要追问呢？此外，我们必须思考，任何追问不是涉及某物是什么，就是问它是哪类事物，或者它为什么如此，或者假设它如此又会如何？而是——在我们所说的是的意义上——我们是根据在它之后产生的事物认识它的。提出"为什么"的问题就是寻求另外的原理，但是除了宇宙原理之外，再不存在别的什么原理了。追问它是哪类事物就是追问它有什么属性，但它没有任何属性。问"它是什么"更是清楚地表明，我们必须对它不作任何追问；如若可能，就在我们心里领会它，知道不能给它作任何添加。一般来说，我们中那些对这个事物有过思考的人，都可能认为这是个难题，因为我们要先设想一个空间和处所，就是一种虚空①；有了空间之后，我们再把这事物放入已经生成的或者我们想象出来的处所；我们把它放入这样的空间，就如同在这样追问：它从哪里来，它怎样来到这里？似乎它原本是一个外来者，我们在查问它的出现，以及某种意义上它的实体，似乎我们认为它提升自某个深渊，或者下落自某个高处。

---

① 这里普罗提诺是指混沌（Chaos），就是赫西奥德（Hesiod）刚开始论到诸神的产生时论到的（*Theogony* 116）。普罗提诺与亚里士多德（《物理学》Δ 1208b31-3）一样，把它理解为虚空，或者有物体占据的空间。

其实，只要我们先消除空间处所，然后再去凝视它，就消除了引起困难的原因。我们不能把它放入任何处所，似乎它是静止的，安置在处所里面的，也不能把它看作生成的，而要认为它就是如其所是（这是从必然性的角度来说的），而那处所，如同别的任何事物一样，是后来的，并且是一切后来之物中的最后一者。因此，当我们撇开处所来思考这个是——我们确乎应当这样思考——的时候，我们不能把任何东西放在它的周围，因为我们不可能包围它的外延，所以我不能把广延性作为它的属性。另外，它当然也没有质量，因为它不可能有什么形状，它甚至是不可理喻的，也不与其他事物有任何关联，因为它在一切事物存在之前就自为存在了。既然这样，那么"它恰好成为这样"的语词还有什么意义呢？既然论到它的一切都被否定了，那么我们如何还能这样说呢？所以，与其说"它恰好成为这样"，还不如说"即使这样也不是恰好成为的"，因为事实上它根本不是恰好成为的。

12. 然而，他真的就是他的所是吗？他自己是否真的是他的所是或者超越之是的主人？因为这里也同样，灵魂完全不能接受以上所说的理由，也看不到这个难题有什么解决方法。所以我们必须再作如下补充。我们每个人就各自的身体来说，可能远离实体，但就灵魂以及我们的基本所是来说，我们分有实体，是一种特定的实体，也就是一种由实体和差异复合成的特定组合物。所以我们不是严格并准确意义上的实体，或者说不是绝对的实体。基于这样的原因，我们不是自己实体的主人。因为在某种意义上，实体是一回事，我们是另一回事。我们不是自己实体的主人，实体本身倒是我们的主人，因为它还给我们添加差异性。但在另一种意义上，我们又是自己的主人。就此而言，即使在这里，在下界，我们也同样可被称为自己的主人[①]。而包含绝对实体的，完全就是它的所是，它与自己的实体没有区别，它的所是也是自己的主人，无论是它的

---

① 这话在什么意义上说是对的，在 V.3.4 有解释。

所是还是它的实体，都不再指向另外的东西。此外，它已经进入自治行列，因为它的所是本质上与实体相关。这样说来，已经使实体得自由的事物，显然本身包含自由的本性，因而可以称之为自由者——既然无论如何它都可以说出这样的话，它还能成为谁的奴仆呢？顺服于它自己的实体吗？但这实体是从它获得自由的，并且也是在它之后产生的，何况它并不拥有实体。即使他里面有一种活跃现实，而我们将把他自己定位在活跃现实里面，他也并不因此而成为他之外的什么东西，不再是自己的主人，因为活跃现实从他而来，活跃现实与他本身并无二致。如果我们无论如何都不认为他里面有活跃现实，只是说其他事物因为围绕在他周围活动，所以有了自己的存在，那么我们更应拒绝认为在他那个层次有主宰与被主宰之分。我们甚至不能承认"他自身的主人"，不是因为别的什么东西是他的主人，而是因为我们把"他自身的主人"归于实体，把他放在比这话所指的更高贵的位置上。那么处在比作自己的主人更高贵的位置的是什么呢？我们所论到的自治具有两重性，即实体和活动，从活动的观点生出主宰的观念，但这与实体是一回事，因此主宰被分离了，它也就被认为是自身的主人。但这里不是二合一，这里只有一，或者只有活跃现实，或者根本没有活跃现实，所以"他自身的主人"这种说法不准确。

13. 如果人们一定要引入这些名称才能谈论我们所寻求的事物，那么我们得再说一遍，使用这些名称是不正确的，因为即使是为了形成关于至高者的某种观念，我们也不能使他分裂为二。但如今为了劝人信服的缘故，我们不得不在讨论中略为偏离正确的思考。如果我们承认他有活动，并把他的活动归于他的意志（我们可以这么称谓）——因为他的活动无不是出于他的意志——他的活动就是我们所说的他的实体，那么他的意志与他的实体必是同一的。若果真如此，那么他怎样意愿，也便怎样所是。这样说来，与其说他按自己的本性意愿并行动，还不如说他怎样意愿，怎样活动，他的实体也就是怎样的。所以他完全是自己的主人，他甚至把自己的是掌握在自己的权能范围之内。再看看这一点：凡是渴求至善的存在者，都想成为那个至善，而不只是它自己的所是，并认为当它分有至善时，就是达到了最高层次。在这样一种状态中，每个存在者必为自己选择是的样式，因为它的是从至善而来。所以至善的本性显然更值得选择，因为无论分有至善的哪一部分，都是最有价值的选择，是它按自己的意志自由生成的实体，与它自己的意愿相一致，通过他的意志确立在存在之中。只要个体存在物还没有获得至善，它就要指望别的事物。一旦它拥有了至善，它就指望自身。它成为这样一种显现不是出于偶然，它的实体也不是在它的意愿之外。正是因着这至善，它的实体才得以界定；也因着这至善，它才属于它自己。既然正是借着这至善，各物自己造就自己，那么我想，显而易见，那至善本质上就属于自动的事物。借着它，其他事物也能够自动，使意志实际上成为与它的实体——我们喜欢这样称呼——相一致。因为如果不是出于他自己立志的原因成为他自己的所是，我们就不可能沉思他。他愿意通过自己的动力成为他自己，等同于他就是自己愿意是的事物，这两者是一致的，他的意志与他本身合而为一。不仅如此，他自身与他愿意成为的事物也同样是合一的，并不是他自身是恰好成为的，而他所愿意成为的则是另一回事。因为他怎么可能指望他自己所是之外的东西呢？即使我们假设他可能选择成为他所愿意的事，他有可能改变自己的本性，变成另外的事物，他也不会愿意成为别的事物，或者自己跟自己过不去，因为他是出于必然性的事物，他自己的所是就是他以前希望现在也愿意的。至善的本性实际上就是他自己的意志。这个自我既不是败坏的，也不是跟随他自己的本性，而是选择他自己，因为在他之外根本不存在可能吸引他的事物。我们也可以提出以下观点，别的事物并非都在自己的实体里面包含自我满足的特征，因为一个事物甚至可能不喜欢自己。但在至善的存在中必然包含着它自身的选择和意愿，否则，别的事物就几乎不可能找到自我满足感，它们的自我满足其实是因为分有或者幻想至善才会具有。

但是我们不得不迁就语言。在讨论至善时不得不使用一些严格意义上不允许使用的语词,但是我们应当明白,每一个词都只能使用在"似乎"、"好比"意义上。这样说来,就算至善被确立在存在里,选择和意志与它一起确立——因为没有它们,它就不可能成为什么——但这至善必不是多,它的意志与实体必合而为一。既然它的意愿出于它自己,那么它的是也必从自身获得。这样,我们的讨论就揭示了他是自己造就自己的。因为既然他的意志从自身来,就如同他自己的运作,并且这意志与他的存在是一回事,那么在这意义上,他必已经使自己进入了存在。所以他不是恰好成为的,而是他自己所愿意的。

14. 另外,我们还要这样来看问题:每个被认为是生成的事物或者与自己的是同一,或者与自己的是不同。比如,这个特定的人是一回事,人的本性是另一回事。当然,个体的人分有人的本性。但灵魂与灵魂的本性却是同一回事,只要灵魂是单纯的,不包含别的东西。如果人也是这样,那他与人的本性也是一致的①。某人若是与人的本性不同,那他可能出于偶然性而成为一个人,但人的本性不可能是因为偶然性生成的,这意味着"这样的人从自身生成"。既然人的本性从它自身生成,而不是偶然生成的,也不是恰好成为的,那么那在人性之上的,生出人性的,作为一切真实存在者之归属的,比人的本性更单纯的一种普遍本性,我们怎么能说它是由偶然性生成的呢?而且,越是单纯的事物,越不可能有偶然性伴随,所以偶然性不可能升到万物之最单纯者身上。此外,我们还必须记住已经在某处说过的话②,每个真实的事物都是并且都已经被那个本性领入了存在,感觉领域这类事物所具有的这种属性是通过从高级存在者而来的事物获得的。我说的"这类"是指包括它们的实体,也就是它们存在的原因在内,所以后来的观察者可以解释每个事物为什么

---

① 这里参照了亚里士多德《形而上学》H 3.1043b2-4(普罗提诺从柏拉图主义角度对它作了修改,引入到人的样式中)。

② 泛指前篇文章(VI.7)的头两节。

有自己的各个内在部分，比如为什么有眼睛，这些具体存在者的脚为什么如此，每个事物的各部分为什么一起生成，为什么彼此互为因果？为什么腿是这样的，脚是那样的？因为这就是它们的所是，因为脸就是脸的所是，脚和腿就是它们各自的所是。一般而言，各部分之间的和谐就是它们彼此的原因。至于为什么这部分是这样，其原因在于这是本质上的人性。所以，是与原因是同一的。但这些构成部分生成这样是出于单一的源泉，不是因为这个源泉包含着各个部分，而是因为它不仅是原因，而且说明其为什么是原因，给出作为整体的是。因此，它既是是的源泉，也是为什么是的原因，它同时给出两者。它与进程中的事物相呼应，但是在原生性和真实性上要比它们所能达到的高得多，也比它们更接近它们的源头和即至善。既然对以自身为原因的事物来说，没有什么是随机和偶然的，也没有"恰好成为这样"的可能，一切从他而来的事物都肯定包含着他，因为他是理由、原因以及作为原因的实体的父①。这些显然都是远离偶然性的事物，那么他应该就是原理，在一定意义上就是一切各部分都不是出于偶性的事物的典范，是真实和原初的，不沾染任何偶然、巧合和恰好这些性质。他是自己的原因，从自己而来，借着自己而在。他就是原初的自己，在是之上的自己。

15. 他，就是这个自己，是可爱的，是爱，也是对自己的爱，因为他的美只出于他自己，在于他自身。可以肯定，要做到与自己形影不离，没有其他办法，只有陪伴一方与被陪伴一方完全同一。既然陪伴者与被陪伴者完全同一，并且在某种意义上，欲求者与欲求的对象同一，欲求的对象在存在这一边，是一种基质，那么我们又一次清楚地看到，欲求与实体是同一的。如果真如此，那么同样，正是他自己造就了自己，他是自己的主人，不是按其他事物的意愿生成，而是按他自己的意愿生成。

---

① 这里参照了《柏拉图书信》VI 323D4。真实性可疑的书信中有诸多晦涩难懂的段落，这里是其中之一。这些书信是新柏拉图主义者的基础文本，为他们的三本体理论提供柏拉图的权威性。

再者，当我们说他自身既没有接受任何东西，别的东西也没有接受他的时候，我们也就是把他放在一切偶然发生的事物之外。这不但因为我们认为他独一无二，与任何事物没有关联，而且出于如下原因：我们若是在自己里面看见这样一种本性，它不包含任何其他事物，这些事物包围着我们，使我们不得不经历偶然发生的事情——因为所有其他属于我们的事物都受制于偶然性，或者受它影响，都是以某种方式被偶然性带到我们面前，唯有这一个是自主自决的，因为有一种活跃的光以善的样式以及善本身出现，这光比属于理智的光更大，它超越于理智之上，又不是从外面引入的，可以肯定，当我们上升到这种状态，完全成了这种本性，其他一切都任其流逝，那么我们除了说我们远不只是自由的，远不只是独立的之外，还能说什么呢？我们既已成了真实的生命本身，或者进入了它里面，就是唯有自身，没有任何其他事物的生命，那么谁还能使我们依赖于偶然性、随意性，或者正好恰巧之类的东西？就别的事物来说，一旦被孤立，就不可能自足，也无法存在；但这个本性即使在孤立的时候也仍然是自己的所是。作为第一存在，它当然不是无灵魂的，也不是非理性的生命，这样的生命太软弱不可能存在，它是理性原理的消散，是一种不确定。但是只要它向理性原理前进，就把偶然性抛在身后，因为凡是与理性原理一致的，不可能出于偶然性。就我们来说，我们所提到的不是理性原理，而是比理性原理更美的本性。它离偶然发生的事如此之远，因为它才是生发出理性原理的根，万物都终止在它里面。它就如同一棵按着理性原理存活的大树的根基，一方面保持自身不变，另一方面使大树能够按理性原理存在。

16. 既然我们认为，事实看起来也如此，这原理既无处不在，又不在任何一处，那么我们必须得沉思，想想当我们从这一观点看的时候该怎样把握我们所探讨的题目。他若是不在任何一处，就不曾恰好在哪一处所；他若是无处不在，那他必是整体地在任何一处，所以"任何一处"和"任何方面"都是他本身。他并不是在"任何一处"。他是他自身，并赐给各处与他同在的他者各自的存在。但他有最高的处所，或者毋宁说他没有处所。他本身就是最高的，所以他使万物都作他的奴仆。他不会临到它们，是它们临到他，或者毋宁说，它们围绕着他。他不会朝向它们，但它们要朝向他。如果我们可以这样说，那么他生出他自己的内容，这是出于对他自己的喜爱，他自身就是"纯洁的光芒"①，他自己就是他最喜爱的，这意味着他赋予自己存在，把自己视为永恒的活动，是万物之最爱，在某种意义上更像理智。而理智是一种现实的活动，所以他也是一种现实的活动。他不是别的什么东西，他就是他自身的活动。因此他不是恰好成为的，而是如他所作为的。再说，既然他是最高的，因为可以说他坚守自己，也可以说他朝向自己。所谓的他的存在就是他对自己的朝向，事实上，他造就了他自身。他的所是不是偶然发生的，而是他所意愿的，他的意愿不是随意的，也不是发生的。因为它的愿望是对至善的盼望，所以不可能是任意的。这样一种自我倾向，无论是活动还是静止都在于自身，使他成为自己的所是。如果我们设想一下相反的情形，这一点会变得显而易见。他若是倾向他之外的事物，就会终结自己的如其所是，所以他的如其所是就是他的自主活动，他的活动与他自身同一。由于他的活动与他本身一起生成并存在，那么他就是自己把自己引入了存在。如果他并不是生成的，而他的活动始终如一，就像始终活跃不需要他者推动的事物，一种永恒的清醒，一个超越的思想，那么是他激活自己成为他的所是。他的清醒超越实体、理智以及属理性的生命，而这些就是他自身。这样说来，他就是在理智、思想和生命之上的一种活动②，这些都从他而来，而不是来自别的什么地方。所以他的是借着自身并从自身而来。由此可见，他不是如他发生的所是，而是如他意愿的所是。

17. 我们还可以这样来思考它：我们断定，大全里的一切以及这大

---

① 使灵魂看见形式的光出自《斐多篇》250C4。对普罗提诺来说，这光就是至善（或者源于至善，VI.7.21-22）。

② 《理想国》VI 509B9。

全本身，它的造主造它时愿意怎样自由选择，它就成为怎样的样子，它的状态似乎就是这位造主根据自己的旨意，凭着预见在预算中一步步生发出来的。既然这里的事物总是这样，并且总是成为这样，那么它们的理性原理也总是停留在一起存在、排列有序的事物中间。所以那里的事物超越神意，超越自由选择，凡在真是中的事物都停留在理智的静谧之中。如果有人把事物的这种排列称为神意，他就必须这样来理解它，即在这个大全之前，理智在那里静静地存在，而这个大全源于理智，并模仿理智。既然理智在万物之先，这样的一种理智原本就是原理，那么它不可能偶然形成。它虽然是多，但与自身合一，可以说形成了一个单一的秩序。这样一种多，有序的多样，包含一切理性形式并且贯穿万物的一，不可能偶然所是，也不是恰好成为。它绝不是这样的本性，而是恰恰与之相反的本性，就如同非理性的偶然性与理性原理截然相反一样。如果在这种理智之先的那者（that）就是原理，那么显然，它与理性化的次级存在者非常接近，一脉相承。我们这里所谈论的事物模仿那者，分有那者，如那者所意愿的，是那者的权能。这样说来，他毫无部分，是万物的理性原理，是一个数，比已经生成的事物更大更强有力的一，没有任何东西比他更大，也没有更好的。这样说来，无论是他的是，还是他的如其所是，都不是从他者而来。他本身因自身而是其所是，与自身相关，指向自身。这样，他就既不会与外在的事物相关，也不会与任何别的事物相关，而只与他自己相关。

18. 如果你寻求他，不要到外面去寻求，只在从他而来的事物里面去寻求。不过，还是让他完全自在吧。因为他自身就是那外面，就是万物的范围和尺度。或者毋宁说他是里面，是深处。而在他外面的事物，以一种圆周的方式触及他，依赖于他的，就是理性原理和理智。确切地说，这事物既然触及了他，并依赖于他，就此而言，它该是理智，因为它从他得了是，使自己成为理智。因此，正如一个圆，圆周上的各点都与圆心接触，我们可以说，它从圆心得了权能，在某种意义上有了圆心的形式，因为从圆周引出的半径都伸向同一个圆心，使它们的终点都在圆心上，所以，可以说它们被带向圆心。也可以说，它们从圆心延伸出来，但圆心在比例上比这些半径和它们的终点更大——终点与那圆心相像，但只是它模糊的形像，因为它有权能生出它们，也有权能生出线段。圆心的这种形像通过线段显现出来，似乎它被流溢出来了，同时却又不曾流溢过。我们理解理智——是也必须用这样的方法。它凭借自己属理智的本性，从那至善生成，就如同从它喷薄出来，迸射出来，引伸出来。显然，它像太一里面的理智，但太一不是理智，太一是一。在我们前面所说的例子里，半径和圆都不是圆心，但圆心是圆和半径的父，在它们身上显现自己的痕迹，具有一种生发半径和圆圈的永恒权能。这种生发不是从自身中切除，而是通过一种力量生出。这里理智一是也同样，它周围有理性权能运作，一个是原型，一个是它自身的形像，可以说，形像在围绕原型的运动中生出多样性，由此它变成了理智，而原型没有运动，保持理智之前的状态，只是从它的权能中生出各种理智——什么样的偶然性（或者随机性或"恰好所是"）能像这种权能一样生出理智、生出现实？如果有一物，与在理智里面的事物相像，但许多方面比理智更大，那么此物就在那太一里面。这就如同一束光，从某个本身透明的物体发散出来，射得又远又广。被发散出来的是形像，发散出它来的则是真身。当然，被发散出来的形像，也就是理智，并不是外来的形式，也不是偶然性，它的每一部分都是理性原理，都是原因，而那太一则是原因的原因。这样说来，他就是更高层次上的最原初最真实的原因，把属理智的各种原因包裹在一起。这些原因都要从他出来，生育那些不是偶然形成，而是如他自己的意愿形成的事物。他的意愿绝不是非理性的，或者是随意的，或者只是碰巧发生的，而是如其应是的，因为在他，没有任何东西是随机的。由此柏拉图论到"应得"和"恰当"①，以期最大可能地指明

---

① 出自完全不同的上下文，柏拉图讨论的是两种尺度，《政治家篇》284D-E，亚里士多德由此提出了他的工具理论。

与"如其偶然所是"的大相径庭。它的所是乃是它的应是。既然是应是，就不可能是非理性的；既然它是恰当的，就拥有对从它而来的万物的最高主宰权，并首先与自身相关，因此不可能是在某种意义上偶然形成的，而是在一定意义上他自己希望成为的事物，因为他希望的是应是，而应是之物与关于应是之物的活跃现实是一回事。应是并不是作为一个基质，而是作为第一个活跃现实表明自己是它应是之物。我们若要谈论他，就只能这样说，因为我们找不到更适当的方式谈论他。

19. 如果有人因上面这番话而升向那至高者，那就要直接抓住它本身。他也将看见他自己，但还不能随心所欲地谈论一切。但他既看见了它本身，就必舍弃任何推论，只按它的所是陈述它。如果它有实体，这实体就该是它的奴仆，仿佛就是从它生出来的。人既看见了它，就不会再像以前那样轻率，不会再说"恰好所是"的话，他甚至不能对它置一词，否则，他就会被自己的轻率击得目瞪口呆，不敢再造次谈论它的"处所"。在他看来，它无处不在，似乎它呈现在他的心眼前面，无论他凝视何处，都是在凝视这位至高者，除非他抛弃神，把眼神转向别处，不再思想他。我们也许应当明白，正是在这个意义上，古人论到"超越是"包含一种隐秘的含义①，不仅因为他生出实体，而且他不是实体的奴仆，也不是自己的奴仆，他的实体也不是他的原则，相反，他虽是实体的原则，却没有为自己创造实体；如果他创造了实体，就把实体留在自己之外，因为他不需要是，他是创造是的造主。这样说来，他甚至没有按照自己的是造出是。

20. 有人也许会说，"这样说来，他在这样形成之前难道不是已经恰好形成了吗？因为如果他造就自身，那么就他自身来说，他还没有存在；但另一方面，就创造来说，他在自身之前就已经存在，因为他自身就是他创造的。"对此，我们必须回答说，绝不能把他归到被造的行列，

---

① 当然还是参照柏拉图的《理想国》VI 509B9。

他是创造者。我们必须确定，他的创造是绝对的，不是为了使某物因他的创造变得完全，因为他的活动并不指向另外某物的完全，他就是纯粹的这位神。因为没有两位，只有一位。我们也不应惴惴不安地以为这第一活动没有任何实体，而要断定这活动就是他的存在。如果有人设想一种毫无活动的存在，那就是使这原理成为有缺陷的东西，使最完全者成为不完全者中的一个。如果在这种存在上添加活动，那他就无法使它保持太一状态。既然活动比实体更完全，而本原是最完全的，那么这本原必然就是活动。他在活动中就已经是这个本原，所以"他在自己生成之前存在"这是不可能的。他并不是先于生成，他的活动就是他的存在。可以肯定，不从属于实体的活动是纯粹的和完全自由的。这样，他自身就是从自身而来的自身。事实上，如果他是通过他者而保持在是中，那么他就不可能是出于自身的最初的自己。如果可以说他与自身完全一致，那么他既是自身，又把自身领入存在，因为他靠自己的本性所容纳的一切就是他一开始创造的东西。如果他开始生成于某个时间，那么有可能在严格而适当的意义上说"他创造了"。然而事实上，在永恒存在之前他就是他现在的所是，所以"他创造"必须理解为创造活动与自己同时发生。因为这"是"与这"造"是一回事，我们可以称之为"永恒的形成"。由此我们也可以说他是"自治的"。如果有两者，这样说是恰当的；如果只有一者，那么唯有"治理的"，没有"被治理的"。既然没有事物要治理，那我们怎能说"治理"呢？这里，"治理"是指他之前的事，因为他之前无物存在。既然之前无物存在，他就是第一者。但这不是指排列上的第一，而是指权威的主宰与纯粹的自决能力上的第一。它既完全自决，就不可能接受不自决的东西，因此他完全处于自身的自主之中。哪里还有不是他自身的东西呢？哪里还有不属于他的活动的东西呢？还有什么不是他的工作呢？如果他里面还有什么东西不是他的工作，他就不是纯粹地、完全地处在自决之中，就不是全能者，因为他还不是完全的主人，还不能主宰万物。无论如何，对于不是他自己所造的东西，他不可能是它的主人，因而无力主宰它。

21. 那么他是否可能把自己造成另外的东西，而不是既成的东西？即使可以，我们也不能否定他的创造必把自己造为良善的，因为他不可能把自己造为邪恶的。那里的创造权能绝不可能生产与善相反的东西，因为它是坚定不移、毫无偏斜的创造权能，是处在最高层次、不会离开太一的权能。如果能够生产与善相反的东西，那就不可能与至善同在。但我们所谈论的他的创造必是一次成就的，因为它是美的。它既然是出于神的意志生成的，并且就是神的旨意，谁能改变它呢？某个并不存在的神的意志吗？既然他的存在中毫无意志，那他的意志会是什么呢？他怎能从自己不活动的实体中获得意志呢？既然他的意志就在于他的实体，那么他的意志与他的实体两者没有什么分别。或者有什么东西，比如意志，不在他里面存在？他就是意志所行的一切，他里面没有一样不是意志所行的，所以，没有什么在意志之先。也就是说，他自身本质上就是他的意志。这样说来，他也是如他所意愿的，是出于他的意志所为，就是跟随意志的，就是这种意志所产生的——意志所产生的不多不少就是他自己的所是，他原本就已经是这所是了。关于他的自我结合（holding himself together），如果要准确理解，就必须认为这是指所有其他存在的事物都因他而结合在一起，因为它们的存在是出于对他的某种分有，它们的起源也要追溯到他这里。但他自己不再需要从自我结合中获得什么，也不需要分有什么。他里面的一切都属于他，或者毋宁说，他不是它们中的任何一个，也不需要为了成为自己而从它们那里获得什么。所以当你论到或想到他的时候，务必把其他一切事物清除干净。当你把万物都清除了，只剩下他自己，不可试图找出什么东西添加上去。如果其中还有什么东西，那是你还没有在你自己的心里把他的内容清除干净。因为即使你能抓住什么，也不可能对之再说什么或者再领会什么。它是在一切事物之上的事物，唯有它真正自由，因为它没有受制于自身，它就是自身，真正的自我，而其他任何事物都既是自己，又是他者。

9. 论至善或太一

1. 一切存在者，包括那些原初的存在者，以及那些在任何意义上都可以说属于存在者的事物，正是通过这太一才是存在者。若不是这个一，有什么东西能存在呢？如果事物失去了它们原先拥有的一，也就丧失了自己本身，表明它们不再是那些事物。比如说，一支军队如果不是一，那就不存在；一个合唱队或一群羊也是如此。同样，如果没有一，就不可能有一幢房子或一条船，因为房子是一幢，船是一条。如果它们丧失了这个一，就不是房子或船了。所以，如果没有统一性，连续的量便不会存在。无论如何，如果它们被分割，失却了自己的一，就会相应地改变自己的是。同样的情况也适用于动植物的躯体，每个动植物都是一个统一体，如果它们失去了各自的统一性，分裂为多，那就失去了原本拥有的实体，不再是过去的所是，而成了新的事物——新的事物之所以能够存在，依然有赖于新的统一性①。健康也只有在身体是一个有秩序的统一体时才能存在；美也是在统一性原理把各部分结合在一起时才出现。灵魂和谐统一时，才会有美德。既然灵魂通过创造、模铸、制作和组合万物而将它们带入各自的一中，那么，当我们得出这样的结论之后，我们是否可以说，正是这灵魂提供了这个一，所以它就是这个一？其实这个问题我们更应这样思考，正如灵魂为别的事物提供躯体，但它所给予的东西并非它自身，比如形状和样式这些东西并不是灵魂，而是不同于灵魂的东西。同样，即使灵魂把一给予事物，它也是把一作为某种它自身之外的东西给予的。正是通过对一的凝视，灵魂才使每一事物都成

---

① 普罗提诺在这一节以及其他地方采用斯多亚学派的标准来衡量一的不同度量。参 SVF II 366-8 及 1013。

为一，就如正是通过凝视人 [的形式]，灵魂才使某物成为人，在此人身上实现一与人的结合。凡是可以称为一的事物，每一个都拥有自己的所是，在这个意义上每一个都是一。所以，如果事物的是较少，它所拥有的一也较少；如果事物的是较多，它所拥有的一也较多。灵魂也一样，它不是一，它的是越大，它就越真实，它拥有的一也越多，两者是成正比的。可以肯定，灵魂不是一本身，因为灵魂是一物，一是以某种方式附加给它的。这两者，灵魂与一，是两个事物，正如躯体与一是两个事物一样。由个体部分组成的事物，比如一个合唱团，离一是最远的，而连续的躯体离一较近，灵魂则更近，尽管仍然只是分有一。但是，如果因为灵魂不成为一，就不可能是灵魂，所以有人认为灵魂和一等同，那么首先，所有别的事物都是因为是一，所以成为它们的所是，但一仍然是与它们不同的东西——比如躯体与一并非同一事物，躯体只是分有了一而已——其次，灵魂是多，甚至是一的灵魂也是多，尽管它并非由部分构成，因为灵魂包含许多能力，诸如推理、欲求和理解，它们都被一聚合在一起，就像被一根绳子系在一起。因而，灵魂把一带给其他事物，它自身也因他者（一）而成为一，它也因他者的行为而经历这种统一。

2. 那么是否可以这样说，就作为部分而是一的事物来说，它的实体和一不是一回事，而就作为整体的是和实体来说，实体、是和一是一回事？因此，任何人只要发现了是，也就发现了一，实体本身就是一本身。比如，如果理智是实体，那么理智也是一，因为理智是原初的是和原初的一；而且就如它使其他事物分有是，它也使它们分有一，在多大程度上分有是，也就在多大程度上分有一①。我们只能说一就是是和理智，此

---

① 普罗提诺之前的大多数柏拉图主义者，包括他的同学，师承阿摩尼乌斯的柏拉图主义者奥利金（不是基督徒奥利金），都认为理智—真是是第一原理。见奥利金 fr. 7 Weber（= 普罗克洛《柏拉图的神学》II 4. p. 31, 5-11 Saffrey-Westerink）。H. R. Schwyzer 认为，阿摩尼乌斯本人所持的观点可能更接近普罗提诺（Ammonios Sakkas, der Lehrer Plotins, Opladen 1983, 72-78）。

外，我们还能说它是什么呢？它或者等同于是——比如"人"与"一人"是一回事——或者类似于个体的一种数。你可以单独说一个事物的"一"，就如同你说"两个事物"一样。如果数属于真存在者，那么一显然也是真存在者，那我们就要探究它是什么。如果数数是灵魂检查前后相继之事物的一种活动，那么一就不可能是任何确凿的事物。然而，我们的论证表明，如果一个事物丧失了一，那它就根本不能存在。因此，我们要看看个体的一与个体的是是否同一，普遍的是与普遍的一是否同一。如果个体的是是多，而一不可能是多，那么它们就彼此不同。无论如何，"人"、"生命物"以及"理性的"是诸多部分，而一则将这些多结合在一起。因此，"人"与"一"不同，一个包含部分，另一个没有部分。进一步说，普遍的是将所有存在者都包含在内，那就愈发是多了，因此也与一不同，它也只是通过分有一而拥有一。另外，是还有生命，因为它肯定不是一具尸体。这样说来，是就是许多事物。如果它是理智，就此而言它也必然是多。再者，如果它包含形式，那就更是多了。因为理念不是一，毋宁说是一个数，既包括每一个个体的一，也包括总体的理念。如果说宇宙是一，那么在这个意义上它也是一。总而言之，一是原初的，而形式和是不是原初的。因为每一个形式都包含许多部分，是复合物和后来者，因为构成个体物的那些元素先于这个个体物而存在。另外，理智也不可能是本原。由此显然，它必然存在于它的思之中，而最好的理智，即不看自身之外的理智，思考在它之前的事物①，因为理智转向自身，就是转向它的原理。如果理智本身就是思者和被思者，那么它就是双重的，而不是单一的，因而也就不是一；如果它凝视他者，那么它必然比这他者更优秀并在这他者之前。如果它既凝视自身又凝视更优秀者，那么在这一点上，它也就居于第二。我们应该设想理智是这样的一种事物，它向善、

---

① 亚里士多德在《形而上学》Λ. 9. 1074b-1075a12 阐述了自我思考的神圣心灵，普罗提诺这里对亚氏的阐释作了发展和修正。

本原显现,并凝视他,同时还显现自身和思考自身,认为它自己就是万物。这样,它就远不是一,因为它具有丰富的多样性。一不可能是万物,否则,它就不是一了;它也不可能是理智,否则,它就是万物了,因为理智就是万物;一也不可能是是,因为是就是万物。

3. 那么太一可能是什么,它会有怎样的本性呢?既然我们连是或形式是什么的问题都很难说清,那么毫不奇怪,谈论太一是什么的问题难度就更大了。幸好,我们确实有以形式为基础的知识。随着灵魂渐渐趋近无形式者,它发现自己完全无法领会太一,因为太一不能被规定。因此可以这么说,灵魂在被一枚丰富多变的印章打了印之后,就悄悄地开溜了,它担心自己一无所有。因此,灵魂厌倦了这类事物,总是欣然降下,直到降临到可感觉之物中,并停留在那儿为止,灵魂似乎觉得这就如同栖息在牢固的地面上一样。正如视觉在厌倦了看小物体后,会欣然地去观看大的物体①。然而,当灵魂想独自去看时,就有一伴随,也因为有一伴随,因而它是一。然而,它还不认为已拥有了它所要追寻的,因为它与被思的事物没有什么不同。如果人们试图对太一作哲学思考,那么这也是他们必须做的。既然我们寻求的就是一,我们正在思考的就是万物之原理、至善和本原,那么我们就不能降临到万物之最后,因为这使我们远离了原初者四周的事物。我们应该在走向本原的一时,从最后最低的感觉事物中提升自己,进而从整个恶中解脱出来,因为在我们牢牢地抓住原理和太一时,我们也就在走向至善,使自身攀升到原理,从多变成一。因此,我们必须成为理智,将自己的灵魂交与理智,把它牢固地置于理智之下。这样,灵魂可能会清醒过来,接受理智所是的一切。灵魂可能因此而注视太一,并且没有附加任何感知觉,或者没从感知觉中接纳什么到理智之中。灵魂只是注视纯粹理智中的最纯粹者,即理智

---

① 普罗提诺这里可能想到了努美尼乌斯的比喻,他把人努力看至善的行为比作有人训练自己的眼睛,使它能看清在远处波浪中颠簸的小船(fr. 2 des Places, 11 Leemans)。

的原初部分。因而，从事这种沉思的人如果想象这个本性的大小、形状或体积，那就不是理智在引导他进行凝思，因为理智不具有看见这类事物的本性。相反，这是一种感知觉活动，随之而生的只是意见。人们必须从理智领域获取自己的信息，理智能够看到它自身中的事物以及在它之前的事物。在理智之中的事物也是纯粹的，它之前的事物就更加纯粹和单一了——或者毋宁说就是理智之前的那者。因此，它不是理智，而在理智之前。因为理智是存在者之一，而那者不是任何事物，它只是在任何事物之前。它也不是是，因为是就具有是的某种形状，而那者没有形状，甚至连可理知的形状也没有。既然太一的本性就是生育万物，那它就不是万物中的一个，因此它不是某物，没有被限制或量化，也不是理智或灵魂。它不在运动或静止之中，不在空间或时间中①，而是"自存自在的单一形式自身"②，或毋宁说它是无形的，在一切形式之外，在运动和静止之前，因为所有这些特性③都只适合存在者，并使存在者成为多。那么，为什么它既不在运动中又不在静止中呢？因为动或静都必然只适合于是，静止的事物根据静止但又不同于静止。也就是说，静止对太一而言是偶性，它与静止不同。说它是原因，不是指它陈述了某种偶然的事物，而是说它是我们的原因，因为我们从太一获得了某物，然而太一始终在自身之中。当然，要准确地谈论，我们就不应说"那者"或"是"。在某种意义上，我们只是在它外围兜圈，企图解释我们自己对它的体验，有时候觉得接近了它，有时候却对它迷惑不解，觉得离它很远。

4. 之所以产生困惑，主要是因为我们对太一不能像对其他可理知事物那样，可通过推理的知识或理智的感知来认识，而只能通过超越知识的方式显现。灵魂有过从一坠落的经历，所以它深知，即使具有关于

---

① 这源于柏拉图主义—毕达哥拉斯主义对柏拉图《巴门尼德篇》的第一组假设的固定解释。
② 柏拉图：《会饮篇》211B1。
③ 这些特性指的是"运动"和"静止"。——中译者注

事物的推理性知识，也不是完全的一，因为推理知识是一个理性过程，而理性过程必然是多。于是，灵魂略过太一，坠入到数和多之中。因此太一必定在知识之上，绝对不会脱离一，他肯定超越于知识和一切已知的事物，也在其他一切包括美和视觉对象之外。因为每一个美的事物都居于太一之后，源于太一，如同白昼的光来自太阳一样。因此柏拉图说，"它不能被言说或书写。"① 然而我们的言说和书写都直接指向它，并且从推理中惊醒，转向对它的直接凝视，就如同向某个希望看到某物的人指明道路一样。但我们的教诲最多只能指明道路和行程，真正的看必须得由那已经决意去看的人来完成。如果这个人没有看到那个景象，他的灵魂没有意识到那儿的荣耀，他没有体验到也不能在自身中看到类似坠入爱河的情人所体验到的激情，那么，尽管由于他愈行愈近而接受了真正的光，并被通体照亮，最终还是被阻挡视觉的负担拉了回来。这也是由于灵魂不是独自上升，还携带着使它脱离太一的事物，或者还未被完全引进统一体之中——因为太一并不只是不在某物中，而且不在一切事物中，因而它只呈现给那些能够接受并且已经准备接受它的人。这样，接受者与它是一致的，就好比是在彼此的相似中领会和接触它。由于自身中拥有这样与源于太一的事物同类的能力，人只要保守他当初源于太一时的所是，就能够看到它其实就是那位神的可见本性。如果由于外部事物的阻隔，或者缺乏引导他并使他对太一充满信心的推理，他还没有到达那里，那么对于前一种原因，他自己必须为那些障碍负责，必须努力抛弃一切事物，成为独立自在的。至于后一种原因，即因缺乏可信的推理使他不相信太一，那么请他进一步思考以下的问题。

5. 有些人认为实在受偶性和意外支配，并且由躯体的原因聚合而成，他们都远离了神，远离了太一的观念。我们的讨论不针对这些人，而是针对那些认为除了躯体之外还有另一本性的人，他们至少能上升到灵魂

---

① 柏拉图《书信》VII.341C5。

的高度。他们肯定能理解灵魂，以别的方式理解它：认为它产生于理智，认为通过分有源自太一的理性原理，它拥有美德。然后，他们必须明白，理智不同于所谓的推理和计算，不同于已经处于某种分离和运动中的推理。我们的知识体系是灵魂里面的理性原理，其中一部分已经显明在那里，因为作为知识之因的理智已经存在于灵魂中。当人看见了理智，就像看见了某种感觉对象那样——因为理智被认为超越于灵魂，是灵魂的父，是一个可理知的世界——此时，他必然会说，理智是一种宁静的、不受干扰的运动，它包含万物于自身之中，并且就是万物，是既分又未分的多。理智不像我们已经逐个思考的理性原理那样被划分成多个，它的内容也不是混乱无章的，因为每一个都是被单独展开的。就如同在我们的知识体中那样，所有的条目都在一个无部分的整体中，而每一个条目又都是独立的。这个完全一体的多，可理知的宇宙，就是邻近本原的事物。我们的论证表明，只要承认灵魂存在，它就必然存在，并且必然是比灵魂更高的权威。然而，它不是本原，因为它不是一，也不是单一的。只有太一是单一的，是万物的原理。既然那事物比最高贵的真实存在者还要在先，就是说，在理智之前，必然有某种事物渴望成为一但又不是一，同时又有单一的形式。因为理智在自身中是不分散的，而是与自身完全合一，它与太一相距很近，这使它能够不与自身分离，尽管在某种程度上它确实敢于与太一保持一定距离——那事物就是在这样的理智之前，是太一的奇迹，它不是存在的，因此这儿的"一"可能并不意指另外的事物，实际上它并没有合适的名称。如果我们一定要给它一个名称，那么按通常的说话方式，唯有"一"是个合适的名称，但这个名称并不是说它是某种东西，那东西是一。正因为这样，我们很难认识它，但可以通过它的产物即实体较好地了解它——它是通向实体的理智[①]——它具

---

① 通常而言，本文与《九章集》的其他论文一样，都认为理智并不"通向"实体，因为两者是等同的。也许普罗提诺的意思是说，它是"我们里面"的理智，引导我们走向实体；他在论述通向太一的超理智途径过程中，插入这个句子，意在提醒读者注意，只有当理智方式已经实现自己的目标之后，才能开始走这条途径。

有这样的本性：是佳美者的源泉，是生育真实存在者的能力，它持守自身，不会有所减少，它也不是诸多生成物中的一个。在所有这些事物之前的事物，不论它究竟是什么，我们别无选择，只能给予"太一"这个名称，以表明它与众不同的本性。通过这一名称也使我们自己产生一个不可分的观念，希望把我们各自的灵魂统一起来。但是就算我们称它为一，我们的意思也不是说它是一个点或一个单位，因为以这种方式谓之为一的，是数量的原理。若不是实体和实体之前的那个事物已先行存在，这些原理就不可能存在。因此我们不能认为那一是一个点或一个单位，但我们仍然可以使用它们。只要避开它们中的多样性和部分性，从它们的单一性看，这些事物对应于那些高级事物。

6. 那么，我们在何种意义上称它为一，我们又该如何思考它呢？我们必须明白，"太一"远不是统一的一和点。就这一和点来说，灵魂抽掉了数上的大小和多少，直至最小的值。然后它的思想停留在某种没有部分的事物上，但这无部分之物原本在可分的事物中，因而就是在另外事物中，而不在他物或可分之物中的事物。虽然它也是无部分的，却并非与最小物同样意义上的无部分，因为它是万物的最大者，不是尺寸之大，而是能力之大，因此它的无尺寸也是一种能力。它之后的事物也都是在能力上不可分和未分割，而不是在体积上。它之所以被认为是无限的，必然不是因为它的尺寸和数量不能度量或计算，而是因为它的能力无法为人理解[①]。因为当你认为他是理智或神时，他却不只是理智或神；当你将他统一在你的思想中时，他却超越你思想的统一程度而远非你的想象所能及；他自身没有任何的偶性。不过，也有人根据他的自足来思考它的一，认为既然他是万物中最充分独立的，必然也是最没有需求的。凡是多的事物都有匮乏，除非它从多变成了一。因而它的实体需要成为

---

① 这里普罗提诺想用"一"和"无限"这样的术语来描述第一原理，也许这是《九章集》中对这种方法的最清晰的解释，这些术语指向超越于任何可理解的单位或无限定性的事物。

一，而太一不需要自身，因为它就是自身。可以肯定，任何是多的事物都需要构成它的所有成分以及它所包含的每一事物，因为它与他者同在而不是自存自在的，它需要他者才能存在。这样的事物既需要每个单一的部分，也需要由各部分构成的整体。这样说来，如果必然存在完全自足的事物，那它必然就是太一。这是唯一一个既不需要与自身相关，也不需要与任何其他事物相关的事物。因为它不会为自己的是或福祉寻找任何东西，也不需要将自身确立在自己的位置上。由于它就是其他事物的原因，所以它不从他物中获取它之所是，在它自身之外也不会有什么福祉。因此它的福祉对它也不是偶然的，因为这福祉就是它自身。它也没有处所，因为它不需要安身立命之所，似乎不能支撑自己似的。那必须确立的东西是无灵魂的，是一个若不确立就要崩塌的东西。其他事物都通过他才得以安身立命，它们通过他同时存在，各自拥有指派给它们的位置。但是，凡是在寻找自己位置的事物总是处在匮乏之中。而一个原理却不缺乏它所产生的事物，因此万物之原理不需要任何事物，因为凡是处在匮乏中的事物都必须竭尽全力寻求自己的原理。如果太一缺乏什么，那它所寻求的显然不是一，这样岂不可以说它需要破坏者？而任何被认为处于匮乏中的事物都缺乏福祉和保护者。因此不存在有益于太一的事物，所以它也就不可能希求任何事物了。它超越善，不求对自己的益处，只求有益于他者，只要其他事物能够分有它，就对它们有益。它不思考，因为不存在异；它不运动，因为它在运动之前，也在思想之前。他能思考什么呢？他自身吗？如果是这样，那么在他思考前他得是无知的。他思考是为了认识自己——这自给自足者。然而由于他不从事认识自己和思考自己的活动，因此也不存在对自己的无知。因为无知是对他者而言的，是一物对另一物而言的；而完全的一没有知，也不包含任何它所不知的东西，它是一，与自己完全合一，因而不需要思考自身。你不必为了保守这个一而加上"合一"之类的字眼，而应该取消思考、合一、关于自身和他者的思想等字眼。因为我们绝不能把他置于思者的层次上，毋宁说是思想。但这思想不思，只是他者之思想的原因。原因与结果是不同的，所以万物之因不是万物中的一个。因此，我们甚至不能说太一是善的，因为善是太一给予的。但在另一意义上，可以称太一为超越了所有善的至善。

7. 如果因为太一不是所有这些事物，你关于它的思想变得模糊不定，那么就牢牢地立足于这些事物，通过它们来沉思它。但是沉思时，不要将你的思想投向外面，因为它并不是独自在某处，不让其他事物拥有它。相反，它总是显现给任何能够触及它的人，但对不能触及它的人，它不会显现。就其他事物来说，当你全神贯注地思考某物时，你就不可能再思考任何别的事物了，你不能对正在被思考的事物添加任何东西。这样，那事物可能就是真正被思考的事物。这里也同样，我们必须知道，如果我们的灵魂中有了其他事物的印象，那么当这种印象正在活动时，我们就不可能思考太一；如果灵魂已经被某些事物占据，那就不可能再接受相反事物的印象。正如关于质料所说的那样，如果它要接受一切事物的印象，那它就必须脱离所有性质①。灵魂就更是这样了，如果它想毫无妨碍地接纳太一，获得这第一本性的充盈和照亮的话，那它就必须全然没有形式。若果真如此，灵魂就必须抛弃所有外在事物，并完全转向内在的东西。只有在灵魂不倾向于任何外在事物，漠视万物（如它先前在感知觉领域，而后在形式领域所做的那样），甚至漠视自己，这样才能转向对太一的沉思，并且伴随在它的左右，与它有充分的交流（可以这么说）。然后，如果有可能，向他者宣告那种超然的合一。或许正是因为弥诺斯（Minos）获得了与宙斯的这种合一，所以故事里才认为他是"宙斯的老朋友"②。也正是因为他铭记了这一点，他才在灵魂的印象中制定法律，因为他与神亲密接触，心里充满了立法的欲望。或者他也有可能

---

① 对柏拉图《蒂迈欧篇》50D-E 的简要意译。

② 这一引语出自《奥德赛》19.178-9。不过，普罗提诺可能引自托名柏拉图的对话《弥诺斯》(318E-320D)。

认为公民事务不值得他劳心，他对这种事不屑一顾，只想永远留在高处。对于见多识广的人来说，这种事情并不少见。柏拉图说，太一并不在任何事物之外①，而是与万物相伴随，只是它们毫不知觉，因为它们逃离了太一，在太一之外，或者毋宁说它们逃离了自身，在自身之外。因此它们无法抓住它们已经逃离了的东西，在它们丧失了自身之后，它们也没有寻求他者。一个发疯并迷失了自我的孩子，肯定不知道他的生父是谁。只有学会了怎样认识自己的人，才可能知道自己来自何处。

8. 这样说来，如果一个灵魂在其余时间里都认识自己，知道自己的运动不是直线，除非它里面出现了某种断裂，它的本性运动——可以说——是围绕某物的圆周运动，这个某物不在它之外，不是外部的事物，而是圆心，生出圆圈的圆心，那么灵魂将围绕这个圆心——这是产生它的源泉——运动，将依赖于这个圆心，使自己与它和谐一致。所有灵魂都应当与它一致，诸神的灵魂也总是与它一致。正是因为它们使自己与它和谐一致，它们才是诸神。因为所谓神，就是与那个圆心相联系的事物，而那远离这一圆心的事物则是包含多样性的人或兽。那么是否可以说，我们所要寻找的就是灵魂的这个圆心呢？或者我们认为它是某种所有这样的圆心在它里面合一的事物？而下界事物围绕的圆心则仅仅是它的相似物？灵魂之圆不是几何图形意义上的圆，因为在灵魂之中且环绕它周围的是古老的本性②，因为灵魂来自这样的一个源头，也因为所有灵魂都完全独立。然而，由于我们的一部分受躯体控制，就如同某人的脚泡在水里，其余部分却露出水面一样，所以我们要依靠未浸入躯体的部分来提升我们自己，并借此使我们自己在自己的圆心与某种类似于万物

---

① 柏拉图：《巴门尼德篇》138E。

② 灵魂的"古老本性"这一短语出现在柏拉图的《会饮篇》192E（阿里斯托芬的故事）、《理想国》X611D2（海神格拉古［Galacus］的故事）、和《蒂迈欧篇》90D5（谈论灵魂的教化问题）中。在所有这些地方，这个短语都意指灵魂原初的真实本性。普罗提诺在VI.5.1 再次在这个意义上使用这个词，这里也必然是指这个意思。Harder 基于 I. 8. 7. 6 里的阐释——把"古老的本性"解为质料，对这段话作出了不同的解释。

之圆心的事物相连接，就如同一个球体的大圆的圆心与包围一切的球体的中心联合。因此我们是安然无恙的。如果我们的圆是形体的圆，而不是灵魂的圆，那么它们就会在某处与圆心接触。圆心在某个地方，它们就环绕着它。但是因为灵魂自身属于理智领域，而太一超越理智，所以我们必须设想这是由其他能力引起的接触，接触的方式就是思想者自然地与思想结合在一起的那种方式。思想者通过同和异，更加完整地呈现出自己，并且与和它相似的事物结合，没有任何东西将它们分开。躯体因为是躯体，造成彼此交流困难，但躯体不能阻隔无形的事物。它们也不是在处所中，而是由于相异和差别才有所分离。因此，如果没有任何相异，不包含他者的事物就会相互显现。而太一不包含任何他者，因此永远显现。我们也一样，只要没有任何他者，就向它显现①。太一不欲求我们，但依然在我们周围，而我们出于对太一的欲求才环绕它。我们虽然总是环绕它，但并不总是凝视它。这就像一个唱诗班，每个成员都跟着指挥的节奏有序歌唱，只是有时他们可能会注意力不集中，不看指挥，偏离这个中心。但是，只要合唱队的注意力又重新集中到指挥身上，它就唱得很优美，并且真正与他同在。同样，我们也要始终环绕他——如果不是这样，我们就会被完全分解，不复存在了——尽管并不总是专注于他。但是只要我们真正地凝视他，我们就能到达我们的目标，处于静止，不会跑调，因为我们真正环绕着太一，踩着神灵启示的舞步。

9. 在这舞蹈中，灵魂看见了生命之源、理智之源、灵魂之根以及是的原理和善的原因。这些从太一倾泻而出的事物都不会导致对太一有丝毫减损，因为在他，根本没有体积，否则他所产生的事物就都是可灭的。事实上，它们都是永恒的，因为它们的原理始终保持同一，没有随它们分割，而是作为整体运行在它们之中。因此它们也驻颜不老，正如只要

---

① 普罗提诺是说，"只要我们里面没有任何他者的妨碍，也就会向太一显现。"——中译者注

太阳长存，阳光也就长存一样。因为我们不是从太一分离或独立出来，尽管躯体的本性已经侵入，使我们沉溺其中，但由于至善并不是赐予了礼物后就转身离去，只要它存在，就一如既往地把礼物赐予我们，所以，我们依然能呼吸，依然受到保护。但如果我们转向他，我们就会更丰满地存在，我们的福祉也在那里。而远离他意味着什么？就是卑微地存在。灵魂在那里安息，置身一切邪恶之外，这是因为灵魂来到了不染浊世之尘的处所。灵魂在那里思考，并非消极被动，它的真生命就在那里。而我们今世的生命，这种没有神的生命，是模仿那种生命留下的些微痕迹而已。在那个领域，生命是理智的活跃现实性；而活跃的现实性在与至善的安静接触中生育出诸神，生育出美、公正和美德。当灵魂为神所充满时，它所怀的正是这些事物。这既是灵魂的开端，也是它的终结。说是它的开端，因为它来自那里；说是它的终结，因为它的善就在那里。当它回到那里，它就成为它自己，成为它原来的所是，因为它来到这里，住在这个世界的事物中，那只是一次堕落，一次放逐，一次"翅膀的脱落"①。灵魂固有的爱表明，至善就在那里。这也正是在图画和故事中，爱神厄洛斯总是与灵魂（Psyches）相伴相随的原因。既然灵魂并非神，而是源自神，那么它必然深爱着神。当它在神的世界时，它的爱就是天上的爱；而当它在这个世界时，它的爱就成了粗俗的爱。因为灵魂在那个世界是天国的阿佛洛狄忒，而在这个世界则是粗俗的阿佛洛狄忒，属于妓女一类而已②。每一个灵魂都是阿佛洛狄忒，阿佛洛狄忒诞生、厄洛斯与她一同降生的故事足以体现这一点③。因此，在其自然状态中，灵魂深爱着神并希望与他结合，这类似于一个女孩对她高贵父亲的高贵的爱。但当灵魂来到生成的世界，可以说，求婚者的阿谀奉承把她蒙骗，于是她发生

---

① 出自《斐德若篇》的神话 248E。
② 这样两种阿佛洛狄忒的区分（似乎是一种雅典同性恋者的玩笑，而没有宗教或通俗信仰的基础）可参看《会饮篇》180D-E。
③ 《会饮篇》203B。柏拉图在 III.5.7-9 中对此作了充分的解释。

了变化，抛弃了她的父亲，为她的凡人之爱蒙受耻辱。但她又渐渐憎恨起她在下界的耻辱，在自身中清除这个世界的事物，走上回归她父亲的道路，并一帆风顺①。如果有人并不知道这种经历，那就让他依据下界的爱来设想它吧。但灵魂最希望得到的是它最爱者的爱，而这些世俗之爱不过是凡人之爱，是有害的爱，只是是对形像的爱而已。它们会发生变化，因为那不是真正爱的对象，也不是我们的善，不是我们所寻求的东西。但我们有真爱，我们还能与他结合，拥有他的一部分，并且是真正地拥有他，而不是以肉体的形式从外面拥有他。"不论谁看见了，都知道我说的是什么"②，所以灵魂有另一种生活，向他趋近，并且已经靠得很近，已经拥有了他的一部分。在这样的状态中，灵魂知道真实生命的给予者是存在的。除此之外，我们别无所求。恰恰相反，我们必须放弃其他事物，完全立足于此，切除包裹着我们的所有其他事物，只成为这一个。因此我们必须急切地逃离下界，不甘于被其他事物束缚。这样，我们才能全身心地拥抱神，没有哪一部分不触及神。在那里，我们既能看见他，又能看见我们自己。这个自己变得光彩夺目，充满了理智之光——或者毋宁说，它自身就是纯粹的光——轻盈、自由飘荡，变成了一个神，或者毋宁说，就是一个神，然后开始熊熊燃烧。但是，如果我们又坠落下去，那这火就会再次熄灭。

10. 那么，我们为什么没有留在那里呢？因为我们还没有完全脱离这个世界。但是总有一天，我们会一直看见，因为不会再有任何来自躯体的妨碍。当然受到妨碍的并不是已经看见的那部分，而是当已经看见的部分退出了视线时，另一部分却依然没有摆脱知识，所谓知识就在于论证、证据以及心灵的推论。然而，看与已经看见的那者不是理性，而

---

① 普罗提诺还在 V. 5. 12. 37 用了这个比喻。不过在那里，引诱女儿离开父亲的不是感官世界的美，而是可理知世界的美。

② 这句话似乎一直是个相当常见的口头禅，往往是在秘仪开始时说的，防止他人泄露奥秘。普罗提诺还在 I. 6. 7. 2 使用了这句话。

是比理性更大，在理性之前，超越于理性，就如那被看的事物。因此，如果看者看见自己，那么当他看的时候，他将看见自己是这样的，或者毋宁说，他将融入这样的自己之中，将意识到自己是这样的，因为他已经变得简单而纯一。但如果我们一定要说它们是二，即看者与被看者，而不是大胆地说二者为一，那么我们或许不应该说"将看见"，而应该说"曾被看见"。这样说来，其实看者并不看，也不区别，甚至也不想像二。他似乎已变成了另外的事物，他不再是自己，也不属于他自身，而渐渐属于那者，因而是一，并且可以说圆心与圆心相接。下界的情况也是如此。当圆心合在一起时，它们就是一；当它们分开时，那就有二。这也就是我们现在谈论的"另一个"的含义。出于这样的原因，很难用语言来描述这种视界。因为当他拥有视界时，其实他并未看见另一个。另一个与他自身合而为一，他怎么可能说出另一个是怎样的呢？

11. 所以在下界，我们的奥秘里有规定：不可向没有此类经验和知识的人泄露奥秘，这样规定的目的就在于此。不可泄露至善，对于自己还没有好运看见这位神的人，不可向他宣告这位神。既然原本就不存在二，那么看者自身与被看者就是一（因为被看者并非真的被看见，而是与他结合在一起）。如果他记得当他与那者结合时，他变成了谁，那么他就在自身中有了那者的一个形像。他自身是一，既没有与自身的区别，也没有与他物的区别——因为当他上升到那里之后，他里面既没有运动，也没有情绪，没有对任何事物的欲求——甚至也没有任何理性或思想，甚至他自身也不在那儿，如果我们非这样说不可的话。他似乎被神充满，完全失去自己，处在一种宁静的孤寂和漠然状态，他的整个存在既不转向任何地方，也不忙碌于自身，而是处于完全静止之中，并成了某种静止。他没有任何关于美的思想，而是已经超越了美，超越了整个德性家族，就像一个径直走进圣殿的人，把外殿的雕像置于身后。他在内殿沉思，在那里与神自身交流（而不是与某一雕像或影像交流），然后他走出圣殿，这些雕像或影像又成为他最先看到的事物，但它们是沉思的次级对象。而另一者或许不是一种沉思，而是另一种看，一种脱离自身的出神，它简化自身，放弃自身，紧密接触又静止不动，是一种既持续不变又顺应万变的思想。如果以另一种方式看，就会什么也看不到。这里的事物都是影像。因此，讲解圣事的人如果有智慧，就会用谜语来解释神是如何为人所见的；而有智慧的祭司理解了谜语之后，进入圣殿就可以进行真正的沉思；即使他不曾到过那圣殿，也会认为这圣殿是无形之物，是源泉，是原理。他知道他能通过原理看到原理，知道同类相聚。他甚至不会忽视灵魂看见神之前可能拥有的任何神性，还将从这种看中寻求安宁。他已经超越了一切，静止对他来说，就是在一切之前的事物。因为灵魂的本性肯定不会到达绝对的非存在，但当灵魂下降时，它会到达恶，在这个意义上，也就是到达了非存在，当然还不是绝对的非存在。如果灵魂朝相反方向运行，它就会到达自身，而不是到达其他事物。在这个意义上，既然它不在任何其他事物中，也不在无中，因而就在自身之中。如果它只在自身之中，不在是中，那么它就是在那者中。因为通过这种交流，灵魂不是变成了实体，而是"超越了实体"。如果一个人看到自己已成了这一点，那么他就会有与那者类似的自身。如果他从自身中继续前行，就如从影像走到原型，那他就到达了"旅程的终点"①。当灵魂从异象坠落，他就再次唤醒自身中的美德，认为自己通过这些美德变得有序而美丽。他将再次变得轻盈，经过这些美德到达理智和智慧，通过智慧到达至善。这就是诸神以及像神一样的有福之人的生活。这种生活已经脱离了这个世界的事物，不以世俗之事为乐，在孤独中走向遁世。②

---

① "超越实体"出自柏拉图《理想国》VI 509B9，是经常引用的基础文本；"旅程的终点"出自《理想国》VII 532E3，同样也是讨论向至善的攀升。

② 最后一句话通常译为"从孤独走向孤独"，是普罗提诺唯一一句广为人知的话。他在《九章集》其他地方谈论我们与至善相遇时也使用"从孤独到孤独"的公式（I. 6. 7. 8; VI. 7. 34. 7）。事实上，这是一个相当常见的希腊短语，一般但并不总是在讨论宗教话题时使用……它确实告诉我们普罗提诺神秘主义的重要信息，但如果不联系他谈论灵性生命的其他作品，以及坡菲利对自己所了解的普罗提诺的描述，那这句话可能会令人误解。

附录

一 普罗提诺年表[①]

205　普罗提诺生于埃及,可能是利库波里(Lycopolis)。(V.P.2.37)。

230—231　普罗提诺28岁,决定献身哲学,参加了亚历山大里亚数位著名哲学家的讨论课,但都失望而归。(V.P.3.7)

232—242　普罗提诺听从朋友的建议,负笈柏拉图主义思想家阿谟尼乌斯(Ammonius)门下,求学达11年之久。他的同学包括赫莱尼乌(Herennius)和奥利金(Origen)。必须注意的是这个奥利金是异教思想家奥利金,而不是早于普罗提诺的基督教思想家奥利金,尽管后一个奥利金也曾在公元202—203年投师于阿谟尼乌斯。

234　坡菲利出生。

243　普罗提诺参加了罗马皇帝哥狄安(Gordian)在美索不达米亚(Mesopotamia)的军队。他希望随军远征,可以遇见波斯或印度的圣者。

244(2月或3月)　哥狄安被阿拉伯人菲利普(Philip the Arab)的党徒杀害,普罗提诺历尽艰辛逃回安提阿(Antioch)。类似的事件经常在3世纪的罗马上演,哥狄安本人就是如此登上皇位的。当时的元老院在决定皇帝的人选上拥有决定权,而军队在废立上扮演重要的角色。普

[①] 此年表据 Pierre Hadot, *Plotinus or the Simplicity of Vision*, English Translated by Michael Chase, Chronological Biography, The University of Chicago Press, 1989。

罗提诺能够参加哥狄安的远征军，我们可以推想他与元老院有良好的关系，因为元老院对哥狄安颇有好感。

244　美索不达米亚事件之后，普罗提诺抵达罗马。

244—253　普罗提诺给小群学生授课，但没有任何著述。

246　阿美里乌（Amelius）成为普罗提诺的学生。他编辑了就学其间普罗提诺的讲课记录。

254　伽利厄努（Gallienus）统治初年。普罗提诺构思了某些论文。(V.P.4.10)

263　坡菲利从雅典到罗马。在此之前，他曾就学于朗基努斯。他到罗马时，普罗提诺的学院已经是夏日假期，然而他还是拜访了普罗提诺。(V.P.5.4) 坡菲利没有立即获准进学院。在与阿美里乌作了一次长时间的讨论，对普罗提诺的思想有比较准确的了解之后，才被获准。此后，普罗提诺的著作就交托给了坡菲利。(V.P.18.19)

266　元老院议员撒比尼鲁（Sabellinus），他是皇帝伽利厄努的顾问，成了普罗提诺学院的听众。(V.P.7.31) 伽利厄努和皇后撒罗尼娜（Salonina）对普罗提诺都有极高的评价。(V.P.12.1) 普罗提诺曾希望修复卡姆帕尼亚（Campania）小镇，在那里按照柏拉图的理想国建立一个柏拉图城邦，然而由于皇帝身边一些人的恶意攻讦，无果而终。

268　坡菲利患上忧郁症，考虑自杀。普罗提诺发现后，就劝他去旅行。坡菲利离开罗马去西西里（Sicily），住在利莱贝乌（Lilybaeum）小镇一个名叫普罗布斯（Probus）的人的家里。(V.P.11.11)

268　（夏）伽利厄努遭暗杀；开始克劳狄二世（Claudius II）统治。普罗提诺的致命的疾病的第一阶段症状已经显现。(V.P.2.11)

268—269　阿美里乌离开罗马，前往朗基努斯在泰尔（Tyre）的泽诺比亚（Zenobia）女王府邸。(V.P.19.32) 随后的一年，他到了叙利亚（Syrian）的阿帕米亚（Apamea）。(V.P.2.33)

269　普罗提诺离开罗马，隐退到泽修斯（Zethus）的庄园，距卡姆帕尼亚的明图尔奈（Minturnae）有六里远。(V.P.2.18)

270 普罗提诺去世。(V.P.2.23)

301 坡菲利写出《普罗提诺生平》，编辑出版了《九章集》第一版。(V.P.23.13) 坡菲利特别说明他此时已经 68 岁了。

二 《九章集》的版本[①]

Plotini Opera. Ediderunt P.Henry et H.R.Schwyzer, 3 Vols., Paris, Brussels, and Leiden, 1951-1973(Editio maior)(H-S1)

Plotini Opera. Ediderunt P.Henry et H.R.Schwyzer, 3 Vols., Oxford, 1964-1982(Editio Minor)(H-S2)

Plotinus. Text with an English translation by A.H. Armstrong, Vols. 1-7, Loeb Classic Library, Cambridge, Mass. and London, 1966-1988.

Plotinus, English Translated by Stephen MacKenna and B.S.Page, Chicago, London, Tronto, Geneva, Sydney, Tokyo, Manila: William Benton, Publisher, 1952.

Plotinus Schriften. Ubersetzt von R.Harder. Neuarbeitung mit griechischem Lesetext und Anmerkungen, Hamburg, 1956.(This includes the first 21 treatises in the chronological order).

Plotinus Schriften. Ubersetzt von R.Harder. Neuarbeitung mit griechischem Lesetext und Anmerkungen von R.Beutler und W.Theiler, Hamburgh, 1960-1967.(This contains the remaining treatises. This indices were compiled with the help of G.J.P.O Daly).

Enneades. Texte etabli et traduit par E.Brehier, 7 Vols., Paris, 1924-1938.

Enneadi. Prima versione intergra e commentario critico di Vincenzo Cilento,

---

[①] 根据 Kevin Corrigan, *Plotinus' Theory of Matter-Evil and The Question of Substance: Plato, Aristotle, and Alexander of Aphrodisias*, p.396, Leuven: Peeters, 1996。

Bari, 1947-1949.

Plotino. Eneadas 1-11. Introducciones, traducciones y notas de Jesus Igal, Madrid, 1982.

Plotini Opera Omnia. Apparatum criticum disposiut, indices concinnavit G.H.Moser; emendavit, indeces explevit, prolegomena, introductions, annotations adiecit F.Creuzer, 3 Vols., Oxford, 1835, Enneades, iterum ed F.Creuzer et G.H.Moser, Paris, 1855.

For an excellent word index consult J.Sleeman and G.Pollet, *Lexicon Plotinainum*, Leiden, 1980. Another index from K.S.Guthrie, *An English Index to the Enneads of Plotinus*, Chihonios Books, 1980.

三 普罗提诺著述年表和坡菲利的《九章集》排序表的对照

我们根据坡菲利的《普罗提诺生平和著作顺序》整理出下面的普罗提诺写作《九章集》各篇论文的年表。可以看出，普罗提诺写作不是根据某种逻辑体系构造的，而是由一个个主题式的论文构成的。前面的1-54的序号是普罗提诺写作的顺序，括号中的序号则是坡菲利所编的《九章集》的排列。①

254—262年写的论文有：

    1. 论美（I.6）

    2. 论灵魂的不朽（IV.7）

    3. 论命运（III.1）

    4. 二论灵魂的本质（IV.2）

---

① 根据 Porphry, V.P. 4-6.

5. 论理智、形式和是（V.9）

6. 论灵魂坠入躯体（IV.8）

7. 本原之后的东西如何产生于本原；兼论太一（V.4）

8. 是否所有灵魂都是同一的（IV.9）

9. 论良善或太一（VI.9）

10. 论三大本体（V.1）

11. 论本原之后产生的存在者的起源和秩序（V.2）

12. 论两类质料（II.4）

13. 多种考虑（III.9）

14. 论天体运动（II.2）

15. 论分派给我们的守护神（III.4）

16. 论超脱躯体（I.9）

17. 论实体，或论性质（II.6）

18. 论是否有关于个体的相（V.7）

19. 论美德（I.2）

20. 论辩证法（I.3）

21. 一论灵魂的本质（IV.1）

263—268 年写的论文有：

22. 论是、一与同于无论何处皆显为整体（VI.4）

23. 再论是、一与同于无论何处皆显为整体（VI.5）

24. 论超越是的东西不思，兼论什么是首要和次要的思的原理（V.6）

25. 何谓潜能地存在，何谓现实地存在（II.5）

26. 无形体之物的不可灭性（III.6）

27. 一论灵魂问题的难点（IV.3）

28. 二论灵魂问题的难点（IV.4）

29. 三论灵魂问题的难点，或者论视力（IV.5）

30. 论自然、凝思和太一（III.8）

31. 论可理知的美（V.8）

32. 论可理知者不外在于理智，兼论至善（V.5）

33. 驳诺斯底主义（II.9）

34. 论数（VI.6）

35. 远处的事物何以显得小（II.8）

36. 福祉是否随时间而增加（I.5）

37. 论完全混合（II.7）

38. 形式的多样性如何形成，兼论善（VI.7）

39. 论自由意志和太一的意志（VI.8）

40. 论天（论宇宙）（II.1）

41. 论感知觉和记忆（IV.6）

42. 一论是的种类（VI.1）

43. 二论是的种类（VI.2）

44. 三论是的种类（VI.3）

45. 论永恒与时间（III.7）

269年写的论文有：

46. 论福祉（I.4）

47. 一论神意（III.2）

48. 二论神意（III.3）

49. 论认识本体和超越者（V.3）

50. 论爱（III.5）

270年写的论文有：

51. 论恶的本性和恶的起源（I.8）

52. 星辰是否原因（II.3）
53. 什么是生命物？（I.1）
54. 论至善以及其他诸善（I.7）

根据《九章集》译者 A.H.Armstrong 的整理，我们可以把普罗提诺本人的写作时间序列和坡菲利的编纂顺序简洁地对应为如下表格。文中的 Enn. 表示坡菲利编排的《九章集》的排列；文中的 chron. 则表示普罗提诺原先的著述顺序。

（一）从坡菲利《九章集》的排序到普罗提诺的著述顺序：

Enn.	chron.	Enn.	chron.	Enn.	chron.
I.1	53	II.1	40	III.1	3
I.2	19	II.2	14	III.2	47
I.3	20	II.3	52	III.3	48
I.4	46	II.4	12	III.4	15
I.5	36	II.5	25	III.5	50
I.6	1	II.6	17	III.6	26
I.7	54	II.7	37	III.7	45
I.8	51	II.8	35	III.8	30
I.9	16	II.9	33	III.9	13

Enn.	chron.	Enn.	chron.	Enn.	chron.
IV.1	21	V.1	10	VI.1	42
IV.2	4	V.2	11	VI.2	43
IV.3	27	V.3	49	VI.3	44
IV.4	28	V.4	7	VI.4	22
IV.5	29	V.5	32	VI.5	23

Enn.	chron.	Enn.	chron.	Enn.	chron.
IV.6	41	V.6	24	VI.6	34
IV.7	2	V.7	18	VI.7	38
IV.8	6	V.8	31	VI.8	39
IV.9	8	V.9	5	VI.9	9

（二）从普罗提诺的著述顺序到坡菲利《九章集》的排序：

Enn.	chron.	Enn.	chron.	Enn.	chron.
1	I.6	19	I.2	37	II.7
2	IV.7	20	I.3	38	VI.7
3	III.1	21	IV.1	39	VI.8
4	IV.2	22	VI.4	40	II.1
5	V.9	23	VI.5	41	IV.6
6	IV.8	24	V.6	42	VI.1
7	V.5	25	II.5	43	VI.2
8	IV.9	26	III.6	44	VI.3
9	VI.9	27	IV.3	45	III.7
10	V.1	28	IV.4	46	I.4
11	V.2	29	IV.5	47	III.2
12	II.4	30	III.8	48.	III.3
13	III.9	31	V.8	49	V.3
14	II.2	32	V.5	50	III.5
15	III.4	33	II.9	51	I.8
16	I.9	34	VI.6	52	II.3
17	II.6	35	II.8	53	I.1
18	V.7	36	I.5	54	I.7

译名对照表

A

Achilles，阿喀琉斯
Aculinus，阿库利努斯
Adelphius，阿德菲乌斯
Adrasteia，阿德拉斯特娅
Adrastus，阿德拉斯图斯
Aeacides，埃阿基得斯
Aeacus，埃阿科斯
Alcibiades，阿尔基比亚德
Alexander of Aphrodisias，阿佛洛狄阿斯的亚历山大
Alexander the Libyan，利比亚人亚历山大
Alexandria，亚历山大里亚
Allogenes，阿洛根尼
Amelius，阿美利乌斯
Amelius of Tuscany，土斯卡尼的阿美利乌斯

Ammonius，阿摩尼乌斯
Amphiclea，阿姆菲克丽
Andronicus Peripatet，安德罗尼柯·伯里帕忒特
Annius，安尼乌斯
Antioch，安提阿
Antimachus，安提马库斯
Antonius of Rhodes，洛得斯的安托尼乌斯
Apamea，阿帕米亚
Aphrodite，阿佛洛狄忒
Apollodorus，阿波罗多鲁
Archontics，阿卡尼派
Aristippus，阿里斯提波
Aristarchus，阿里司塔库斯
Ariston，阿里斯同
Aristotle，亚里士多德
Aspasius，阿斯帕西乌斯
Athenaeus，阿特纳奥斯

Atheus，阿撒乌斯
Atticus，阿提库斯
Aurelian，奥瑞利安
Aurelian，奥瑞里安
Axiochus，阿克西俄库斯

B

Bailey，贝雷
Basileus，巴西来乌斯
Beutler-Theiler，柏特勒-塞勒
Bion of Borysthenes，波律斯提尼的彼翁
Brehier，柏勒海
Byzantine Psellus，拜占廷的帕塞鲁斯

C

Campania，康帕尼亚
Chione，喀奥妮
Claudius，克劳狄乌斯
Campania，卡姆帕尼亚
Carterius，卡尔特里乌
Castricius，卡司特里塞乌斯
Chaldean，迦勒底
Cicero，西塞罗

Cilengo，克莱尼格
Cleodamus，克莱达姆斯
Cilento，克勒尼特
Cronius，克洛尼乌斯

D

Damascius，达马修斯
David, E. R.，大卫
Demeter，得默忒耳
Democritus，德谟克利特
Demostratus，德谟司特拉图
Diels-Kranz，第尔斯·克朗兹
Dillon, John，狄龙乔
Diogenes Laertius，狄奥根尼·拉尔修
Diophanes，狄奥法尼
Dodds，陶茨

E

Elias，伊莱亚斯
Empedocles，恩培多克勒
Epicharmus，厄庇卡尔玛斯
Epicurus，伊壁鸠鲁
Epinomis，伊比诺米斯
Er，阿尔米纽斯
Erectheus，厄瑞克修姆

Erennius，厄莱尼乌斯

Eubulus，欧布鲁斯

Eucleides，欧几里得

Euripides，优利庇德斯

Eunapius，欧那比乌斯

Eusebius，欧西比乌

Eustochius，欧司托克乌斯

F

Firmicus Maternus，弗米科斯·玛特努斯

Firmus，菲尔姆斯

Foreigner，弗洛根尼

G

Gallienus，伽利厄努斯

Gaius，盖乌斯

Galacus，格拉古

Glaucus，格劳科斯

Gentilianus，阿美利乌斯·盖提利亚努斯

Gemina，格米娜

Gilento，吉蓝特

Gordian，革提安

Gorgias，高尔吉亚

H

Harder，哈达

Heliodorus Alexandrian，亚历山大里亚的赫利奥多鲁斯

Henry，亨利

Hephaesrus，赫菲斯图斯

Heracles，赫拉克勒斯

Herminus，赫尔米努斯

Herodotus，希罗多德

Hesiod，赫西奥德

Hestia，赫斯提阿

Hostilianus Hesychius，荷司底里阿努斯·赫绪基乌斯

I

Idomeneus，伊多梅纽斯

Igal，恩格尔

Irenaeus，伊利奈乌

ISIS，伊希斯

J

Jamblichus，扬布利科

Julian，尤里安

K

Kronos，克洛诺斯

L

Lyco，吕科
Lycopolis，吕科波利斯
Lydus，吕都斯
Lilybaeum，利列俾阿姆
Linus，利努斯
Longinus，朗基努斯
Lynceus，林扣斯
Lysimachus，吕西玛库斯

M

Malcus，马库斯
Marcellus Orrontius，玛尔塞鲁斯·奥戎提乌斯
Marcus Aurelius，马库斯·奥勒留
Macrobius Saturnalia，玛克罗比乌斯
Maximus，马克西姆斯
Medius，梅狄乌斯
Megalos，梅伽罗斯
Messus，美苏斯

Mesopotamia，美索不达米亚
Minturnae，明图尔奈
Minos，弥诺斯
Moderatus，摩德拉图斯
Musonius，穆索尼乌斯

N

Nag Hammadi，拿戈·汉玛第
Narcissus，拿赛苏斯
Nicotheus，尼扣忒乌斯
Numenius，努美尼俄斯

O

Olympius，奥林庇乌斯
Oppermann H.，奥伯曼
Origen，奥利金
Orphic，奥菲斯

P

Palmyra，帕米拉
Paris，帕利斯
Parmenides，巴曼尼德
Paulinus of Scythopolis，西徐亚城的保利努斯

Persian,波斯人

Pheidias,斐伊狄亚斯

Pherecydes,弗兰凯达斯

Phoebus,福玻斯

Philip,菲利普

Philebus,菲莱布斯

Philocomus,费洛科姆斯

Phoebion,福比翁

Phoenicia,腓尼基

Platonopolis,柏拉图城

Plutarch,普卢塔克

Porphyry,坡菲利

Possidius,波赛达乌斯

Posidonius,波西多纽

Polemon,波勒蒙

Potamon,波他蒙

Priam,普里阿摩

Probus,普罗布斯

Proclinus,普洛克利努斯

Proclus,普卢克鲁斯

Psyches,普绪克

Ptolemaeus,托勒密

Puteoli,浦泰俄利

R

Rhea,瑞亚

Rhodes,罗得岛

Rogatianus,罗加提亚努斯

Ross,罗斯

S

Sabinillus,撒比尼鲁斯

Saccas,撒卡斯

Salonina,撒罗尼娜

Schwyzer,舒维兹

Serapion,塞拉皮龙

Seth,塞特

Severus,塞维鲁斯

Sibyl,西比尔

Sicily,西西里

Sophia-Achamoth,索菲亚·阿卡莫斯

Stobaeus,斯托拜乌

Story of Atlantis,阿特兰提斯的故事

Syria,叙利亚

T

Tartarus,塔尔塔罗斯

Teles,忒勒斯

Thaumasius,陶玛西乌斯

Theiler W.，泰勒

Themistocles，塞米司托克勒

Theodoret，西奥多西亚

Theodosius，塞奥多西乌斯

Theodotus，塞奥多图斯

Theophrastus，塞奥弗拉斯特

Theodore of Asine，爱塞尼的塞奥得洛

Thersites，瑟赛蒂兹

Thrasyllus，色拉绪罗斯

Troad，特洛阿得

Trypho，特里风

U

Usener，优赛诺

V

Valerian，瓦伦利安

Vandals，汪尔达人

X

Xenophon，色诺芬尼

Z

Zenobia，泽诺比亚

Zethus，泽修斯

Zoroaster，佐罗亚斯特

Zostrianus，佐斯特里亚努斯

Zoticus，佐提库斯

修订版后记

校订完《九章集》译稿最后一行字，如释重负。

21年前（1997年），我贸然接受道风汉语基督教文化研究所委托选译《九章集》。翻译时才知道这实在是本"天书"。2001年，我向道风交出了稿子。2004年，包利民教授和章雪富教授主编"两希文明哲学经典译丛"，选编了道风版《九章集》之外的绝大部分内容。2004年的选译本以《论自然、凝思和太一》之名交由中国社会科学出版社出版。至此，社科版的选译本加上因种种原因迟迟未出版的道风版的选译本，《九章集》百分之九十的篇幅都已译出，只有"三论是的种类"尚未译出。

这期间我们接到许多朋友以及不熟悉的读者的电邮，询问道风版选译本何时出版。有些朋友和读者则以为已经出版，就来信索求。2008年，章雪富教授有机会去道风山拜访汉语基督教文化研究所学术总监杨熙楠教授和负责出版的林子淳博士，探讨道风版选译本的出版事项，提出能否由我们购回版权。杨熙楠教授得知这译稿已经沉睡了近十年后，给了我们出乎意料的馈赠，慷慨地把道风版选译本的版权无偿授予我们。我们深深为之动容。这里要感谢道风汉语基督教文化研究所和杨总监本人对学术的深情，也感谢他们理解译者的急切心情，感谢道风汉语基督教文化研究所为《九章集》出版提供的资助。

由是，包利民教授和章雪富教授建议争取《九章集》全译本面世。2007年，他们建议我译出"三论是的种类"。如果说以上两个版本的《九章集》翻译已经很艰难,"三论是的种类"就更加困难。为了翻译约略 10 万的文字,我又全天候地工作了 8 个多月。待道风汉语基督教文化研究所授予选译本的版权后,我再用了一年时间重新校读全部译稿。包利民教授抽读了道风版译本的部分稿子,提供了许多有益建议。章雪富教授也细读了全文,提出了自己的看法。特别感谢陈彪博士、冯春凤主任以及中国社会科学出版社领导的热情支持,把《九章集》全集列入出版,感谢他们对学术的执着坚持和"面向希腊本身"的勇气。

本中译本还参照了苗力田先生主编的《古希腊哲学》(中国人民大学出版社,1989 年)所收录的"论辩证法"、"论三个原初的实质"和"一以后存在物的起源和顺序",以及张映伟先生《普罗提诺论恶》(华东师范大学出版社,2006 年)中"一卷八章"("论恶的本性和恶的起源")的翻译。谨表谢意!本中译本依据 Loeb 丛书希英对照本普罗提诺《九章集》译出,参考了 Sephen MacKenna & B.S.Page 的 *Plotinus, The Six Enneads*(Encyclopaedia Britannica, Inc., 1952) 这个版本。本中译本得到浙江工商大学青年人才基金的资助。

岁月催人老!

十年方译完《九章集》,方见《九章集》全译本面世。再十年,本书再校修订重版。我们现在再用一个十年做希腊文和中文逐字对读并注释的版本。翻译的艰难不知从何说起!其间的感慨不知从何说起!应该说,这个翻译只是开始。《九章集》是一本很复杂的著作,普罗提诺与柏拉图、亚里士多德和斯多亚学派以及东地中海文明的关系远较我们今天研究所知道的复杂,翻译的"过"与"不及"自然会很多,真诚地盼望学者们和读者们批评指正。这里,先要向读者诸君表示感谢!

石敏敏
浙江工商大学
2018 年 1 月 9 日